北京国际交往中心发展报告

2020

ANNUAL REPORT ON
THE CENTER OF
INTERNATIONAL EXCHANGES OF BEIJING (2020)

刘 波 主编

社会科学文献出版社
SOCIAL SCIENCES ACADEMIC PRESS (CHINA)

《北京国际交往中心发展报告（2020）》
编辑委员会

主编简介

刘　波　2009年博士毕业于中国人民大学，获法学博士学位。2009年7月进入北京市社会科学院工作，现为外国问题研究所所长、研究员。研究领域主要为国际关系与国际大城市比较。出版个人专著多部，在《现代国际关系》《外交评论》等刊物上发表论文20余篇，并有多篇文章被《国际政治》《中国外交》等全文转载，在《人民日报》《光明日报》等报纸上发表理论文章多篇。主持多项国家社科基金和北京市社科基金项目。

摘　要

城市是人类文明的产物，是对外开放的前沿窗口，是参与全球化的先锋力量，北京作为中国超大型城市，正努力打造国际交往活跃、国际化服务完善、国际影响力凸显的国际交往中心。《北京国际交往中心发展报告（2020）》是由北京市社会科学院外国问题研究所主编的年度报告，内容力求思考与回应北京城市国际化前沿热点与焦点问题，把脉北京国际交往中心建设趋势，推进全球化背景下国际大都市积极参与全球治理进程。本报告既关注国际交往中心建设历史方位和内在规律等问题，也体现平台建设、路径选择等主题，以期实现城市行为体首都北京与国际其他行为体之间的多向度比较研究。

本报告围绕北京国际交往中心研究专题，共设七个板块。“城市外交篇”主要探讨作为国家总体外交的重要组成部分，城市外交配合中国特色大国外交、参与全球治理、促进地方发展等方面的理论与实践。“经贸会展篇”主要探讨城市经贸会展的发展目标、发展思路、未来趋势、品牌建构以及国际城市会展比较等。“文旅形象篇”主要探讨北京国际交往中心建设过程的软实力因素，以及北京城市形象与品牌建设。“服务设施篇”主要探讨北京国际交往中心建设过程中的硬件和软件设施以及其他国际城市的国际交往中心建设经验。“组织管理篇”主要探讨京津冀三地在建设世界级城市群过程中，北京国际交往中心建设的组织体系和管理架构。“2022 年北京冬奥会篇”主要探讨 2022 年冬奥会赛事筹备组织工作，以及国外体育城市发展情况。“经验借鉴篇”主要选刊国内外相关城市在推进城市国际交往方面的做法和经验。

前　言

党中央高度重视北京国际交往中心建设，习近平总书记多次做出重要指示批示。大力推进国际交往中心建设是更好地服务党和国家工作大局的需要，是全面落实首都“四个中心”城市战略定位的需要，是北京自身实现高质量发展的需要，也是顺应人民美好生活期待的需要。2017 年《北京市国民经济和社会发展第十三个五年规划纲要》提出北京在“十三五”期间要强化国际交往功能，建设国际城市。《北京城市总体规划（2016－2030年）》提出落实城市战略定位，优化提升首都核心功能，加快推进国际交往中心建设，构建世界级城市群。2019 年我国主场外交活动异常活跃，2019年4 月第二届“一带一路”国际合作高峰论坛在北京成功举办，5 月亚洲文明对话大会在北京举办，9 月 2019 年国际篮联篮球世界杯取得圆满成功，而2019 年的中国北京世界园艺博览会更是吸引 110 个国家和国际组织参展，成为展出规模最大、参展国家最多的一届国际园艺盛会。这些活动的成功举办为展示北京国际交往中心建设成绩和北京扩大改革开放成果提供了重要契机，赢得了国内外高度评价和广泛赞誉。2020 年肇始，新冠肺炎疫情在全球蔓延，作为国际交往中心的首都北京，坚持“外防输入、内防反弹”策略，克服重重困难，以更大力度、更扎实的工作，推动北京国际交往中心建设取得新进展。

百年未有之变局，对世界产生深远影响，客观催生了非国家行为主体城市对外交往的勃兴。随着我国国际影响力不断提升，“一带一路”倡议落地生根，北京作为逐步走向世界舞台中央的大国首都，国际化城市框架持续推进，国际资源集聚步伐加快，国际交往的影响力和话语权进一步提升。《北京国际交往中心发展报告（2020）》正是在此背景下应运而生。本报告结合习近平总书记多次视察北京的重要讲话和指示精神；结合“十四五”时期北京“四个中心”建设的现实要求，深入探讨北京国际交往中心建设的历史方位和内在规律。

国际交往中心建设是一项开创性事业，国际国内都鲜有先例可循，国内外相关研究成果更是凤毛麟角。因此，如何破解难题，进一步加强国际交往中心建设，已成为具有重大历史使命、任务艰巨的课题。相对于其他城市而言，北京作为首都，建设国际交往中心既有着不同于其他城市的独特内涵，在很多方面示范引领国内城市对外交往，也有着需要厘清的方方面面的压力问题。基于阶段性建设要求，当前北京国际交往中心重点是加强能力建设，在“硬件”上推进国际交往基础设施建设，推动重点项目和各类服务设施扩容、完善和提升；在“软件”上健全重大国事活动服务保障长效机制，引进国际高端要素资源，持续优化涉外服务环境。本报告正是围绕以上内容开展编撰工作。

世界需要一个东方国际交往中心。国际交往中心建设是一项复杂的系统工程，政治站位高、涉及面多、协调统筹推进难度大。希望《北京国际交往中心发展报告（2020）》的出版，能为实践中解决当前我国北京、上海等城市对外国际交往交流问题，提供一种新的宏观思考维度。

刘波

2020 年 5 月于北京

目　录

专栏一　城市外交篇

专栏二　经贸会展篇

专栏三　文旅形象篇

专栏四　服务设施篇

专栏五　组织管理篇

专栏六　2022 年北京冬奥会篇

专栏七　经验借鉴篇

专栏一　城市外交篇

改革开放以来中国城市外交的发展进程

王向阳*

摘　要： 改革开放以来，以友好城市为标志的中国城市外交迅速发展。在40余年中，中国城市外交经历了三个不同的发展阶段，产生了差别化特征。城市外交在不同发展阶段都有典型的交往特征，形成了不同的城市关系模式，如政治发展型、经济合作型和情感/文化交流型等。城市外交的发展得益于实践创新、理念创新和制度创新，在新时代，中国城市外交将继续前行，朝着更加制度化、均衡化、多样化的方向发展。

关键词： 城市外交　友好城市　城市交往　城市关系模式

长期以来，城市在塑造国际事务的形式和内容方面起着重要作用，在威

* 王向阳，外交学院外交学与外事管理系外交学专业2019级博士研究生。

斯特伐利亚体系之前，城邦是权力所在。在现代国家体系建立之后，城市的作用开始削弱，但随着全球化、城市化以及权力下放的影响，城市开始在全球经济、政治和安全等领域发挥着越来越重要的作用。在此背景下，以友好城市为标志的城市外交逐渐成为一个国家外交活动的重要补充。

改革开放以来，中国外交在中国融入国际社会、塑造负责任大国形象等方面发挥着重要作用。在此背景下，以友好城市建设为代表的城市外交开始在政治、经济和人文交流领域发挥作用。随着对外交往的进一步加深，城市外交发挥着越来越突出的作用，已经成为国家外交活动中至关重要的组成部分。以友城交往为标志的中国城市外交起源于 1973 年，之后不断被重视，到 2014 年中国最高领导人更是明确提出更好地推进城市外交。① 与官方重视不同，城市外交的重要作用容易被学术界忽视。在中国知网以“城市外交”为主题仅能搜索出 293 条文献条目②，而对城市外交发展历程研究的文献更少。国际友好城市交往是中国城市外交的发端，同时又是城市外交最重要的载体。因此，本文以国际友城交往为基础，探讨中国城市外交的发展历程。

一　中国城市外交研究现状

学者对城市外交理论的探讨，大多引用西方国际关系学和外交学理论，同时结合中国实际对城市外交的理论进行具有中国特色的解读。主要有两种模式：一是基于国际关系理论模式。龚铁鹰认为，城市的国际地位提升、国际组织的积极推动、全球治理的需要等，为城市外交的出现奠定了基础。③ 陈志敏认为，全球化时代，国际关系行为体出现了多元化

① 《习近平：在对外友好协会成立 60 周年纪念活动讲话》，中国网，http://news.china.com.cn/2014-05/15/content_32398930_3.htm，2019 年 12 月 4 日。

② 数据截至 2019 年 12 月 5 日，中国知网，https://kns.cnki.net/kns/brief/default_result.aspx。

③ 龚铁鹰：《国际关系视野中的城市——地位、功能及政治走向》，《世界经济与政治》2004 年第 8 期，第 38 页。另参见于宏源《全球民间外交实践与新时代中国民间外交发展探析》，《当代世界》2019 年第 10 期，第 18～20 页。

的需求，需要次国家政府等各种新型行为者的参与，[①] 次国家行为体参与外交实践有利于塑造中国国际话语权。[②] 韩德睿认为，城市是具有战略治理能力的地理单元，城市有能力在全球治理中发挥区别于国家的重要作用[③]，但在主权框架下，城市外交可以对国家硬实力、软实力和外交力做出贡献。[④] 汤伟则认为，城市只是各种经济体系的空间组织（城市国家除外），不能将其视为外交的范畴。[⑤] 二是基于外交学理论模式。赵可金认为，中国城市外交既与传统的国家总体外交密切相关，同时又有新的内涵，相辅相成而又相互区别，[⑥] 他继而补充道，城市外交实际上是一种嵌入过程，它嵌入主权国家外交、国际组织和国际制度外交以及社会网络外交体系。[⑦] 杨毅、陈维等中国学者大多持相似观点。[⑧] 基于新兴派理论的"平行外交"中国理论界研究较少，已有研究大多把"城市外交"看作中国外交的一部分。[⑨]

由此可见，中国城市外交研究仍处于理论探索阶段，而对于发展历程、应用层面的研究较少。如，关于城市外交发展历程的研究，学界大多没有给

---

① 陈志敏：《全球主义、国际路径和中国特色大国外交》，《国际政治研究》（双月刊）2015年第4期，第106～107页。

② 孙吉胜：《中国国际话语权的塑造与提升路径——以党的十八大以来的中国外交实践为例》，《世界经济与政治》2019年第3期，第19～43页。

③ 韩德睿：《城市参与全球治理的路径探析——以中国城市为视角》，《区域与全球发展》2019年第5期，第44～47页。

④ 熊九玲：《城市国际角色研究》，北京出版社，2010，第68页。

⑤ 汤伟：《"一带一路"与城市外交》，《国际关系研究》2015年第4期，第60～61页。

⑥ 赵可金：《中国城市外交的若干理论问题》，《国际展望》2016年第1期，第56页。

⑦ 赵可金：《嵌入式外交：对中国城市外交的一种理论解释》，《世界经济与政治》2014年第11期，第135页。

⑧ 相关研究参见杨毅《全球视野下的中国城市外交》，《理论视野》2015年第8期，第70页；陈维《中国城市外交：理念、制度与实践》，《公共外交季刊》2017年第2期，第126～127页。

⑨ 相关研究参见熊炜、王捷《城市外交：理论政变与实践特点》，《公共外交季刊》2013年夏季号，第14页；赵可金、陈维《城市外交：探寻全球都市的外交角色》，《外交评论》2013年第6期，第30页；杨毅《全球视野下的中国城市外交》，《理论视野》2015年第8期，第70页。

出具体的分段标准，[①] 而学界对城市活动与城市关系模式类型的研究更少。城市外交要发挥作用依然取决于它们的互动所创造出来的城市关系，这种互动既有利于实现城市外交本身的目的，也有利于塑造本国的话语权。

二　中国城市外交发展历程

1973 年，天津市与日本神户市结为第一对国际友好城市，标志着中国城市外交的开端。经过五年的发展，到 1977 年，中国仅缔结 5 对国际友好城市，城市外交处于艰难的“起步探索阶段”。[②] 改革开放以来，中国国际友好城市数量快速增加，城市外交迅速发展。40 余年来，在不同因素推动下，中国城市外交发展历程经历了若干阶段。

（一）中国城市外交发展历程

本文的数据主要来源于各地外办官网，研究区域仅限于中国大陆地区，不包含港澳台地区。将各地外办网站公布的 1978 ~ 2019 年中国缔结友好城市数据作为主要分析依据，并结合国际、国内重大事件等，把我国城市外交划分为三个阶段。

1. 初步发展阶段（1978 ~ 1991年）

1978 年我国对外缔结友好城市数量开始缓慢递增，这一阶段的主要特点是增量先增加后减少，呈倒 U 形状，峰值出现在 1985 年。这一阶段我国与五大洲 38 个国家，结成友好城市 378 对，国内结好范围扩大到 22 个省份

① 仅有的研究城市外交发展历程的文章中，大多数没有对分段标准进行阐述。相关文献参见闻竞、高常凯《十八大以来中国城市外交研究述评》，《攀登》2017 年第 21 期，第 35 页；陈楠《当代中国城市外交的理论与实践探索》，华东师范大学博士学位论文，2018，第 146 页；全国友协、友城联合会《友好城市：谱写民间外交事业新篇章》，《重庆世界》2016 年第 11 期，第 7 页；马学广、孟颖焘《中国国际友好城市发展演变及影响因素分析》，《中国名城》2016 年第 10 期，第 8 ~ 9 页。

② 李利国：《中国国际友城工作发展现状与总体目标》，中国网，http：//www. china. com. cn/international/txt/2013 - 02/27/content_ 28077173_ 2. htm，2019 年 12 月 4 日。

和 58 个城市。在数量增加的同时，中国城市对外交往的议题与内容也不断拓展，从起初的以友好交流为主，到各领域的务实合作，包括经贸、教育、文化等。[①] 这一阶段我国友城管理工作也逐步开始走入正轨，有了初步的管理框架和制度基础。[②]

2. 稳步发展阶段（1992～2010年）

与改革的深化和开放的扩大同步，随着各个城市经济实力的增强，友好城市工作有了更大的发展。1992 年，我国缔结对外友好城市数量开始大幅度增长，比 1991 年增长 141.67%，增量峰值出现在 2007 年，呈波浪增长趋势。这一阶段中国城市的国际联系范围总体扩大，程度加深，数量较前一阶段大幅增加。共对外缔结友好城市 1368 对，平均每年缔结 72 对，除了各个城市的对外结好，还加强了同国际及各国城市组织的双边和多边联系。

3. 全新发展阶段（2011年至今）

这一阶段主要特征是呈现双峰值增长的倒 U 形状，增量峰值出现在 2012 年和 2016 年（见图 1）。自 2011 年起，我国每年新增国际友城超过 100 对，呈驼峰式增长，并实现了数量和质量的双提升。这一阶段，在数量上，我国共缔结国际友城 948 对，并首次与印度缔结友好城市，实现“零”的突破；在质量上，2015 年中国友好城市联合会注销了 40 对“零”交往的国际友城，中国城市外交实现高质量发展。

（二）推动城市外交的因素

改革开放以来，我国国际友好城市数量和质量实现了大幅度提高（见图 2），形成了中国特色的城市外交。推动城市外交的首要因素在于经济发展，经济发展与城市外交是相互促进的。与经济因素同时，不同时代的特色因素共同推动城市外交发展。本文主要基于时代特色对城市外交的因素进行分析。

---

① 陈楠：《当代中国城市外交的理论与实践探索》，华东师范大学博士学位论文，2018，第 146 页。

② 陈志敏：《次国家政府与对外事务》，长征出版社，2001，第 44 页。

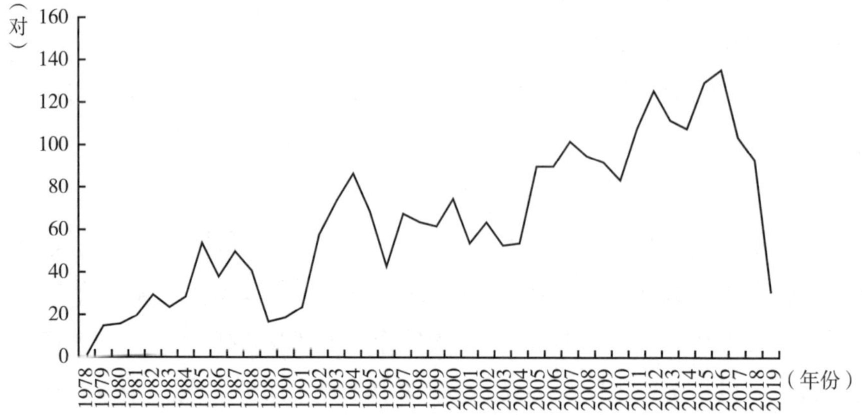

图 1　1978～2019 年中国国际友好城市年增量

资料来源：根据各地外办网站整理制作，数据信息截至 2019 年 8 月。

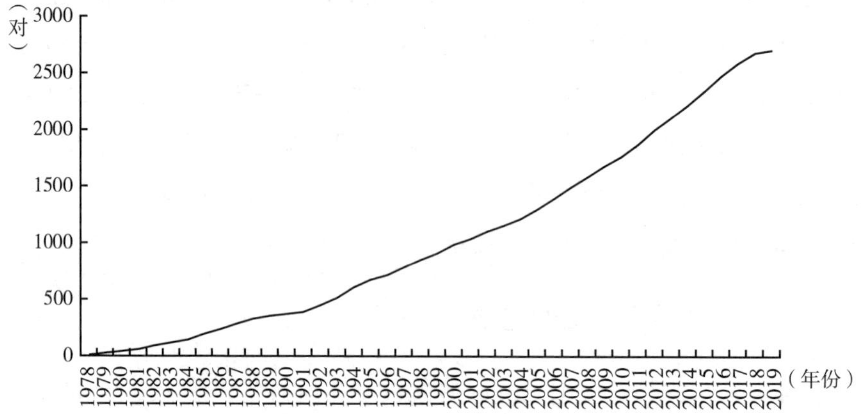

图 2　1978～2019 年中国国际友好城市变化趋势

资料来源：根据各地外办网站数据整理制作，数据信息截至 2019 年 8 月。

1. 对外开放战略实施，以及改革背景下的市场化放权推动城市外交初步发展（1978～1991年）

1978 年，中国正式拉开改革开放序幕，在经济因素与市场化放权的刺激下，中国各个省市开始寻求缔结友好城市，以便促成双方合作。如改革开放初期，北京的友城东京伸出“支援之手”，给予北京技术、人才和资金支持，书写了一段段历史佳话。[①] 天津的友城日本四日市投资天津3000万元生产汽车线束。[②] 1985年，中国外交部把友好城市视为中国人民外交的重要组成部分，是贯彻对外开放政策、开展对外交流与合作的一条重要渠道，[③] 城市外交达到这一阶段的顶峰。1989年前后，中国城市外交在多重因素下，暂时处于低谷。

2.完善的国际友城管理机制与地方政府的积极参与推动城市外交稳步发展（1992~2010年）

1992年，中国国际友好城市联合会成立，主要负责友好城市工作，标志着我国的国际友城活动进入了统一、协调、可持续发展的新阶段[④]，同时全国各个城市也纷纷成立地方友协，形成了较为完善的国际友城管理机制，极大地促进了友城的发展。地方政府通过友城获得巨大的机会，极大地刺激了其进一步缔结友城的信心。如，20世纪90年代，北京通过友城渠道招商引资，先后赴日本、德国、法国、西班牙、巴西、美国、韩国等国举办经贸洽谈会，每次成交总金额均高达数十亿美元。[⑤]

3.经济复苏，政策推动城市外交全新发展（2011年至今）

2011年中国经济全面复苏，成为世界经济增长的领头羊，促进了世界各国与中国的交往。特别是十八大以来，中国推动政府职能转变和简政放权，为城市外交的进一步繁荣发展创造了有利的条件。[⑥] 特别是“一带一

---

① 《40年，北京的友城“朋友圈”遍布全球》，新华网，http://www.bj.xinhuanet.com/rdsp/2019-11/08/c_1125209486.htm，2020年3月4日。

② 《天津友好城市回顾·友好城市的作用》，北方网，http://tianjin.enorth.com.cn/system/2004/08/13/000842438.shtml，2020年2月5日。

③ 刘庚寅：《为了友谊与和平——民间外交亲历记》，世界知识出版社，2006，第21页。

④ 全国友协、友城联合会：《友好城市：谱写民间外交事业新篇章》，《重庆世界》2016年第11期，第7页。

⑤ 《40年，北京的友城“朋友圈”遍布全球》，新华网，http://www.bj.xinhuanet.com/rdsp/2019-11/08/c_1125209486.htm，2020年3月4日。

⑥ 陈楠：《当代中国城市外交的理论与实践探索》，华东师范大学博士学位论文，2018，第28页。

路”倡议，强调“以城市为支撑，开展城市交流合作，并欢迎沿线国家重要城市之间互结友好城市”。[①] 2014 年，中国官方首次提出“城市外交”，并要求大力开展中国国际友好城市工作。[②] 在此背景下，中国城市外交进入全新发展时期。这一阶段，中国城市与共建“一带一路”国家多座城市缔结友城关系。如，北京自“一带一路”倡议提出以来，已与共建“一带一路”国家的 24 个城市缔结了友城关系。[③]

40 余年来，中国城市外交在不同因素推动下，经历了带有明显时代特征的不同发展阶段。城市外交发展的时代性，形成了中国城市外交的特点。随着“一带一路”建设继续推进，更需要与沿线各国“民心相通”，城市外交将得到进一步发展。

三　中国城市外交的特点及原因

在友好城市建设发展过程中，中国城市外交出现了明显的特点——差别化。这种差别化主要表现为区位、经济规模、城市名分和城市国际化程度不同，城市外交发展差别明显。如区位较好、经济发展水平较高或者边境省份和城市有更为突出的城市外交成果——友好城市规模更大。

（一）中国城市外交的差别化

中国城市外交的差别化，突出表现在以下几个方面。

1. 区域发展不平衡

首先，东中西部差距较大，东部地区最多，中部其次，西部最少。截至 2019 年 8 月，中国东部 11 个省份共缔结国际友好城市 1372 对，

① 《推动共建丝绸之路经济带和 21 世纪海上丝绸之路的愿景与行动》，新华网，http://www.xinhuanet.com/world/2015-03/28/c_1114793986_2.htm，2020 年 2 月 5 日。

② 《习近平：在对外友好协会成立 60 周年纪念活动讲话（全文）》，新华网，http://news.china.com.cn/2014-05/15/content_32398930_3.htm，2020 年 3 月 4 日。

③ 《40 年，北京的友城“朋友圈”遍布全球》，新华网，http://www.bj.xinhuanet.com/rdsp/2019-11/08/c_1125209486.htm，2020 年 3 月 5 日。

占全部友城的50.65%；中部8个省份共缔结国际友好城市671对，占全部友城的24.77%；西部12个省份共缔结国际友好城市666对，占全部友城的24.58%（见图3）。从数据上看，西部与中部数量接近，但各省数量均少于中部地区。其次，西部边疆省（区、市）由于地理位置，缔结数量多于西部内陆省份。如广西缔结国际友好城市111对，云南70对，这些地区缔结的友好城市数量多于西部非边疆省（区、市）（见表1）。

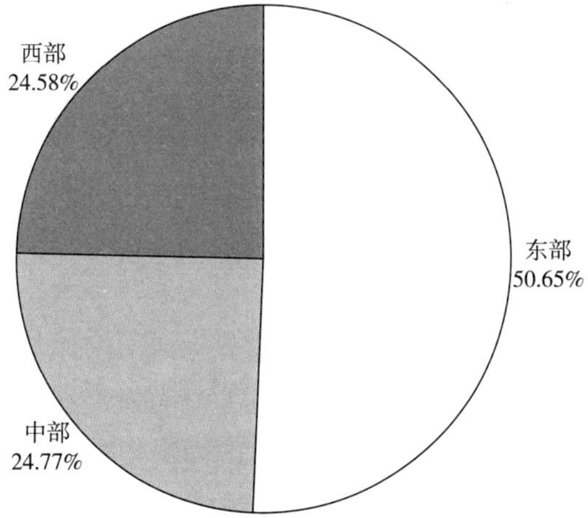

图3　中国东中西部友好城市分布比例

资料来源：根据各地外办网站数据整理制作，数据信息截至2019年8月。

表1　西部边疆省（区、市）与非边疆省（区、市）友好城市数量

单位：对

省(区、市)	友好城市数量
广西*	111
云南*	70
内蒙古*	46
新疆*	41

续表

省(区、市)	友好城市数量
四川	96
甘肃	63
宁夏	56
重庆	44
贵州	18
青海	21

注：“＊”表示西部边疆省（区、市）。

资料来源：根据各地外办网站数据整理制作，数据信息截至2019年8月。

2. 经济规模影响显著

在省级单位层面，除少数边疆省（区、市）外，缔结国际友好城市数量与各省GDP大致呈正相关关系。居缔结国际友好城市数量前三位的广东、江苏和山东也是GDP排名靠前的省份，且均已超过100对（见图4）。在城市层面，这种正相关更加明显。如上海、北京、重庆和天津四个直辖市的GDP排名与缔结国际友好城市数量呈高度正相关。总体而言，经济因素是影响国际城市交往的重要因素，经济发展程度越高，对外联系越广泛，缔结国际友城数量越多。因此，经济发展与国际友好城市的发展是相辅相成的关系，对外联系的强度影响经济发展程度，经济发展程度又增进并强化了对外联系度。

3. 城市名分、国际化程度与缔结国际友城数量差异明显

在中国城市级别越高，城市外交越活跃，缔结国际友城数量越多。直辖市缔结国际友城数量普遍高于副省级城市（见图5），而副省级城市又显著高于地级市①。国际化程度对友城建设影响显著。中国国际化程度最高的10个城市中，共缔结友好城市407对，城均40.7对，显著高于副省级城市城均27.5对。可见，城市级别与国际化程度对于城市外交的显著影响。

① 笔者通过搜索并分析各地外办公开的友城数据，苏州以23个国际友好城市成为地级市中缔结国际友好城市最多的城市，其次是昆明仅为16个，地级市在友好城市建设方面显著落后于直辖市与副省级城市。

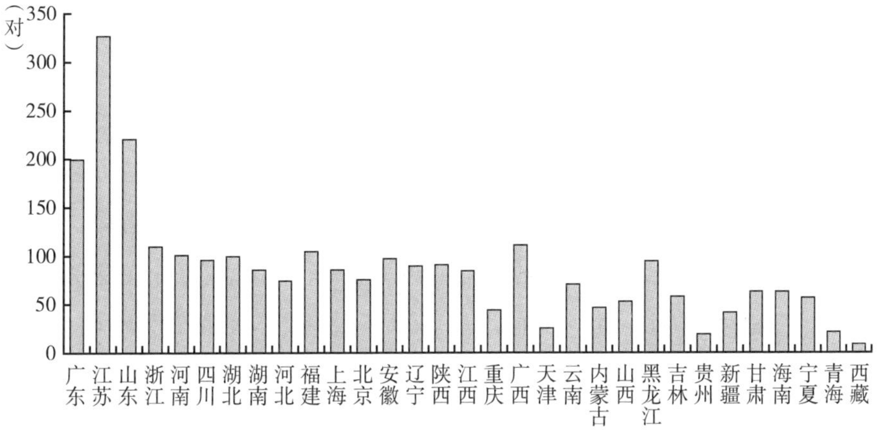

图4　中国各省份 GDP 与缔结国际友好城市对比

资料来源：根据各地外办网站数据整理制作（不含港澳台地区），数据信息截至 2019 年 8 月。

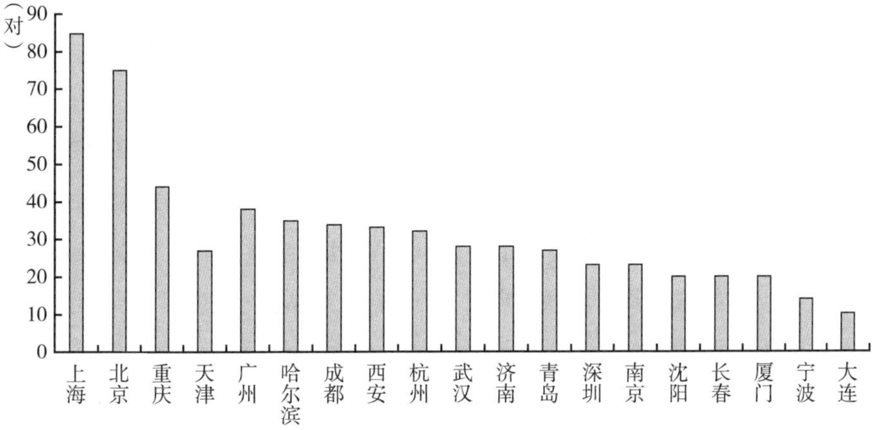

图5　直辖市与副省级城市国际友好城市对比

资料来源：根据各地外办网站数据整理制作（不含港澳台地区），数据信息截至 2019 年 8 月。

（二）城市外交差别化原因

造成中国城市外交差别化发展的原因大致可以从区位、经济规模、城市级别和国际化程度等方面加以考察。

1. 区位因素

中国的改革开放是层层推进、逐步辐射拓展的梯级发展。在梯度推进的改革开放过程中，东部沿海省份最先开展对外经济活动，其次是边疆地区、长江流域与内陆省份，从而形成了点面结合的全方位对外开放格局。因此，在改革开放推进过程中，不同地域的城市形成了不同的城市外交基础条件，城市外交差异化由此产生，从而形成“东多西少，东密西疏”的城市外交格局。

2. 经济规模

改革开放梯度推进过程中，不同区域的对外经济联系、融入全球化的程度差异明显。经济发达地区对外联系密切，与世界的联动性更强。它们率先引入外资促进经济发展，经济发展反过来刺激它们主动争取国际资源、参与国际竞争。在这一过程中，经济发达地区形成较高的国际知名度，拥有丰富的外交外事资源，进一步促进了城市外交的发展。

3. 城市级别与国际化程度

一方面，城市级别与外事权限高度相关。如在缔结友好城市的审批权限上，省（区、市）外事管理部门具有审核地级市、县（区）缔结友好城市的权限。[①] 在实践中，副省级城市逐渐获得审批权限，因此，在城市外交方面，级别较高的城市具有很大优势。另一方面，国际化程度对于城市外交有很大的促进作用。国际化程度越高的城市，城市建设越出色，因而能在城市外交中分享城市治理经验，提供国际公共产品，进而促进城市外交发展。

改革开放以来，在区位因素、经济规模、城市级别和国际化程度的多重作用下，中国城市外交呈现明显的差别化特征，形成了“东多西少，东密西疏”的整体格局。这些差别化特征主要表现为，区域发展不平衡，经济规模制约城市外交发展，城市级别与国际化程度影响城市外交发展。随着新

---

① 《建立国际友好城市关系审批程序》，山西省外事办网站，http：//wsb. shanxi. gov. cn/wsfw/gjycsp/325734. shtml，2020 年 3 月 5 日。

一轮改革开放政策的实施，特别是在“一带一路”建设的推动下，中国城市外交会朝着更加均衡化、高质化的方向发展。

四　城市交往与城市关系的典型模式

城市通过整合各种资源，逐步确立了自己在全球社会中“新的战略角色”[①]，已经成为世界事务中的重要实体。城市间的活动构建了“城市的世界关系”[②]，有助于在主权之外构建起新的交往模式。考察城市的交往活动，有助于构建新的城市交往关系，进而促进城市关系的发展。

（一）友好城市交往活动类型

许多因素诱使城市间建立友好城市关系，如政治交往、经济交往和文教娱乐服务等，在友好城市关系建立后，这些因素又成为城市交往活动的目的。改革开放以来，城市外交每个发展阶段都有着明显的特征。

1. 城市外交第一阶段主要活动类型是政治交往

政治交往是保持友城联系最基础的交往形式，主要表现为常规的高层互访，通常表现为高层行政官员组成的代表团之间的正式互访、政府各职能机构或部门之间的人员互访等。一般以市长、副市长、人大或议会等高层政府官员为主。[③] 其主要作用是通过礼节性拜访/回访，密切友城间联系；通过互派代表团进行考察学习和参加活动，深入了解对方的城市管理文化。

2. 城市外交第二阶段最明显的特征是经济交往

友好城市通过各种形式的经济活动，加速了经济伙伴关系建设，吸引投

---

① Acuto, M., Global Cities: Gorillas in Our Midst, *Alternatives: Global, Local, Political*, 2010, 35 (4), pp. 425-448.

② Alger, C. F., The World Relations of Cities: Closing the Gap Between Social Science Paradigms and Everyday Human Experience, *International Studies Quarterly*, 1990, 34 (4), p. 493.

③ 吴素梅、李明超：《国际友好城市参与中国——中东欧合作研究》，《上海对外经贸大学学报》2018 年第 3 期，第 91 页。

资，刺激了城市改善关系的意愿。① 如日本公司倾向于进入与日本建立国际友好城市的国家。② 友好城市关系带来的贡献和经济利益以及新的商业和投资机会已成为友好城市建设中最重要的因素。③

3. 城市外交第三阶段重要特征是文教娱乐服务

文化被认为是促进民心相通、跨境贸易和投资的重要因素。友城间通过组织文化人士交流、文化专业的论坛、国际艺术活动、旅游推广活动等，促进文化交流，有效缩小文化鸿沟，塑造城市友好的国际形象，从而在城市间形成紧密的文化和经济联系。特别是在“一带一路”建设背景下，促进“民心相通”是城市外交的重要任务。

（二）友好城市关系的典型模式

城市外交在不同发展阶段，通过不同类型的互动方式，构建了不同的城市关系模式。

1. 政治发展型——北京市与东京都

北京市与东京都于 1979 年 3 月 14 日正式缔结友好城市关系，标志着北京市城市外交的正式开始。北京市与东京都缔结友好城市关系具有典型的政治特征，它主要是配合中日友好条约而缔结，其目的是通过友城交往，为中日友好关系不断做出贡献。④ 在 40 余年的交往中，北京市与东京都始终坚持务实合作，促进民心相通，为推动中日两国健康稳定发展，世代友好做出

---

① TüzinBaycan-Levent, Aliye Ahu GülümserAkgün&SedaKundak, Success Conditions for Urban Networks: Eurocities and Sister Cities, *European Planning Studies*, 2010, 18: 8, 1187 - 1206, DOI: 10.1080/09654311003791259.

② Tianyou Hu, Siddharth Natarajan, and Andrew Delios, Sister-city Ties and Location Choice: Multinationals' Strategies to Reduce Political Uncertainty. Proceedings, 2016, https: //doi.org/10.5465/ambpp.2016.165.

③ TüzinBaycan-Levent, Aliye Ahu GülümserAkgün&SedaKundak, Success Conditions for Urban Networks: Eurocities and Sister Cities, *European Planning Studies*, 2010, 18: 8, 1187 - 1206, DOI: 10.1080/09654311003791259.

④《陈吉宁同日本东京都知事小池百合子就北京市与东京都缔结友好城市关系 40 周年互致贺信》，北京市人民政府网站，http: //www.beijing.gov.cn/gongkai/ldhd/t1581717.htm，2020 年 3 月 5 日。

贡献。①

2. 经济合作型——天津市与仁川市

天津市与仁川市于 1993 年 12 月 7 日正式缔结友好城市关系，开启了天津与仁川经济合作的序幕。双方缔结友城关系后，经济交流频繁，如 1994 年仁川商品馆在天津开馆，同时举办了天津和韩国投资与进口交流会等。②通过仁川的窗口，韩国开始了解天津，开始大量投资天津，短短十年，天津已成为仁川第四大合作伙伴，累计批准韩资企业 1680 余家，合同投资额近 50 亿美元。③ 缔结友城 25 周年之际，天津与仁川签署自贸试验区深化合作协议，继续深化经济合作。④

3. 情感/文化交流型——福州市与印度尼西亚三宝垄市

福州市与三宝垄市于 2016 年 6 月 2 日正式缔结友好城市关系，这是两市历史情感与文化交流的结晶。三宝垄市因郑和而得名，而郑和正是从福州出发完成“七下西洋”的壮举。郑和是两座城市的历史渊源，郑和文化则是价值纽带，在郑和文化影响下而产生价值共振，形成了共同的情感交流。随着“一带一路”建设进入新阶段，促进民心相通工作也需要不断与时俱进，古老丝绸之路上的两座城市再次相遇，文化交流不断发展，最终缔结友好城市。

中国城市外交发展经历了不同阶段，每个阶段都有着典型的交往特征，形成了不同的城市关系模式，如政治发展型、经济合作型和情感/文化交流型等。实际上，这种单一因素主动的模式在城市交往中较为少见，而大多数城市交往都是以某一主要因素为出发点，进而扩展到政治、经

---

① 《纪念北京—东京缔结友好城市关系 40 周年回顾》，北京市外事委员会网站，http：//wb. beijing. gov. cn/home/index/wsjx/201912/t20191220_ 1352490. html，2020 年 3 月 5 日。

② 《与亚洲友好城市关系的发展 · 天津与韩国仁川市》，北方网，http：//tianjin. enorth. com. cn/system/2004/08/18/000845646. shtml，2020 年 3 月 6 日。

③ 《天津与韩国仁川共庆缔结友好城市关系十周年》，中国新闻网，http：//www. chinanews. com/n/2003 - 09 - 15/26/346532. html，2020 年 3 月 7 日。

④ 《仁川与天津建立友城关系 25 周年，新签合作协议》，中华人民共和国驻大韩民国大使馆经济参赞处网站，http：//kr. mofcom. gov. cn/article/jmxw/201810/20181002801109. shtml，2020 年 3 月 8 日。

济、文化、领事保护等诸多领域，从而形成范围更广、层次更深的城市关系模式。

五 结语

改革开放以来，特别是党的十八大以来，得益于实践创新、理念创新和制度创新，以友好城市为代表的中国城市外交得到快速发展。在实践层面，城市通过承接重要国际会议，逐渐成为多边外交的重要舞台，城市外交服务国家利益成为对外政策得到进一步强调。在理念层面，“一带一路”倡议鼓励城市间交往，促进与沿线国家民心相通。在制度创新方面，推动涉外部门的协调机制建设，完善相关法律。随着中国特色社会主义进入新时代，中国城市外交将在实践创新、理念创新和制度创新的基础上继续前进，朝着制度化、均衡化、多样化发展。

试析北京城市外交在环境治理中的作用

李凌志　于宏源*

摘　要： 北京作为中国的首都，在城市外交上具有很高的活力指数，其中北京通过与国际非政府组织合作，共同解决北京面临的环境问题。2008 年奥运前夕，北京的环境问题受到国内外的关注，环境问题成为北京申报奥运绿色城市的关键因素。北京为解决环境问题，积极出台各种措施，利用城市外交，与绿色和平组织进行合作，推动北京实现绿色奥运。同时，北京利用城市外交，促进环境治理，为其他城市利用城市外交解决环境问题积累了宝贵经验。

关键词： 北京　城市外交　环境治理

城市的对外交往活力作为一种中观概念和中间变量，连接着城市对外交往能力与其在国际社会的实际对外交往影响力两大概念。与以往涉及城市外向性的指数大多注重城市的经济、产业结构、基础设施建设、教育、生活便利度、自然环境、公共交通等指标的特征不同，城市对外交往活力指数更加侧重于城市对国家总体外交的服务、公民与非政府组织参与公共外交持有的积极态度、搭建民间对外交往的平台渠道对加大民间对外交往力度的作用三方面。城市对外交往的活力表现在城市经济、政治、文化和社会交往的深度、广度上。涵盖社会、文化、经济与政治四个维度的城市对外交往活力指

* 李凌志，安徽财经大学研究生；于宏源，上海国际问题研究院公共政策所所长、研究员。

标才具有良好的效度（Validity）和信度（Reliability）。

随着城市化的发展，城市逐渐成为重要的民间外交主体。北京作为我国当前的特大型城市，兼具政治中心地位。因此其既有的国际化程度和对外交往资源都比较多，并且城市居民无论是经济水平还是受教育水平也都排在我国前列，故而有较强的意愿走出国门，了解世界。这一系列主客观因素使北京成为中国当前最具对外交往活力的城市之一。北京也不断在对外交往中，加快自身参与环境治理的进程，塑造生态文明城市。

一　城市外交的理念和作用

（一）城市外交的理念

与城市国际化程度、竞争力水平等基础性结构性变量相比，城市对外交往侧重于交往互动的进程；与城市外交这一带有具体政治目的的战略举措相比，城市对外交往更为多元，体现了城市在一般情况下与世界其他地区发生联系的实际情况。并且与城市外交聚焦政治领域不同，城市对外交往还应该聚焦于经济、文化、社会等方面，体现其多维度的特征。因此，城市的对外交往活力是连接城市对外交往能力与其在国际社会实际对外交往影响力的中观概念和中间变量。以往涉及城市外向性的指数大多注重城市的经济、产业结构、基础设施建设、教育、生活便利度、自然环境、公共交通等指标。这些因素是提高城市对外吸引力，增加城市交往体量和容量的要素，但不是城市具有交往能力的必要条件。在后发展国家中，城市对外交往活力可能滞后于或领先于城市本身的发展现状。同样，城市对外交往活力既是城市一系列活动最后产生的效应，也是城市对外交往产生的结果。中国城市正在全球城市网络中不断升级和延伸自己的功能。与已经发展成熟的国际大都市相比，中国城市对国际社会的影响还在不断演进中。城市对外交往的理念具体如下。

第一，城市外交服务于国家总体外交。其核心目标在于维护国家利益、提升国家软实力、推广国家核心价值观。同时，城市外交也是探索特大型国际城市治理规律的重要抓手。城市外交牵涉方方面面，既与城市的市政建设和经济发展等硬实力相关，又与城市文化、市民素质、社会活力等软实力相关。城市外交根本上是一个城市内部治理的外向辐射。例如，作为中国经济发展中心、国际化程度最高的特大城市，上海的发展已经到了创新转型的重要节点。以往传统强调经济增长和基础设施建设的发展模式难以持续，而新的增长点和发展模式则需要城市将更多的资源和力量投资于城市软实力的发展。在此背景下，上海发展城市外交可谓恰逢其时。对内，开展城市外交体现了全面改革背景下的上海锐意进取、积极改革的姿态；对外，城市外交可以体现上海城市精神，争取国际舆论，为上海乃至中国未来的转型打造良好的国际舆论话语体系。

第二，城市在国际和区域合作、制度设计与建设方面的角色和作用越来越明显和重要。城市外交要求政府改变“政府无所不能”“外交是政府的事情”等传统观念，对公民参与公共外交持积极态度，为公民参与公共外交提供指导和平台，加快培养一批具备外交能力的国际活动人员，推动国际非政府组织的建立和发展。另外，城市外交建设要求民众改变“国事与己无关”的观念，培养与他国和他国人民交往所需要的各种能力，理性、有序、专业地参与维护国家利益的活动。

第三，城市外交要求搭建民间对外交往的平台，拓展民间对外交往渠道及形式，加大民间对外交往力度。一方面，充分实现外交资源共享，多管齐下，形成合力。例如，鼓励各种行业协会、学会，以及妇联、青联、学联等走上国际舞台，使它们大胆活跃地参与国际对话，积极参与各种国际问题的讨论与解决。另一方面，支持促进社会组织在国际上开展活动，展示良好形象，扩大国际影响力。

作为现代化大都市的重要组成部分，社会组织体现了“城市——社会活力”和整体市民的精神道德品质，而一个城市的国际化水平高低也体现在其是否拥有一批具有全球影响力的社会组织上。提高众多社会组织的国际化水平和涉外交往能力已经成为提升整体城市国际化水平的重要一环。

（二）城市外交的作用

在全球治理中，国家的监控权已经部分让渡给社会组织、企业、公民个人等民间外交主体，所谓的全球治理权力中心部分也转移到民间外交主体上。在民间外交参与全球治理方面，非国家与国家行为体之争反映出一定的南北差异。西方工业国家主张推动多利益攸关方进程，而发展中国家则倾向于联合国主导下的民间参与，既强调民间参与全球治理的积极性，也重视民间外交主体的有限性。在全球治理的谈判层面，主权国家的主体地位和“共同但有区别责任原则”不改变，但是在全球治理的议程形成、履行公约等层面非国家行为体则扮演着推动全球治理的积极角色。在全球治理的诸多领域中，民间外交主体已经演绎了多重角色，发挥了不同的作用，城市作为民间外交主体在全球治理中承担了以下三种角色。

一是公共产品服务提供者。在资源和价值方面，城市往往能够超越各国政府的优先级限制，深入基层，为人们提供多样化、个性化、周到、细致且普遍的公益产品和服务。另外，城市可以服务政府外交。城市通过媒体宣传、直接对话、个人游说等诸多倡议活动来推动舆论，形成全球治理场内场外的舆论，以此服务国家外交政策目标。[①]

二是全球治理秩序的促进者。在不少全球治理进程中，常常见到因为不同国家、不同部门之间的利益和见解存在矛盾和冲突，而导致双方的误解和冲突不断加深，从而导致合作成本不断提升，甚至难以维持合作的情况。不少西方学者认为，在全球治理面临危机的背景下，促进个人参与是提升全球治理效能的有效手段。[②] 塔卡（Sabina Tuca）提出，全球治理层面是多元化的，从个

---

① 著名国际非政府组织阿迦汗发展网络（AKDN）在吉尔吉斯斯坦设立了农村发展项目，为地区发展开设培训课程、提供高等院校英文教育和禁毒警示提示。CIVIL SOCIETY，http：//www. akdn. org/what - we - do/civil - society。

② Jamesh Thakur, Brian Job, Mónica Serrano, Diana Tussi, The Next Phase in the Consolidation and Expansion of Global Governance, *Global Governance*, Vol. 4 Iss. 14, 2014, pp. 1 -9.

人、地方层级、国家层级、区域层级到全球层级。[①] 协调包括政府、政府间、非政府组织在内的各利益攸关方的行为是全球治理中的巨大挑战，而城市则可以在交流、互动与网络构建中协助全球治理秩序构建。城市通过培养跨国价值观来构建应对全球治理的响应范式，定义全球治理行动，在全球治理进程中影响国家行动和国际谈判。如在全球气候治理中，美国14个州及波多黎各建立了美国气候联盟（U. S. Climate Alliance）和包括383个城市的美国市长气候联盟（U. S. Climate Mayors），两者分别占美国人口的36%和23%，占经济比重分别为40%和27%。[②] 可见城市是全球治理秩序的重要促进者。

三是全球治理的多利益攸关方。全球治理对各种行为体的包容性早已有之。[③] 1992年《里约环境发展宣言》《联合国气候变化框架公约》出现了"全球伙伴关系"、"公众参与"和"土著居民"等"类全球治理"的重要概念。2012年"里约+20"决议提出："我们认识到参与可持续发展的行为和利益攸关方日益多样。"[④]《蒙特利尔议定书》最大的成功之处就在于强调了不同的利益攸关方之间的伙伴关系。最后，联合国《2030年可持续发展议程》也特别强调了国际机构、地方当局、民间机构、私营部门、科学学术界等一同努力的伙伴关系模式。因此，对多利益攸关方的包容已经成为全球治理的核心理念之一。[⑤]

二　北京城市外交在环境治理中的实践

北京由于其作为首都的重要性，随着中国在国际社会中的影响力扩大而

---

① Sabina Tuca, Global Governance vs. National Sovereignty in a Globalized World, *Ces Working Papers*, Vol. 7 No. 1, 2015, pp. 193 - 198.

② Bloomberg Philanthropies, America's Pledge, Phase 1 Report States, Cities, and Businesses in the United States Are Stepping Up on Climate Action, November 2017, p. 96.

③ 参见《联合国气候变化框架公约》，http://www.unfccc.int。

④ 参见 https://sustainabledevelopment.un.org/content/documents/94632030%20Agenda_Revised%20Chinese%20translation.pdf。

⑤ 参见 https://sustainabledevelopment.un.org/content/documents/94632030%20Agenda_Revised%20Chinese%20translation.pdf。

备受关注，近年来北京的雾霾和污染问题也备受国际社会关注，并由外转内成为政府和公众最关注的问题之一，并在2008年北京奥运、2013年美国使馆称雾霾爆表、2015年北京申冬奥期间由于外界事件而引起国内外的巨大关注。作为中国的首都，北京如何利用城市外交解决被国际社会过度关注甚至误解的空气污染问题，如何发挥国际非政府组织的独立性和影响力？如何厘清政府与非政府组织的边界？如何打破政府与国际组织签订谅解备忘录，开展项目层面的合作，建立伙伴关系的传统合作方式？有没有软性合作的方式来内外兼顾，解决问题？这是北京城市外交参与环境治理的一大问题。

（一）北京绿色奥运与绿色和平的评估报告

与国际组织的交流合作是城市外交活力的重要指标，北京在参与全球气候治理进程中，就积极与绿色和平①进行合作。目前绿色和平北京办公室有员工80余人，年度工作经费超过4000万元。在工作方式上，绿色和平进行本土化努力，通过与中国科研机构合作调研以及独立调研等形式开展环保工作。除了提出问题、分析问题之外，绿色和平也积极参与到解决问题中来，努力推动中国的环境保护和绿色发展，成为推动多个环境问题解决的“加速器”。

然而，在2008年北京奥运之前和期间，国际社会对北京的空气问题一直非常关注和担忧，甚至有4名美国自行车运动员（Bobby Lea，Sarah Hammer，Mike Friedman，Jennie Reed）在美国奥委会的要求下，一下飞机就戴上了口罩。此举引起国际媒体的大肆报道②和国内民众的极大愤慨③。北京的空气到

① 绿色和平是一家全球性的环保组织，成立于1971年，国际总部设在荷兰阿姆斯特丹，并在全球55个国家和地区设有分部。为了保持公正性和独立性，绿色和平不接受任何政府、企业或政治团体的资助，只接受市民和独立基金的直接捐款。绿色和平的账目每年都会经过审计，并通过年报公开收入和支出，接受社会监督。绿色和平在全球一直以行动派著称，在揭露环境污染方面不惧强权。

② U. S. Cyclists Are Masked, and Criticism Is Not, *New York Times*, https：//www. nytimes. com/2008/08/06/sports/olympics/06masks. html，AUG. 5，2008.

③ 《美国戴口罩来京运动员向中国民众致歉》，《环球时报》2008年8月7日。

底如何？是否有害健康等问题成为超越体育精神的最大社会关注点。

2008年北京奥运前夕，中国政府在北京空气治理方面做了很多卓有成效的努力。2007年，北京就制定了《第29届奥运会北京空气质量保障措施》，并请了大气化学、大气物理、环境工程、环境政策、气象等方面的8位院士、14位研究员和教授组成专家委员会，对保障方案进行全面、详细的论证。[①] 2008年4月4日，正式对外发布《北京市人民政府关于发布2008年北京奥运会残奥会期间本市空气质量保障措施的通告》，从机动车、施工工地、污染企业、燃煤设施、有机废气、气象条件六个方面采取强有力的措施，其中最有名的就是机动车的"单双号限行"。

就在奥运前夕，国际环保组织绿色和平召开记者会，发布了《超越北京，超越2008：北京奥运会环境评估报告》。[②] 集中研究了六个对北京至关重要的环境议题：空气质量、能源使用/气候变化/制冷剂、交通、水资源、林业、有毒物质和废弃物，并积极肯定了北京在这六个方面的主要成就。对于没有做到的部分，绿色和平并没有用一贯的批判性用词，而是使用了"错失的机会"等建设性说法。绿色和平的结论是"北京在2008奥运会的筹办过程中，实现了大部分的申奥环保承诺。2008年北京奥运会的特别之处在于，这些为奥运会而做出的环保努力，将为北京这座城市在奥运过后留下一笔宝贵的环境遗产"。

此份报告虽然是绿色和平的独立调研评估报告，但得到了北京奥组委环境工程部、北京市环保局的大力支持，从报告设计初期的方向把控，到撰写过程中的数据资料提供，再到初稿完成后的审议定稿，都存在着深度合作。

国际奥委会奥运会执行主任吉尔伯特·费利于2008年10月8日致信绿色和平，表示认可并采纳了绿色和平的建议。10月，北京奥组委工程和环境部也给绿色和平颁发了荣誉证书，表彰其为奥运会成功举办做出的突出贡献。12月，应联合国环境发展署（UNEP）的要求，绿色和平从非政府组织

---

① 《八位院士为奥运空气质量保障方案把脉》，北京市环保局，http：//www.bjepb.gov.cn/bjhrb/xxgk/ywdt/dqhjgl/dqhjglgzdtxx/509494/index.html，2007年6月8日。

② http：//www.greenpeace.org/china/zh/publications/reports/other/2008/2008/.

的角度发表了对北京奥组委工作的建议和意见。

关于绿色和平积极评价北京奥运环境努力的报道不仅出现在新华社、人民网等官方媒体上，也得到美国 CNN、《英国卫报》、BBC、《独立报》等国际媒体的竞相报道。其从独特的第三方角度为北京的奥运环境努力正名。

（二）奥运之后在清洁空气方面的软性合作

在 2008 年北京奥运会结束以后，北京市将一些环境经验进一步完善推广。从 2013 年 1 月 1 日起，北京市作为第一批城市在检测标准中纳入了 PM2.5、一氧化碳和臭氧①，并提出了 2017 年全市空气 PM2.5 年均浓度控制在 60 微克/立方米左右的目标②，具体措施包括继续关停燃煤发电厂，淘汰三高企业，制定阶段性目标，逐步实现市区无煤化等③。在交通方面，北京将奥运期间的单双号限行变成日常的周一至周五每天限行两个车号，进一步扩大公共交通运营能力，到 2015 年公交运营线路达到 1200 条，轨道交通线路增至 17 条，公共自行车数量增至 5 万辆。同时加快淘汰老旧车辆，2011 年至 2017 年 7 月北京累计淘汰黄标车、老旧车 162 万余辆④。

同时，北京在清洁空气的公众参与中始终让绿色和平参与其中，包括在制定北京清洁空气计划时邀请绿色和平作为民间专家建言献策。在 2014 年 2 月《北京市大气污染防治条例》的发布会上，授予绿色和平“北京环保志愿监督员”称号，是民间监督员中仅有的 5 位之一。数次邀请绿色和平参加北京市环保局组织召开的 PM2.5 专题研讨会，就 PM2.5 排名、雾霾成因分析报告、北京空气质量改善报告等内容和结论进行修改。

另外，绿色和平把北京空气作为其项目重点，主动开展了一系列专业工

---

① 北京《环境空气质量标准》，http：//news.xinhuanet.com/city/2012－05/14/c_123123803.htm。

② 《北京市 2013～2017 年清洁空气行动计划》，http：//www.bjepb.gov.cn/bjepb/323474/330026/324900/440807/index.html。

③ 《北京市 2015 年压减燃煤和清洁能源建设工作计划》，http：//china.huanqiu.com/article/2015－04/6267746.html。

④ http：//news.sina.com.cn/o/2015－07－11/014032096088.shtml.

作，包括与健康专家合作。从2012年到2015年，绿色和平与北京大学公共卫生学院课题组合作发布《危险的呼吸》系列报告，开展PM2.5的公共健康影响研究。从2013年开始，基于环保部的公开监测数据，于每季度、每半年及年末独立发布中国城市PM2.5排名，特别对北京的情况进行深度跟进和分析，得到包括新华社、人民网、《21世纪经济报道》等在内的众多媒体报道和广泛的公众关注。

（三）北京申冬奥时绿色和平的独特价值

2015年北京申办2022年冬季奥运会，关键点是国际奥委会（IOC）的奥运评估团对北京进行打分。由于绿色和平在国际上独立、非政治和高调的形象，以及绿色和平主动与国际奥委会和北京冬奥组委的联系，其在北京申冬奥的过程中发挥了重要的民间推进作用。

2015年3月，国际奥委会奥运评估团来到北京，实地调研和评估北京的准备情况以及资质。其间，国际奥委会向北京冬奥组委提出需要征求民间意见，特别是独立非政府组织的意见，并且点名说想听听绿色和平怎么说。时任北京冬奥申委执行副主席、北京市副市长张建东会见了绿色和平东亚分部总干事戴慕韬，在会上介绍了北京申办2022年冬奥会的努力，特别是空气治理方面的决心和行动，并听取了绿色和平的评估和建议。次日，评估团中负责可持续发展和媒体的专家David Stubbs和Ron Hutcheson与绿色和平进行了一场闭门会议，就公众参与、空气质量、水资源、奥运遗产以及媒体环境等问题进行了积极的讨论。由于对北京环保努力的深入了解特别是对冬奥会环境工作价值的体会，绿色和平向国际奥委会专家详尽介绍了北京的情况，化解了国际奥委会的一些顾虑。

2015年7月31日，北京如愿以偿获得2022年冬季奥林匹克运动会的主办权。8月1日，绿色和平发布独立调研报告《2022绿色之约——绿色和平对北京2022年冬奥会的环境评估与展望》[①]。寄语2022年冬奥会，期待它

---

① http：//www. greenpeace. org. cn/environmental - assessment - of - winter - ol/.

成为北京乃至整个京津冀地区进一步改善环境质量的一次机遇，并为该地区和中国留下一份持久的绿色遗产。

在中央政府的大力支持和指导下，北京拿出“壮士断腕”的决心，从信息公开、企业减排、机动车管理、绿色生活、重污染预警、京津冀联防联控、全社会参与等方面采取行动，打赢了一场漂亮的“蓝天保卫战”。到2017年，北京市空气中细颗粒物（PM2.5）年均浓度为58微克/立方米，同比下降20.5%，完成国家“大气十条”下达的60微克/立方米左右的目标。

三　北京城市外交在环境治理中的经验总结

北京的城市外交在环境治理中积累了宝贵经验，为其他城市依靠城市外交改善生态环境塑造了榜样。北京的城市外交在环境治理中可供借鉴的经验如下。

（一）城市角色定位与硬件建设

在城市角色定位与硬件建设上，北京注重建设生态文明城市，发展低碳经济。立足于推动落实科学发展观，立足于推进生态文明建设，正确处理好经济发展与资源节约、环境保护的关系，努力建设山清水秀、环境优美、生态安全、人与自然和谐相处的新型城市，统筹考虑经济发展和生态建设，统筹考虑国内和国际两个大局，统筹考虑当前利益和长远战略，全面实施应对气候变化国家战略，切实走出一条发展低碳经济，促进节能减排的新路子，既是落实科学发展观、实现可持续发展的内在要求，也是应对气候变化、参与国际竞争的客观需要，还是结构调整、产业升级的主攻方向。生态文明建设关系人类的福祉和未来。应该携起手来，共建生态安全、绿色发展的美好家园，给子孙后代留下天蓝、地绿、水清的美丽世界，为人与自然的永续发展赢得光明未来。

北京还注重增强城市的包容性，促进共享经济发展。包容性首先意味着共享，共享经济发展的成果、共享平等的社会权利、共享均质的公共服务。包容性发展乃是消除贫困、改善弱势地位、融入主流社会的不二法门。包容性城市同时意味着参与，这是基于社区脉络的广泛参与，从而令发展成为包括政府、企业、社会组织和民众的共同参与而实现的社会改善和社区复兴。唯有广泛的参与，才有助于让发展从规划到实施都能凝聚广泛的共识，动员各方力量，从而获得让各方受益的成果。

（二）城市文化软件建设与生态文明宣传

在城市文化软件建设与生态文明宣传上，北京注重加强环境保护的宣传教育，提高公民生态文明意识。“世界环境日”的确立反映了世界各国人民对环境问题的认识和态度，表达了我们人类对美好环境的向往和追求。环境就是民生，改善环境质量，加强生态文明的宣传教育，倡导勤俭节约、绿色低碳、文明健康的生活方式和消费模式，进一步提高全社会生态文明意识。城市通过处理好经济发展同生态环境保护的关系，牢固树立保护生态环境的理念，从而推动绿色发展、循环发展、低碳发展，不断提高生态环境的质量。“世界环境日”的传播是弘扬“生活方式绿色化”理念、增进人们对“生活方式绿色化”的认识和理解的一种途径，将美好愿景转化为实际行动，呼吁人人行动起来，从自身做起，减少浪费，实现生活方式和消费模式向勤俭节约、绿色低碳、文明健康的方向转变。

北京还注重开展生态环境相关的主题活动，提高企业、家庭、个人等各个行为体的环保践行程度。人类的衣、食、住、行、乐等生活和生产活动都会消耗大量的地球资源，按现有的生态足迹水平，一个地球远远无法满足人们所需的自然资源。“地球一小时”历年的主题活动，从关注气候变化、关注蓝天、关注污染，提升环境问题的关注度，到号召公众做出环保改变，致力于激励和引导公众参与。可以说，穹顶之下，绿色出行、低碳生活越来越得到大家的关注。越来越多人减少飞机、火车、出租车、家庭轿车等交通工具的使用，身体力行地降低碳排放。而企业和单位都在考虑如何合理分配资金、降低机构运转成本的同时，成为助力环保事业发展的一员。

（三）加强与国际非政府组织软性合作，促进城市的可持续发展

北京打破传统的项目层面合作模式和伙伴关系，软性和非公开的合作方式效果优异。对于一个城市的政府部门来说，与国际非政府组织的合作形式大多是通过签订“谅解备忘录”明确合作的议题、范围、时间、工作手法、资金、双方权责和监管审计方式等详细内容后开展具体的项目层面合作。对于绿色和平这样在全球以行动和敢于向污染说不而著称的机构，与政府部门合作甚至不是其传统的工作方式。而此案例开创性地展示了一种全新的合作模式，即使没有一个固定的项目和明确的行动方案，双方在共同愿景和充分沟通的基础上，心有灵犀地里应外合，各自开展工作。在近十年的时间里，北京市政府部门并未与绿色和平签订任何合作协议，有任何资金往来，但人员间的交流和讨论、资料信息的分享和互通却从未间断过，从副市长到环保局局长，从技术部门到科研机构，都在有需要的时候与绿色和平有着良性的互动，并未因为政府和非政府的界限而闭门不见各自为战。

在生态文明上升到国家战略的今天，可持续发展和生态环境方面的问题越来越涉及广大公众和非政府组织。因此，此类非传统合作方式虽然非公开、软性，但既省钱省力，又通过实践证明效果优异。

（四）尊重非政府组织的独立性反而有更优异的国际媒体效应

城市在高速发展过程中难免出现一些发展的副作用，其中空气污染等环境问题与老百姓的生活息息相关，且难以通过政府的一己之力完全解决。在这一领域，非政府组织就可以发挥独特的增补作用。特别是本案例中的绿色和平组织，由于其发起人中就有记者，一直以来深谙媒体运作之道，内部设有专门的传播部门，聘请专业媒体从业人员做项目推广。绿色和平的每个研究报告都配合进行专业的媒体发布，从过去线下的记者会到近年来线上线下同步发布，配合有创意的行动方式、新闻发言人、新闻稿、背景信息、图片故事、Q&A 等媒体资料，让绿色和平常常“上头条”。

除了被动地接受采访，绿色和平中国办公室还会联合全球几大媒体中心

所在的办公室针对国际社会的重大事件联动发声，并撰写中英文文章发表在欧美主流媒体上。例如，2017 年针对美国特朗普总统退出巴黎协定引发的讨论，绿色和平中国团队主动在《金融时报》上发表数篇文章，对国外受众产生广泛影响。

在中国十多年的工作使绿色和平成为国际社会了解中国的重要渠道，也是在国际媒体和网络上出现频率最高的“北京空气民间评论员”。正是这种非公开、软性和深度的合作让北京政府的努力得到了境内外政府、媒体等各界人士的极大重视，其正面宣传效果出乎意料得好。

（五）政府部门决策者解放思想信任非政府组织起到重要作用

由于北京市政府没有和绿色和平组织签订任何合作协议，也就没有任何具体的责任和义务，其创新模式最后的成效需要时间来体现。合作初期和中间一些关键时期需要北京市政府、环保局、奥组委的决策者充分解放思想，大胆尝试，开放行动。其中尤其突出的是亲自出面与绿色和平见面沟通甚至合作的北京市副市长张健东，环保局副局长杜少中，北京奥组委工程和环境部部长余小萱。这几位主管领导有担当和大局观，摒弃了“多一事不如少一事”的保守思维，充分信任非政府组织是关键。

北京与绿色和平的合作初期也受到很多质疑，国际非政府组织的影响力对于政府来说是一把双刃剑。用得好，可以里应外合，获得双赢；用得不好，可能出现方向偏差，甚至失控。因此对合作的双方，特别是政府的管理能力和非政府组织的自控力提出了非常高的要求。

在实际操作中，绿色和平北京办公室的项目长期目标设计和北京市政府的目标是很一致的，因此在长达近十年的工作中也始终把和政府积极沟通作为实现其项目目标的重要途径。但在实践过程中还是难免出现了一些因为北京的空气问题被国际媒体炒作造成政府压力，或者非政府组织在揭露问题和举报污染时引起社会各界对政府是否存在不作为行为的讨论。此类问题难以完全避免，因此非政府组织的自我管理和项目管理能力，以及危机处理能力都会产生重要的影响。

四 结语

通过上文的分析，不难看出，北京城市外交在环境治理中的努力从2008 年奥运会开始，且不止于奥运会，所取得的积极成效也因此大大超出奥运会和清洁空气的议题，从而开创了城市与国际非政府组织软性合作以来展示城市可持续发展的努力和成就的有效尝试。正如 2008 年北京奥运会新闻发言人、时任北京环保局副局长杜少中所言，“重合作又不失特点，确实是开创了绿色和平与一个城市很好合作的先河”。

论城市外交在中韩关系发展中的作用和地位*

李敦球　谌贝贝**

摘　要： 20世纪80年代以来，随着经济全球化与城市化的不断发展，城市作为国际关系中日益活跃的行为体，逐步开始走上国际舞台。以城市为载体的城市外交也日渐成为国家总体外交中不可或缺的一部分，在对外交流中发挥着越来越重要的作用。中韩两国的城市外交根植于两国关系之中，既有各自发展的独特性，又共同推动了两国关系不断向好发展，并在不同的发展阶段表现出不同的时代特征。

关键词： 城市外交　中韩关系　时代特征

一　城市外交的内涵

（一）城市外交的定义

目前被国内学界所广泛接受的城市外交概念是由荷兰国际关系研究所学者罗吉尔·范·德·普拉伊吉姆（Rogier van der Pluijm）与简·梅利森

* 本文为2020年度山东省社科规划研究项目“共建东北亚‘一带一路’的路径与战略意义”的阶段性成果，立项编号：20CGJJ01。

** 李敦球，曲阜师范大学外国语学院教授、国别与区域研究中心主任；谌贝贝，韩国釜山大学政治外交专业研究生。

（Jan Melissen）于2007年所提出的，即“城市外交是城市或地方政府为了代表城市或地区的利益，在国际政治舞台上发展与其他行为体的关系的制度和过程”。[①] 不同学者对城市外交的定义也不尽相同。陈楠认为，“中国的城市外交是在中央政府的授权和指导下围绕非主权事务所开展的制度化国际交往活动。其核心功能就是实现国家广泛的对外政策目标，提升国家的外交能力。”[②] 中国人民对外友好协会会长李小林在其著作《城市外交：理论与实践》中指出“主权国家仍然是当代国际关系的主角，城市发展仍主要为国家利益服务，城市的对外交往是在国家总体外交大局下的‘授权’行为”。[③] 赵可金和陈维认为，“作为一种特殊的外交形态，城市外交是在中央政府的授权和指导下，某一具有合法身份和代表能力的城市当局及其附属机构，为执行一国对外政策和谋求城市安全、繁荣和价值等利益，与其他国家的官方和非官方机构围绕非主权事务所开展的制度化的沟通工作。”[④] 龚铁鹰强调，“城市外交是国家总体外交的一个组成部分，但是又有城市地方特色，在性质上属于半官方外交。”[⑤] 这明确指出了城市外交的半官方特性。另外杨毅在《全球视野下的中国城市外交》一文中指出，“城市外交是国家总体外交的组成部分，它配合国家总体外交，参与全球治理，促进地方发展，实现城市人民间的了解与交流，使城市之间能够相互借鉴彼此建设和发展的经验，在经贸、科技、文化、教育、环保、人才等方面开展实质性的交流与合作，推动城市经济社会的繁荣与发展。”[⑥] 张祎认为，“城市外交是城市通过自身的外向型行为参与国际事务，或是为了完成国家总体外交的一部分职能，或

---

① Rogier van der Pluijm and Jan Melissen, *City Diplomacy: The Expanding Role of Cities in International Politics*, Clingendael Diplomacy Papers No. 10, The Hague, Netherlands Institute of International Relations Clingendael, April 2007, p. 11.

② 陈楠：《城市外交与中国特色大国外交——思想契合、战略对接与机制创新》，《国际展望》2018年第1期，第72页。

③ 李小林：《城市外交：理论与实践》，社会科学文献出版社，2016。

④ 赵可金、陈维：《城市外交：探寻全球都市的外交角色》，《外交评论》2013年第6期，第69页。

⑤ 龚铁鹰：《国际关系视野中的城市——地位、功能及政治走向》，《世界经济与政治》2004年第8期，第40页。

⑥ 杨毅：《全球视野下的中国城市外交》，《理论视野》2015年第8期，第70页。

是为了实现城市的进步和发展。”① 高常凯、刘款、闻竞指出，“城市（城市群）外交是一种在国家外交的框架下，通过和其他国城市的交往，促进城市的经济、文化、科技发展的一种对外交往方式。”② 周士新则从广义与狭义两个方面阐释了城市外交的概念，他认为，“广义的城市外交指的是城市的对外交往，对象和范围都是相当广泛的；狭义的城市外交主要指的是不同国家的友好城市之间的交往，但强调关系的非政治性。”③ 综合以上各位学者的意见和看法，我们可以得知，目前国内学界关于城市外交概念较为统一的解释主要在于确定城市外交为国家整体外交的一部分，即城市外交要服从和服务于国家整体外交，但同时城市也可以充分发挥自身的能动性，开展形式多样的对外交流，促进自身发展。

与中国学界有所不同，韩国学界更侧重于强调城市自身的主体性，所谓城市交流，可以定义为除国家以外的“个人、集体、机构”等不同主体通过友好合作谋求共同利益的行动，以韩国全北大学政治外交学系宋基敦（音译）教授为代表，韩国学者多接受世界城市和地方政府联盟（UCLG）④对城市外交的定义，即“城市外交是当地政府和社会团体促进社会凝聚、预防冲突和战后重建的工具，以创建一个稳定的环境为目的，让市民能够共同生活在和平、民主及繁荣中”。⑤

① 张祎：《试论全球政治时代的城市外交》，《张家口职业技术学院学报》2012年第4期，第1页。

② 高常凯、刘款、闻竞：《中国城市（城市群）外交文献述评》，《新西部》（理论版）2017年第4期，第1页。

③ 周士新：《上海城市外交的全球布局与特色定位》，《上海城市管理》2018年第1期，第41页。

④ 世界城市和地方政府联盟（UCLG）又称世界城市和地方政府联合组织，是地方政府国际联盟和联合城镇组织与世界大都市协会于2004年5月合并成立的国际机构。

⑤ 参见“The Hague Agenda on City Diplomacy”，UCLG，& The City of The Hague & VNG International. June 2008，p. 1；송기돈《지방정부 국제기구를 통한 도시외교의 제도화 기반과 특성 연구 --세계지방정부연합（UCLG）사례 중심》，《한국자치행정학보》제 30 권 제 4 호（2016 겨울）,p.132; 고경민、장성호《제주특별자치도 사례를 중심으로 본 도시외교의 방향》，《대한정치학회보》22 집 3 호 , 2014 년 8 월 ,p.51;《제주의 도시외교와 중국의 부상 --이론적 검토와 추진 방향》,《한국평화연구학회 학술회의》, 2013 년 , p.128; 장정재《한중 지방정부간 효율적 교류협력 방안 -- 부산광역시를 중심으로》，《한국자치행정학보》，《中国学　第44辑》，2013（4），p323。

（二）城市外交的类型

根据城市参与对外交流的方式不同，可将城市外交分为不同的类型。杨毅指出，“当前的城市外交以双边的国际友好城市和多边城市外交为主要表现形式。”① 赵新利、任静文在《中国城市公共外交的研究与实践》一文中将城市的外交实践分为三种形式，即“结成友好城市，合作论坛为协作平台与通过国际组织和国际媒体的城市外交”。② 龚铁鹰立足于城市在国际关系中的非主权型国际行为主体的特点，将城市外交分为“国际友好城市、城市间国际组织、各国城市的对外直接交往”三种类型。③ 汤伟则按照操作方式和操作对象的不同，将城市外交操作模式划分为三类：“姐妹城市或者国际友好城市、城市协作平台、国际组织的嵌入。”④ 韩国釜山发展研究院研究员张正在（音译）主要关注姐妹城市外交，按照合作内容将其细分为经济合作、友好交流合作与大型活动合作三种类型。⑤ 笔者根据城市参与国际交流的身份、媒介与目的的不同，将城市外交分为：①国际友好城市与姐妹城市，②国际组织依托型城市外交，③发展驱动型城市外交三种类型。国际友好城市起源于第一次世界大战之后的欧洲，但直到第二次世界大战后才在各国大量出现。西方国家习惯将其称为“TWINS”，意即“姐妹城市”“双胞胎城市”，⑥ 主要是指一国的城市与其他国家相对应的城市通过缔结友好城市协议书，双方在各个领域开展交流合作的城市外交方式。国际组织依托型城市外交是指城市通过加入某一国际或区域性组织，通过该组织所提供

① 杨毅：《全球视野下的中国城市外交》，《理论视野》2015 年第 8 期，第 71 页。

② 赵新利、任静文：《中国城市公共外交的研究与实践》，《公共外交季刊》2019 年第 1 期春季号，第 89 ~92 页。

③ 龚铁鹰：《国际关系视野中的城市——地位、功能及政治走向》，《世界经济与政治》2004 年第 8 期，第 41 ~42 页。

④ 汤伟：《发展中国家巨型城市的城市外交——根本动力、理论前提和操作模式》，《国际观察》2017 年第 1 期，第 91 ~95 页。

⑤ 장정재：《한중지방정부간효율적교류협력방안 --부산광역시를중심으로》，《한국자치행정학보》，《中国学　第 44 辑》，2013（4），pp. 323 －325。

⑥ 程永明：《中日友好城市的交往及其作用》，《日本研究》2012 年第 3 期，第 111 页。

的平台参与国际合作的方式。发展驱动型城市外交指城市虽未加入国际或区域性组织，也未与其他城市缔结友好协议，但因为两城市间彼此相近或发展具有互补性，为了求得自身发展而进行直接沟通交流的方式。

（三）城市外交的功能

城市之间通过缔结友好协议，开展国际交流合作，能够增进两国城市间的彼此了解，促进城市对外交流能力的不断提高。同时，能够推动两国间的文化传播，以友好城市为媒介，引导国际舆论、塑造自身形象，提高国际知名度。此外，通过城市间合作，可以深入挖掘彼此的发展互补点，学习对方先进的技术与管理经验，开展招商引资，推进自身经济改革与发展。最为重要的是城市外交作为国家总体外交的重要组成部分，可以凭借自身的灵活性与能动性，充分发挥桥梁与纽带作用，促进两国人民相互了解并增进友谊，尤其是在两国关系处于困难时期时，城市外交可以为缓和两国间的矛盾与敌意做出贡献，巩固和发展两国间的民意基础。

二　中国、韩国城市外交发展历程

作为国家总体外交的重要组成部分，中韩两国各自的城市外交都经历了从无到有、由弱变强的过程。这其中既有在全球化与城市化大背景下，城市不断发展，自身力量增强后参与国际交流的愿望不断增强，更离不开国家在全球政治时代主动融入世界，选择加入国际组织，同时下放权力，调动以城市为代表的地区行为体积极性的战略决断。

（一）中国城市外交发展历程

中国城市外交是在全球化、信息化、多元化的时代背景下兴起的。[①] 20

① 陈楠：《城市外交与中国特色大国外交——思想契合、战略对接与机制创新》，《国际展望》2018 年第 1 期，第 71 页。

世纪70年代在毛泽东、周恩来等老一辈国家领导人的直接领导下，1973年6月，中国天津市与日本神户市正式缔结为友好城市。[①] 作为中国与外国缔结的第一对国际友好城市，天津与神户的友城合作开启了中国城市外交事业的序幕。改革开放以后，党的十一届三中全会做出了从1979年起把全党工作重点转移到社会主义现代化建设上来的战略决策，同时用“和平与发展”取代“战争与革命”作为时代主题，强调与国际体系的和平与合作，日益重视对国际组织与国际合作机制的参与、完善与创设，以更加积极的姿态参与国际事务。[②] 这一伟大的历史性决策奠定了我国城市外交事业的发展方向，给予城市更大的国际交流自主性，推动了中国主动融入世界的进程。

20世纪90年代，冷战的结束标志着两个完全封闭的政治经济体系被打破，为全球政治的最终形成提供了基础。[③] 中国城市外交在进入90年代后，发展更趋体制化、系统化。1992年中国国际友好城市联合会成立，开启了中国城市外交新的一页。中国国际友好城市联合会是由中国人民对外友好协会发起，以发展国际友城、推动务实合作、奉行和平外交、服务地方发展为宗旨的非营利社会团体。该协会下设经济合作委员会与国际友好城市交流中心，自成立之日起便积极推动发展同各国友好城市组织和有关国际机构的友好合作关系，成就斐然。根据中国国际友好城市联合会的统计，截至2020年1月19日，我国31个省、自治区、直辖市（不包括台湾省及港、澳特别行政区）和502个城市与五大洲138个国家的557个省（州、县、大区、道等）和1724个城市建立了2723对友好城市（省州）关系。[④]

进入21世纪后，中国城市外交事业的发展逐步获得了官方认证，城市

① 参见《天津与国外结成友好城市一览表》，天津政务网，http://gk.tj.gov.cn/gkml/000125831/201112/t20111206_51394.shtml，2020年1月7日。

② 李文：《改革开放四十年中国外交的变革与成就》，《中国青年报》2019年1月7日，第002版。

③ 张祎：《试论全球政治时代的城市外交》，《张家口职业技术学院学报》2012年第4期，第1页。

④ 参见《友城统计》，中国国际友好城市联合会网站，http://www.cifca.org.cn/Web/YouChengTongJi.aspx，2020年1月19日。

外交逐渐成为国家总体外交不可或缺的一部分。城市间的交流合作也从最初单一的以人文交流为主发展到包含政治、经济、文化、社会、环境等各领域、全方位的交流与发展。2004 年 8 月，时任天津人民对外友好协会秘书长的龚铁鹰认为城市外交是国家总体外交的一个组成部分，但是又有城市地方特色，在性质上属于半官方外交。[①] 这实际上肯定了城市外交的“半官方”身份。2008 年 11 月，时任中国人民对外友好协会会长陈昊苏在中国国际友好城市大会开幕式致辞中进一步肯定了城市外交的半官方身份，他指出：“城市外交服从并服务于总体外交，同时又具有地方特色，强调为城市的发展服务，把开展务实合作放在超越感情色彩的重要位置上。就其基本的属性而言，城市外交是一种半官方外交。”[②] 2014 年 5 月，国家主席习近平在中国国际友好城市大会暨中国人民对外友好协会成立 60 周年纪念活动上发表重要讲话，要求“大力开展国际友好城市工作，促进中外地方交流，推动实现资源共享、优势互补、合作共赢”。[③] 这充分说明了党和政府对城市外交工作的高度重视。2015 年 3 月，国家发改委、外交部、商务部共同推出《推动共建丝绸之路经济带和 21 世纪海上丝绸之路的愿景与行动》，明确提出“开展城市交流合作，欢迎沿线国家重要城市之间互结友好城市，以人文交流为重点，突出务实合作，形成更多鲜活的合作范例”，[④] 这为我国城市外交的发展提供了新的方向，同时为推动城市外交助力“一带一路”发展奠定了政策基础。中国共产党第十九次全国代表大会进一步强调了发展公共外交的重要性，指出“推进人大、政协、军队、地方、人民团体等的

---

① 龚铁鹰：《国际关系视野中的城市——地位、功能及政治走向》，《世界经济与政治》2004 年第 8 期，第 41 ~42 页。

② 陈昊苏：《在中国国际友好城市大会开幕式上的讲话》，人民网，http：//world. people. com. cn/GB/57507/8311402. html，2020 年 1 月 8 日。

③ 参见《习近平在中国国际友好大会暨中国人民对外友好协会成立 60 周年纪念活动上的讲话》，人民网，http：//cpc. people. com. cn/n/2014/0516/c64094 －25024391. html，2020 年 1 月 8 日。

④ 参见《推动共建丝绸之路经济带和 21 世纪海上丝绸之路的愿景与行动》，中国一带一路网，https：//www. yidaiyilu. gov. cn/yw/qwfb/604. htm，2020 年 1 月 8 日。

对外交往”,[①] 这体现了党和国家持续推进城市外交发展的决心，为城市外交预留了更加广阔的空间。

中国的城市外交发展是国际和国内大环境背景下的必然选择。随着城市自身力量的增强与中央政府权力的不断下放，城市获得了参与国际交流、谋求自身发展的机会。要推动城市外交不断向好发展，就要密切地方政府与中央政府之间的联系，找准定位，共同发挥作用，实现国家总体外交与城市外交的双赢。

（二）韩国城市外交发展历程

与中国相比，韩国的城市外交发展起步较早。1961 年韩国晋州市与美国俄勒冈州尤金市缔结姐妹城市关系,[②] 这是韩国城市外交事业的开端。但 20 世纪 60 年代，朴正熙政权实行中央集权制度，否定地方自治团体（主要包括地方政府和议会）的自治权力，并且解散了地方议会，自治团体的长官也变为由中央政府直接任命。在高度集权的中央政府管辖之下，市、道、区、郡等自治机构并不具有自主性,[③] 这一时期的城市外交发展缓慢。

随着 1987 年韩国民主化运动的爆发，中央政府对地方自治团体的高压政策得到了逐步缓和，地方自治团体自主性得到发展。进入 20 世纪 90 年代，特别是在 1991 年韩国全国市道知事协议会诞生之后，韩国的城市外交事业迎来了发展的黄金时期。[④] 协议会以增进韩国地方市、道政府之间的交

---

① 参见《习近平：决胜全面建成小康社会夺取新时代中国特色社会主义伟大胜利——在中国共产党第十九次全国代表大会上的报告》，新华网，http：//www. xinhuanet. com/2017 - 10/27/c_ 1121867529. htm，2020 年 1 月 10 日。

② 조형진 : 《한국과중국의도시외교 -- 한중 FTA 지방협력시범지구선정에따른인천과웨이하이의 사례》, 《국제 • 지역연구》 28 권 2 호 2019 여름, p. 32.

③ 오니시유타카 : 《한일지방자치단체협력의전개 -- 자매도시결연전략》, 《한국과국제정치》, 제 31 권제 1 호 2015 년 (봄) 통권 88 호, pp. 163 - 164.

④ 조형진 : 《한국과중국의도시외교 — 한중 FTA 지방협력시범지구선정에따른인천과웨이하이의 사례》, 《국제 • 지역연구》 28 권 2 호 2019 여름, p.33 ; 오니시유타카 : 《한일지방자치단체협력의전개 -- 자매도시결연전략》, 《한국과국제정치》, 제 31 권제 1 호 2015 년 (봄) 통권88호, pp.163-164 ; 우양호、이정석 : 《지방정부국제교류의영향요인에관한연구 -- 도시간자매결연을중심으로》, 《지방행정연구》, 제 24 권제 4 호 (통권 83 호), 2010 （12）, p. 408.

流合作，就地方自治团体的共同问题进行协商，并为地方自治团体的国际化项目提供支持，促进地方社会的协调发展和地方自治的健全成长为主要目的，[①] 始终致力于增强地方分权能力，促进对外合作等相关事业，极大地推动了韩国城市外交事业的体系化、制度化发展。根据韩国全国市道知事协议会的统计，截至目前，韩国地方政府（包括广域自治团体与基层团体）已经与82个国家的1249个城市缔结了1659对姐妹城市关系。[②] 事实上，直到1992年，地方政府的姐妹城市关系缔结都必须得到韩国内务部的认证，这在很大程度上限制了城市外交的自由发展。但是1994年、1995年政策调整后，30万人口以上的城市可以与10个海外城市缔结姐妹城市关系，30万人口以下的市、郡、区最多可以与5个海外城市缔结姐妹城市关系，这在一定程度上放宽了对姐妹城市关系缔结的限制。1994年7月，韩国地方自治团体国际交流财团成立，次年3月，该组织更名为韩国地方自治团体国际化财团。该财团的成立推动了韩国地方的自治发展，提高了地方的国际化水平。[③] 1995年6月，韩国实行了地方选举，标志着地方自治时代的真正到来。这使得地方政府摆脱了对中央政府的依赖，促进了地方政府施政的国际化，提升了地区经济发展的活力，城市外交事业也开始迎来快速发展。

进入21世纪后，韩国地方自治的制度化发展为城市外交提供了法律保障。2003年韩国政府通过了《行政自治部47号训令》，进一步推动了姐妹城市缔结工作的开展，同时在2004年做出政策调整，使地方政府不需要征得行政自治部的同意就可以缔结姐妹城市。[④] 此后卢武铉政府于2004年1月制定了《地方分权特别法》，李明博政府于2008年制定颁布《关于地方

---

① 参见《韩国全国市道知事协议会目的》，韩国全国市道知事协议会网站，https：//www. gaok. or. kr/global/main/contents. do? menuNo =300079，2020年1月12日。

② 参见《国际交流现况》，韩国全国市道知事协议会网站，https：//www. gaok. or. kr/gaok/exchange/list. do? menuNo =200080，2020年1月12日。

③ 김미연 :《지방자치단체의 국제교류확산과 동형화》,《한국거버넌스학회보》, 제 17 권 3 호, pp. 61 –83.

④ 오니시유타카 :《한일지방자치단체협력의전개 --자매도시결연전략》,《한국과국제정치》, 제 31 권제 1 호, 2015 년 (봄) 통권 88 호, pp. 164 –165.

分权促进的特别法》，朴槿惠政府于 2013 年合并《关于地方分权促进的特别法》和《关于地方行政体制改编的特别法》为《关于地方分权及地方行政体制的特别法》，[①] 文在寅总统执政后也强调通过持续推进地方分权，不断增强地方政府施政能力。这一系列举措保障了地方自治权力的不断扩大，也赋予了城市外交更大的发展自主权。

综上所述我们可以得知，韩国的城市外交发展进程是与地方自治权的不断扩大紧密相连的，即随着地方自治团体自治权的不断扩大、参与国际交流的能力不断增强，城市外交事业也得到不断发展。

三 中韩两国间的城市外交

中韩两国间的城市外交与两国外交关系的正常化发展密不可分。根据相关研究，20 世纪 80 年代末，山东省青岛市为扩大与韩国双边经贸发展而与韩国政府进行交流行动，从一定程度上加速了中韩两国关系正常化发展的历史进程。[②] 1992 年 8 月，中韩两国领导人审时度势，做出了具有划时代意义的建交决策，实现了两国关系的正常化发展。1993 年 7 月，韩国全罗南道木浦市与中国江苏省连云港市缔结为中韩间的第一对友好城市，[③] 开启了两国城市间友好交流的序幕。据统计，截至目前，中韩两国间已经缔结了 192 对友好城市关系，[④] 两国在政治、经济、文化等各领域交流密切，同时在国际、地区等重大事务中也保持了密切协调与合作。2013 年，中国国家主席习近平在访问中亚和东南亚国家期间，提出了共建“丝绸之路经济带”和“21 世纪海上丝绸之路”（以下简称“一带一路”）的重大倡议。同时期韩

① 정재욱 (대학교수), 안성수 :《한국지방자치의이해》, 피앤씨미디어 출판사 , 2013 년 .

② 祁怀高：《中国地方政府对中韩建交的影响——以山东省的作用为例》，《当代韩国》2010 年冬季号，第 66 页。

③ 参见《连云港市友城基本情况》，连云港市人民政府网站，http://www.lyg.gov.cn/zglygzfmhwz/yhwl/yhwl.html，2020 年 1 月 15 日。

④ 参见《世界各国与我国建立友好城市关系一览表》，中国国际友好城市联合会网站，http://www.cifca.org.cn/Web/WordGuanXiBiao.aspx，2020 年 1 月 19 日。

国朴槿惠政府提出“欧亚倡议”，并考虑将韩国的“欧亚倡议”与中国的新“丝绸之路经济带”结合起来；文在寅总统执政后提出了“新北方政策”与“新南方政策”，并积极与“一带一路”构想进行对接。“一带一路”作为一项既造福中国，又惠及沿线各国和世界的重大工程，为中韩两国间的城市外交增添了新的动力，提供了新的舞台。

本文将立足于中韩两国外交关系发展的大背景，结合两国城市外交主要形式与内容的不同，将中韩两国间的城市外交分为建交前的城市外交（1988～1992 年）、建交后的城市外交（1992～2013 年）与“一带一路”新时期的城市外交（2013 年至今）三个阶段，并对每一个阶段中韩城市外交的具体内容与特点进行梳理与总结，以期得到对中韩城市外交较为全面的理解和认识。

（一）建交前的中韩城市外交（1988～1992年）

20 世纪 80 年代后，随着全球化的发展，国际关系行为体开始呈现多样化的发展态势，包括各级地方政府在内的次国家行为体日益活跃于国际关系舞台，并因其前所未有的参与广度和深度而备受瞩目。[①] 冷战结束以及经济全球化的不断发展，使得东北亚局势得到缓和。作为在东北亚有着重要影响力的中韩两国在经济上有着很大的差异性和互补性，共同的经济利益促使两国开始谋求关系的正常化发展。但是由于朝鲜半岛问题的复杂性，两国中央政府层面的磋商难以有效推进。

早在中韩建交之前，山东省政府，特别是青岛市就已经与韩国保持了较为密切的经贸往来。作为中国第一批开放的 14 个沿海城市之一，青岛市凭借自己与韩国隔海相望的地理优势，吸引了较多韩国企业来青岛建厂。相关资料显示，山东省与韩国的直接贸易往来开始于 1988 年，且在当年的对韩出口额就已经达到 5080 万美元。[②] 但是非正常化的中韩关系给山东省谋求

① See Ivo D. Duchacek, *The Territorial Dimension of Politics: Within, Among, and Across Nations*, Boulder CO and London: Westview Press, 1986.

② 柏宝春：《山东省与韩国经贸合作现状及展望》，《沿海经贸》1996 年第 4 期，第 31 页。

与韩国进一步扩大经贸往来带来了许多阻碍。

1988 年 4 月，时任青岛市对外经济贸易委员会主任、中国国际贸易促进委员会青岛市分会会长刘吉德，以中外合资企业华和国际租赁有限公司董事长的身份率领四人小组，秘赴当时尚未与中国建交的韩国进行实地考察。这次考察开启了青岛与韩国“半官方”经贸交往的序幕，也是建交前中韩两国城市外交的第一次尝试。作为当时山东省乃至全国在中韩双边关系方面的第一个赴韩团组，刘会长率领的青岛访韩团组受到了韩方的高度重视与热情接待。访韩团组先后参观考察了汉城、釜山、大邱、马山输出自由区、仁川港、起亚汽车制造厂等地，并拜访了韩国商工部和大韩贸易振兴公社。在会见大韩贸易振兴公社社长朴英秀时，双方就如何发展经贸往来，达成了四条口头协议：①双方共同为促进两地企业之间的经济技术交流和贸易往来努力工作，并积极创造条件定期交换意见，改进工作方法；②双方经常交流经济信息，互换资料；③为两地企业间开展经济技术合作提供咨询服务；④各自为对方代办邀请入境的有关手续并提供服务。[①]

自访韩团组从韩国归来至当年年底，由青岛贸促会接待的韩国来青岛访问考察团组即达 35 个共 300 多人次。1989 年，韩国投资 45 万美元在青岛成立托普顿电器有限公司，这是青岛乃至山东省第一家韩国独资企业。随后，青岛市对韩招商引资力度逐步加大，至 1992 年 8 月中韩正式建交前，已有 100 多家韩资企业落户青岛。[②] 可以说青岛市访韩团组对韩国的成功访问，进一步密切了青岛与韩国的经贸往来，对推动中韩两国关系发展乃至中韩建交发挥了积极的作用。

以山东省青岛市为代表，建交以前的中韩城市外交以经贸交流为主。鉴于当时中韩两国在朝鲜半岛问题上存在的分歧，政治与人文层面

---

① 笔者参照时任青岛市外经委主任、市贸促会会长刘吉德发表在青岛新闻网上的文章《青韩“破冰之旅”：中韩建交前青岛与韩国经贸交往故事》整理而成，http：//www. qingdaonews. com/content/2004 -07/06/content_ 3343576. htm，2020 年 1 月 20 日。

② 参见《与韩国经贸往来》，青岛市情网，http：//qdsq. qingdao. gov. cn/n15752132/n30400816/n20551440/n26245844/190227110206175543. html，2020 年 1 月 20 日。

的交流难以开展，城市外交主要发挥了招商引资的首要作用。在当时，青岛与韩国间的经贸交流充分发挥了城市外交半官方的灵活性，为缓和矛盾，推进中韩两国关系正常化发展与中韩建交奠定了坚实的民意基础。

（二）建交后的中韩城市外交（1992 ~2013年）

中韩两国间地缘相近、文化相通。自 1992 年建交以来，两国关系全面稳定发展，交流与合作的范围不断扩展、深度日益加深，特别是在地方层面，两国各级地方政府互动频繁，为推动两国关系贡献了力量、增添了活力。[①] 与建交前单一的以经贸交流为主不同，建交后的中韩城市外交方式多样，主要包括缔结国际友好城市与姐妹城市关系，推动中韩城市双边交流机制建设，依托国际组织开展多边交流和两城市间直接交流等。

1. 国际友好姐妹城市与双边交流合作机制

1993 年 7 月中国江苏省的连云港市与韩国全罗南道的木浦市缔结为中韩第一对友好城市，开启了中韩友好城市发展的先河。根据中国国际友好城市联合会的统计，截至目前，中国与韩国共缔结了 192 对友好城市关系。在中国与外国缔结的友好城市中排第三位，仅次于日本与美国。[②] 另外根据韩国全国市道知事协议会的统计，截至目前，在韩国对外缔结 1659 对姐妹城市关系中，中国排名第一，韩国共与中国缔结了 643 对姐妹城市关系（中韩计算方式不同)，占韩国对外姐妹城市缔结总数的 38. 8% 。[③]

中韩地方政府间的双边交流机制主要包括中韩地方政府交流研讨会、中韩人文交流共同委员会、中韩地方省长知事会议、中韩城市发展联盟等。2002 年成立的中韩地方政府交流研讨会以增进中国各地方政府国际交流部

---

① 卢时旭：《韩国地方政府对华外交：特点、动因与前景——以仁川市为例》，《韩国研究论丛》总第三十三辑（2017 年第一辑），第 32 页。

② 参见《世界各国与我国建立友好城市关系一览表》，中国国际友好城市联合会网站，http：//www. cifca. org. cn/Web/WordGuanXiBiao. aspx，2020 年 1 月 19 日。

③ 参见《国际交流现况》，韩国全国市道知事协议会网站，https：//www. gaok. or. kr/gaok/exchange/list. do？ menuNo =200080，2020 年 1 月 12 日。

门与韩国地方政府驻华代表之间的友谊，促进地区发展和相互合作为目的，已经成为两国地方政府间交流与共享信息的坚实平台。[①] 中韩人文交流共同委员会于2013年成立，该组织以加强两国人文交流合作为目的，通过双方共同努力，为两国学术、青少年、体育、媒体等人文交流提供支持。根据中韩双方发布的《2016年中韩人文交流共同委员会交流合作项目名录》，自2013年建立中韩人文交流共同委员会机制，迄今为止已举行三次全体会议，开展近70项人文交流活动。中韩地方省长知事会议于2016年6月在韩国仁川召开第一届会议，第二届会议在中国北京举行，以“中韩地方政府携手走进新时代”为主题，两国地方政府代表围绕“推动文化旅游产业的交流与合作”以及“加强气候环境领域的保护与应对”等共同关心的议题进行了广泛深入交流。双方在加强地方政府环保合作、旅游合作和人文交流方面达成广泛共识。这一沟通机制为两国市级地方政府领导参与两国间城市问题商讨提供了平台，促进了两国地方政府间的相互了解，为经济合作与交流创造了机会。在2019年青岛世界韩商大会上青岛市城阳区、莱西市和贵州安顺关岭自治县等与韩国庆尚南道河东郡、庆尚南道南阳郡、全罗南道求礼郡共同倡议成立中韩城市发展联盟。中韩城市发展联盟旨在推动联盟城市之间加强高层交流，增进政府、人民间友谊，建立政府间合作机制，深化和扩大各领域的交流，实现多方互融互信；拓宽联盟城市交流渠道，深化合作交流内容，强化行政、经济和文化领域的深度合作；加强科技与创新合作，增强中韩产业技术的竞争力；提升研究能力，为中韩地方政府、企业、学界联合研究计划和前瞻计划提供智力支持，促进多方面的合作与创新。[②] 这一机构的成立必将吸引更多中韩城市加入，为中韩间的城市外交提供新的舞台，增添新的活力。

2. 依托国际组织开展交流

中韩间的城市外交不只局限于两国友好姐妹城市与双边沟通机制下的交

① 陈维：《中日韩城市外交——动力、模式与前景》，《国际展望》2016年第1期，第87页。

② 参见《中韩城市发展联盟成立》，青岛日报网，http：//www.dailyqd.com/epaper/html/2019-09/06/content_260110.htm，2020年1月20日。

流，在多边交流即区域性国际组织交流机制下也互动频繁。本文将选取4个具有代表性的国际组织进行说明。

早在1994年，中国的吉林省就和韩国江原道共同加入了东北亚地区地方政府首脑会议。该会议每年由中国吉林省、日本鸟取县、韩国江原道、俄罗斯滨海边疆区、蒙古国中央省轮流举办，至今已经成功举办多届。20多年来，东北亚地区地方政府首脑会议秉承加深了解、增进友谊、促进交流、加强合作的宗旨，广泛开展区域合作交流、投资贸易洽谈、企业项目对接等活动，取得积极成果，内涵不断丰富，层次不断提升，已经成为具有建设性和包容性的区域合作机制。[①] 吉林省与江原道在该组织框架下开展了广泛交流与合作，加强了吉林省与江原道的交往，在加快东北亚地区互联互通建设、推动中韩图们江区域开发合作、促进东北亚区域经济一体化发展方面发挥了积极作用。

成立于1996年，秘书处设在韩国庆尚北道的东北亚地区地方政府联合会是由中国、日本、韩国、俄罗斯等位于东北亚地区的4个国家29个省级地方政府的领导携手发起成立的国际组织。该联合会的宗旨是东北亚地区地方政府本着平等互惠的精神，通过地方政府间形成的交流与合作网络，建立相互理解与信任的关系，以促进东北亚地区共同发展，并为世界和平做出贡献。联合会下设专门委员会，具体负责推进地方政府、城市间在政治、经济、文化等领域的沟通与合作。

2004年，为形成以经济为中心的交流平台，中日韩10个城市[②]成立了东亚经济交流推进机构，后日本熊本市于2014年加入该机构。该机构以通过加强会员城市间合作、经济交流以及联络等，促进经济与文化交流的活跃发展，在环黄海地区形成新的广域经济圈，同时为东亚经济圈发展做出贡献

---

① 参见吉林省省长蒋超良在二十一届东北亚地区地方政府首脑会议上的致辞，振兴东北网，http：//www. chinaneast. gov. cn/2016 －08/18/c_ 135610049. htm，2020年1月20日。

② 创建城市主要有：釜山广域市（韩）、大连市（中）、福冈市（日）、仁川广域市（韩）、北九州市（日）、青岛市（中）、下关市（日）、天津市（中）、蔚山广域市（韩）、烟台市（中）。

为主要目的。该机构下设国际经济贸易合作分会、环境分会、旅游分会、物流分会等组织，统筹协商专业事项，推进共同项目建设。特别是该机构下设的环境分会在推动环境技术输出，推进城市间的环境国际合作方面成就斐然。尽管地方政府无法像中央政府那样具有广泛的代表性，但以城市为主体的自主贡献，扎扎实实地改善了城市的环境质量，实现了污染治理目标。

2005 年，在前伦敦市长肯·利文斯顿的提议下，围绕《克林顿气候倡议》（CCI）来实行减排计划，C40 城市集团应运而生。该集团作为一个致力于应对气候变化的国际城市联合组织，目前有包括中国、韩国、美国、日本等在内的多个国家和地区的 96 个城市成员。C40 城市集团致力于城市低碳排放，为其他城市树立榜样。通过用一个声音说话，C40 希望在全球气候政治中成为得到普遍认可的次国家层面的领导者，并且吸引更多的外部行为体来帮助其实现相关减排目标。[①] 早在 2009 年，中韩两国青年就共同决定通过“植树”的方式消灭“第三届 C40 首尔世界大城市气候峰会”上各国城市领导人产生的碳排放量，以此来践行两国城市共同的环保责任。

综合上述内容我们可以得知，中韩两国的城市和地方政府在国际组织框架下的交流为两国城市外交提供了新的平台，使两国城市可以就共同关心的问题交换意见，通力合作。两国城市在国际组织框架下的合作包含了不同的空间维度，既共同加入了东北亚区域组织，也加入了东亚乃至全球性的国际组织。从交流议题来看，主要集中于环境保护、污染治理等领域，同时也广泛开展了经贸、物流、旅游等领域的交流与合作。

3. 发展利益驱动下的城市间直接交流

未共同加入某一区域性或全球性国际组织，也并未缔结友好城市协议，但因为两城市间彼此相近或发展具有互补性，为了求得自身发展而进行直接沟通的方式即利益驱动型城市外交。中国威海市与韩国仁川市间的交流合作就是此类型城市外交的典型代表。

① 资料来源：笔者根据各区域、国际组织官方网站内容与相关报道整理而成。

与周边的青岛与烟台相比，威海的产业结构与地理位置使其在对外贸易与制造业领域处于相对劣势。但凭借靠近韩国（仁川）这一区位优势，威海在发展对韩贸易方面潜力巨大。据统计，2014 年山东省的对外贸易总额为 2771.2 亿美元，其中对韩贸易达到 328.8 亿美元。[①] 威海与韩国的贸易额为 52.27 亿美元，占全市对外贸易总额的 31.5%，[②] 远高于与欧盟、美国等其他国家和地区，对韩贸易在威海的经济发展中占据着十分重要的地位。

2015 年 6 月 1 日，历经 14 轮谈判，中韩自贸协定正式签署。协定第十七章第 25 条明确将山东威海与韩国仁川自由经济区选定为地方经济合作示范区。[③] 中韩自贸协定的签署，极大地推动了威海与仁川友好关系的发展。从威海仁川海外事务所（2016）的建立到中韩（威海—仁川）国际帆船拉力赛（2017）的成功举办，从仁川大学韩语学堂落户威海南海新区（2018）到威海与仁川签署“四港联动”协议（2019），威海与仁川在政治、经济、文化等各领域一直保持了紧密的联系，特别是在中韩关系因“萨德”问题而产生裂痕的时候，威海与仁川依然保持了密切的交流，两城市通过体育、人文方面的沟通与合作充分发挥了城市外交的灵活性与纽带作用，对缓解两国间的紧张态势发挥了积极作用。

（三）“一带一路”新时期的中韩城市外交（2013年至今）

2013 年，中国国家主席习近平在访问中亚和东南亚国家期间，提出了“一带一路”伟大倡议。“一带一路”倡议的提出和实施，为中韩城市外交提供了新的发展平台，也提出了新的要求。韩国总统文在寅执政后提出了“新北方政策”与“新南方政策”，并在公开场合表示要推进与中国“一带

① 参见《2014 年山东省进出口总值 2771.2 亿美元》，中研网，http://www.chinairn.com/news/20150116/172502479.shtml，2020 年 1 月 22 日。

② 参见《威海市 2014 年国民经济和社会发展统计公报》，中国统计信息网，http://www.tjcn.org/tjgb/15sd/28052.html，2020 年 1 月 22 日。

③ 参见《中韩自贸协定签署——牵手，开辟中韩合作新时代》，凤凰网，http://sd.ifeng.com/zbc/detail_2015_06/02/3963737_0.shtml，2020 年 1 月 22 日。

一路”倡议对接。①

“一带一路”主要目标内容为“五通”，即政策沟通、设施联通、贸易畅通、资金融通、民心相通。“新北方政策”重点推进“九桥”战略，主要涉及天然气、铁路、港湾、电力、北极航线、造船、工业园、农业、水产领域。从推行领域来看，“一带一路”与“新北方政策”存在许多合作点。“一带一路”为中韩城市外交带来了新的发展机会，同时中韩城市外交也对推动“五通”建设目标的实现发挥了积极作用。在政策沟通方面，韩国北方经济合作委员会权九勋委员长于上年率团访问中国东北，重点就“一带一路”与“新北方政策”在东北地区的对接合作进行政策沟通，就中韩两国在中韩国际合作示范区与辽宁沈抚新区、沈阳苏家屯区的合作方案进行了共同探讨，为“一带一路”框架下中韩城市外交在东北地区的发展奠定了基础。在设施联通方面，2019 年 1 月，威海市与仁川市共同签署《威海—仁川打造东北亚物流中心谅解备忘录》,② 这意味着来自中韩及其他国家的货物都可以在最短的时间内，通过威海、仁川转至日本、欧洲及世界其他地区。威海与仁川的多式联运合作的成功开启将为更多的中韩港口城市合作提供宝贵的实践经验。在贸易畅通方面，青岛市走在了中韩城市的前列，早在 2015 年，青岛就发挥毗邻韩国港口城市的优势，启动了对韩贸易畅通工程，开展“中韩海上高速公路”建设，建设保税商品集散分拨中心，并在釜山建立青岛工商中心，为进行双边贸易和双向投资的企业机构提供服务平台。同时开通青岛至济州岛、平泽、仁川等地的邮轮航线，深入推进在“一带一路”倡议框架下与韩国友城、友好合作关系城市、经济合作伙伴城市间的交流合作。在资金融通方面，中国在“一带一路”的建设过程中一直十分重视资金支持，创建了丝路资金，并推动建立了亚洲基础设施投资银行。韩国作为亚洲基础设施投资银行的创始国之一，积极参与了多个亚投行主导

---

① 参见《文在寅：希望能够尽快与中国“一带一路”倡议接轨》，环球网，https://world.huanqiu.com/article/9CaKrnK65qA，2020 年 1 月 21 日。

② 参见《威海与仁川共建“四港联动”物流通道》，中华人民共和国交通运输部，http://www.mot.gov.cn/jiaotongyaowen/201902/t20190201_3163289.html，2020 年 1 月 22 日。

的项目。可以说，中韩在融资方面的合作为中韩城市外交发挥互联互通作用提供了资金支持。在民心相通方面，2016 年中韩 12 座城市联合成立中韩旅游战略合作城市联盟，旨在共同开发市场、推广宣传合作、促进城市间信息共享。韩国仁川大学签约威海开设校区，推动了中韩城市间的教育合作。同时，中韩两国互为对方最大留学生来源国，庞大的留学生群体分布于中韩两国的各个城市内，成为“一带一路”倡议下中韩友好的传播者与发扬者。

四 结语

中韩两国同处东北亚地区，地缘相近，文化相通。自 1992 年 8 月 24 日正式建立外交关系以来，两国在政治、经济、文化等领域交流频繁，取得了令人瞩目的成就。政治上，两国领导人互访频繁，双边合作伙伴关系不断加强；经济上，两国经贸往来持续健康发展，互为重要贸易伙伴，中国已成为韩国最大贸易伙伴、最大出口市场和最大进口来源国，韩国是中国第三大贸易伙伴国；文化上，中韩两国同属儒学文化圈，在思想上有许多相似之处，两国民间交流密切、人员往来频繁。

“国之交在于民相亲”，国与国之间友好交往的关键，在于两国人民之间的相亲相近。随着经济全球化与城市化的不断发展，城市自身功能日趋丰富与完善，对外交流能力不断增强。中央政府权力的下放，使得地方政府获得了更多的自主权，外交不再只是国家层面的事，城市外交在国家总体外交布局中发挥着日益重要的作用。

中韩关系的正常化发展离不开两国中央政府审时度势的重大决策，同样也离不开两国地方政府、城市间的交流与合作。两国地方政府间的沟通避开了国家层面的障碍，为国家间的交流打下了坚实的民意基础。早在建交前的 1988 年，山东省青岛市就曾派出赴韩团组，谋求加强与韩国的经济交往，这对中韩两国关系的正常化发展发挥了积极作用，推动了中韩建交的实现。中韩正式建交之后，以 1993 年 7 月韩国全罗南道木浦市与中国江苏省连云港市结为友好城市为开端，20 多年来，两国间友好城市的缔结如雨后春笋般不断出现，推动了中韩关系不断向好发展。

2013 年，中国国家主席习近平在访问中亚和东南亚国家期间，提出了“一带一路”伟大倡议。2015 年 3 月，国家发改委、外交部、商务部共同推出的《推动共建丝绸之路经济带和 21 世纪海上丝绸之路的愿景与行动》中明确提出“开展城市交流合作，欢迎沿线国家重要城市之间互结友好城市，以人文交流为重点，突出务实合作，形成更多鲜活的合作范例”，这为城市外交的发展提供了新的方向，也赋予了更大的可能性。早在“一带一路”倡议提出当年，朴槿惠政府就提出了“欧亚倡议”与“一带一路”进行对接，韩国总统文在寅执政之后提出了“新北方政策”，并积极推动与“一带一路”对接，这为新时代中韩城市外交的发展增添了新的动力，为中韩关系的不断发展提供了新的保障。

专栏二　经贸会展篇

北京地区跨国公司发展现状及未来趋势

聂　倩　董艳玲*

摘　要： 随着北京经济结构和投资环境的持续优化，越来越多的跨国公司地区总部、投资性公司、研发中心等优质企业和高端功能机构来北京投资落户。本文通过梳理北京地区跨国公司的发展现状，发现北京地区跨国公司呈现投资增长速度放缓、投资转向高精尖产业以及跨国公司实现双向开放的运营特征，之后从发展动力、发展条件、发展效应三个方面总结了未来北京地区跨国公司的发展趋势。

关键词： 北京　跨国公司　总部经济

* 聂倩，中共中央党校（国家行政学院）研究生院博士研究生；董艳玲，中共中央党校（国家行政学院）经济学教研部教授，博士生导师。

北京作为我国金融决策中心、监管中心和最大的资金清算中心，集聚了全国一半以上的独角兽企业、4000 多家地区总部和研发中心，拥有世界 500 强总部企业数量连续六年居全球城市首位。2019 年，普华永道和北京市商务局联合发布的《2019 北京外商投资发展报告》显示，对标伦敦、纽约、巴黎、东京、香港和上海，北京的国际影响力、成长力和支撑力正不断提升，北京在 GDP 增长率、世界 500 强企业数量、跨国公司及总部企业数量三个方面领先其他对标城市。

一　北京地区跨国公司发展的总体状况

改革开放 40 多年来，北京市开放型经济取得了跨越式发展。截至 2019 年，北京市累计批准设立外商投资企业 4 万余家，外商投资企业投资总额达 5477 亿美元，实际利用外商直接投资 142 亿美元。其中一些跨国公司纷纷在北京设立研发中心、各级代表处、事务所、地区总部等。

（一）北京 CBD 成为跨国公司投资首选地

随着北京创新战略中心地位进一步提升，越来越多的跨国公司地区总部选择落户北京。截至 2019 年底，北京市累计认定跨国公司地区总部 180 家，其中，位于朝阳区的跨国公司地区总部达 124 家，年均增长 33%，占全市近七成。朝阳区的 CBD 功能区是北京高端产业功能区之一，聚集了北京市 70% 以上的超甲级写字楼，拥有北京市 90% 的国际金融机构、50% 的跨国地区总部，成为北京市对外开放的前沿阵地、国际交往的重要窗口，是跨国公司和世界 500 强企业在京投资的首选地。随着北京 CBD 国际化程度不断提升，功能区总部企业已达到 850 家，经认定的跨国公司地区总部多达 88 家，约占北京市的 50%。北京 CBD 已吸引佳能中国、德勤北京公司、丰田金融服务（中国）等 70 余家重点企业落户，还在对接摩根士丹利、三星中国北京分公司的落户事宜。2019 年北京 CBD 外资企业税收近 450 亿元，占功能区税收总额的比例超过 40%；外资企业总数超过 1 万家，其中新注册外资企业超过600家。①

目前，已吸引大量跨国公司投资落户的北京CBD仍在不断提升吸引力，通过制定实施一系列政策措施，进一步提升CBD区域的发展品位、质量和能级，旨在打造国际一流的CBD。北京CBD制定了《北京商务中心区高精尖产业指导目录》（2019版），形成高精尖招商引资目录，指导写字楼招商，研究制订市场化招商方案，成立市场化招商公司并进入实施阶段。同时，北京CBD进一步打造楼宇品牌，推广楼宇标准，正式启动CBD楼宇联盟，打造专业性强、影响力高的行业协会。北京CBD通过营商环境和服务机制的不断优化，吸引更多的跨国公司在此投资落户。

（二）总部经济优势持续吸引跨国公司涌入

总部经济代表着一个城市的综合竞争力和经济辐射力，是北京经济发展的重要组成部分。截至2019年，北京市累计认定跨国公司地区总部180家，其中有超过1/3来自世界500强企业。北京拥有世界500强总部企业数量连续六年居全球城市首位。作为在全国率先提出发展总部经济的城市，北京高度重视企业总部特别是跨国公司地区总部的聚集，近年来相继出台了多项促进总部经济发展的政策措施，为建设世界高端企业总部之都奠定了坚实基础。2018年，北京开始实施总部经济优化提升行动计划，充分发挥首都的科技和人才优势，支持引导科技、文化等创新型总部企业发展，推动总部经济从规模效应向质量效益转变；健全总部经济促进体系，研究推出知识产权保护、重点总部企业服务等方面的专项配套措施；积极吸引跨国公司地区总部落户北京，培育本土跨国企业；推出新一版总部企业名单，建立健全总部经济监测和评价体系。北京依托总部经济优势聚集了4000余家总部企业，持续吸引跨国公司涌入。

随着各类高端企业总部资源的加快聚集，北京总部经济发展也呈现明显

① 《北京CBD持续提升国际化程度　跨国公司地区总部达88家》，中国新闻网，2019年10月30日。

的空间聚集特征。CBD、金融街、中关村海淀园、丰台总部基地等六大高端产业功能区迅速发展，对北京经济增长的贡献达40%左右，并在国际上形成了较高的知名度和影响力。另外，丰台总部基地、北京经济技术开发区、未来科技城等具有较强发展特色的总部聚集区也在不断成长，并且彰显巨大的发展潜力。从这些典型总部聚集区的发展定位看，彼此之间差异化、特色化发展，既避免了城市内部对高端总部资源的恶性竞争，又形成了优势互补、协调发展的格局，进一步增强了对跨国公司地区总部的吸引力。

（三）优化营商环境为跨国公司提供便利

世界银行发布的《2020营商环境报告》显示，中国营商环境在全球190个经济体中排名第31位，连续第二年位列营商环境改善幅度全球排名前十。北京作为样本城市得分78.2分，较上年提升4.6分，相当于世界排名第28位；北京在开办企业等5个指标上都跨入全球前30名；中国在办理建筑许可方面上升88位，北京提高15.75分，排名跨越式上升100位。跨国公司纷纷来京增资扩能的背后是北京营商环境的大幅改善和优化。近两年来，北京在跨境贸易、通关效率等方面进行探索和改革，为频繁进出国门的跨国企业提供便利。亦庄是北京跨国公司的集聚地，也是营商环境改善的前沿。北京奔驰长期进口大量生产用成套设备及汽车零部件，平均年进口约4万个标准集装箱，约占北京地区的1/4。北京亦庄创新性地采用“六位一体”的监管服务模式：原本需在口岸查验区集中查验、检疫的进口集装箱货物，可直接到企业内部进行查验、检疫，企业无须排队调箱，查验完毕后货物也可直接上线生产。这样一来，物流时间平均缩短3~5天，节省物流成本约1000万元，提高了近10亿元资金的周转效率。①

朝阳区建立了重点企业“服务包”常态化工作机制，通过聚焦重点企业需求，组织了与重点“服务包”企业的面对面座谈，为企业提供更加精准、高效的服务，努力为企业创造良好的生存发展环境。朝阳区除了策划和

① 《感受北京营商之变》，《北京日报》2019年10月29日。

组织“优化营商环境政策解读会”“优化营商环境专场音乐会”等活动，还为区域总部企业搭建沟通平台并提供优质服务，组织区内总部企业参加“9＋N”系列政策解读会和北京市优化营商环境政策解读会等活动，积极开展区域优化营商环境宣传工作，为企业在京发展提供优质服务。① 此外，朝阳区为了吸引更多高端人才，以电子城北区为核心，打造具有辐射带动效应的国际创新研发核心区域。电子城北区正在深化区域规划研究，并加快推进国际人才公寓、国际医院、国际学校、未来论坛永久会址“三国际一未来”四大功能性项目，进一步强化公共服务中心职能，全方位营造适合国际高层次人才创新发展、生态宜居的类海外环境，在全球范围吸引国际顶尖科学家、工程技术专家和企业家等高精尖技术创新人才及团队到园区创新创业。

二 当前北京地区跨国公司的运营特征

近两年，北京地区跨国公司呈现投资增长速度放缓、投资转向高精尖产业以及实现双向开放的运营特点。

（一）投资增长速度放缓

国家统计局数据显示，从2017年开始北京实际利用外商直接投资额呈现下降趋势，2018年北京市实际利用外商直接投资173亿美元，同比下降28.8%，2019年北京市实际利用外商直接投资142亿美元，同比下降17.9%，降幅较上年减少了约11个百分点。其中，2018年北京朝阳区实际利用外商直接投资39.7亿美元，同比下降32.4%。可见，跨国公司在北京地区的投资增长速度开始放缓，投资意愿趋于稳定。面对消费者的高质量需求，跨国公司正在调整战略，投资由外延式扩张向内涵式扩张转变。而在投资整体增速放缓的情况下，北京海淀区实际利用外商直接投资79亿美元，

---

① 《北京朝阳：总部经济支撑区域新增长》，《中国经济时报》2018年11月8日。

是同期朝阳区的近两倍，同比增长218%。这主要源于海淀区中关村的飞跃发展，截至2019年，中关村企业拥有有效发明专利超过11万件，创制标准9500多项，分别是2012年的5倍和3倍；2018年企业技术合同成交额4957.8亿元，占全国近1/3，近七成辐射到京外地区；中关村国家自主创新示范区拥有高新技术企业2.2万家，上市公司349家，天使、创投发生金额与投资案例均占全国1/3以上。①

（二）投资转向高精尖产业

跨国公司投资领域从生产制造向研究开发和营销服务扩展，外资由过去的主要投向加工工业、一般制造业，转向投资高精尖产业。一批在京外资企业依托自身技术、产品、服务和营销渠道等资源优势，积极参与北京城市建设和公共事业发展，在智能交通、智能制造、医疗健康等领域加强合作，实现城市和企业共赢发展。“互联网＋”、生物科技、电子商务等高精尖产业成为外商投资新热点；对外直接投资从以采矿业、制造业领域为主，拓展到租赁和商务服务、软件和信息技术服务等领域；文化、高新技术等新兴服务领域出口优势明显。2018年，北京新经济增加值占地区生产总值的比重达1/3，十大高精尖产业实现营业收入3.25万亿元，人工智能产业规模达到1500亿元。金融、信息服务、科技服务成为首都经济增长的重要动力，贡献率超六成。

目前，朝阳区聚集了大批跨国公司地区总部及研发机构，包括特斯拉、惠普、雷诺、斯伦贝谢等知名跨国公司地区总部，以及苹果中国研发、默沙东、特斯拉、戴姆勒、霍尼韦尔、沙特阿美、西门子、阿里巴巴等国际知名企业的研发创新机构。② 位于朝阳区的跨国公司主要集中在研发、管理、财务、营销等领域和环节。其中，电子城西区是国际电子通信总部及研发中心的聚集地，聚集了施耐德、爱立信、安捷伦科技等世界500强企业地区总部

① 《北京晒出科技创新“大数据”》，《北京日报》2019年8月26日。

② 《北京朝阳：总部经济支撑区域新增长》，《中国经济时报》2018年11月8日。

和研发中心，以及爱慕公司、叶氏集团、东方国信等一批高科技民营企业总部。

（三）跨国公司实现双向开放

“十三五”规划指出：“推进双向开放，促进国内国际要素有序流动、资源高效配置、市场深度融合。”北京地区充分利用国内国际两个市场、两种资源的开放，实现了跨国公司发展双向投资，既促进了跨国公司在北京地区的发展，又增强了本土跨国公司在国际市场上的竞争力。跨国公司的双向开放使得北京地区的开放型经济结构持续优化，北京全年货物进出口额2.87万亿元，进出口额增速高出全国2.0个百分点，出口额增速高出全国1.1个百分点、进口额增速高出全国3.7个百分点。“双自主”企业开拓国际市场的能力持续增强，2019年北京“双自主”企业出口占比达到23.4%，较上年底提高1.3个百分点，全年实现服务贸易进出口1.12万亿元，保持在全国前列。

在双向投资领域，2019年北京市对外直接投资72.6亿美元，增长3.1%，信息软件业新增投资额占全市对外投资的近一半，北京实际利用外资142亿美元，剔除不可比因素增长4.3%。2019年北京服务业扩大开放重点领域实际利用外资额占全市的83.9%，较上年提高22.6个百分点。与此同时，全国首家独立法人形式的直销银行、全国首家外资控股飞机维修合资公司、全球三大评级机构等在京落户，有效促进了北京服务业开放与创新发展。

三　北京地区跨国公司未来发展趋势

目前，北京正全力打造具有全球影响力的科技创新中心，从“简流程、优服务、降成本、强监管”四个方面打造“国际一流、优无止境”的营商环境，通过强化央地协同、区域协同，形成外资发展、人才发展与区域发展互促共进的良好局面。这里从发展动力、发展条件、发展效应三个方面分析未来北京地区跨国公司的发展趋势。

（一）创新驱动成为跨国公司发展新动力

当前世界经济进入深度转型调整期，科技创新成为经济社会发展的重要引擎。企业技术的不断积累已经成为产业结构升级的主要推动力。跨国公司为了适应市场需求，纷纷加快技术创新步伐，利用技术优势控制市场和资源，并抢占价值链两端。一些跨国公司能够不断地实现跨越式发展，并在多个领域处于领先地位，与其始终引领科技创新密不可分。为应对挑战，新兴市场国家的企业也在不断强化新技术、新产品、新工艺的研发应用，同时努力拓展国际市场和发展空间。跨国公司通过设立海外 R&D 机构、与其他跨国公司联合研发等方式，利用各国科技资源，实现全球范围内技术要素的优化配置。

随着互联网和信息技术的迅速发展及应用，单纯的技术和产品的创新已经不能满足市场用户的需求，以产品、服务和信息流为核心的商业模式创新正在引起越来越多的跨国公司的重视。北京已经跨入高质量发展新阶段，高精尖产业发展氛围日渐浓厚，产业结构不断优化，高质量发展动力强劲。据测算，2018 年北京新经济增加值占地区生产总值的比重达 1/3，十大高精尖产业实现营业收入 3.25 万亿元，医药健康产业实现营业收入 1867.6 亿元，同比增长 14.3%；科技服务业实现增加值 3223.9 亿元；备受瞩目的人工智能产业规模更是达到 1500 亿元。① 在产业创新平台上，截至 2019 年，北京市已创建 3 家国家级制造业创新中心、11 家市级产业创新中心、28 家国家技术创新示范企业、92 家国家级企业技术中心、711 家市级企业技术中心、21 家产业技术基础公共服务平台、38 家工业产品质量控制和技术评价实验室、6 家国家级工业设计中心和 10 家北京高精尖产业设计中心，② 这将为北京地区跨国公司的创新驱动发展提供技术支撑。

---

① 《北京晒出科技创新“大数据”》，《北京日报》2019 年 8 月 26 日。

② 《科技创新：北京高质量发展第一动力》，《北京日报》2019 年 10 月 16 日。

（二）跨国公司配套服务进一步完善

完善的总部服务体系和良好的制度环境，是一个城市吸引各类高端企业总部聚集的必要条件。北京将加快建设高端企业总部聚集之都，着力加强服务环境建设，构建专业化的现代服务体系，营造规范有序、公平高效的制度环境，打造全球最优企业总部家园。这需要北京加强总部经济与生产性服务业的互动发展，大力促进生产性服务业集群化、高端化、国际化发展，围绕高端企业总部的服务需求，加快专业化生产服务体系和高品质生活配套设施建设，增强北京对高端总部的吸引力。完善的生产性服务体系是吸引高端企业总部聚集的一个重要条件，同时总部聚集又能够产生大量的金融、信息服务、中介咨询、广告会展、教育培训等专业服务需求，带动生产性服务业发展。

目前北京配套设施已相对成熟，但与世界城市相比还有一定差距，今后需高起点规划、高标准建设，加快星级酒店、会议、休闲购物、停车场等商务配套设施建设，以及教育、医疗等服务设施建设，提升首都配套服务设施的现代化、国际化水平，同时完善对跨国公司地区总部及投资性公司的协调服务，及时协调解决企业在设立和经营过程中遇到的问题。在金融服务环境方面，根据跨国公司总部的金融需求和资金流动、管理的特点，进行相应的金融政策创新，对公司总部的内部资金管理、跨境资金管理、外汇管理、资本运作和投融资管理等特点进行研究，以不断优化适合跨国公司地区总部发展的金融环境。

（三）总部经济推动区域共赢发展

北京将释放企业总部聚集效应，增强首都经济圈的经济辐射力，推动区域共赢发展。北京周边地区发展基础薄弱，会阻碍北京建设高端企业总部聚集之都。因此，北京应加强与周边区域的功能合作，创新跨区域合作模式，探索建立高效务实的区域协调机制。一方面，鼓励在京大型国有企业，特别是央企在天津、河北等周边区域布局一些重点产业项目，如生产制造基地、配套服务基地等，通过“总部—制造基地”模式，适时适度地将生产制造等部分不符合首都功能定位的环节向外转移。通过借鉴“首钢搬迁”模式，针对重大总部经济合作项目，北京将与合作城市开展“一企一策”协商，对企业生产基地外迁后的土地供给、利益分配、政策落实等问题进行统筹协调。

另一方面，北京将探索共建园区模式，通过与其他城市跨区域共建一批规模化、特色化制造基地，鼓励跨国企业将总部留在北京，将制造环节落户共建基地，充分利用北京周边地区土地空间和生产成本优势，采取合作共建、自主建设等形式在环首都区域设立中试基地、创新成果转化基地等，从而形成区域间利益共享机制。北京地区在辐射带动首都经济圈发展的同时，也将进一步增强对跨国公司总部及研发中心的吸引力。

深化北京市国际产能合作的几点考虑

张红彩*

摘　要： 深化北京市国际产能合作对落实首都城市战略定位，服务国家对外开放大局、服务京津冀协同发展、服务首都高质量发展，当好国家“一带一路”建设排头兵，探索我国国际产能合作新路径等方面具有重要意义。面对新的国内外形势，本文立足北京市特色优势，紧紧围绕“去哪里”“做什么”“怎么做”等关键问题，从战略层面、实施层面、支撑层面三个方面探讨深化北京市国际产能合作路径。

关键词： 国际产能合作　贸易　“一带一路”

近年来，北京市从机制建设、提质增效、重点项目推进、服务升级、强化保障和防范风险等多角度推进国际产能合作，取得显著成效，合作规模逐年扩大，合作领域迈向“高精尖”，合作主体更加多元，合作形式灵活多样，呈现优势产能、技术、服务、品牌一起“走出去”的良好局面。当前，国际形势日趋复杂多变，单边主义和贸易保护主义加剧，“一带一路”建设迈入新的阶段。面对新的国内外形势，北京市需要充分发挥服务

* 张红彩，北京市工程咨询公司，硕士，高级经济师、注册咨询工程师（投资）、注册城乡规划师。

业优势、科技创新优势、国际交往优势、总部经济优势，努力破解国际化能力较弱、综合服务能力不足、政策措施力度不够等问题，推进国际产能合作进一步深化发展。

一　在战略层面推进统筹布局

（一）统筹政府、企业、市场三个主体

加强战略考量，实行政府援助与企业投资贸易相配合、基础设施建设与制度设计相融合、互联互通与产业集聚相结合，形成国际产能合作闭环，放大合作效应。一是配合人民币国际化和国家对外援助战略，积极获取和承接基础设施援建项目，为构建与北京市互联互通的交通网和物流网奠定坚实的物质基础。二是主动开展经济外交，与合作地区建立深层次的投资与贸易自由化关系，为企业建立海外生产基地创造有利的投资环境。三是通过政企联动、民间投资贸易和政府开发援助相结合等方式，打通企业海外投资、生产、销售渠道，为当地带来就业、创造税收，推动其经济发展，提高当地债务偿还能力，确保企业投资回报。

（二）统筹生产、贸易、服务三种方式

一是注重境外投资与商品和服务贸易并举。围绕国际产能合作领域和合作项目，整合工程规划、设计、承包、建设、制造、金融、运营、管理等领域的企业参与国际产能合作项目。二是注重境外并购与打造高端价值链并举。鼓励有条件的企业实施全球供应链战略，由以加工制造环节为主向合作研发、联合设计、市场营销、品牌培育等转变，提升产业链价值，占领价值链的中高端。三是注重国际产能合作与健全服务保障并举。加强和改善商务、信息、法律、仲裁、领事保护等服务，保障海外人员安全，维护海外利益，为“走出去”企业提供全方位服务保障。

（三）统筹外拓、内优、提升三种关系

一是统筹“走出去”与非首都功能疏解。在非首都功能疏解中梳理出一批国际产能合作项目，在开展国际产能合作中实现非首都功能疏解，走出开放型经济发展新路子。二是统筹“走出去”与“引进来”。统筹考虑“走出去”与“引进来”的关系，防止北京市产业空心化。在资源、能源、技术、高端耐用消费品等长期依赖进口的领域，通过国际产能合作提高自我供应保障能力。在优势行业领域，形成海外生产供应基地—进口制造高精尖产品—境外销售的进口、出口一体化格局。三是统筹“走出去”与内外联动。加强“走出去”企业内外联动，培育形成一批以北京为总部的本土跨国公司，依托“走出去”企业建立“母子工厂”体系，牢牢把握价值链、产业链、供应链、创新链的控制权。

（四）统筹北京、天津、河北三个地区

以北京市为核心，推进“一市牵头、两地配套”的国际产能合作新模式，充分发挥北京市的高端制造、科技研发、服务贸易、高端人才、金融资源等优势，天津市的先进制造、国际航运等优势，河北省的钢铁生产、装备制造、石油化工等优势，协同推进国际产能合作。

二　在实施层面把握合作重点

（一）突出重点合作领域

围绕三个领域分类推进国际产能合作。一是巩固和强化传统优势领域。包括汽车，建筑业，电力、热力生产和供应业，计算机、通信和其他电子设备制造业，注重向价值链高端延伸。二是补短板领域。包括农产品生产加工、原油冶炼、铁矿石开采、非金属矿物制品等资源类行业，通过国际产能合作弥补资源短板，保障首都供应，注重培育稳定的供应链。三是新兴服务

业和战略性新兴产业培育领域。加强与发达国家的技术引进和研发合作，共建一批科技园区和海外孵化基地，加快构建国际创新网络的重要节点，注重打造原始创新、研发活动、成果转化、生产推广、产品销售的完整创新链。

（二）突出重点合作区域

在中美贸易摩擦、国际贸易格局重构的形势下，进一步优化调整国际产能合作区域，更加注重利用“一带一路”倡议成果，发展与沿线国家的国际产能合作；更加注重中国—东盟关系进入全方位发展新阶段的历史机遇，开展高质量合作共建；更加注重中俄全面战略协作伙伴关系，加强与中俄远东地区合作；更加注重与55个友好城市开展合作，深化与巴基斯坦、柬埔寨等传统友邦的国际产能合作关系。在欧美日等发达经济体，国际产能合作主要集中于增加值较高的技术和资本密集型产业部门；在发展中国家，主要集中增加值较低的资源密集型、劳动密集型和出口加工型产业部门，加大基础设施、公共服务设施投资合作力度，建立汽车、工程机械、高端装备等生产项目满足当地生产生活需求，构建中国（北京）元素、海外制造、全球销售的产品出口基地。

（三）突出有效合作模式

一是瞄准不同领域，采取差别化合作模式。在基础设施领域，同步开展工程勘察、设计、管理、监理等工程技术服务业，推进施工总承包合作向基础设施建营一体化转变；依托北京市信息产业、卫星导航产业发展优势，通过信息基础设施投资带动大数据、云计算、5G等战略性新兴产业“走出去”。在高端制造领域，通过采取跨境兼并收购、战略性整合重组、债务融资等方式，以资本输出支持工程机械、通信、汽车、通用设备和专用设备等制造业向价值链高端延伸。在生产加工领域，通过投资新建、合资合作共建、收购兼并、股权投资等方式，在资源能源丰富的国家和地区建立一批生产加工基地，形成满足自主供应的国际生产体系；建立采购和再生产关系，提高产品附加值，返销全球。在科技研发领域，通过建立海外研发中心、并购科技服务企业、开展技术合作、增资参股科技公司等方式，实现全球范围内创新资源的优化配置；设立海外研发中心，针对当地消费者进行产品改进，实现产品本土化。

二是整合产业链条，创新商业合作模式。搭建境外园区平台，吸引上下游产业链的整体转移和关联产业的协同布局，构建全产业链战略联盟；在北京经济技术开发区、大兴区、自贸区大兴机场片区等区域建设一批国际合作产业园区，构建跨国产业链和服务链。推进联合出海，突出大企业对中小企业的带动作用，以全产业链、“抱团出海”方式推进国际产能合作。加强央地合作，推动市属企业“搭船出海”，共同参与重点项目建设。推动联合出海，带动工程承包建设和高端装备配套出口。促进服务集成，推进“制造+服务”合作模式，带动技术、设计、标准、服务、品牌“走出去”，培育核心竞争优势，形成全链条配套产业。

（四）突出重点企业和项目

突出大企业与中小企业、产业链上游与下游企业、生产企业与配套服务企业之间优势互补、协同推进，构建全产业链战略联盟，依靠整体优势增强国际市场开拓能力。充分利用北京市总部企业聚集优势，加强与总部企业特别是在京跨国总部企业的合作，借助其国际化经验，弥补本土企业国际化能力薄弱的短板，共同开展国际产能合作。分类推进不同类型企业开展国际产能合作，国有企业重点在能源、资源、基础设施建设等领域开展国际产能合作，民营企业重点在通信、工程机械等领域开展国际产能合作，高科技企业重点在新一代信息技术、集成电路、人工智能等领域开展国际产能合作。

三　在支撑层面加大支持力度

（一）继续深化管理体制改革

一是以自贸区大兴机场片区建设运营为契机，完善境外投融资管理。在片区推进境外投融资管理体制改革，实施境外投资备案管理，取消境外融资的前置审批，支持金融机构开展跨境投融资业务，放宽外汇管理限制条件，构建境外投资服务联盟，为企业境外投资提供便利。二是推动从重监管向监管与服务并重转变，主动为企业“走出去”提供服务。持续转变政府职能、改革优化营商环境，进一步提高国际产能合作的管理服务水平。适度放宽业务人员出国开展海外业务的限制条件，推进业务人员出入境便利审批。实行市属企业境外投资项目负面清单管理制度。在货物通关、人员出入境、司法、税务合作等方面建立多边双边的合作机制。

（二）继续加大投融资支持力度

一是引导基金投资，构建功能完善的基金支持体系。积极向丝路基金、亚洲基础设施投资银行、中非基金、中拉基金等多边金融机构申请国际产能合作项目，利用好北京市科技创新基金、北京市外经贸发展引导基金，鼓励与在京注册成立的机构联合发起成立国际产能合作基金，探索成立北京市国际产能合作基金。

二是完善金融支持，形成多样化的投融资支持方案。设计包含对外援助、政府补贴、政策性金融、出口信贷等在内的金融支持组合方案，积极争取优惠贷款和优惠出口信贷。针对发展中国家外债负担较重的情况，引导企业合理设计股债搭配，拓展项目的参与深度和广度。推动金融机构海外网点建设，鼓励北京市金融机构开设海外分支机构。

三是拓展融资渠道，缓解企业用汇和资金瓶颈。优化项目备案程序，进一步提高办理效率。在中关村境外并购外汇管理改革试点的基础上，逐步扩大试点企业范围。探索推进企业以境外资产、股权等权益为抵押开展贷款和境外发债备案制。鼓励企业利用境外资金杠杆开展收购、并购等国际产能合作项目，鼓励金融机构提供政策性信用保险。利用国企、央企资金充足、信用额度高等优势，引导“走出去”企业加强与国企、央企合作。

四是创新投融资支持方式，深化重大基础设施项目合作。通过“政府间框架协议 + 政策性银行优惠贷款 + 工程总承包”的模式，推进基础设施领域的国际产能合作；通过“优惠贷款＋资源＋EPC”的模式，推进石油、矿产品等资源能源领域国际产能合作；通过“PPP＋联合体＋承包＋运营”，开展重大交通设施项目国际产能合作。大力发展融资租赁，带动装备制造产品“走出去”。

（三）继续提升服务保障水平

一是强化风险防范和安全保障。定期编制和发布“安全形势分析与应对”专题报告和重大国别风险分析评估报告，及时提供法律与政策咨询援助，充分利用企业海外投资保险统一投保平台，增强企业风险防范能力。充分发挥北京市领事保护服务平台作用，提供安全提醒和信息服务。加强事先预防，建立风险预警机制，及时发布安全信息预警，提高风险预警能力。建立北京市公安、安全、外侨办等部门协同机制，逐步强化海外援救中心网络，搭建境外突发事件应急处置平台和国际商事解决平台，提高风险应急能力。加强与当地有实力的企业和法律、咨询、金融等机构的合作，增强企业在当地的社会责任意识，发挥民营安保公司作用，提高风险合作应对能力。

二是搭建公共服务平台。搭建多层次平台载体，完善政府间的多边高层合作机制，利用好北京市京交会、京港会等各类国际活动平台，发挥好北京市贸促会、市工商联等民间组织海外服务作用，推动建立境外投资商会联盟，继续扩大境外北京国际经贸发展服务中心建设范围，鼓励企业建立境外公共服务平台或孵化基地，扩大非公经济发展服务基地数量和规模。搭建信息交流服务平台，依托北京国际经贸合作网络信息服务平台，开辟国际产能合作专栏，打造国际产能合作权威信息咨询平台；精心汇编国际产能合作专刊，为企业开展国际产能合作提供精准信息服务；动员智库力量，为“走出去”实施产能合作科学决策服务。利用信息技术，加快投资合作信息的传播与共享。搭建项目全程服务平台，以强化项目实施为导向，加强项目对接，完善部门对口联系机制和项目全程跟踪服务机制，实现一个重点项目、一套服务方案；探索成立北京市国际产能合作项目综合服务中心，加强与法律、会计、咨询、安保机构等专业服务机构联系，构建全面合作伙伴关系。

搭建双向投资平台，组建以服务境外投资企业为目标的专业化、市场化、国际化的双向投资平台，建立国际产能合作直通车机制，帮助“走出去”企业便捷高效地实现与东道国政府、政策、项目、资金、第三方服务等的对接，提供覆盖境内外全流程的投资服务。

三是做好合规性服务保障。大力开展合规管理培训，加强合规案例库建设，结合《企业境外经营合规管理指引》和典型案例，开展合规经营专题培训，帮助企业提高合规管理能力。充分发挥境外服务中心、“一带一路”城市商会联盟、北京国际经贸合作网络信息服务平台等作用，为企业提供法律法规、国际条约、经贸规则、规范指引、典型案例等合规管理相关信息。优化合规经营环境，加强双多边产能与投资合作机制建设，为“走出去”企业合规经营创造良好的外部环境。完善违规惩戒机制，加强对外经济合作领域信用体系建设，对违法违规企业和相关责任人实施联合惩戒，提高违规成本，规范市场秩序。

（四）继续提高企业国际竞争力

一是培养国际化的专业人才。开展“一带一路”相关学科专业建设，建设“一带一路”国家人才培养基地，发挥留学生对接共建“一带一路”国家和开展国际产能合作的重要渠道作用。加强校企合作，建立一批实习基地，开展人才培养项目。鼓励企业在国际产能合作项目中使用国外人才，引进一些具有国际经营能力、熟悉国际运营模式的高级人才。利用孔子学院，加强中文培训，减少语言障碍，培养东道国当地专业人才。二是发展国际化的技术和标准。在战略性新兴产业领域培育一批重大产业项目，抢占发展制高点。针对“卡脖子”技术，加强与国内高校、科研机构等的合作，进行技术攻关。推进具有国际化标准资质、规范化运营的市场主体与北京市企业协作开展国际产能合作，共同树立中国标准。结合“一带一路”建设，推进重点国别、重点行业标准互认。积极对接和参与国际标准体系建设，加强与欧美企业合作，逐步构建自身标准，培育具有世界影响力和国际竞争力的标准化产品品牌。三是发展国际化的专业性服务。支持培育一批具有国际视野的中介机构，推动会计师事务所、律师事务所、证券公司、征信和评级机构等中介机构“走出去”。研究制定支持国际产能合作、加快培育北京市跨国公司的政策措施，壮大跨国经营市场主体实力，提升企业整合与构建国际产业链的能力和水平。

防范房地产风险促进北京国际交往中心建设

张金鑫　亚玛德吉*

摘　要： 国际经验表明，房地产风险容易引发金融秩序混乱和经济衰退。2019年初，习近平总书记在省部领导专题研讨班上指出，“要坚持底线思维，增强忧患意识，提高防控能力，着力防范化解重大风险，保持经济持续健康发展和社会大局稳定。”为此，本文紧扣防风险这个前提，分析了北京房地产发展对国际交往中心建设的重要意义和房地产风险对国际交往中心建设的影响，并提出防范房地产风险促进北京国际交往中心建设的政策建议。

关键词： 房地产风险　风险防范　国际交往中心

1998年城镇住房制度改革并深化以来，伴随着城市建设步伐的加快、市场需求的扩大，北京市房地产业发展迅速，呈现开发企业数量不断增多、投资稳步增长、市场交易旺盛、房价地价持续上涨的发展态势。北京房地产市场的发展与繁荣，已成为推动地区经济发展的重要动力，也为国际交往中心建设提供了物质保障和经济支撑。房地产与金融关系密切，房地产风险破坏性强，极易对金融市场的稳定产生影响，进而造成整个经济的危机。因

* 张金鑫，中共中央党校（国家行政学院）研究生院博士研究生；亚玛德吉，中共中央党校（国家行政学院）经济学教研部西藏代培生。

此，客观识别房地产风险影响，科学评价防范房地产风险，促进房地产市场平稳健康发展，既是北京着力提升城市能级和核心竞争力，提高国际大都市治理能力和治理水平的具体手段，又是北京坚持和强化首都核心功能，推动国际交往中心建设，打造世界和谐宜居之都的重要保障。

一　房地产市场健康发展对北京国际交往中心建设的重要意义

改革开放40多年来，北京房地产开发投资不断扩大，房地产市场建设规模大幅增加，有效改善了人民的居住条件，房地产业增加值占地区生产总值的比重明显提高，成为拉动消费、推动国民经济稳步发展的支柱产业，为国际交往中心建设在构建和谐宜居的城市环境和推动城市经济发展等方面做出了巨大贡献。

（一）房地产发展对北京国际交往中心建设的直接作用

1998年以来，北京市房地产的开发投资规模迅速扩大，1998～2018年房地产开发投资累计完成4.7万亿元，年均增长15.3%；其中，住宅投资规模从168亿元扩大到2026亿元，累计投资2.4万亿元，年均增长17.0%。2019年，北京房地产开发投资规模达3838亿元，新开工面积2073万平方米。随着房地产市场的不断深化发展，北京市商服地产①物业也得到长足发展。2018年办公楼、商业营业用房投资分别为522亿元、315亿元，分别是1999年的9.9倍和10.4倍。

1. 住宅地产发展为国际交往中心建设提供宜居保障

从房地产市场产销两端看，2019年北京房屋竣工面积1343万平方米，规模为1998年的1.6倍，其中住宅竣工面积583万平方米。商品房销售面

① 商服地产指除住宅以外的商品房，包括办公楼、商业营业用房和其他房屋（幼儿园、体育馆、车库等）。

积939万平方米，规模为1998年的2.3倍，同比增速为34.9%，其中住宅销售面积789万平方米，规模为1998年的2.1倍，增速为49.8%。从北京城镇人均住房建筑面积看，其由1998年的15平方米上升到2018年的33平方米。居民住房建筑面积增大的同时，建筑质量和设计品质的提高以及公共配套设施的完备，满足了居民的多样化需求，极大地改善了居住条件。

在加快商品住宅建设的同时，近年来北京公租房、廉租房、安置房等住房保障工程大力推进。2018年保障性住房投资比上年增长44.1%，年末施工面积达到5485万平方米，增长28.2%。2019年，北京市保障性住房投资占房地产开发投资的比重为27.8%，施工面积占商品房施工面积的比重为41.3%，新开工面积占商品房新开工面积的比重为36.5%，销售面积达到350万平方米，同比增长58.0%，占商品房销售面积的37.3%，同比提高5.5个百分点，住房保障体系得到不断完善，住房保障覆盖范围也逐步扩大。北京住宅“市场和保障”的并重发展，为国际交往中心建设提供了宜居保障。

2. 商服地产发展为国际交往中心建设提供产业支撑

由于商服地产在拉动内需、创造税收、促进城市经济发展等方面作用显著，各级政府都比较重视其招商引资，开发商和投资者也为追求高额利润热衷于商服地产项目，这极大地促进了北京商服地产的发展壮大。从商服地产的产销来看，2019年商服地产竣工面积760万平方米，是1998年的3.0倍。而北京商服地产销售也不断升温，2016年商服地产销售面积达到678万平方米的历史高点，占商品房销售面积的比重为40.8%，比1998年提高32.9个百分点。随后受商服地产限购政策影响，销售面积逐步回落，2019年商服地产销售面积150万平方米，为1998年的4.7倍。

商服地产产业关联度高，不仅会带动建筑业、零售业和其他服务行业的发展，也会带动城市交通等基础设施的建设。商服地产的成功发展，也带动了一些国际品牌进入中国市场，提高了人们生活质量和便利程度，促进了居民消费升级和产业结构优化，吸引了大量跨国公司、境外媒体和国际组织等外国机构的入驻。如，北京CBD功能区的国贸、银泰、蓝色港湾、世贸天阶、京广、嘉里、汉威、航华科贸等高档次的商办楼宇里汇集了特斯拉、摩托罗拉、惠普、福特、三星、德意志银行、巴黎银行、瑞士银行、普华永道、麦肯锡等数百家著名跨国公司和金融机构。可见，高质量的商服地产项目推动北京成为亚太地区经济运行控制中心之一，成为全球经济资源和各类生产要素的集散基地，也推动着北京国际交往中心建设。

（二）房地产发展对北京国际交往中心建设的间接影响

1998 年以来，北京市房地产业增加值逐年提高，产业地位不断增强，房地产业增加值占地区生产总值的比重也明显增加。2019 年，北京房地产业增加值从 1998 年的 68 亿元增至 2621 亿元，占地区生产总值的比重从 3.4% 升至 7.4%。

1. 房地产推动经济发展，为国际交往中心建设提供财力物质基础

房地产业产业链长、关联度高，直接或间接影响着建筑、建材、冶金、家具、家电、装饰、装修、金融等数十个相关产业的发展，在拉动内需、扩大消费、创造税收等方面对推动地区经济社会发展发挥着重要作用。城市经济的繁荣、财政收入的提高，进一步推动了大兴国际机场、新国展、雁栖湖会都等一批重大国际交往设施的建设，教育、医疗等国际化公共服务体系的日趋完善以及星级饭店软硬件水平的普遍提升。同时，成功的地产项目也提高了北京城市的形象和知名度，增加了社会效益，吸引了更多国际机构的注意力。

2. 房地产发展加快城市化进程，为国际交往中心建设提供人才智力支持

房地产的发展加快了城市化进程，促进就业机会增加，吸引了各行业人才流入。2019 年末北京全市常住人口 2153.6 万人，比 1998 年增加 1062.1 万人。其中，城镇人口 1865 万人，占常住人口的比重为 86.6%（2000 年为 77.5%）；常住外来人口 745.6 万人，占常住人口的比重为 34.6%（2000 年为 18.8%）；全年新增城镇就业 35.1 万人。房地产的发展一方面在自身项目开发和经营过程中吸引了大量的专业人才；另一方面也吸引了其他关联产业的人才就业，为推动国际交往中心建设提供了高端人才储备与智力支持。

二　当前北京房地产风险对国际交往中心建设的影响

由于房地产的投资属性，加之我国居民投资渠道有限，北京作为首都就业机会多、人口流入规模大、教育医疗等公共服务水平高，其不断高涨的房价仍然吸引了人们的投资。近年来，北京房地产住宅价格涨幅与居民收入和住房租金的偏离度明显增加，同时由于前期建设量大、电商等新型商业模式涌现以及限购政策调整，北京商服地产大量积压。供求结构性矛盾愈加突出、房地产价格呈现泡沫化趋势、商服地产库存难以化解，成为当前北京房地产发展的风险隐患，也影响了国际交往中心的建设。

（一）房地产价格泡沫风险对国际交往中心建设的影响

近年来，在流入人口刚性需求和资金投资需求的推动下，北京市房屋销售价格呈现快速上升的运行态势。从图1销售均价走势看，北京商品房销售均价和住宅销售均价，分别由1998年的5239元/平方米和4769元/平方米，逐步攀升至2018年的34143元/平方米和37420元/平方米。根据Resonance公司的互联网大数据，与国际交往中心纽约比较，2019年5月北京市中心房价比纽约高2.4%，北京市郊房价比纽约高15.7%，但北京人均月收入比纽约低74.3%。

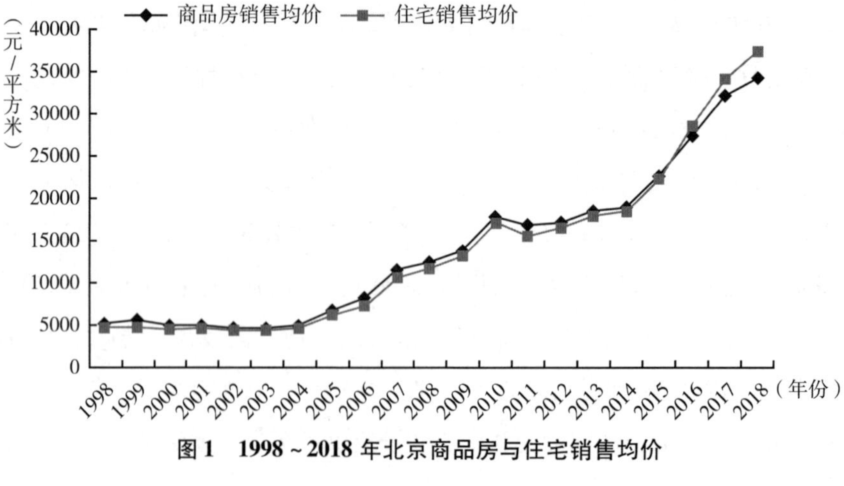

图1　1998～2018年北京商品房与住宅销售均价

经济学中将泡沫定义为资产价格严重偏离基本价值的现象。对于房价泡沫的测度，通常用房价收入比这个指标来衡量。由于地理环境、经济发展阶段和社会文化等因素的影响，造成不同城市的房地产市场差异较大。为避免采用某同一参照值（世界银行研究认为发达国家房价收入比的合理范围一般为1.8～5.5，发展中国家的合理范围为3～6）衡量泡沫水平带来的偏差，本文在考虑居民收入增长的基础上，构建房价收入比上限模型来分析房价泡沫。

假设一个家庭通过按揭贷款买房。当前房价为P，首付款比例a，贷款年限为N，年利率为r；当期家庭年收入为X，家庭年收入增长速度为g，每年收入的一定比例k用来还贷款。房价 = 首付款 + 分期付款折现值之和。即

$$P = aP + kX \sum_{t=1}^{N} \left(\frac{1+g}{1+r}\right)^{t} \tag{1}$$

$$\frac{P}{X} = \frac{k}{1-a} \sum_{t=1}^{N} \left(\frac{1+g}{1+r}\right)^{t} \tag{2}$$

根据2019年北京市相关统计数据（人均可支配收入增长8.7%，房贷首付比例为30%，银行规定借款人月还款额不超过收入的50%，房贷期限20年，房贷下限利率为5.4%），带入公式（2）中得到房价收入比上限为20.1。可见，北京的房价收入比正逐渐接近模型计算的上限，泡沫风险已在累积。房价泡沫一方面会使城市居民面临巨大的购房压力，另一方面还会挤占实体经济资源推高房租、人工等各项国际商务成本。受成本上涨影响，北京的国际饭店餐饮、住宿等旅游价格有所提高，从2019年旅游数据看，接待入境游客376.9万人次，下降5.9%，其中外国游客320.7万人次，下降5.6%；国际旅游收入51.9亿美元，下降5.9%。房地产价格泡沫风险，不仅给建设国际交往中心的宜居保障带来影响，而且给商务交往、赛事、会议等国际活动增添了费用负担。而一旦房价泡沫破灭，房地产商、购房者与金融机构都会承担资金损失，并破坏整体经济运行，严重影响国际交往中心建设进程。

（二）房地产库存风险对国际交往中心建设的影响

2017 年以来，为抑制房价过快上涨、稳定市场预期，北京采取了一系列严格的房地产调控政策，商品房销售价格逐步恢复稳定，待售面积规模有所增大。2019 年末，北京商品房待售面积达 2490 万平方米，规模达历史新高，比上年增长 15.6%；其中住宅待售面积 893 万平方米，增长 7.1%，商服地产待售面积 1596 万平方米，同比增长 21.0%。商服地产的库存无论是规模还是增速都大于住宅。同时，近年来受电商等新型商业模式涌现和限购政策调整影响，北京商服地产销售规模和占商品房比重也在不断回落（2017 年为 30.0%、2018 年为 24.3%、2019 年为 16.0%）。

本文通过待售面积去化周期（待售面积去化周期 = 期末待售面积/最近一年月平均销售面积），衡量房地产库存化解的难易程度。2019 年末，北京商品房待售面积去化周期为 31.8 个月，住宅待售面积去化周期为 13.6 个月，商服地产待售面积去化周期为 127.8 个月，商服地产去库存压力远远大于住宅和商品房总体。而从库存时长看，一些积压的商服项目销售困难，有形成“死库存”风险。2019 年末，北京 3 年以上商服地产待售面积 587 万平方米，比 2018 年末、2017 年末分别增加 53 万和 284 万平方米。部分区商服地产项目由于同质化现象严重、位置布局不合理、配套设施不完善等问题，库存消化难度较大。如朝阳、昌平、顺义等区商服地产项目 3 年以上待售面积持续增加，2019 年末占北京全市比重接近一半。商服地产库存风险是由于供应量明显超过需求量而无法售出的情况，会造成开发企业无法顺利回收投资，后续项目建设停滞甚至烂尾，区位环境恶化进而无法实现地产项目管理智慧化、服务精细化、结构生态化、产业融合化和产品共享化，更难以形成伦敦金融城、纽约曼哈顿、东京丸之内这样的国际商务地标，影响国际交往中心所需要的高层次多维度空间格局建设。

（三）房地产资金风险对国际交往中心建设的影响

房地产业作为资金密集型行业，项目开发周期长，资金来源对外部依赖性强，从供给端房地产开发贷款到需求端消费者按揭贷款，都依赖金融的杠杆作用。近年来受调控政策影响，银行开发贷款收紧，销售端个人房贷首付比例提高、利率上浮，北京房企融资转向发债、民间借贷等途径，房地产资金杠杆率和成本不断提高。从表1来看，2018年北京房地产开发企业的资产负债率达81.2%，为2005年以来的新高。从房地产开发企业资金来源看，2019年北京房地产开发企业到位资金5673亿元，同比下降0.9%。其中，国内贷款1346亿元，下降18.8%，总量连续三年下降，占全部到位资金的比重为23.7%，比上年下降5.2个百分点。

表1　房地产开发企业资产负债情况

单位：亿元，%

年份	资产负债率	资产总计	负债总计
2005	79.1	10306	8156
2006	80.3	12548	10075
2007	80.4	15185	12210
2008	77.9	17674	13770
2009	78.3	20401	15968
2010	79.1	26221	20745
2011	79.8	29892	23854
2012	79.1	34127	26987
2013	78.5	39037	30650
2014	78.3	43921	34376
2015	78.2	50542	39524
2016	78.0	55694	43438
2017	79.9	59060	47178
2018	81.2	57173	46417

随着金融资金对房地产业的管控力度加大，开发企业融资渠道收窄，部分企业经营愈加困难，一旦资金链出现问题，极易诱发破产风险。银行为了满足流动性需求出售风险资产时，又会使得资产价格进一步下跌，加剧系统性风险。房地产资金风险通过在金融系统中的传导不断放大，风险首先冲击与房地产密切关联的建筑、住宿、租赁、餐饮产业，进而随着产业链条的扩

散最终波及整个实体经济。同时，房地产资金风险带来金融危机，会打击投资者的市场信心，使银行部门收缩信贷，使实体经济难以复苏，进而带来种种社会风险和政治风险，最终给国际交往中心建设带来不稳定因素。

从2008年美国次贷危机看，其不仅严重打击了房地产、建筑和商贸等行业，而且引发的金融危机成为美国20世纪30年代“大萧条”以来最为严重的一次。受其影响，2011年数千美国民众在纽约金融中心——华尔街举行大规模示威游行，抗议华尔街无节制的贪婪，政府和监管当局的放纵。持续的占领华尔街运动，一定程度上影响了纽约的社会秩序，并在世界公众眼中留下不良形象。

三　在国际交往中心建设中防范北京房地产风险的对策建议

房地产风险不仅会影响房地产为北京国际交往中心建设提供物质保障和经济支撑作用的发挥，而且其造成的经济衰退和金融秩序混乱，会从更深层次影响国际交往中心的打造。为此，针对北京房地产市场风险特征，提出防范房地产风险的对策建议，以更好地促进北京国际交往中心建设。

（一）推进“租购并举”，为建设国际交往中心提供更好的宜居保障

加快落实十九大提出的“坚持房子是用来住的、不是用来炒的定位，加快建立多主体供给、多渠道保障、租购并举的住房制度”，积极推进住房供给侧结构性改革，稳定北京土地成交价格、新房及二手房价格，稳定市场预期。一方面，要完善住房租赁市场顶层设计，加快出台用地规划、税收征管、融资贷款等相关配套政策。探索房地产信托投资基金等各种租赁住房融资途径，减轻企业资金压力。另一方面，要培育打造品牌经营，鼓励规范化的“长租公寓”经营，通过高质量的物业服务，提升居住品质，满足人民日益增长的美好生活需要，为国际交往中心建设提供宜居保障。

（二）稳妥推进去库存与降杠杆，为建设国际交往中心提供稳定的金融环境

做好北京商服地产区域规划布局，推进基础设施配套建设，引导产业聚集，通过差异化招商，发展旅游、养老、文化地产等多种方式，推动库存项目转型，逐步消化库存压力。培育商服地产项目智能化、个性化环境升级，吸引科创、AI 等优质新兴产业企业落户，为国际交往中心建设凝聚人才智力储备。同时，加强房地产市场资金监管，完善居民、企业负债动态监测，积极稳妥推进降杠杆，将房地产市场纳入宏观审慎监管框架，有效应对房地产部门风险对银行部门的冲击，为国际交往中心建设提供稳定的金融生态环境。

（三）加快实施房地产长效机制，为建设国际交往中心提供和谐的社会大局

房地产市场的问题不仅涉及单纯的房屋开发建设、销售和管理，还涉及土地流转、人口流动、城市税收、产业升级等诸多方面。因此，深化土地制度、户籍制度和公共服务均等化等重大改革，深化财税体制改革，缓释“土地财政”困局，以改革释风险，通过立法、行政、财税、土地等多项举措，让住房回归居住属性，推进建立长效机制，防范房地产市场风险，实现房地产市场长期平稳健康发展，为北京国际交往中心建设提供和谐的社会大局。

立足新时代发展北京会展业的观察与思考

陈泽炎*

摘　要： 本文分析了新时代我国会展业发展的一些新特点；介绍了近年来北京市会展业发展的基本情况；结合北京城市定位，对北京市商务局等部门的会展文件进行了解读；提出了抗击疫情后北京会展业发展的一些建议。

关键词： 现代服务业　国际会展业　北京市

会展业是现代服务业的重要组成部分，会展活动也是实现重大目标的工作平台。党的十九大宣布，我国进入中国特色社会主义新时代。新时代的中国会展业具有一系列新特点。北京的城市定位是：中国首都，全国政治中心、文化中心、科技创新中心、国际交往中心。在北京举办的重大会展活动和北京市会展业的发展直接关系着北京“四个中心”的定位，受到市委、市政府的高度重视。本文即是对立足新时代发展北京会展业的一些观察与思考。

一　新时代我国会展业发展的一些新特点

一是我国主场外交会展活动进一步提升了会展活动的政治站位。2017

* 陈泽炎，中国会展经济研究会学术指导委员会常务副主任。

年，习近平总书记在党的十九大报告中就提到：首届“一带一路”国际合作高峰论坛、亚太经合组织领导人非正式会议、二十国集团领导人杭州峰会、金砖国家领导人厦门会晤、亚信峰会等会展活动。2018 年中国举办的四场主场外交活动都是会展活动，即博鳌亚洲论坛 2018 年年会、上合组织青岛峰会、中非论坛北京峰会、首届中国国际进口博览会。2019 年中国继续举办四场主场外交活动，即第二届“一带一路”国际合作高峰论坛、2019 北京世界园艺博览会、亚洲文明对话大会、第二届中国国际进口博览会，重大会展活动的成功举办扩展了中国的国际影响力。2016 年 10 月，习近平总书记称赞 G20 杭州峰会落实了“西湖风光、江南韵味、中国气派、世界大同”的理念，向世界展示了中国精神、中国力量，在二十国集团发展进程中留下了深刻的中国印记。2018 年 4 月，习近平总书记指出，进博会是一个大平台，今后要年年办下去。这不是一般性的会展，而是我们主动开放市场的重大政策宣示和行动。2018 年 7 月 3 日，习近平总书记对上合组织青岛峰会成功举办做出重要指示：举办上合峰会，为青岛、为山东的发展带来了新的机遇，希望认真总结“办好一次会，搞活一座城”的有益经验，推广好的做法，弘扬好的作风，放大办会效应，开拓创新、苦干实干，推动各项工作再上新台阶。2019 年 10 月 16 日，中华人民共和国成立 70 周年庆祝活动总结会议传达习近平总书记对这次庆祝活动的评价：这次庆祝活动是国之大典，气势恢宏、大度雍容，纲维有序、礼乐交融，充分展示了新中国成立 70 年来的辉煌成就，有力彰显了国威军威，极大振奋了民族精神，广泛激发了各方面力量。2019 年 11 月 7 日，习近平对第七届世界军人运动会成功举办做出重要指示：第七届世界军人运动会的成功举办，体现了中国气派、军人特色，实现了“办赛水平一流、参赛成绩一流”目标。在新中国成立 70 周年之际，这次国际军事体育盛会的成功举办，向世界展示了新时代的中国形象，宣示了中国和平发展主张。

二是习近平总书记给一批重要会展活动发贺信指引会展业发展。据不完全统计，2018 年习近平总书记先后给 13 场国际会议和展览会发去贺信，它们是：首届数字中国建设峰会（福州）、中国国际大数据产业博览会（贵阳）、生态文明贵阳国际论坛（贵阳）、首届中国国际智能产业博览会（重庆）、第20届中国国际投资贸易洽谈会（厦门）、2018世界人工智能大会（上海）、世界公众科学素质促进大会（北京）、第17届中国西部博览会（成都）、2018世界VR产业大会（南昌）、第八届北京香山论坛（北京）、第十二届中国国际航空航天博览会（珠海）、第五届世界互联网大会（乌镇）、第三届“读懂中国”国际会议（北京）。2019年习近平总书记又给31场在国内外举办的国际会议和展览会发去贺信，它们是：2019年中国—东盟媒体交流年（北京）、第三届世界智能大会（天津）、2019中国国际大数据产业博览会（贵阳）、2019年中国国际服务贸易交易会（北京）、博鳌亚洲论坛全球健康论坛大会（青岛）、2019年世界环境日全球主场活动（杭州）、2019中国西藏发展论坛（拉萨）、首届中国—非洲经贸博览会（长沙）、2019世界新能源汽车大会（深圳）、中国志愿服务联合会第二届会员代表大会（北京）、第七届库布其国际沙漠论坛（鄂尔多斯）、第一届国家公园论坛（西宁）、第十二届中国—东北亚博览会（长春）、第四届中国—阿拉伯博览会（银川）、2019世界制造业大会（合肥）、2019中国国际数字经济博览会（石家庄）、2019中国海洋经济博览会（深圳）、首届世界科技与发展论坛（北京）、2019中关村论坛（北京）、第四届中国—阿拉伯国家广播电视合作论坛（杭州）、首届跨国公司领导人峰会（青岛）、第六届世界互联网大会开幕（浙江乌镇）、第九届北京论坛（香山）、第83届国际电工委员会大会（上海）、第三届中国—太平洋岛国经济发展合作论坛（萨摩亚首都阿皮亚）、首届可持续发展论坛（北京）、2019“读懂中国”国际会议（广州）、第三届世界青年科学家峰会（温州）、第二届世界顶尖科学家论坛（上海）、中国法治国际论坛（广州）、中日高级别人文交流磋商机制首次会议（日本东京）。习近平总书记的上述贺信对这些会展项目的顺利举办，以及对中国会展业高质量发展都有着重要的指导意义。

三是国家统计局提升了“会展业”在国民经济行业分类中的地位。2018年9月国家统计局发文明确，“会议、展览及相关服务业”（即会展业）由《国民经济行业分类》国家标准中的“小类”（L7292）提升为“中类”（L728），归属于“商贸服务业”。对其的具体解释是，为商品流通、促销、展示、经贸洽谈、民间交流、企业沟通、国际往来而举办的展览和会议等活动，并且进一步补充说明：“指以会议、展览为主，也可附带其他相关的活动形式，包括项目策划组织、场馆租赁、保障服务等”。此后，国家统计局还陆续发文明确规定，会展业还属于文化及相关产业，也属于“新产业、新业态、新商业模式”的类别。

四是国务院发布15号文件推进“十三五”时期会展业改革发展。2015年4月，国务院发布《关于进一步促进展览业改革发展的若干意见》（国发〔2015〕15号）。内容包括总体要求、改革体制、创新发展、优化环境、政策引导等五部分，共22条。该文件明确提出了到2020年的发展目标和相应措施，所以，此文件就相当于中国会展业的“十三五”规划。近年来的实践表明，15号文件关于“我国展览业快速发展，已经成为构建现代市场体系和开放型经济体系的重要平台，在我国经济社会发展中的作用日益凸显”的基本判断，已经得到充分验证。当前，我国国民经济的发展正在从高速转变成中高速，进入“新常态”。我国会展业进一步发挥出“搭建平台，服务发展”的重要功效，配合实现经济发展的新旧动能转换，配合实现国家重大发展战略，起到重要作用。据中国会展经济研究会统计工作委员会发布的《2018年度中国展览数据统计报告》，2018年全国有181个城市举办展览10889场，总面积达14456万平方米，居世界领先地位。

二　近年来北京市会展业发展的基本情况

近年来，每年的市政府工作报告都要谈及北京市的重大会展活动和相关会展设施建设。2020年1月12日，北京市市长陈吉宁在《政府工作报告》中谈到的有关内容包括以下几方面。

在党中央直接领导下，北京市全面出色完成了国庆70周年庆祝活动服务保障任务。成功举办2019年中国北京世界园艺博览会、第二届“一带一路”国际合作高峰论坛、亚洲文明对话大会、2019年国际篮联篮球世界杯赛，赢得了国内外高度评价和广泛赞誉。编制完成国际交往中心功能建设专项规划和行动计划，制定雁栖湖国际会都提升规划，扎实推进国家会议中心二期、新国展二三期等重点项目建设。环球主题公园一期建设进入设施安装阶段。北京冬奥会、冬残奥会筹办工作顺利推进。举办第四届国际冬季运动博览会，组织快乐冰雪季等活动，冬奥氛围持续升温。中国国际服务贸易交易会提质升级，参展参会人次增长 3 倍，共建“一带一路”国家参与率超过 70%。

2020 年要深入实施国际交往中心功能建设专项规划，继续推动雁栖湖国际会都扩容、新国展二三期等重点项目建设，做好各项重大活动服务保障。精心筹办北京冬奥会、冬残奥会，召开世界转播商大会和媒体大会。高水平办好中关村论坛，努力打造集科技交流和创新成果展示、发布、交易于一体的国际化科技创新交流合作平台。提升金融街论坛影响力。高质量办好中国国际服务贸易交易会，提升国际化、专业化、市场化水平。促进商业、文化、体育、娱乐、教育、旅游、会展等多元业态有机结合，形成行业融合发展的消费生态系统。做好联合国全球可持续交通大会服务保障工作。加快南部地区文化场馆规划布局，鼓励具备条件的公园、博物馆、文化馆等延长开放时间。支持办好 2020 年世界旅游城市联合会北京香山旅游峰会，继续办好北京国际电影节、国际设计周等品牌文化活动。精心组织 2020 年世界体育大会，继续办好中国网球公开赛、北京马拉松等国际重大赛事。

关于北京市会展业的发展情况，2019 年 11 月北京市统计局正式公布了 2018 年北京市会展业的统计数据。①2018 年北京市会展业收入 285.2 亿元，同比增长 10.5%。②接待会议数量 23.8 万个，同比增长 3.1%；其中国际会议 3000 个，同比下降 11.7%。接待会议人数 2047.4 万人次，同比增长 8.0%；其中国际会议 59.7 万人次，同比下降 5.3%。会议业收入 146.2 亿元，同比增长 11.7%；其中国际会议收入 10.4 亿元，同比增长 9.7%。会议室数量 5155 个，同比下降 0.3%；其中超过 500 座的会议室 203 个，同比增长 1.5%。会议室使用面积 78.4 万平方米，同比增长 0.5%。会议室可容纳人数 49.4 万人，同比增长 2.4%。③举办展览 808 个，同比增长 0.1%；

其中国际展览148个，同比增长8.8%。展览面积673.8万平方米，同比增长10.3%；其中国际展览面积368.8万平方米，同比增长15.6%。展览观众807.4万人次，同比下降21.6%；其中国际展览观众198.0万人次，同比增长83.1%。展览业收入136.7亿元，同比增长9.1%；其中国际展览收入41.6亿元，同比增长4.0%。④会展业平均从业人数13.1万人，同比下降5.3%。

本文将上述统计数据与“十三五”规划的年度指标进行了对比，其情况是：①《北京市“十三五”时期会展业发展规划》设定的2018年会展业收入指标为247亿元，现在实际收入为285.2亿元，完成了规划指标的115.5%。②“十三五”规划设定2018年实现会议业收入118亿元，现在实际收入146.2亿元，完成了规划指标的123.9%。③“十三五”规划设定2018年实现展览业收入119亿元，现在实际收入136.7亿元，完成规划指标的148.9%。

所以，总体看来2018年作为“十三五”规划的第三年，北京市会展业收入指标的完成情况是令人满意的。根据发展趋势，2019年北京市会展业发展情况仍然是好的。虽然2020年的严重疫情将带来一系列不确定性，但《北京市“十三五”时期会展业发展规划》设定的各相关指标估算还是可以完成的。

三　北京市商务局等部门有关会展文件的解读

2018年1月5日，北京市商务委（现商务局）办公室印发了《北京市关于进一步促进展览业创新发展的实施意见》（以下简称《实施意见》）。这个文件是由市商务委、市发展改革委、市公安局、市财政局、市规划国土委、市旅游委、市统计局、市知识产权局、市贸促会等九部门联合制定的，是代表北京市政府发布的关于落实国务院〔2015〕15号文件的第一个正式文件。此文件有以下值得解读的内容。

第一，实践表明，《实施意见》的“指导思想”和“基本原则”都是明确的和正确的。特别是《实施意见》强调了“围绕‘四个中心’建设和首都城市定位”，“推动构建（展览业）‘高精尖’经济结构”，以及突出以“四个坚持”为导向的一系列基本原则，都体现出北京展览业的特殊性和重要性。

第二，《实施意见》在“发展目标”中提出了“到2020年举办国际展览数量达到200个，打造出1~2个具有国际竞争力的展览集团，力争引进3~5个具有全球影响力的品牌展会”等一些具有明确时间和数量要求的指标，估计都可以实现。

第三，《实施意见》在“重点任务”之“优化空间布局”中提到“打造国家政务和重大国事活动的承载区”和“完善国际高端政治经济会展的功能区”两项任务。可以认为，在2018~2020年通过国家会议中心二期工程和雁西湖国际会都建设工程，是能够将任务完成的。但是，“中国国际展览中心（天竺新馆）”和“北京新机场临空经济区建设综合性会展服务设施”两大项目尚需进一步抓紧推进、协调和落实。

第四，《实施意见》在“重点任务”之“强化品牌建设”中提到“提升现有展会水平”，当前正在不断落实和推进。譬如，经国家批准，2019年京交会升格为每年举办的国家级展会项目；原北京文博会并入京交会，得以转型发展。但是，作为“发展新兴产业展会”项下的职业项目“北京机器人大会”如何进一步改进提升，则任务非常艰巨。因为随着全国一大批冠以“智能”“智慧”“AI”“VR”“互联网+”“大数据”“物联网”“数字经济”之名的会展项目兴起，以及全国各地其他各种机器人会展项目的大量举办，北京机器人大会面临的竞争和挑战日益严峻。

第五，《实施意见》涉及的内容除展览以外，也面向会议、节事、活动，以及冬奥会（冬残奥会）等大型体育赛事，还提出“依托博物馆、美术馆、图书馆、展示馆、科技馆举办活动”。这就有效地扩大了会展平台的服务范围，使其能够发挥更大的功效作用，事实上也已经取得很大的实际收效。

第六，《实施意见》在“培育市场主体”中提出“壮大龙头企业”的要求。其中，“中国国际展览中心（天竺新馆）”的项目涉及中国国际展览中心集团公司，它涉及北京市与中国贸促会的合作。而北辰集团是市属大型会展企业，更值得予以支持和关注。

第七，《实施意见》在“创新发展模式”中提出“推动展览业区域协同发展”，并明确提到“认真贯彻落实《京津冀协同发展规划纲要》”，但具体工作进展还不够明显和有效。2019 年 1 月 18 日，习近平总书记在北京副中心召开京津冀协同发展座谈会时就指出，当前和今后一个时期进入滚石上山、爬坡过坎、攻坚克难的关键阶段，需要下更大气力推进工作。事实上，如何在《京津冀协同发展规划纲要》这一“大规划”之下做好会展业协同发展的“小规划”，仍需要再下很大的功夫。

第八，《实施纲要》在“优化发展环境”之“发挥中介组织作用”中提出了很多具体工作要求。但从北京市会展行业协会的实际运作情况看，其力量仍显薄弱，远不及上海和广州。

第九，《实施纲要》在“保障措施”的第一条就提到“建立工作机制”，即多个部门共同参与的“联席会议制度”。然而直到 2019 年 12 月，尚未见到关于召开联席会议的相关报道。

第十，《实施纲要》在“保障措施”中还提到“加强人才体系建设”。这也是一个大题目，需要进一步有力的配套措施。

四　抗击疫情后对北京会展业发展的建议

2020 年 1 月，一场突如其来的新冠肺炎疫情从暴发，很快扩散全国，影响世界。中国在以习近平同志为核心的党中央领导下，立即开展了抗击疫情的总体战、阻击战，形成了一场伟大的人民战争，取得了积极效果，得到了世卫组织的高度评价，受到了全世界的赞许。疫情是残酷的，“覆巢之下安有完卵”。中国经济社会损失巨大，各行各业都被波及。全国“两会”和春季广交会都被延期。会展业作为现代服务业的组成部分无法幸免，而且还在首当其冲之列。

预计 2020 年上半年北京将减少近一半的会展项目，会展业收入将减少上百亿元。为此，北京市商务局于 2 月 12 日及时发出《关于应对新型冠状病毒感染的肺炎疫情影响促进展会项目的政策解读》，对受疫情影响暂停举办且年内继续在京举办，参展中小微企业数量超过参展企业总数 50% 的商业展会项目，予以资金补助。北京顺义新国展一度成为防止境外疫情输入的机场旅客分检地点。3 月 23 日，北京市商务局推动北辰会展集团等单位成立了北京线上会展发展联盟。

随着疫情好转，复工速度加快，会展业逐步恢复起来。现在北京市复工的重点工程中，就包括国家会议中心二期工程。一批重点会展项目也都按照延期计划，处于积极筹备之中。在抗击疫情形势不断好转的情况下，我们要着眼于疫情过后会展业的进一步改革发展。结合北京市经济社会发展大局，为不断提升北京市会展业水平，进一步服务好北京“四个中心”定位，本文特提出如下建议。

第一，充分认识与分析北京会展业与世界会展业先进城市和国内上海、广州这两个全国会展“一线”城市的差距。对照北京会展业发展规划和《实施意见》等文件，进行全面评估，找出问题所在；要瞄准北京市“十四五”规划的目标，做好会展业的新规划和新部署。

第二，北京会展业要形成明确且具有自己特色的发展路径。这也是北京“四个中心”定位所决定的。譬如，为保障在北京举行的重大国务、政务、外事活动，一些同期举办的一般性会展活动必须让路；即使在平时也需要对会展活动进行比较严格的管理、审核、检查。这就是北京与其他城市不能相比之处，因此需要提出更为明晰的、可供执行操作的办法和规定。

第三，在北京的“四个中心”定位中，没有提“经济中心”。但是北京市国民经济的发展又必须得到保证。在这样的形势下北京会展业就需要更加突出“科技创新”“文化创意”“国际交流”的功能，从而拉动国民经济增长。而且发展好北京市会展业也能够进一步体现北京所具有的适合投资发展的宜商环境。

第四，正是从“四个中心”的定位出发，北京会展业必须采取“商、旅、文、体、娱相结合，会、展、节、赛、演多形式”的发展形态和发展路径。北京市商务委（现商务局）等 9 部门发布的《实施意见》已经涉及这样的布局，但必须进一步予以推进和落实。为此，建议切实执行与贯彻《实施意见》所提出的多个部门参与的联席会议制度。

第五，京津冀协同发展是国家大战略。北京市在这个大战略的贯彻落实过程中具有举足轻重的地位。关于“京津冀会展业协同发展”的这篇大文章，北京市还需要进一步构思和落地，建议结合《实施意见》进一步召开专题会议进行研究。

第六，北京市展览场馆的建设步伐应当大大加快。多年来，场馆建设短板已经严重制约了北京会展业的发展。当前矛盾焦点主要集中在顺义新国展的扩建项目上，需要尽快予以突破。与此相关的是北京大兴机场附近的会展中心项目如何规划安排？这也要从北京会展业发展全局上予以周全考虑。建议也要结合《实施意见》进一步召开专题会议进行研究。

第七，中国国际服务贸易交易会（京交会）现已升级为每年举办的国家级展会，也成为北京市最具代表性的会展“旗舰”项目。从“广州有广交会（货物出口为主）、上海有进博会（货物进口为主）、北京有京交会（国际服务进出口）”的全国布局看，三个会展项目各有特色、各有分工。现在的形势是，广交会历史悠久，经验成熟；进博会地位最高，影响最大；而京交会仍处于需要不断摸索、亟待创新提升的阶段。2019 年京交会场馆扩大，但又出现了场地比较分散等一些问题。此外，中关村论坛如何进一步发展壮大？北京科博会如何转型发展？这些都需要进行更为切实有效的咨询研究。

第八，世界机器人大会本属于北京市在全国最先起步的高科技会展项目，但在全国一大批类似项目纷纷兴起的形势下，其后续已感乏力。为此，建议对此项目予以进一步专项诊断和深入研讨。其中市场化服务外包是一个可以考虑的方向和方案。

第九，北辰会展集团是北京市属大型会展骨干企业，已形成许多成熟的经验。建议对其进一步给予鼓励和支持，包括上述涉及的研究咨询课题，都可以由北辰会展研究院领衔负责。

第十，北京市会展教育的潜力还可以进一步挖掘。北京联合大学已提前为冬奥会培养大型体育赛事活动所需人才，取得良好效果。建议结合北京重点会展项目的改进提升，对市属会展院校进一步提出培养计划，做有针对性的人才储备。

加速新兴信息技术应用，推进会展行业转型升级

张　暄*

摘　要： 以5G和VR为代表的新兴信息技术日臻成熟，为举办在线会展活动提供了基础，也将促使传统会展活动在诸多方面发生变革。在新冠肺炎疫情导致整个会展行业停摆的大背景下，会展行业同人应该勇敢地与时俱进，主动学习、消化、吸收和应用新兴信息技术，为行业的健康发展赋能。

关键词： 线上　线下　5G　VR　云　平台

过去三十年来，伴随着改革开放的总体步伐，我国的会展行业快速发展，特别是在加入世界贸易组织之后，会展行业步入了黄金十年。据不完全统计，2019年，我国在境内共举办3500多个规模以上的经贸类展览，展出面积在1.3亿平方米以上，我国企业组团到73个国家参加1700多个展览，展出面积67万平方米。此间，我们看到的另外一道风景就是，我国一线和二线城市都在大举新建展览中心和扩大会展中心的规模，涌现出十多个室内展览馆面积在十万平方米以上的城市。会展业的发展，不仅为技术交流和经贸合作提供了良好的平台，而且还带动了酒店、餐饮、旅游等行业的发展，如果把展品运输和展台搭建等综合服务包括在内，会展行业在解决就业方面的溢出效应也十分可观。

* 张暄，北京市社会科学院外国问题研究所副研究员。

2020 年 1 月暴发的新冠肺炎疫情迅速蔓延，让高歌猛进的会展行业按下了暂停键，也让会展行业成为疫情下最受影响的行业之一。除了 1 月初美国的消费电子展顺利举行之外，2020 年国内外知名的会展活动全部延期或取消，全行业的发展和生存问题突然变得令人担忧和深思。在这种特殊背景下，我国政府迅速做出决定举办网上广交会，由腾讯公司提供全面的技术支持。我们有理由相信，依托我国比较完备的信息化基础设施建设，借鉴电子商务和网络教育积累的成功应用经验，会展行业完全可以利用疫情促成的契机真正踏上早就应该践行的转型升级历程。

一　线上还是线下?

早在本世纪之初，当互联网刚刚向民众展示其初级应用，会展界就有人吹哨，警示传统线下展览产业将要面临发展窘境，而且大有先行者开始尝试在网上举办展览展示活动，热情讴歌永不落幕和摆脱时空局限的线上会展。然而，那时窄窄的带宽和孤立的数据云无法支撑较大的访问量，简陋的用户终端根本无法满足基本的多媒体互动需求，炒作一时的线上展览很快就偃旗息鼓了。

然而信息技术在会展行业开展应用的种子就此埋下，传统的线下展览开始逐步尝试利用信息化的手段为会展活动提供有力支持。相关应用主要表现在以下几个方面：一是活动前期筹备阶段。活动组织者和主办单位普遍率先制作一个专门的网站和客户端，提供活动的相关资讯，包括背景、本届亮点、展位图、日程、上届活动综述等，让潜在的参展商对活动有个基本的了解，并可以据此进行参展和观展相关事宜的沟通交流。网站上的相关信息不断更新，让参展企业和参会听众第一时间了解活动的动态。此外，很多活动的新闻发布会也采用网上举办的形式，并利用微信等社交媒体进行推广，迅速在相关产业界传播。二是活动后期筹备阶段，也是目前信息技术在会展行业应用最有效的阶段。在这里，主办单位可以迅速收集展品信息和演讲资料，各种服务商可以务实地与参展商、听众和观众互动，了解他们在活动现场的各种需求并提前进行在线预定，比如活动主场运输商可以便捷确定大型展品的运输路径和吊托进场方案，主场搭建商可以认真审核展台设计图纸，确保合乎消防规定和其他安全要求，主场综合服务商提供的酒店、餐饮和车辆预订的网站，可以让参加活动的国内外嘉宾轻松安排好吃住行计划。普通观众和听众可以在活动官网上进行注册和付费，确保顺利进入展馆和会场，媒体人员可以在网上通过互动的方式预定拟采访的企业和演讲嘉宾，让现场的采访活动及相关活动更有针对性。三是活动举行阶段。在这个阶段最常见的形式就是现场的展览导图，观众只需要在屏幕上点击，就能看到各家参展企业的位置，确定好自己的参观路线，避免在众多的展览馆中来回奔走。另一个常见的设施就是观众和听众匝机，这道匝机风景线不仅是自动刷码出入的屏障，而且更是活动组织者日后进行观众和听众统计分析的依据。除此之外，组委会还在重要的参展商展区以及重要会议的门口另外提供扫码设备，根据这些总体和单独的数据，了解观众和听众的进场时间和频率，分析出他们的年龄、专业背景与会议日程和展览内容之间的关联信息，并据此总结活动安排的得与失，不断调整方案，为下一届活动提供借鉴。

必须承认，在本世纪过去的20年里，信息技术已经日益广泛地应用到会展行业之中，为规模不断扩大的会展活动提供了技术支持，极大地提高了组织者的工作效率，并节省了大量的组织成本。不难想象，当展览规模动辄达到十万平方米之上，当会议规模达到千人和万人的规模，如果没有信息化手段的支撑，维护活动现场有序运行的成本应该是巨大的。然而同样毋庸讳言的是，今天在疫情面前会展全行业的整体停顿，足以说明信息技术在会展行业的应用还处在初级阶段，远远没有跟上信息时代的步伐，应该引发全行业的反思和警醒。如何运用新兴的信息化技术，一方面在线下会展领域拓展新应用，另一方面开展线上会展，加速会展行业的转型升级，这既是行业的选择，也是社会发展的必然。

二　VR还是5G?

2015年国务院发布《中国制造2025》，将发展新兴信息技术列为十大建设任务之首，充分说明新兴信息技术的研发和应用对支撑我国社会经济可持续发展的战略意义。在过去的几年，我国在人工智能、云计算、大数据、VR、显示技术和物联网等领域取得了长足进步，为以电子商务为代表的新经济提供了可靠的动力，并为工业互联网的建设提供了重要的基础。与此同时，以华为、中兴、中国信科和小米为代表的企业，在5G技术标准专利上取得历史性突破，我国在全球5G必要标准方面的专利数占比达到35%，为全球最高的国家。为应对新冠肺炎疫情给社会经济带来的重大挑战，2020年3月，中共中央政治局常务委员会召开会议提出，加快5G网络、数据中心等新型基础设施建设进度。新基建的迅速大力推进，必将带动新兴信息技术在各产业应用上的日新月异，同样也为会展行业的转型升级提供技术保障。

随着首届网上广交会行动计划的提出，会展经济领域的同人喜忧参半。喜的是在疫情面前，在线展览为停摆的行业发展带来了希望，而且可以乐观地预见，线上广交会的成功，将引发众多主办单位的跟进与模仿，将逐步颠覆现行的会展产业发展模式。忧的是会展行业毕竟不属于新兴产业，行业机构和从业人员对信息技术特别是新兴信息技术了解不够，从业单位对相关基础设施投入不足，一下子难以适应这种转型的需要。更有人担心，这些年各地投资建设了大量和大规模的展览馆和会展中心，会展服务领域的从业机构和人员也由此迅速增多，线上会展的逐步开展以及由此带来的商业模式的转型将会给全行业带来不可估量的负面溢出效应。

信息技术的发展已经为许多行业带来变革并取得成功，也为社会文化的变革带来深层次的影响。正如联合国千年发展目标中所指出的，各国和各行业必须协同努力，早日打破国家之间和行业之间的数字鸿沟。会展行业也不例外，同样需要充分部署和实施新兴信息技术成果的应用，分享信息革命带来的改革红利。

那么，有哪些新兴信息技术能够应用在会展行业之中？

首先是5G技术。较之于前几代移动通信，5G不仅能提供更大的带宽，极大地提高传输速度，而且还能兼容支撑以前适用的众多通信协议。线上会展自然会涉及不同的国家和地区，要完成跨地区的实时通信，要清晰呈现展品的性能，传输速度低于100兆是绝对不行的，这也是本世纪初期网上展览先驱们很快成为先烈的主要原因。同时由于国家和地区信息化基础设施不同，发展阶段也不一样，甚至使用的通信协议也不完全一致，5G技术及应用可以有效地支持多种利益攸关方的交互通信。正如前面提到的，我国身处5G技术的引领者行列，也是5G通信基础设施建设的先行者，这为会展行业开展线上会展活动提供了难得的先发优势。

其次是云技术。如果说5G是载着数据和信息高速穿梭的列车，云就是遍布全国和全世界的火车站。各种公共云和专有云可以本地存储足够的数据和信息，不仅可以保证火车不空驶，并且能利用大数据技术和人工智能下的深度学习功能，不断加工出更为精准的物资配备。“双十一”期间巨大的数据量，已经深度检阅了我国云计算的巨大能力。今天我们有阿里云、百度云、腾讯云、移动云和航天科工云等遍布全国的云计算中心，正在为网上购物、网上教育、远程会诊和智能网联汽车提供可信可靠的数据支撑，毫无疑问，也为开展线上会展活动铺平了道路。

最后是平台技术。会展行业的属性就是提供一个平台，让全行业相关的供需方在特定的时间内聚集在一起，全面了解行业的技术动态和产品应用的总体现状和趋势，并与特定机构洽谈商贸和技术转让，进而达成交易。想一想淘宝和京东的平台有多大，看一看百度外卖平台成交速度有多快，再感受一下顺丰平台上每一天有多少快递订单。基于现代移动通信和云计算中心的各种平台正在改变人们的生活方式，改变传统的商业模式，让没有一间客房的公司成为全球最大的酒店提供商，没有一辆汽车的公司成为全球最大的出租汽车公司。我国是运行大型网络互动平台最成功的国家，积累了丰富的成功经验，可以为会展行业提供借鉴。更令人欣慰的是，以腾讯会议系统为代表的各种线上会议活动解决方案正在疫情期间大显身手，而且正在向展览行业应用迁移。G20 年会已经成功在网上召开了，网上广交会也指日可待，这些都为线上会展活动的全面展开拉开了具有历史意义的序幕。

特别需要提出的是，VR（虚拟现实）技术日臻完善，相关应用也日益成熟，配合 5G 的传送速度，我们佩戴上 VR 眼镜可以实时欣赏到远方的风景，而不只是在特定的虚拟场景下体验身临其境的现实。我们今天可以通过 VR 技术体验许多模拟高山滑雪的训练软件，也能够体验 8 级地震时光怪陆离的混沌世界，当然也一定更能够在某个在线会展大平台上实时观摩每个展台上的展品静态细节和动态性能。可以说，5G + 云 + 平台 + VR 的结合基本上就能保障任何在线会展活动的顺利进行。

此外，不断成熟的大数据技术、高清晰显示技术、识别认证技术、全息技术和动漫技术等，也都在推广崭新的应用，也将为网上会展活动提供技术便利，为广大会展活动的组织者提供现成的解决方案。

三　墨守成规还是与时俱进?

在线会展活动的开展既是行业转型升级的机遇也是挑战。这种挑战首先要求会展活动审批机构解放思想。现在的线下会展活动大多由商务部和科技部系统的相关机构负责审批，而且要经过公安消防等大型活动管理机构的核准。开展线上会展活动，审批机构必须与时俱进，制定新的在线会展活动申办主体认定管理办法，同时对主办机构提出新的要求，更有效地对平台上的参展商、观众和展品进行质量遴选和资格审核，减少和杜绝技术侵权和伪劣产品等。对活动主办单位提出的要求就是，一方面要加大在信息化应用方面的技术投资，另一方面要引入信息技术的人才，这样才能保证上述新兴信息技术应用能够充分得到实施。此外主办单位更需要解放思想，不断创新，在线上活动闭幕之后下功夫，不能像线下会展一样活动举办后就万事大吉，而是要利用行业协会和专业委员会的力量，充分发挥网络平台不受时空局限的优势，为供需双方提供更多更有价值的增值服务。对于参展商来说，需要精心策划展区部署，提供吸引人的多媒体方案，有效安排适合远程参观的产品性能讲解和演示。

当然，会展行业同人也可以选择墨守成规，毕竟在线会展只是刚刚起步，疫情之后线下会展一定也会延期举行，而且传统的行业运行模式还会延续很久。但是正如许多政要和经济学家所指出的，这次公共疫情之后，社会生活的许多方面都会发生重大变化，众多经济活动模式都将出现转型。换言之，即使线下会展活动还会延续很长时间的繁荣，把新兴信息技术应用到传统的会展活动的组织工作之中，也是不能忽视的发展趋势。趋势是不能阻挡的，新兴信息技术在各行各业中的应用是大趋势，不可能让会展行业成为例外。作为传统会展产业链中的重要参与方，主办单位、参展商、服务商、会展中心更需要顺势而为，在传统会展组织工作中加速新兴信息技术的应用，共同推进会展行业的转型升级。

作为主办单位，需要思考的是在传统的展会现场之外提供一个真正的网上展览，而不是今天流行的现场直播形式，不在现场的观众只能被动地看到热闹的人头攒动场面，不能主动或交互地看到自己感兴趣的展台和展品。

作为参展单位，需要创新的是在传统展会的现场给到展台参观的观众提供一个能系统展示技术产品的电子文件，不再是简单地给他们送名片和纸质宣传资料。这个电子文件应该是动漫形式的，能吸引观众观看并了解展品。进一步讲，应该在传统的展台上与本部厂区和生产车间在线互连，让观众获取更全面更真实的资讯。

作为会展活动服务商，需要完善的是打破传统的网上预定分工，比如展品运输、吃住行安排和展览搭建图纸申报目前都是各自为战，且没有流程跟踪服务。不同服务商之间必须开展合作，为展商和观众提供一站式的在线预定，同时提供类似快递行业的在线服务进度跟踪查阅服务系统。

作为展览馆和会展中心，需要转换的是傲气的地主角色，应该利用大数据和物联网技术，与众多的主办单位通力合作，完善听众和观众数据库建设，更好地了解他们的需求，在会后和展后实时提供个性化的信息推送服务。此外，特别要改变的是，不仅要在场地周围部署完善的5G网络设施，而且不能延续卖方市场下的恶习，让参展商们面对奇高的宽带租金望而生畏。

信息技术的最大特点就是让繁杂和重复性的工作与生活变得便捷与简单，而且能够通过低边际成本的跨界融合，创造新的应用和新的商业模式。无论是继续耕耘传统会展业务，还是创新在线会展事业，都需要插上新兴信息技术的翅膀，才能让工作事半功倍，才能真正践行创新驱动发展。党的十九大为我国经济社会的发展描绘出蓝图，“一带一路”倡议为全面开展经贸领域的国际合作指明了路径，这为会展行业促进技术交流和贸易合作提供了更广阔的发展空间。会展行业同人应该抓住这个历史机遇，加速推进新兴信息产业技术的应用，为行业的转型升级赋能，不负韶华，砥砺前行。

专栏三 文旅形象篇

2019年北京国际文化中心城市建设研究

沈望舒*

摘　要： 中国首都北京，不仅有闻名遐迩的历史文化，还涌现出震撼世界的当代文明。改革开放进程，令二者在体验标准上增加了一个感性结合点："国际范儿"。对于2019年的首都文化，亮点在重大会展的特态和时尚社区的常态。其源于70年来国家建设、京师奋斗汇聚的资源实力，并成于域内多元文化生产主体的创造奉献。国家记忆，首都表达；时代价值，首都传播；民族精神，首都弘扬。在造福中国与世界时，北京发挥着中华文明高地的文化核心功能。

关键词： 中国首都　文化中心　国际能级　当代场景

* 沈望舒，文化学者，北京市社会科学院研究员，研究方向为文化、文化产业。

2019年，既是中华人民共和国成立70周年，也是北平和平解放、城市恢复北京称谓、重获中国京师地位的70年。这座自公元前1066年西周分封燕蓟始有3080余年建城史的古城，自公元1153年金朝海陵王迁都始逾865年建都史的古都，如今常住人口已然从1949年的200万升至2000余万，面积从700平方公里扩至1.64万平方公里。更大的变化在品质：从一个几乎什么工业品都生产不了的闲散、凋敝、滞后的消费之域，从那个在《西行漫记》作者美国记者斯诺笔下“命运将尽的一种奇观，一种中世纪的残余”① 的垂死之城，脱胎换骨，跃升为经济门类齐全、社会事业发达、文化实力突出的国家之都——引领、示范、带动中华民族走向伟大复兴的，代表全中国的政治、文化、科技创新、国际交往中心。

如今的北京，不仅为中国精神、中国价值、中国道路的世界“窗口”，还是中国先进、中国外交、中国时尚的全球“秀场”。当代首都在所提供的公共服务、所发展的事业产业里，发散着越来越多的“国际范儿”。

一　首都会展，国家战略主场

能于历史产生回响的，多属“精神场”效应。首都文化作为国之“精神场”，使命在服务国家之大事。北京主题旋风，常与当代国家主场的重大国际性活动如影随形。起步于北京举办1990年第11届亚运会、1995年第四次世界妇女大会，强化于2008年北京奥运会、2014年北京APEC，顶级国际会展逐渐演进为首都年度要目。而且日见显著的数量品质，奠定了北京作为国际会展之都的地位。

2018年北京举办有较高影响力的国际会议93场，居中国第一、全球第22位②。它们反映文化产业的创新、跨越、进步，并且多以强烈的意识形态气息、优秀的时代文明贡献惠及国家与世界；它们常因富含公共服务经典的

① 孙文晔：《清洁古城》，《北京日报》2019年9月17日，第9版。

② 李夏至：《讲好中国故事，让世界听到北京的声音》，《北京日报》2019年12月2日，第1版。

穿透性，先进文化业态的杰出性，思想力量叠加理性逻辑的传播性，营造灯塔形广远影响。

2019 年，一方面延续北京国际图书博览会、音乐节、电影节、国际文化创意产业博览会等保留节目，另一方面又增添类似首届世界 5G 大会等新创文化科技自选节目。最值得关注的，则是以四大活动为代表的“大事喜事”系列。它们所创峰值及绩效、精彩与美好，彰显首都文化的能级能量，展现国家价值、首都表达的魅力化“打开方式”，堪称新兴大国首都的“国际范儿”经典。

1. 第二届“一带一路”国际合作高峰论坛：媒体高光、教泽惠远

“一带一路”沿线相关国家达 65 个，总人口约 44 亿，多为历史悠久，发展程度较低，基础设施薄弱，提升空间广大的地区。论坛于 2019 年 4 月在北京告捷。超过首届，共有 39 位外方领导人、150 个国家、92 个国际组织、6000 多位来宾出席。三天会期含开幕式、领导人圆桌峰会、高级别会议、12 场分论坛和 1 场企业家大会。成果清单六大类 283 项，包括搭建文化、智库、媒体等在内的 20 多个多边对话合作平台，反映了 2019 年中国最重要的主场外交的成就。

论坛主题为“一带一路”，聚焦经贸，属经济合作倡议。作为源自中国、造福世界的公共产品，要旨在“五通”，政策沟通、设施联通、贸易畅通、资金融通、民心相通；关键在反对霸权主义、强权政治、丛林法则等旧秩序；目的在用共商共建共享的共同发展全球观，大家平等参与、贡献、受益的公正心，主动应对经济危机阴霾下的困局。

经过“一带一路”新闻合作联盟，全体亚、非、欧、拉美 25 国 40 家主流媒体理事和 86 国 182 家媒体成员的努力，聚焦论坛和“一带一路”事业，有效地将活动成果转化成媒体热点与社会潮涌：云集北京的政要、名士们金句频频，媒体因“料”多而炫目，战略因“价值”而飞扬。8 月后，已有 136 个国家和 30 个国际组织与中国签署了 195 份共建“一带一路”合作文件。

倡议走向实践、愿景化为行动，折射出“一带一路”巨大的国际影响

力、道义感召力、合作吸引力，其中两届论坛的社会动员功力不可小觑。

2. 亚洲文明对话大会：背景深厚、多姿多彩

亚洲是人类最早定居地之一，是人类文明的重要发祥地。47 个国家、1000 多个民族星罗棋布①。亚洲有值得骄傲的过往和十分被看好的未来："积淀下深厚多彩的文明，拥有全世界 67% 的人口和 1/3 的经济总量，是推动全球经济增长的新兴引擎。"② 对话大会的主题："亚洲文明"，聚焦文化。八天会期有庞大项目群落，分作开幕式、平行分论坛、文化嘉年华、文明周等四大板块，涉及 110 多项活动，共展人类文明的魅力和中华文明的博大。

与会嘉宾 2000 余人，有全球各地政府官员，有文化、教育、影视、智库、媒体、旅游诸界代表。大会将"文明是多彩的，交流互鉴是推动人类文明进步和世界和平发展的重要动力"等思想写入共识文件，并达成四大类 26 项务实举措与合作成果。2900 余位注册记者，让"文明因交流而多彩、因互鉴而丰富"的理念和"以多样共存超越文明优越，以和谐共生超越文明冲突，以交融共享超越文明隔阂，以繁荣共进超越文明固化"等主张回荡环宇。大会由中国国家主席习近平倡导举办，项目取得促进人类命运共同体建设的实际成果。

其中，亚洲文化嘉年华在北京的国家体育场"鸟巢"展开，规模盛大的联欢惊艳世界——面积 1.5 万平方米的大舞台、8000 平方米的 LED 屏幕，8000 余位亚洲和世界优秀的艺术家用强大阵容与 3 万名观众于炫目震撼中共同高歌和平进步。其中，亚洲文明周持续多日，包括文明巡游、文化展演、文明联展、影视周、文化旅游展等，为民众奉献文化盛宴。其中，亚洲文明联展为首度举办，主展分展结合，令北京"姹紫嫣红"。国博"大美亚细亚——亚洲文明展"主展，汇集亚洲 47 国以及希腊、埃及两大文明古国的文物，共有 400 余件（组）文物，群星璀璨。分展中，清华艺博"器服

① 习近平：《在亚洲文明对话大会开幕式上的主旨演讲》，《光明日报》2019 年 5 月 16 日，第 02 版。

② 新华社记者：《为共建命运共同体注入文明力量》，《光明日报》2019 年 5 月 16 日，第 06 版。

物佩好无疆——东西文明交汇的阿富汗国家宝藏展：文化在，则国家存”的英文悬于展馆入口迎面处，令人唏嘘；首博“山宗·水源·路之冲——‘一带一路’中的青海展”，风情万种、千秋各表……其中，亚洲美食节在中国四地同办：亲民与效益共舞，文化与产业齐飞。北京、杭州、成都、广州，均采用主辅互动多点联动、线上线下相得益彰的布局，通过“文化+”，让“吃货们”在大快朵颐中沉浸于供需双侧齐涨的跨国文化经济。

3. 国庆70周年大典：贯穿全年、气势恢宏

国庆 70 周年大典主题是“爱国”，聚焦“站起来、富起来、强起来”的中国成就。作为利用重要时间节点开展对内教化、对外宣传的重大政治文化工程，是一次经典性的国家主场、首都主演“走秀”，全方位展现了首都公共文化服务与文化产业能级之亮丽。对此，内外舆论不吝送出惊艳惊叹式美誉。国家主席习近平则用“国之大典，气势恢宏、大度雍容，纲维有序、礼乐交融”等赞语肯定其文化的成功，认为大典“充分展示了新中国成立70 年来的辉煌成就，有力彰显了国威军威，极大振奋了民族精神，广泛激发了各方面力量”①。

大典由颁发国家勋章、奖章、纪念章，向人民英雄纪念碑敬献花篮，举办招待会、文艺晚会，大型成就展，阅兵和群众游行，联欢和焰火表演等板块构成。其中每项又都是系统工程，子项目众多且复杂。动辄涉及数千人（如敬献花篮）乃至十万百万人（如游行联欢）。而且无论哪个，都面临时间跨度长、组织任务重的严峻考验。百日跨度的北京展览馆“伟大历程辉煌成就——庆祝中华人民共和国成立 70 周年大型成就展”，近 70 天时累计现场参观人数已破 200 万人次，网上展馆点击量达亿次②。国庆文艺晚会大型音乐舞蹈史诗，主创团队 1 月就进入角色，200 多个日夜后终以近 4000 人的集体奋斗，奉献出壮丽的新中国奋斗之歌。其背后的 42 万余人次用餐、

① 新华社记者张晓松、罗争光：《习近平亲切会见庆祝活动筹办工作有关方面代表》，《光明日报》2019 年 10 月 17 日，第 01 版。

② 朱超、成欣：《庆祝中华人民共和国成立 70 周年大型成就展参观人数创新高》，《北京日报》2019 年 12 月 3 日，第 02 版。

1200 余名外地演员住宿和交通、6400 余车次的调度，仅仅是非核心业务量的冰山一角。国庆节当日的钢铁洪流，由近 1.5 万位人民解放军官兵、160 余架各型飞机、580 台套各式装备和秒米不差的军威所组成。盛世画卷，由 10 万名中外群众的 39 个方阵、70 组彩车及热情洋溢的齐整所擘画。当夜，在火树银花中高歌劲舞的人山人海，传导给全球的既有视觉冲击和心灵震撼，也有在现场者数月艰苦训练的丰富信息与骄傲自豪，那还是多行业配合、无数社会人支持的“中国能办事、能成事”之画面与凯歌。

大典的精彩，在“道器合一”的守正创新。由集体主义、爱国主义和向上守善的激情，释读“神魂道”；是团队与项目，通过创意创新内容和高新科技载体，精益“器术法”。天安门广场上，一个月矗立起高 16 米、长 212 米、重 3000 吨的艺术化“红飘带”；联欢晚会上，世界首次千人交响乐团、千人合唱团同场演出；空中三架护旗直升机，悬挂用航天材料与技术制作、以 160 公里时速飞掠而无损的旗帜；晚会序章“红旗颂”，升起用 3 组 600 吨起重机当“旗杆”、由高 60 米宽 90 米 LED 网幕点亮的最大“五星红旗”；运用仿真模拟系统，对盛大群众游行进行全要素、全方位、全流程的三维还原评判考核；玩转“数字光影”，演绎世界上难度最大的动态图形，3290 名群众演员实现璀璨魔幻般的 90 分钟演出①；直播公共信号团队，进行全 4K 超高清制作，以 91 个机位 + 行进队伍里 34 个微型摄像机的多维视角结合无人机航拍及 VR 全景，营造视觉冲击……

种种最新黑科技的集成应用，令全球远程共享了中国庆典现场沉浸式体验。

当然，最高共识度的高科技，仍须首推占比 40% 以上且首次公开亮相的，代表国力、实力、战力的国产现役主战装备。因场势阵容、壮观形象，引爆国民自豪情感。强大的适应信息博弈、无人作战和战略打击等任务的能力模块，以东风 -41 洲际核导弹、歼 20 等为硬核的大国重器，撑起国民自信自强脊梁。

① 袁云儿、刘冕：《3290 块光影屏点亮主题表演》，《北京日报》2019 年 10 月 2 日，第 18 版。

4. 中国北京世界园艺博览会：生态人文、灿烂辉煌

世园会于2019年4月29日至10月9日在北京市延庆区举办。162天展期中，迎来86个国家、24个国际组织及国内34个地方政府，以及国内外知名企业、协会等120多个非官方参展者，创下历史上参展方的数量纪录。

北京世园会属国际展览局认可的最高级别（A1类）展会，是经国际园艺生产者协会批准的世界园艺博览会。主题：生态，关注人与自然、发展与环境的和谐美好。国家主席习近平在题为《共谋绿色生活，共建美丽家园》的开幕式讲话里，提出追求人与自然和谐、追求绿色发展繁荣、追求热爱自然情怀、追求科学治理精神、追求携手合作应对五点主张①，再将“绿水青山就是金山银山，改善生态环境就是发展生产力”的中国思想推向世界。

与会嘉宾盛赞北京世园会。国际展览局秘书长洛塞泰斯用“精彩绝伦”评价北京的成功，说超越了他本人和国际展览局的期待和想象。北京世园会应用了最新的设计理念和科学技术，让全世界都看到了中国举办大型博览会的专业化、国际化水平，反映了中国政府的智慧，体现了中国社会的发展进步，推动了国际社会的交流合作。国际园艺生产者协会秘书长布莱尔克里夫认为，北京世园会……把世园会整体筹办水平提升到了一个新的高度，树立了A1类世园会的新标杆，世园会倡导的绿色发展理念将永远被世界各地的人们记住②。

北京世园会展区占地面积960公顷，核心园区面积约503公顷。其中保留近5万棵原生树木，新植5万多株乔木和12万株灌木。特色景致设计建设成“一心、两轴、三带、四馆、多片区”格局，将山、水、林、田、湖、花草自然融合。包括“百园之园”——国际230个参展者的展园和展室；中国31个省区市及港澳台地区展园，以及17个国内企业展园。运行期间，主题日、国家日、省市日此起彼伏，还设置了室外展园、室内展区的国际竞赛，融入2019世界花艺大赛的7项专项竞赛……全展期共举办中西荟萃的

---

① 习近平：《共谋绿色生活，共建美丽家园》，《光明日报》2019年4月29日，第02版。

② 李瑶：《国际展览局称赞北京世园会树立新标杆》，《北京日报》2019年12月2日，第01版。

文化活动 3284 场。

簇拥四大核心场馆，展区普及先进科技，集纳自然之美。中国馆，15000 平方米建筑面积中以绿色节能为纲，融合中国古典生态哲学智慧与现代生态文明理念，成为展示中国园艺历史文化绿窗。国际馆，呈现 94 把钢结构“花伞”的独特造型：伞顶设融雪电缆，以应对延庆冬季多雪结冰现象；花柱内设雨水管线，以收集屋面水，用于园林浇灌；上铺新型光伏发电材料，利用太阳能向场馆供电。植物馆，种有超过千种的珍稀植物，用“逆境求生”“亿年足迹”等故事化线索，以知识和魅力全方位讲植物……主场馆周边，错落分布永宁阁之“山”、沩水之“湿地”、谷家营之烽火台等旧貌，伴有百蔬园、百草园、园艺小镇等新景，安插着沩汭等室内外剧场、非遗区等大小博物馆，搭配上以奇幻光影森林为代表的灯光秀，轮番上演以“美丽家园”“妫川颂”等为代表的舞美秀，花车巡游和广场表演为代表的风情秀，卡塔尔和德国两园为代表的异域秀……

如此这般的世园会，吸引 934 万人次①中外嘉宾到现场，更多人在网欣赏。

2019 年，由“四大活动”领衔的首都国际性会展，为中国谱写出全方位、全媒体、全天候、全球化的时代新篇，它们在重塑中华形象、提振国民自信、推进国家战略、以正国际视听的方方面面，青史留名。

仅以国家传媒机构对国庆当日两场重大活动的直播为例，便可一窥能效。

电视端总收视规模达到 7.99 亿人次；广播直播节目中，中国之声累计触达 2100 万城市核心人群；新华社英文客户端“4K + VR”直播，总浏览量超 900 万次，超 4 万人同时在线观看，创历史新高；中国国际广播电台以 44 种语言发布的近千条新中国成就多媒体主题帖，阅览量上亿人次；截至 10 月 7 日 24 时，CGTN 新媒体全平台相关报道获得全球阅读量 3.56 亿次，视频观看量达 2288 万次。《中国日报》网端微全平台通过多种形式，在网站、客户端、微博、微信、脸书、推特等平台发稿，总传播量突破 6.2 亿

① 新华社记者魏梦佳、胡璐：《北京世园会累计接待入园游客 934 万人次》，《光明日报》2019 年 10 月 9 日，第 03 版。

次；其国庆系列报道在170余家海外主流媒体落地。

社会传媒也不可小觑："十一"当天，新浪微博相关话题阅读量超过90亿次，抖音平台国庆70周年报道点击量超过70亿次[①]……

媒体为文化产业，创意化的它们以中国故事播撒命运共同体文化；媒体属社会舆论，现代化的它们架起中外族群间的认知桥梁。

二　首都社区，全球时尚前沿

首都城市的国际范儿，更指向百姓体感，所以最多生发于身边。包括核心老城区改造后的全球因素增量、高度世界化城区先行部分的升级、郊区新城逾越建筑形式的中外交融内容活态——首都文化跨入以活力市场气象、热闹消费板块、真情生活业态塑场景的阶段。

1. 北京坊承上启下，老城区华丽转型

北京坊与天安门广场隔路相望，位于首批中国历史文化街区——西城区大栅栏街道的东北部。北京坊作为有600年历史、清末民初即开中西合璧风气之先的商业区，改造后通过融合文明基因的中国式建筑集群、有创意有新意的业态而成为"网红"。大师们的风貌建筑设计、旧砖旧雕旧墙的局部、内装流行文化与新品新店新业的魅惑，再释昔日"宫"外市井的异趣。

PageOne的全球首家24小时旗舰店，居北京市2019年度最美书店榜首。3层2500多平方米的独栋建筑，除去6000余款文创衍生品，咖啡、艺术设计、黑胶唱片等集合多元素概念的阅读空间之外，落地大窗面对正阳门、前门箭楼全貌的那厅是亮点——成为背包客自发交往平台，有深夜百人听音赏诗聊故事现象，文艺范儿青年在此活动数百次……它，阐释着北京新地标文创消费的"人气指数"。

星巴克全球及中国的最大甄选旗舰店，内部点缀众多设计细节，展示外

---

① 刘阳等：《一次震撼人心的视觉盛宴》，《人民日报》2019年10月3日，第02版；王思北等：《高站位·广视角·融媒态》，《光明日报》2019年10月12日，第01版。

国人眼里的北京元素：咖啡豆粘贴成的“太和殿屋顶”、顶板反向四合院的组合造型、大栅栏星巴克的京范儿壁画……核心在于通过风格、环境、装饰、感官识别等，塑造独立文化主题。该店分层以宽敞的格局展示消费空间，告知中国消费者或熟悉或并不太了解的三种星巴克：三层星巴克酒，二层星巴克茶，底层星巴克咖啡。因权威全景业态及推广300种特色文创产品之故，开店时形成一位难求的“首店效应”——显露当代国人对于生活方式新体验的热情。

WeWork旗舰空间，是联合办公品牌WeWork的北京概念店。文化与科技产业探索者熟悉房东、物业，熟知园区经济、楼宇经济概念后，能晓WeWork是更小单元“工位经济”的国际领头羊。其北京坊店，外观为历史建筑，内部装修融入兔爷、糖葫芦、沙燕等京味元素。运营上采用全现代性思维，向职场精英提供最佳工作与生活方式。实行会员式管理，通过人脸识别技术，签合同、用场地，以办公桌感应器、智能自动贩卖机等科技创新，支持改善服务环境。为会员附送职场圆桌分享、瑜伽体验课程、绘画讲座、红酒品鉴会等丰富活动，营建社区般人际关系。这是一种有利于临时、个体、小微文创企业的职场文化尝试。

北京坊汇聚核心资源，构建古今共生、中西交融的商业文化生态，引进包括保利国际影城、中国首家MUJI HOTEL四合一店、中国首家“家传文化体验中心”、中国首家哈罗德茶室（英园）等业态，在以文创来美商活商方面有所建树。

2. 三里屯率“夜经济”崛起，拓展文化产业时空

“夜经济”即夜间经济，指当日晚6点到次日早6点、由市场消费建构的经济活动。内因是需求：商务部报告显示，60%的消费发生在夜间，大型商场每晚18～22时消费额占比超过全天的一半。外因是政策：《国务院办公厅关于进一步激发文化和旅游消费潜力的意见》提出发展假日和夜间经济，《国务院办公厅关于加快发展流通促进商业消费的意见》强调活跃夜间商业和市场，首都发布贯彻文件。

“夜经济”规律，中外皆自购物餐饮发端，从时尚商圈勃兴。当代首都

夜经济自朝阳区始，朝阳当时拥有除苏联使馆以外的全部老使馆区。三里屯与使馆区毗邻，从20世纪80年代渐生酒吧群落，那会儿的常客多为外国人。2008年北京奥运让三里屯时尚走近大众。如今，三里屯俨然与潮流等同，是首都乃至改革开放中国的个性与魅力风尚旗。作为“夜京城”首批4个地标之一，三里屯商圈长期以“首店收割机”（2019年三季度212家首店落户首都，其再以吸引37家蝉联冠军[①]）气势和交织平凡奢华的夜晚繁华，承载中外文化体验与欣赏。

多方利好策动下，首都夜经济的文化内容升级。三里屯南区通往北区的路上，增加了两家书店：三联韬奋24小时营业，春风习习每天开到22时。2019年，依托三里屯的新品发布、各业秀场，跨越“吧街”和餐饮业态……

三里屯是首都重兴的“夜经济”的方面军。

博物馆：国博早在2014年4月就曾办夜间特展；首博从2018年始在每周六开馆延至20点并办夜场文化活动；北京天文馆组织天文爱好者夜间观测天体；北京古动物馆推出夜探古动物和化石修理活动；北京自然博物馆安排青少年夜宿，在模拟恐龙声中入睡；时代美术馆每天开到22时；中央美院美术馆开至21时；北京UCCA尤伦斯当代艺术中心每周五至周日开至21时，夜场人次占全天观众的10%；还有首度试水的故宫上元灯会的火爆……

演艺：繁星戏剧村以到晚间11时的运营时间步入演出“夜生活”行列。北京市2019年7月发布“繁荣夜间经济”的措施后近一个月，演出到22时左右的话剧、舞台剧、音乐剧等有近92场。

文创园区：751有夜赏昙花活动和工作室的夜晚设计沙龙、设计讲座；位于石景山区的郎园文创园则举办木作创意体验季。

公园：有香山暑期周末的奇妙夜活动，组织家长带着孩子园内野营、夜访昆虫、帐篷夜宿；有景山公园的中国非遗产服饰秀夜场。

商圈：有潮流空间标签的三里屯、华熙LIVE等地，办夜间文化消费市集，

---

① 马婧：《“首店经济”引领北京消费升级》，《北京日报》2019年12月17日，第01版。

展售手工艺品、文博非遗产品，进行传统技艺表演，融合更多休闲文化元素。

自然不会忘了电影院夜场的身影，还有不容忽视的夜间消费的“老外”。

3. 中粮祥云小镇，城郊社区文化高地

中粮祥云小镇位于顺义区，2016 年始以南北两区完整形象面世。运营服务团队是些钟情文化、痴迷社区的智者。他们依托邻近机场、距扩建使馆区不远、周边有国际化新居民住宅群的特点，提出建设国内首个“城市微度假”主题街区愿景；再配以“与世界奇遇”口号和“欢聚场，居心地”品牌，致力于营造有温度的生活场景、爱心外溢的复合能量场。

商业街区面积 10 万平方米。景观：立体绿化、匠心小品、多彩涂鸦、趣味雕塑，与风情橱窗错落有致。业态：饕餮美食街贯通南北，环绕核心板块国际生活，有家庭亲子、生活服务、时尚生活、雅致生活、户外运动、挑战极限（如“飞行家”是国内首家青少年室内跳伞队的体验场馆）等功能部分。国内外名店穿插于其中，服务业，尤其标志高品质生活的服务业位置突出，占比较高。步行街串起了喷泉、白鸽、儿童游艺的广场系统，成了周周、月月、年年挥洒情景化社区生活乐趣曼妙的舞台，小镇最大特色——户外文体艺术之平台。

欧派建筑旁，常有各国艺人的街头表演，包括常驻歌手、架上油画、行为艺术等多维展示。2018 年街头艺人演出覆盖所有周末，达 150 场。小镇营造四季热点。春天风车节：2017 年以 10 万个风车和 11 米高巨型荷兰糖果风车滑梯，带来视觉冲击；2019 年以七大风车主题互动装置和 10 万平方米“北欧系”风车花海，带来春天狂欢。伴夏音乐季：国际先锋音乐家，提供世界级艺术体验；落地创意社区的音乐工作坊，共创沉浸式社区音乐。冬日冰雪节：2015 年通过 5000 平方米“冰雪奇遇”惊艳社会，2018 年再以 500 平方米冰真冰场和“世界雪花光影”点燃社区。每年高潮是秋天的户外艺术季，2018 年开北京街头艺术文化盛事之先河：四个周末跨中秋国庆双节，百余位国内外艺人献上百场街头演出；2019 年用 6 个演出点位、近百位演者，再以 260 余场街头艺术，引 57.7 万人次围观，同比客流增长 22.7%，车流增长 22.4%，商家销售额增长 21.3%……

小镇用文化兴街区、热社区，后盾是团队先进的思想理念、坚定的文化自信。如：“欢聚场，居心地”的初心，文化性、引领性、世界性的目标，“新一轮消费升级中、文化是最大商业磁场”的见识；不是商业中心，而是文化地标，不只是商业运营，而是文化策展，提出旗帜鲜明价值主张与生活主张的观点；广场是生活的缩影，做北京最有趣的广场，集市是小镇生活的集散地，存放着最亲切和最新鲜一面的定见；成为“新物种”，要当新中心等抱负，活力四射、星光灿烂。因此而有《山海经》神话故事大型机甲的情趣，国风高跷木偶与法国萌趣《渡渡鸟》高跷的巡游，智利悬浮大师与德国糖果人互动活雕塑的街景，印度迷人风情舞蹈与心跳非洲鼓的表演……当然，科学运作和雄厚资源不可或缺：包括与街头艺术相关国际组织的合作渠道，每年千余万元的预算……

首都国际范儿社区，用服务业开启多元文化内容、文化价值领跑模式，用文化经济表现树立时尚引领下的“创造性转化、创新性发展”文创化标牌，通过“+文化”和“文化+”，实现中外辉映、东西合璧、雅致生存、多重赢利。

三　首都能级，人类文化力量①

新中国定都北京70周年，尤其改革开放40年，为首都建设全国中心积淀的独有资源、能力、团队，是今日文化事业与文化产业得具国际范儿的基础。

---

① 本节所引的大部分数字与案例，除单列之外，综合于董城、张景华：《彰显首都首善　展示大国自信》，《光明日报》2019年9月20日，第04版；赵莹莹：《70年来五大变化彰显首都风范》，《北京日报》2019年9月20日，第03版；李洋：《首都文化建设成果丰硕》，《北京日报》2019年9月27日，第03版；杨旗：《双轮驱动》，《北京日报》2019年10月15日，第03版；记者 张航：《北京成为全球创新网络中坚力量》，《北京日报》2019年10月18日，第23版；明振江：《以精品力作演绎奋斗史诗》，《人民日报》2019年10月24日，第20版；北京市文化和旅游局：《“动漫北京”劲吹行业新风》，《北京日报》2019年11月20日，第08版；曹政：《北京5G产业发展领跑全国》，《北京日报》2019年11月21日，第01版；牛梦笛：《我国首个国家级5G新媒体平台正式上线》，《光明日报》2019年11月21日，第09版。

1. 优势突出的资源与文化生产力

首都北京的文化底蕴与科技基础深厚，在中国城市资源力中拔得头筹。古都文化中外驰名，优秀历史传统积存丰富的物质与非物质文化遗产，无须赘言。

首都域内拥有如今国内一流、国际尊重的教科文“战阵”，包括北京大学、清华大学等90多所高校，1000多家科研院所。在京中科院、工程院两院院士，占全国院士总数一半，他们领衔或指导的120个国家重点实验室，占全国总数的1/3。在京国家级科技创新平台超过300家，子午工程、凤凰工程等17个国家重大科技基础设施在京建设和运行，已有大科学装置数量居全国首位。中国60%的人工智能人才聚集北京，中国6家入围全球人工智能企业百强的企业中，北京占5家。在已有2.5万家国家级高新技术企业基础上，每天还在产生约250家创新型企业，这令北京的创业投资金额和案例数都占全国的30%左右。2019年下半年独角兽榜单，北京有82家企业入选，占全国独角兽企业的近一半——反映着今日之中国首都充满科技创新活力。

北京现当代文化建设硕果累累。到2018年底，市—区—街乡—社区（村）四级公共文化设施达7131个，平均覆盖率98.85%。149家大小剧场、329家电影院、5800多家公共图书馆、上万家文化馆站遍布京城。2018年北京人均纸质图书阅读量为11.7本，远高于国内其他城市。伴随着硬件设施的完善，文化活动日益丰富。全市免费开放的博物馆、纪念馆有82家。全市平均每年举办展览600余项、活动逾千次，年服务观众超过5000万人次。还出现了“故宫跑”“首博热”等媒体焦点景观：参观博物馆逐渐成为市民的一种生活方式。

2018年，北京地区生产总值超过3万亿元，北京人均GDP超过14万元，达到高收入国家和地区的水平。总部在京的世界500强企业升至56家，位列全球第一。首都北京作为中国乃至世界的一流大城市，毋有定论，普遍公认。

在北京地区生产总值的结构中，新经济实现的增加值占比达1/3，其中高技术产业增加值6976亿元；十大高精尖产业实现营业收入3.25万亿元，其中医药健康产业实现收入1867.6亿元，人工智能产业规模达1500亿元。另外，全市规模以上文化企业4000多家，新三板挂牌文化企业占全国1/3……

北京拥有并在继续增长的现代科技与文化生产力令人羡慕。

2. 优势突出的文化市场与产业

北京文化产业实现增加值，十三载年均增长16.1%；年增加值占全市地区生产总值的比重为9.6%，持续保持全国首位，高于全国平均5.4个百分点。

2018年，北京地区规模以上文化产业实现收入1.07万亿元，同比增长11.9%，增加值占地区生产总值比重约为10%，仍居全国首位。

2019年1~7月，全市规模以上文化产业实现收入6803.7亿元，同比增长9.3%。北京的版权登记数量占全国四成，影片产量占全国近一半……首都文化产业的支柱性地位不断得到巩固与加强。

北京地区的文化类独角兽企业（2019）占全国一半以上①。在科技部2018年3月发布的《2017中国独角兽企业发展报告》榜单中，文化娱乐类企业有13家，北京企业占据前六席，并在十强里有其八。在2019年上半年发布的不同版本《2018年中国独角兽企业报告》中，京企均居文化娱乐独角兽企业榜首，在数量上也为榜单大户。优秀、强势的文化类企业，是首都文化的“硬核”。

文化产业辐射传播世界，受益于与科技的深度融合。北京水晶石数字科技公司，以2008年北京奥运会开幕式的数字视觉创意《千里江山图》走红世界；又在2010年上海世博会中国馆以《清明上河图》，在2019年北京冬奥展示中心以活化呈现的清代皇家《冰嬉图》，再将中国文化推向世界。北京海淀、天猫、中创文旅携“三山五园”光影艺术展首度实现海外巡展，虚拟3D全息幻影成像所演绎的颐和园春夏秋冬，引得法国图尔市副市长由衷点赞。

---

① 杨旗：《双轮驱动》，《北京日报》2019年10月15日，第03版。

北京动漫游戏产业的企业总产值，2018 年为 710 亿元，约占全国动漫游戏产值的 33%；原创研发动漫游戏出口产值大幅增长，2018 年达到 182.47 亿元，比上年增长 57%。2019 年大片《哪吒之魔童降世》《白蛇：缘起》在世界获得良好口碑，二者于 2019 年 10 月 17 日列入正式公布的 2020 年奥斯卡奖“最佳动画长片”初选名单，标志北京动漫游戏产业的国际影响力走高。

北京的 5G 产业发展领跑全国。2019 年 10 月，三大运营商完成约 1.4 万个 5G 基站建设，实现 5G 网络在北京五环路内范围的连续覆盖。全市 5G 业态拥有三年制造业收入将超千亿、服务收入将更高的乐观前景。2019 年 11 月 20 日，首个国家级 5G 新媒体平台——中央广播电视总台“央视频” 5G 新媒体平台正式上线，融汇“5G + 4K/8K + AI”等新技术的视听新媒体之旗舰，已初露端倪。

3. 优势突出的各方各级社会评价

2019 年 1 月，中国人民大学文化产业研究院发布的中国省市文化产业发展指数（2018）排名中，北京蝉联全国各省区市第一。

10 月，由北京科技战略决策咨询中心、北京市科学技术研究院与联合国大学马斯特里赫特创新与技术经济社会研究所共同发布的“北京全国科技创新中心指数 2019”显示，2018 年指数得分是 2014 年时的近两倍，年均增速超过 18%。一些关键指标领跑全国，甚至达到国际一流水平。北京的科研投入强度常年稳居全国首位，2018 年的研究与试验发展经费投入强度更达 6.17%，为全国平均水平的 2.8 倍；北京每万人发明专利拥有量为 111.2 件，位居全国第一，是全国平均水平的近 10 倍……全国 1/3 左右的创业投资额、技术合同成交额、国家科学技术奖项目，发生在北京。

知识创造水平北京同样领跑全国。2018 年北京在三大国际顶级学术期刊《科学》《自然》《细胞》发表文章数量增长 1.5 倍；高被引论文数量年均增速达 12.3%；在京单位主持完成的国家科学技术奖累计达 372 项，约占全国总量的 1/3。每年的国家科技成果一等奖和全国十大科技进展中，约一半来自北京。

国家精神文明建设最高奖——“五个一工程奖”获奖名单中，北京常为项目数量的大户。2019 年的第十五届获奖名单中，北京再以 10 部作品荣登榜首，创下历史之最。近两届获奖的《战狼》《红海行动》《流浪地球》等高水准作品，叫好又叫座。北京作为中国电视剧发源地，《平凡的世界》《最美的青春》等 9 部京产剧再获殊荣。中国电影资料馆的“2019 年中国电影观众满意度调查”显示，当年观众满意度排名前十的影片中，至少 7 部为“北京产”……

总之，首都文化的国际范儿，在 2019 年突出于重大会展的特态，亮丽社区的常态。整体上，源于 70 年国家建设、京师奋斗所汇聚的民族文化资源，成于这方水土多元多样“自己人”的能量奉献。当然，首都的国际范儿，不只在于“请进来”，其还一直是中华文化四海传播的“走出去”主体，有着国家队的实力形象。20 年来，首都每年都率各路精英，以“相约北京”“欢乐春节”等文化系列行走全球，向世界呈上文明瑰宝，赢得八方友人的阵阵好评。

北京中医药文化国际传播的思路、机制与策略

欧　亚*

摘　要： 北京是中国中医药科研、生产和开展中医药出口、服务贸易、文化交流的重镇，具备建设中医药国际交流中心的有利条件。中医药文化的国际传播与推广是建设这一中心的重要内容。北京相关中医药管理机构应通过机制建设，优化配置北京丰富的传播资源和要素，整合多种传播方式和手段，进一步提升世界公众对中医药文化的认知度和认可度，推动中医药国际化，提升中国中医药的国际话语权，为北京中医药国际交往中心建设创造良好的外部环境。

关键词： 中医药文化　国际传播　北京

北京具有中医药文化国际传播的丰富传播资源和多种要素。北京需要通过机制建设建构中医药国际传播网络，并对相关传播环节、要素和资源进行整合协调，“以多种渠道，发出同一个声音”，切实提升中医药文化在国际社会的存在感和好感度。

一　北京中医药文化国际传播的基本思路

北京中医药文化的国际传播具有同京剧、美食等北京其他传统文化所不

* 欧亚，外交学院外交学与外事管理系副教授，北京对外交流与外事管理研究基地研究员。

同的特质。科学传播是中医药文化国际传播的本质特征。

作为医学科学，中医药是理论、技术、经验相结合的独特的知识体系，这决定中医药文化的国际传播首先应该是对中医药科学知识和体系的传播。中医药国际化过程中遇到的问题，从根本上说并不是不同文化差异带来的：第一，考察一切医药的标准归根结底是疗效和安全性，例如青蒿素受到世界卫生组织的推介，在非洲地区被广泛使用，就基本不存在文化冲突、文化适应性问题；第二，中医药深层文化结构中的理念如“金木水火土对应五脏六腑和身体机能的运行”、人体中的“阴阳二气”等可以称为一种哲学思想和态度，但在西方公众的一般认知中，这不能称为科学知识和理论，不能用以指导临床实践。中医药是文化，但首先应该是科学，让科学的归科学。如果过于强调中医药同西方医学的差异，过于强调中医药作为中华传统文化的独特性以及阴阳等文化概念的抽象性，不符合中医药国际传播的本质特征，也无法令国际社会增进对中医药科学性的认识，影响中医药的国际认可度。

因此，北京中医药文化国际传播的首要和基本任务应该是进行“中医药是安全的、有效的、品质可控的”信息传播，尤其要由北京中医药管理部门对外宣媒体有关中医药的国际传播提供建议和指导，要避免对中医药“神奇”“神秘”“无所不能”疗效的宣传。英语语境中 legendary、magical 和 mysterious 有不真实的、反常的意味，是不利于中医药作为医学科学的传播的。

其次，从科学传播的角度来界定中医药国际传播的重要性还在于，随着学科的逐渐细化，不仅是普通公众，不同门类的科学工作者、承担不同社会角色的社会精英也会出现不能相互理解的情况。推进中医药文化国际传播，需要搭建面向公众、面向医学研究者、面向媒体记者以及面向各国卫生管理部门的信息分享和交流平台，将北京建设为国际中医药行业利益相关方信息网络的中间节点。对北京中医药管理部门来说，需要做到以下几方面。

面向公众，将中医药科学研究知识转化为公众可以理解和接受的信息，以科学研究结果为基础传播中医药的安全、有效和品质可控，使其成为国际社会普遍认可的常识。

面向医学研究者，汇聚中医药研究的前沿信息和发展动态，提供研究数据库，为中西方学者提供交流机会；在城市、区域和国际层面上，促进各类技术服务提供者之间进行沟通和评价。

面向媒体记者，包括网络媒体的意见领袖，协助建立中医药行业记者、科技记者之间的信息网络。因为新闻行业的特征和新闻生产的规范，记者也往往会因信息偏差对中医药行业产生误解，可以不定期邀请不同岗位（记者、编辑）、不同领域（中医药领域、其他相关领域）、不同年资的媒体工作者参与不针对特定新闻话题的座谈会和研讨会，建立与媒体的日常交流渠道。

面向各国卫生管理部门，搜集、整理、发布有关中医药作为补充和替代医学的基础信息资料，提供有关中医药安全性、质量以及疗效的技术指导，以及中医药政策、法规和监管信息。

从全球范围来看，中医药文化国际传播在绝大多数地区和情境下是跨文化传播。北京中医药国际传播应该着重提升跨文化传播能力。

跨文化传播要解决的是不同文化情景下如何进行有效传播的问题。跨文化传播是语言的二次编码，不仅是符号体系本身的改变，其背后是认知范畴的转换和文化意义语境的转变。中医药学根植于中国传统文化和哲学之中，融儒释道等多家学说，自成一体。国际公众要真正理解和把握中医药学的精髓，难度很大，但传播又是只有在共同的意义空间中使用相同的编码体系才有可能完成的。因此，北京中医药文化国际传播应该把握以下原则。

首先，要营造中西方共通的意义空间，强调中医、西医的共同使命——合理地保障人类健康，进行正确的诊断和治疗；要倡导中西医互相借鉴、取长补短，提出超越东西方医学之分的一种新的健康理念，从战略叙事的高度来表达中医药“促进人类健康、为人人享有健康保健做出贡献”的全球使命和愿景；提炼中医药的关键词，使之成为绿色话语之于环保、全球化之于经济这样的全球主流话语。

其次，从传播策略上看，中医药跨文化传播要以国际公众听得懂的语言进行传播。从文化习惯和思维方式上看，中国人注重伦理道义、擅长立体思维、强调群体意识，而西方人注重现实利益、长于线性思维、强调个体意识。这要求跨文化传播活动要充分考虑到这些差异，采用有针对性的传播策略。在语言上，尤其要避免将中文的中医药文化宣传资料直接翻译成英文进行使用，这不符合西方受众的思维方式和语言习惯，尤其是中医药的历史典故、文化故事数不胜数，在向国际受众进行介绍的时候，要用他们能理解的东西来传播我们的信息。1954 年周恩来总理在日内瓦会议期间请外国记者看《梁山伯与祝英台》，翻译为此写了十几页的电影内容介绍，周总理只让在邀请信上写一句介绍——请您看一部中国的罗密欧与朱丽叶，吸引了上百名外国记者前来观看。这成为对外传播历史上的佳话，原因就在于此：用对方能听懂的语言进行传播。

最后，中药文化国际传播需要以文化为纽带，盘活北京中医药文化资源，将北京中医药文化变得可看、可触、可想、可感、可游玩、可购买（就诊就医），促进中医药旅游、服务贸易等相关产业发展，提升相关产业的文化附加值。

中医药文化的国际传播需要对各种传播资源和要素实行优化配置和系列整合，将多种传播方式、传播手段整合起来，实行整合传播战略（Integrated Communication），即将中医药文化国际传播分解为“谁来传播”“对谁传播”“传播什么”“如何传播”等环节，进行统筹考虑，将传播的战略目标与策略手段相结合。实行整合传播战略的优势在于传播协同效果，凭借传播的统一性、一致性、一贯性，向国际公众传递统一诉求，有利于国际公众更有效地接收传播的信息，准确认知传播主体的主张、政策。

二 北京中医药文化国际传播的机制建设

北京市中医药管理局下属的中医药对外交流与技术合作中心（BTCMIECC）可以考虑同其他政府部门、社会组织的合作与对接，建立北京中医药文化国际传播的长效机制。

第一，成立中医药国际舆论监测中心，监测中医药行业发展的外部传播环境。

通过跟中外舆情研究机构合作，成立中医药国际舆论监测中心，为中医药文化国际传播规划和决策提供基本的决策依据。除了对全球媒体新闻报道的监测，还可以实施全球范围内的公共舆论调查，但后者成本较高，可以考虑跟国内外舆情机构合作。这些机构每年都例行进行全球范围内的舆论调查，可在其调查问卷中插入有关中医药主题的板块，花费相对要低。购买搜索引擎、社交媒体等网络平台数据，也可以获得全球网民对中医药的关注点和兴趣点。对外部环境的监测，可以获取传播重点、传播议题、目标受众意见与态度等方面的基本信息。

传统上，内宣外宣有别，但随着信息传播技术的进步尤其是新媒体的广泛应用，所谓国内新闻和国际新闻的界限在逐渐消失，任何一个国内议题都有可能升级为国际议题，而一个国外发生的事件也有可能引起国内舆论的共振。目前，国内的微博、知乎等新媒体平台上普遍存在对中医药有效性和科学性有所质疑的舆论，在国外有 google 搜索排名靠前的网站专门刊登有关中医药的负面新闻，需要对此进行监测和引导，防治这种舆论倾向扩大化，尤其是受某一突发性事件的刺激引发严重后果。

在此基础上，定期发布专业、权威的研究报告，基于调查数据建立“事实库”（Fact Tank）。研究报告的发布，可从争议较小、BTCMIECC 具有天然优势的领域做起，如北京中医药服务贸易的相关数据，中药生产和利用的技术、经济相关的数据，北京中医药产业与宏观经济、上下游产业的相关关系研究等基础数据或方便他人进行检验的研究。通过发布研究报告，着重实现以下的目标。

释放善意沟通的信号：中医药行业不仅在国外，在国内也面临一些质疑，尤其是在新媒体平台上受到颇多争议，遭受公众误解。发布研究报告，释放与本行业相关的信息，意味着与公众的沟通更有可能展开。

建立公共讨论的基础：很多信息、知识，对于中医药行业内部人士可能是常识，但行业外的知识分子却可能一无所知。以合乎公认学术规范的方法提供相关基础数据、研究成果，不论其结论是否符合外界的普遍预期，均能给国际学术界和舆论界提供进一步探讨的原材料，提供可证伪的讨论的基础。

扩大公共讨论的范围：由于传媒的天然属性，通常成为新闻事件的是对中医药不利的新闻，公共讨论也只能依据此类新闻展开。发布研究报告则可以主动为自己扩大讨论的范围，引发对于新闻热点以外的与中医药相关的话题的关注，提供与新闻热点相关的但被忽视的各类评价维度等。

第二，成立中医药媒体传播中心，进行新闻发布和舆论引导。

充分利用新闻发言人制度，同中外媒体建立长期、稳定的联系，持续向国际媒体传播有关中医药行业的信息、政策、相关行动的缘由与价值，为中医药行业争取话语权，影响国内外舆论。

新闻媒体承担了社会的信息把关人角色，在给定的政治制度和社会文化背景下，其新闻生产规制、对于新闻议题新闻价值和不同信源可信度的判断，会影响他们报道或不报道有关中医药的某一议题，以及是否对这一议题进行重点报道、如何报道，而一旦对某一议题形成某种固定的新闻框架，在相当一段时间内是难以改变的。在这一过程中，不同的利益主体或称“信源”为了获取对这一新闻议题的定义权，扩展潜在社会动员的范围，以建立与维护自身身份和行为的正当性，会竭尽全力争夺在媒体上发言的机会，并设法影响媒体框架。在中医药的有效性、中医药行业标准制定、第三世界国家采用中医药作为替代疗法、中医药复方研究及知识产权保护等问题上容易有多信源的竞争。BTCMIECC 媒体传播中心需要针对这类议题制订传播计划，并力争成为可信的、权威信源。尤其是在争议性议题上，要通过同国内外新闻记者建立稳定的关系，力争在争议性问题上能够发出来自北京的声音。

北京拥有丰富的国际媒体资源。BTCMIECC 媒体传播中心可以同北京市外宣办合作，通过定期的新闻发布会、新闻信投送等方式，增强信源可信性；在北京新闻办举办的相关活动中，嵌入中医药文化体验活动，例如邀请不同岗位（记者、编辑）、中医药领域及其他相关领域、不同年资的媒体工作者参与不针对特定新闻话题的座谈会和研讨会，或者有关中医药文化的体验活动。

第三，成立中医药文化活动中心，构建北京中医药文化国际传播网络。

BTCMIECC 可以依托北京市中医药科研院所和中医院，成立中医药文化活动中心，加强同其他国家、地区和城市的卫生部门，世界卫生组织、世界中药联合会等其他第三方组织、国外行业组织、国际智库的联系，为北京市中医药企业“走出去”、北京中医药服务贸易发展提供必要的信息、政策咨询，构建北京中医药行业同国际社会利益相关者的关系网络。

中医药文化活动中心还可以加强同国际研究机构、行业协会的合作，通过提供研究基金，评选最佳媒体报道奖、最佳中医药国际贡献奖、最佳中医药科普奖等形式，促进国际社会对中医药的关注，增进了解与联系。

同北京国际汉语学院、中国公共外交协会等相关承办国家人文交流项目的机构合作，将中医药文化体验活动列为这些机构承办的国际交流项目的具体体验内容选项。通过国际友人、华侨、大使等开展“请进来、走出去”等人际交流，推广中医药文化。

除了建设好孔子中医药学院，还可以同中国驻外使领馆、文化部的中国文化中心等部门建立长期合作的机制，将中医药文化列为这些对外窗口在特殊日期、特定节日所举行的对外文化交流活动的一个必要组成部分。

以北京中医药企业为主力，同在共建“一带一路”国家进行投资的中国企业合作，慈善、公益先行，将中医药“走出去”同中国企业对当地社区的贡献和责任结合起来，扩大中医药在共建“一带一路”国家的影响。

总之，BTCMIECC 文化活动中心着力于构建中医药文化的国际传播网络，并使自己成为这一网络的中心节点。

三　北京中医药文化国际传播的策略选择

在传播策略上，北京中医药文化国际传播需要确立传播的核心信息：中医药是安全的、有效的和品质可控的。所有的传播内容，包括中医药历史和文化传播，都应该指向这三个核心信息。历史悠久和文化博大精深都是对中医药的描述和界定，这种叙事应该能够令中医药的历史、现在和未来的逻辑自洽，即论证中医药的科学性和合法性。这一核心信息也符合中医药文化的国际传播应该是科学传播这一本质特征。

在传播模式上，需要注意三个模式的传播管理。第一个模式是沟通型传播，主要是日常的媒体关系维护，发布有关中医药的信息。如中医药行业新的政策、新的服务、新的管理方法；中医药研制的重大突破；重大事件发生后的告知和说明；等等。这些信息必须迅速及时地传递给广大公众。同时，我们还要告诉公众这些信息的含义，为信息设立框架，设法让公众按照我们设定的方式去理解信息。但这里存在一个矛盾：现代新闻传媒最喜好报道冲突性、反常性新闻，因为这种报道很容易激发起公众的情感共鸣，媒体在干预事件、提供自信力的同时又可以提高收视率和发行量。因此，我们预期传递的有关中医药的“正面”信息可能在新闻媒体看来并不具备新闻价值，媒介有自己的角色任务和价值追求。尤其是国外媒体，越是成熟的、具备新闻专业精神的新闻媒介就越不可能完全主动积极地“配合”我们实现传播目标。我们需要其他的传播模式进行补充。

第二个模式是进攻型传播，通过策划公关新闻/活动来吸引媒体的主动报道。公共新闻应该在真实的、不损害公众利益的前提下，有计划地策划、组织、举办具有新闻价值的中医药文化活动，比如配合北京市外宣办举办的北京文化周活动，有目的、有计划、有步骤地制造具有一定影响力、具有代入感或同用户切身利益相关的事件，形成强势议题。然后配合公关新闻/活动，影响传统媒体进行议程设置，把握新闻报道，提高信息的可信度。并且将这一事件的主题和素材按照适于不同信息终端特性的表达形式制作成传播内容，在嵌入营销的元素后通过多种新媒体手段和途径进行第二次转播，以社会化媒体形式吸引用户参与传播。

第三个模式是修复型传播。在现代社会，各类危机事件层出不穷。过去也发生过有关中药毒性成分、重金属超标等事件，一经全球媒体报道，会对中医药行业造成负面影响。这一模式下的媒体传播工作重点是危机管理。成功的危机管理在于化危机于无形。可以通过媒体内容监测，发现潜在的危机威胁，进行相应的预案处理。而危机发生后，媒体内容监测能够帮助中医药行业在危机事件中占据主动地位，化解危机，并有效地修复形象。

在传播渠道方面，除了“利用”传统媒体来扩大自己的影响力，还需要重视新媒体的作用。首先是传统网站建设，这是中医药文化传播的基础"仓库"。BTCMIECC 的中医药数字博物馆和中医药对外交流网站在传播力和影响力方面还存在较大的改进空间，需要从网站的板块设计、内容链接、多媒体视觉呈现等方面，进一步提升其重要性和影响力，尤其是可以考虑借助人工智能技术对用户内容体验进行升级。其次是社交媒体网站，考虑到投入成本和精力，可以同北京外宣部门在 Twitter 和 Facebook 上的账号合作，协议定期发布有关中医药的信息，策划内容专题；或者可以聘请公关公司运作 Facebook 和 Twitter 账号，带动热点话题的讨论。最后是注意对 Yahoo ask、Quota、维基百科等用户生成平台的内容运营。这类网站的内容是半专业化乃至专业化的知识，是具有专业知识的人员与对知识有兴趣的普通人的沟通。BTCMIECC 可以考虑建立专家库，鼓励他们多参与问答网站上的互动，从专业人员的角度给出答案并且影响大众。

从对传播的重点国家和区域来看，公众对相关信息的主动搜索是反映公众对中医药文化是否感兴趣、是否有相关需求的重要指标。将"中医药"的英文、日文、法文、西班牙文和俄文单词作为关键词，考察过去一年 Google trends 显示的搜索趋势，如图 1 所示。

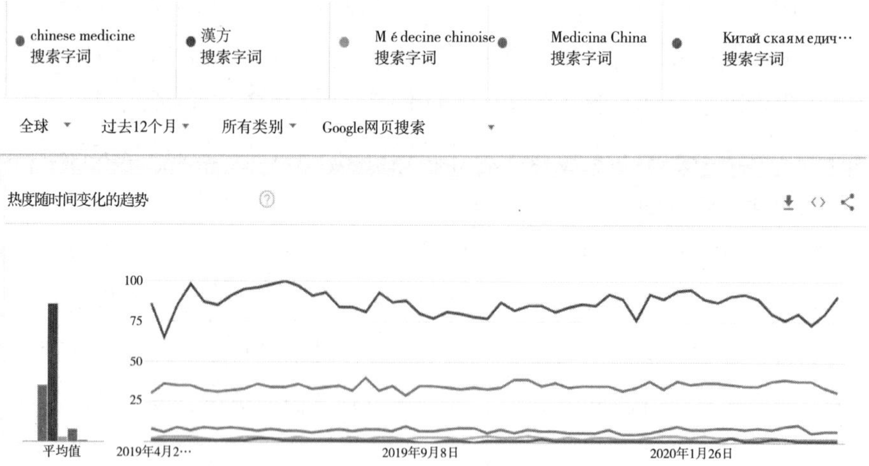

图 1　2019 年 Google trends 显示的中医药搜索趋势

其中，以日文“汉方”为关键词进行搜索的热度是最高的，主要搜索用户来自日本和我国台湾、香港地区，这跟我国近十年来中医药出口目的地的构成情况是基本一致的。目前，我国与175个国家和地区进行中药贸易往来，亚洲市场是我国最重要的中药出口市场，出口额达到22.17亿美元，占我国中药出口总额的58.80%，中国香港、日本、马来西亚、韩国、印度尼西亚等是主要目标市场。“中医药”以法文、西班牙文和俄文单词为关键词的搜索量是比较低的，在这些国家，中医药的存在感也较低。而在以英语“Chinese Medicine”为关键词的搜索中，搜索量最大的前十名用户主要来自加纳、缅甸、柬埔寨、斯洛文尼亚、阿拉伯联合酋长国、肯尼亚、以色列、尼日利亚、斯洛伐克、芬兰这十个国家。

美国是以英语为母语的国家，美国实际上连续多年跻身我国中药出口的前三大市场，但是美国用户并未在主动的信息搜索方面进入搜索前十名。

此外，因为新冠疫情，以“Chinese medicine coronavirus”（中医药 新冠病毒）为关键词的搜索量飙升。搜索用户来源国家的前十位排名为：新加坡、巴基斯坦、菲律宾、加拿大、澳大利亚、阿拉伯联合酋长国、美国、马来西亚、印度、英国。

从中医药文化国际传播活动的微观层面来看，是指要以国际受众为中心来组织我们的传播活动，而不是以我们为中心，来传递我们认为国际公众会感兴趣的信息。Google搜索引擎数据可以从一个维度反映世界范围内公众对中医药文化的关注度和兴趣度，结合更有效度的问卷调查，以及参考我国中医药出口市场规模和对中医药合法性地位认可国家等其他维度，首先将传播资源投入重点国家和区域进行中医药文化的国际传播，以取得更好的传播效果。

加速我国国际旅游目的地建设的新思考

吴若山*

摘　要： 近年来，全国多地制定了建设国际旅游目的地或国际旅游城市的发展目标，也采取了相应的具体措施。但从各地入境游客规模和旅游收入来看，多数目的地的国际影响力和知名度还不是很高，国际化旅游功能并不突出。文章在深入调查各地建设国际旅游目的地现状的基础上，对当前面临的机遇和挑战进行了冷静分析和细致梳理，并从资源评估、公共服务、产业发展、综合管理、市场监管、科技创新等几个方面对各地建设国际旅游目的地提出了参考建议。

关键词： 国际旅游　入境旅游　国际旅游目的地

我国是世界第一大出境旅游消费国，但与出境游的持续高热相比，入境旅游发展并不理想，规模仅列世界第四。据统计，2005 年至 2015 年，中国大陆居民出境人数的增幅高达 312.9%，而入境游客数量 11 年的增幅仅为 11.2%①。2019 年，入境游客为 14531 万人次，增长 2.9%；国内居民出境 16921 万人次，增长 4.5%，入境游客数量和增长速度持续低于出境旅游。出入境旅游逆差，已经成为我国旅游产业发展不平衡的重要表现。大力发展

* 吴若山，新时代文旅研究院院长，中国社会科学院旅游中心特约研究员，中国劳动关系学院酒店管理学院客座教授。

① 王世钰：《中国稳坐旅游大国宝座 入境游赤字待解决》，《中国对外贸易》2017 年第 9 期。

入境旅游是平衡国际旅游业务的必然选择，是文化旅游供给侧结构性改革的迫切需要，也是建设“一带一路”的现实需求。

发展入境旅游，就必须加快国际旅游目的地建设。国际旅游目的地作为旅游产业和目的地国际化共同发展的产物，一般指旅游产业特别是入境旅游业务成为当地经济社会发展的重要支柱，并在国际上具有较高知名度的旅游目的地。近年来，虽然我国多地推进国际旅游目的地建设，但从入境游客规模和收入来看，多数旅游目的地的国际化旅游功能并未得到凸显，目的地国际化水平参差不齐。大力发展入境旅游，加快国际旅游目的地建设，尚须对当前面临的机遇和挑战进行新的梳理和思考。

一　国际旅游目的地建设迎来发展机遇

1. 国家形象日益彰显

旅游者对目的地的选择，依赖于对目的地形象的认知水平。党的十八大以来，随着中国经济实力不断增强，国际地位获得了极大提升，中国的大国形象日益彰显。2017 年 3 月至 6 月，中国外文局对外传播研究中心与凯度华通明略（Kantar Millward Brown）、Lightspeed 合作开展的第 5 次中国国家形象全球调查显示：中国整体形象好感度稳中有升，内政外交表现受好评，“一带一路”倡议赢得普遍点赞，中国历史悠久、充满魅力的东方大国形象在海外受访者，尤其是发达国家中最受认可，中餐、中医药、中国高铁等中国文化与科技元素成为国家形象亮点。调查中，接近三成的海外受访者表示在未来三年内，有来中国学习、工作或旅游的计划①。中国文化影响力和世界美誉度的提升，使得世界对中国有了更进一步的了解，提振了外国民众体验中国文化的兴趣与行为预期，为国际旅游目的地建设带来直接的积极影响。

2. 地方政府大力支持

近年来，各级地方政府纷纷把旅游业作为战略性支柱产业，大力推动入

① 中国外文局对外传播研究中心：《中国国家形象全球调查报告 2016—2017》，2018 年 1 月 5 日。

境旅游发展。北京、青岛、大连、杭州、乐山、宜昌、承德等数十个城市都相继提出建设国际旅游目的地或国际旅游城市的发展目标。以北京为例，2020 年 4 月发布《北京市推进全国文化中心建设中长期规划（2019 ~ 2035 年）》提出，聚焦千年古都，对标国际最高标准、最好水平，打造历史文化名城和国际旅游目的地。国际旅游目的地建设，涉及公共基础设施建设、出入境管理、社会人文环境整治、整体形象塑造等多个方面，地方政府的高度重视和大力支持，可以为此提供强劲动力，能够在资金、用地、城建、宣传等各项政策措施落实方面予以坚强保障。

3. 政策环境持续利好

近年来，我国不断加大对外开放力度，推动与国际接轨，逐步构建起了高效科学开放的政策制度和法律法规体系，为建设国际旅游目的地创造了优良的政策环境。如从 2013 年开始在部分地区执行的外国人过境免签政策，截至目前，已经扩大到全国 20 个城市 27 个口岸，过境免签时间延长至 144 小时。这项政策的落实，极大地简化了出入境程序，促进了入境旅游发展。

4. 旅游资源禀赋突出

我国拥有全球数量第一的 55 处世界遗产，高品位、世界级的文化和旅游资源极其丰富，是我国建设国际旅游目的地的巨大资源优势。如北京，在 1.64 万平方公里的区域内就有世界遗产 7 处，加上京剧、京韵大鼓、厂甸庙会、景泰蓝工艺、同仁堂中医药等众多非物质文化遗产，优质旅游资源十分集中，产业集群效应非常明显，为北京建设国际旅游目的地提供了强大的国际吸引力和核心竞争力。

5. 旅游产业基础坚实

随着全域旅游的不断推进，我国旅游公共基础设施获得极大改善，景区、酒店、旅行社等旅游企业发展迅速，产业链的长度和辐射宽度得到巨大延展，已经形成集住宿、交通、游览、餐饮、娱乐、购物、中介服务于一体的产业链条。乡村旅游、工业旅游、文化旅游等新业态，以及旅游小镇、旅游度假区等快速兴起，特别是观光旅游向休闲旅游的加速转变，正在推动我国旅游产品体系与旅游发达国家接轨，为建设国际旅游目的地提供坚实的产业基础。

6. 科技应用世界领先

旅游与科技的融合，是现代旅游业发展的新增长点，也是国际旅游目的地的基本要求。随着智慧旅游、智慧城市建设的不断推进，5G 技术的日益成熟，移动互联已经运用到旅游的各个领域，不仅各地旅游咨询中心基本实现了网络服务，旅游信息系统不断完善，而且在旅游电商、在线订票、预约景区、预订酒店、手机导航、电子导游、移动支付等方面，我国也处于世界领先水平，能够为入境游客提供便捷的公共信息服务以及现代化的预订和结算服务，完全适应国际旅游市场的需求。

7. 公共服务不断完善

2016 年以来，国家大力推进以厕所革命为代表的公共基础设施建设，新建或改扩建大量公共厕所、旅游公路、旅游步道、骑行道、自驾车房车营地、景区停车场、国际会议场馆等旅游设施，不断完善旅游公共服务体系。当前，我国大部分旅游目的地已经基本建成航空、高铁、公路相互补充的便捷旅游交通网络，高品质的城市绿化系统，以及较为完善的紧急救助救援体系，为国际旅游目的地建设提供了优质的公共服务基础。

8. 人力资源供给充足

旅游是劳动密集型产业，建设国际旅游目的地需要大量的服务工作人员。据统计，2017 年我国开设旅游管理类专业的各类院校共有 2000 多所，本科招生 5.9 万人，高职招生 11.3 万人，中职招生 10.2 万人。按照我国高校各层次人才培养的要求，毕业生必须具备一定的外语水平。因此，我国每年至少有超过 20 万具备不同程度入境接待能力的旅游管理类专业人才，以及数以万计的外语专业人才进入旅游行业，才能够为建设国际旅游目的地提供较为充足的人力资源保障。

二　国际旅游目的地建设面临的新挑战

1. 政策落实不够到位，亟须打通“最后一公里”

迈克尔·波特在旅游目的地竞争力的钻石模型理论中指出，政府政策是影响旅游目的地竞争力的重要因素①。当前在我国，地方政府是推动国际旅游目的地或国际旅游城市建设的主体，政府推动力大小基本上决定了建设的成功与否。据调查，各地在推动国际旅游目的地建设过程中，均制定了较为完备的政策措施，如金融扶持、环境整治、外语普及、文明宣传等，但总体来看，许多政策只停留在文件上、纸面中，并未落实到位，存在“中梗阻”现象。甚至个别地区对建设国际旅游目的地并未进行深入调研和科学规划，盲目启动建设项目，习惯于“运动式”治理、“阵风式”创建，缺乏长效机制。

2. 资源宣传营销不足，国际影响力有待加强

国际旅游目的地建设必须树立全域旅游发展理念，统筹区域规划开发与合作，整合各类资源，发挥产业集群效应，提高自身国际知名度。从国外旅行商对华旅游线路的研究来看，上海、北京、西安、成都、桂林是传统的热门旅游目的地，它们的知名度和美誉度具有世界性②。从资源角度分析，国外游客感兴趣的是具有中国特色和世界唯一性的吸引物，如北京故宫、长城、陕西兵马俑、成都大熊猫等。对于其他地区而言，虽然也有很多国际级的旅游资源，但在国外游客心中的印象和影响却十分有限，如何深挖自身资源的特色文化内涵，提升国际知名度和影响力，将是需要重点解决的瓶颈问题。

3. 发展方式较为粗放，优质文化休闲产品欠缺

改革开放以来，我国旅游业长期处于高速增长阶段，发展方式较为粗放，产品类型较为单一，以观光为主的旅游形式与国际游客的旅游需求不相匹配。大多欧美国家民众更热衷于自由行，自驾游、深度定制旅游、休闲度假游是旅游市场的重点。当前，我国优质的文化休闲旅游供给还不够充足，适应自由行、定制游的公共基础设施还不够完备，旅游市场仍然以团队游客、观光旅游为主的产品体系，不能很好满足入境游客个性化、多样化的旅

① 邹统钎：《旅游学术思想流派》，南开大学出版社，2013。

② 朱竑、封丹、韩亚林：《中国国际级旅游目的地建设的重新审视》，《旅游学刊》2007 年第 6 期。

游需求。

4. 旅游乱象偶有发生，市场监管仍需加强

文明友好的旅游氛围和规范完善的市场秩序是国际旅游目的地健康发展的前提。尽管近年来旅游主管部门大力整治旅游市场，但在急功近利的短视思想影响下，仍有个别目的地存在坐地起价、强制消费，甚至辱骂恐吓游客等乱象发生，如雪乡“宰客”、云南“黑导游”、山东“天价大虾”等都曾广受热议，成为舆论焦点，不仅严重影响了游客的出行体验，也给目的地旅游形象带来不可估量的损失。

5. 疫情影响强烈，国际旅游复苏缓慢

2020 年初，突如其来的疫情对国民经济的各行各业都产生了巨大影响，高度市场化且主要依托人群集聚消费的旅游业是受冲击最大的行业之一①。虽然国内疫情防控持续向好，国内旅游行业进入复苏初期，但受疫情全球扩散影响，我国出入境旅游等相关业务基本处于停滞状态，对于本就低迷不振的入境旅游市场无异于雪上加霜。由于疫情还将在世界范围内持续较长时间，国际旅游何时恢复充满不确定因素，入境旅游和出境旅游市场形势更加严峻。如何抓住疫情之后的产业复苏时机，快速重启入境旅游业务，加快恢复旅游产业步伐，是短期内各地建设国际旅游目的地面临的重要挑战。

三　加速我国国际旅游目的地建设的建议

1. 坚持科学规划，推动建立国际旅游目的地评估体系

一是树立正确观念。各地要充分认识到并非所有旅游资源都具有世界级吸引力，并非所有旅游目的地都能承担国际化旅游功能，推动减少建设国际旅游目的地的盲从性，真正从自身资源禀赋出发，科学规划旅游业发展。二是建立国际化旅游目的地评价指标体系。从政策管理、环境支持、核心资

① 冯珺、宋瑞：《新型冠状病毒疫情对我国旅游业的影响：评估与建议》，《人民智库》2020 年 4 月。

源、服务质量、城市形象、国际影响等多个维度，科学评价旅游目的地的国际化水平，客观分析存在的问题与不足，深入挖掘资源特色，扩大国际知名度和美誉度，为各地政府发展国际旅游提供决策参考。

2. 健全公共服务体系，建设文明友好的目的地旅游环境

一是不断加大旅游基础设施建设力度，提升国际旅游接待能力。加强旅游支线机场、客运专线等快速交通网络建设，以适应入境游客的“快旅”需求，延长入境旅游的有效旅游时间，进而提振旅游消费。二是继续发挥“厕所革命”引领作用，提升公共服务水准。不断完善人性化的公共基础设施设置，尊重并满足境外游客在饮食、住宿等方面的特殊需求，如在公共卫生间设置母婴室、第三卫生间、无障碍设施等，保护游客个人隐私。三是推动旅游发展责任共担、成果共享，建设宜居宜游目的地。地方政府要出台旅游惠民相关政策，探索建立入境旅游奖励或补贴制度，调动居民宣传旅游、参与旅游、服务旅游的热情。同时，大力开展居民常用外语和文明素质培训，形成文明好客的国际化旅游人文环境。

3. 坚持旅游融合发展，多方发力营造目的地国际化氛围

一是深入推动全域旅游发展，大力开发休闲度假旅游、节庆旅游、体育旅游、研学旅游等融合发展新业态、新项目、新产品，推动观光产品向观光和休闲融合产品过渡，广泛吸引境外游客。如北京可以抓住 2022 年承办冬奥会的难得契机，大力开展赛事旅游，带动淡季旅游市场，提升入境游客规模和收入水平。二是各地应加强客源国市场细化研究，因地制宜，充分发挥当地旅游资源的吸引力，针对重点客源国市场进行差异化产品开发、差异化宣传营销。如山东可以重点面向日本和韩国旅游市场，广东可以在吸引东南亚华人华侨归国寻根问祖方面做文章。三是借力文化和教育国际合作，利用高等教育的吸盘效应，鼓励、支持各院校开展海外留学生、游学生、研修生教育，建立各种形式的中国文化体验营地、国际游学基地，提升目的地国际化氛围。

4. 建立健全旅游综合行政管理体制和市场监督机制

一是赋予旅游综合管理的行政职权。建设国际旅游目的地涉及领域广、

部门多，地方党委、政府必须赋予旅游部门更为综合的行政职权，重点强化资源统筹、产业促进、城市推介、服务监管等职能，避免陷入“手中无权，袋里无钱，脚下无地盘”的尴尬境地。只有实现责与权的有效统一，才能为国际旅游目的地建设提供强劲推力。二是探索旅游综合执法制度。建立国际化、正规化、透明化的旅游市场监管体系，与国际接轨，使境外游客实现无障碍旅游。推广海南省旅游综合执法机制，设立旅游警察执法队伍，严厉打击宰客、强制消费等违法违规行为，规范完善旅游市场，保障境外游客的个人合法权益。

5. 推动旅游技术革新，积极筹备入境旅游市场复苏

一是充分利用现代科技手段，尽量减少疫情蔓延带来的损失。进一步推动“旅游＋互联网”的发展，在此前以 OTA 为代表的具体实践基础上，依托虚拟现实（VR）和人工智能（AI）技术积极探索“非接触式”的旅游体验，推动旅游业在产品形态、服务方式、营销途径和商业模式等方面的创新，不断巩固和拓展旅游业复苏的市场基础。二是抓住疫情带来的特殊时机。未来，全球疫情得到有效控制后，国际旅游市场将出现一定程度的反弹现象，世界范围内的旅游目的地将几乎同步重启，各地要对旅游市场反弹的潜在需求进行充分研判，通过有针对性的政策措施引导和激发入境旅游市场的快速复苏。

专栏四　服务设施篇

从建筑设计分析北京作为国际交往中心的开放性和包容性

——以大兴机场为例

张　源*

摘　要： 国际交往中心是《北京城市总体规划（2016 年～2035 年）》提出的北京城市战略定位之一，是习近平总书记对北京重要讲话提出的首都核心功能。2019 年 9 月 25 日，北京大兴国际机场举行投运仪式，习近平总书记出席仪式，宣布机场正式投运并巡览航站楼。从 2014 年 12 月北京大兴国际机场开工建设，到投入使用仅历时五年。在大兴国际机场的设计建设过程中，世界各地的建筑师纷纷参与其中，大兴机场汇集全球智慧。本文将结合 19 世纪 60 年代以来外籍建筑师在北京的建造实践，以北京大兴国际机场为例，论述北京作为国际

* 张源，中国人民抗日战争纪念馆馆员。

交往中心的开放性与包容性。

关键词： 北京　国际交往中心　建筑设计　大兴机场

一　新中国成立前外籍建筑师在北京的实践

从 1840 年鸦片战争起到辛亥革命结束封建帝制，社会进入崭新的时代，这一时期东西方文化也在不断碰撞交融。作为这个东西交汇、新旧交替的过渡时期的产物，近代建筑也在中国建筑史中扮演着独特的角色。以北京为例，随着城市大规模建设的进行，新式建筑不断落成，这些建筑虽然以个体的形式出现，然而总体上看它们还是体现了当时城市规划统一的整体风格和区域功能考虑。近代时期建筑的发展受当时社会影响，呈现一种西式风格和中式传统以及现代建筑共同发展的局面。

据统计，新中国成立之前，在京外籍建筑师群体总数不少于百位。人数虽然不多，但在北京的近代建筑方面做出了一定的贡献，对我国建筑现代转型产生了不可低估的影响。这些建筑师来自英国、美国、德国、法国、比利时、意大利、荷兰、加拿大、奥地利和日本等国家，大致可以划分为在官方任职的政府/军队建筑师、私人建筑师和在教会中任职的教会建筑师等。除此之外，还有许多专业的建筑机构，比如事务所和建造公司等。

从 19 世纪 60 年代开始，北京的近代建筑形象越来越多样化、复杂化。从整体上来看，建筑风格处于不断发展变化的时期，出现了许多西方古典式、西方折衷主义建筑。西洋古典式风格的建筑主要为教堂建筑。在北京的代表作品中，哥特式建筑风格的有北堂、西堂、圣弥额尔教堂，文艺复兴风格的有东堂，古典复兴风格的有盐业银行等。折衷主义风格在 19 世纪的欧洲风靡一时。这种风格摆脱了古典主义建筑形式比例的限制，不仅仅局限于一种单一的西洋古典式样，而是自由地组合历史上的各种风格，因此也被称为集仿主义。这一类型的建筑也是外籍建筑师在近代北京建筑设计的主流。

代表作品有东交民巷的使馆区建筑群，商业建筑有户部银行、北京饭店等，教育建筑有清华大学早期建筑群、京师大学堂、分科大学等。

图 1　盐业银行旧址

图 2　清华大学大礼堂

说明：设计师是美国茂旦洋行的建筑师墨菲（H. K. Murphy）和达纳（R. H. Dana）。

20 世纪二三十年代，西方建筑风格在折衷主义和中国传统式建筑中摇摆。这段时间西方的“洋风”建筑略有消减之势。一种新的折衷主义中式建筑风格开始悄然兴起。这是外籍建筑师们试图融汇中西建筑风格的一种崭新的尝试，又被称作“传统复兴式”建筑。美国建筑师墨菲规划设计的燕京大学，是这一时期中国古典风格的代表作品。其他在北京的代表作还有何士设计的北京协和医学院一期建筑、格里森设计的辅仁大学主楼等。

图 3　北京协和医院

说明：设计师是美国建筑师何士。

图 4　辅仁大学主楼

说明：设计师是美国建筑师格里森。

近代中国建筑的发展，与外籍建筑师密切相关。他们不远万里来到中国，虽然目的不尽相同，但他们带来的建筑思想和先进的建筑技术，使封闭落后的中国眼前一亮。他们的执业成果为大量的建筑作品，这些建筑作品以独特的风格改变了北京的城市面貌；他们为北京带来了新的建筑类型，新式工业建筑、影院、医院、新式学校、商场等的出现，改善了居民的生活，使先进的建筑工业体系不再是西方国家的专利；他们为建筑教育和建筑学术研究做出了巨大贡献，使得中国建筑教育在其影响下，加快成长的过程。他们在客观上促进了中国建筑事业的发展。

二　新中国成立后外籍建筑师在北京实践

1978 年底，著名的美籍华裔建筑师贝聿铭受中国政府邀请开始设计北京香山饭店。他是改革开放后第一个在中国从事建筑设计的外籍人士。中国建筑改革开放的 40 年和其他行业一样，可以解读为不断学习、借鉴、转化和吸收当代西方建筑思想和方法的过程。其中，国外建筑师在中国设计的工程项目最直接地影响了中国建筑实践和理论的走向。

贝聿铭所设计的香山饭店方案是一个只有三层到四层的分散布局的庭院式建筑。它的建筑形式采用了一些中国江南民居的细部，加上现代风格的形体和内部空间，是“具有中国传统建筑特征的现代建筑”。

香山饭店受到中国建筑师和媒体的高度关注，《人民日报》这样写道：“一开始，香山饭店似乎并不引人注目，甚至有些怪异……这种建筑在中国北方很少见，有些人甚至觉得它太素淡。如果你进饭店看看，你会觉得别有洞天……”建筑界的官方媒体《建筑学报》专门组织了研讨会对香山饭店进行评论。在各种各样的场合，中国的建筑师从各个角度对这栋建筑展开讨论，表现出了有保留的肯定态度。

贝聿铭之后，一大批外国建筑师纷纷来到中国，尤其是北京。中国的飞速发展为先锋建筑实验提供了场地。1998 年，国家大剧院开始筹建，时任总理朱镕基确定国家大剧院的设计方案采用世界招标的办法选定。各国参加

图5　香山饭店

投票的方案，由13人专家委员会评选。根据朱镕基总理“不受任何框框束缚”这一指导思想，法国建筑设计大师保罗·安德鲁（Paul Andreu）的没有任何条框的椭球方案脱颖而出。

图6　国家大剧院

国家大剧院是北京为了配合奥运会建设的一系列地标性建筑的代表。2001 年，北京获得 2008 年第 29 届夏季奥运会举办权。从北京开始申奥，一大批外国建筑师设计的作品就纷纷在北京落地：首都机场 T3 航站楼，是由英国的诺曼·福斯特（Norman Foster）设计的；法国建筑设计大师保罗·安德鲁设计了国家大剧院；瑞士的赫尔佐格和德梅隆（Herzog&deMeuron）设计了国家体育场，即众所周知的“鸟巢”；澳大利亚 PTW 建筑师事务所设计了国家游泳中心——有半透明外观的“水立方”；荷兰建筑大师雷姆·库哈斯（Rem Koolhaas）设计了央视大楼，倾斜交错的外形，使其成为 21 世纪最富有想象力的建筑艺术之一。

在这一批“奥运建筑”之后，更多的外国建筑师将自己的才华留在北京的大地上，其中以商业建筑为主。扎哈·哈迪德曾于 2004 年取得了有建筑界诺贝尔奖之誉的“普利兹克奖”，也成为该奖项有史以来第一位女性获奖人。2008 年，“建筑界的女魔头”扎哈·哈迪德决定进军北京，试图找到这座城市更大的潜力。从银河 SOHO 到望京 SOHO，再到最近竣工的丽泽 SOHO，扎哈·哈迪德和她的事务所为北京留下了三座极具辨识度的地标。

谈及为什么来北京，以及北京给了她什么，扎哈·哈迪德坦言，“在北京，在艺术上进行试验并得出非常好的构思是有可能的，但也仍然有诸如高度的硬性规定，不是可以彻底为所欲为的。这里可不是什么西部荒野。北京很令人兴奋，因为它的体量、它能够接纳的野心。很多地方都在大兴土木，这跟西方不一样，西方不是每天、随时都在盖房子。”

建筑是一个城市文化最直接的体现，是不可复制的城市文化名片。这一时期的外国建筑师在北京的实践为北京留下了很多极具辨识度的建筑，也出现了不少乱象——“奇奇怪怪的建筑”有之，“千城一面”的现象有之，这不仅浪费了大量建材和资金，也拉低了审美品位，更与民族文化格格不入。2014 年 10 月 15 日，习近平总书记出席了文艺工作座谈会，在听取文艺界人士发言后，他发表了长篇讲话。另外值得关注的是，习近平在会上提出“不要搞奇奇怪怪的建筑”。

图 7　SOHO

三　大兴国际机场的设计建造

1. 设计历程

新机场航站楼的设计方案征集，从 2010 年就开始启动。根据规划，大兴机场定位为大型国际航空枢纽，并将在 2022 年和 2025 年分别实现旅客吞吐量 4500 万人次、7200 万人次的建设投运目标，远期可满足年旅客吞吐量 1 亿人次的需求。

根据北京市 2018 年公布的《促进城市南部地区加快发展行动计划（2018～2020 年）》，北京大兴国际机场临空经济区是建设国际交往中心功能承载区、国家航空科技创新引领区、京津冀协同发展示范区，将被打造为北京发展的新引擎、京津冀协同发展的新高地。

2011 年，北京新机场航站楼的国际方案竞标正式启动。入围的设计单位在全球都非常知名。其中法国巴黎机场集团建筑设计公司（ADPI）在全球机场设计领域实力雄厚，代表作品包括阿联酋迪拜机场、法国巴黎戴高乐机场、上海浦东机场等。英国福斯特建筑事务所是北京首都机场 T3 航站楼的设计者。北京建筑设计研究院曾参与了多项国内地标性建筑设计，包括 2008 年奥运会国家体育馆、首都机场 T3 航站楼等。民航设计总院则承担了国内 70% 以上机场的规划与设计。此外，还包括扎哈・哈迪德事务所、英国奥雅纳工程顾问公司和英国罗杰斯建筑事务所联合体、上海市华东建筑设计研究院有限公司和新加坡 CPG 咨询有限公司联合体、美国 HOK 建筑事务所和荷兰 NACO 机场咨询公司联合体等国内外顶级设计团队。

从设计伊始，就注定北京大兴国际的设计是一个聚集全球智慧的超级工程。

大兴机场的设计原则在投标单位开始设计前就已经定下来：保留一个完整的空侧区域，以提高航空器的地面运行效率；规划两个陆侧区域，满足远期终端容量需求；采取“主楼 + 卫星厅”的模式，便于分期发展。

在这样的“命题作文”下，7 家建筑事务所给出了不同的解决方案。福斯特事务所给出的方案为“单元式”航站楼，也就是近期沿中轴线建造对称的 4 座小型航站楼（远期共 8 座），以延长两侧空侧面积，增加机位，同时分散巨大的客流量。北建院、民航院联合体给出的方案为东西“二元式”布局。其他 5 家事务所给出的方案则为建设一座集中式主航站楼、配套远期卫星厅的方式，放射型指廊模式出现在其中 4 家事务所的方案之中。

作为一个“百年工程”，为达到最优结果，2014 年 1 月 29 日，大兴机场建设领导小组最终决定：以法国巴黎机场集团建筑设计公司（ADPI）的方案为基础，吸收其他各家方案的优点，邀请 ADPI 与扎哈两家事务所组成新的团队继续进行优化设计，以期形成一个博采众长、功能完善的航站楼建筑方案。所以最终给出的设计方案，主体结构和运营机制上以 ADPI 方案为基础，建筑艺术上吸取扎哈投标方案的诸多造型元素，融合北建院与民航院联合体所提出的“二元式”布局概念，并采用双层出发车道边，是一套设计、运营一体化且博采众长的综合建筑方案。

2014 年 7 月 30 日，国务院常务会议审议通过了大兴机场可研报告及航

图 8　法国巴黎机场集团建筑设计公司（ADPI）方案和最终建设方案

站楼建筑方案。根据党中央、国务院关于航站楼建筑应当呼应时代特征，体现新风貌，避免产生歧义的指示精神，几经雕琢的新机场航站楼的建筑方案基本定型，并在视觉上避免了之前几版方案中从花瓣到凤凰的“故事性”演绎，最终得到了一份来之不易的集合了集体智慧的建筑方案。

图 9　大兴机场外部部分

2. 构型设计特点

北京大兴机场主体结构和运营机制上以 ADPI 的“五星”方案为基础。“五星”方案以航站楼核心区为中心，延伸出五条放射性指廊，西南、中南、东南三条指廊各长 411 米，西北、东北两条各长 298 米，单体面积为

4.6 万到 10 万平方米；再加上楼前区域设置的服务楼指廊，形成六条指廊的均衡布局，每两条指廊之间的夹角为 60 度。

在航站楼的布局上，北京大兴机场是诞生于 20 世纪 60 年代左右的“短距离机场”概念的回归。由 GMP 设计，建于 1965 年的柏林泰格尔机场是世界第一个“驶入式短距离机场”，六边形的航站楼形成一个闭合的环线，内环接驳城市交通，外环提供了充足停机位，同时缩短了登机距离，从停车场到登机口只有 30 米。1974 年，由保罗·安德鲁设计的巴黎戴高乐机场一号航站楼投入使用，包括一个十层楼的圆形大楼，周围有七个卫星建筑环绕，每一个卫星建筑都有四个登机门。

图 10　柏林泰格尔机场卫星图和巴黎戴高乐机场一号航站楼卫星图

柏林泰格尔机场和巴黎戴高乐机场一号航站楼是现代机场设计史上两个著名的案例。北京大兴机场航站楼的设计吸取了这两个案例的优势。

北京新机场这一世纪工程，从设计之初便面临着一系列的挑战：空前的旅客流量、巨大的陆侧压力、较远的城市距离等。新机场的平面形状创新地采用放射构型，与传统的一字形或直角折线形的构型对比，新机场的放射构型和更多的指廊可使更多的登机口靠近中心，直线连接拉近了旅客与飞机之间的距离。北京新机场 T1 航站楼设计年旅客吞吐量为 4500 万人次，共有 78 个近机位，与首都机场 T3C/D/E 三个楼相当，而整个新机场 Tl 航站楼的轮廓控制在半径 600 米的圆形以内，在不使用捷运系统的情况下，旅客通过安检从航站楼中心到最远登机口的距离不超过 600 米。

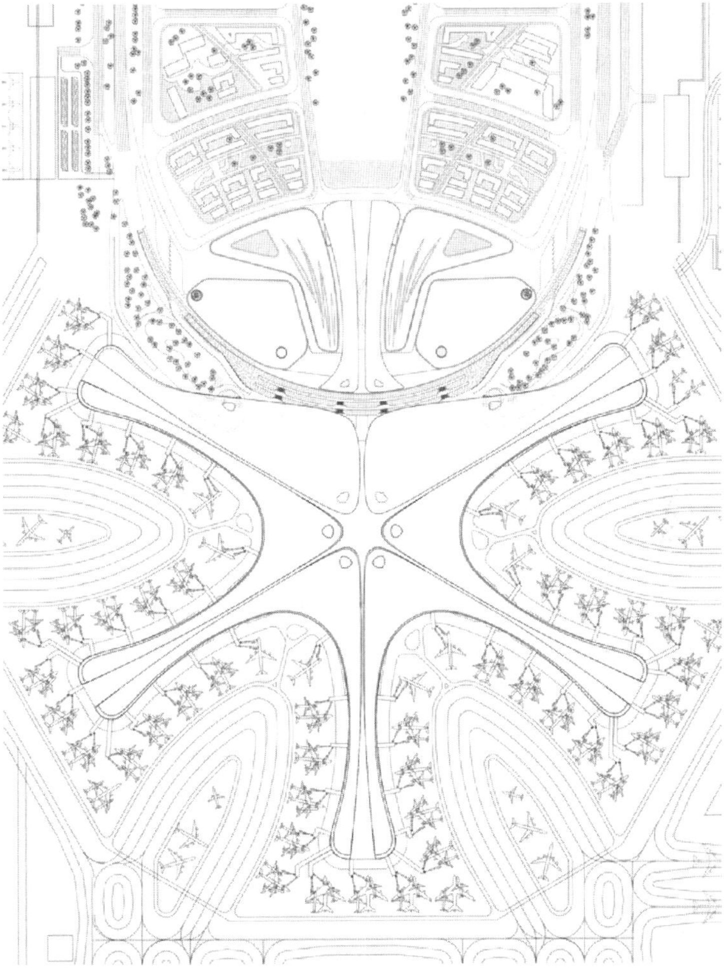

图 11　北京大兴机场平面

巨大的客流量是新机场面临的一大挑战，T1 航站楼加 S1 卫星厅未来将承担 7200 万人次的年旅客吞吐量，相当于目前首都机场 3 座航站楼的设计流量总和。国际上很多大流量的机场中转旅客很多，而北京新机场目的地旅客比例很高，会造成航站楼陆侧交通非常巨大的流量，除轨道交通接驳外，落客车道边的设计压力更为突出，这在国际上也没有可借鉴的先例。应对全新的挑战，必须突破传统单层高架桥落客的方式，为此新机场创新地采用了双层出发车道边的设计，即在航站楼的第 3 层和第 4 层设计两侧高架桥，两层车道边均可出发：第 4 层以国际出发和国内人工值机出发旅客为主，第 3 层以国内自助出发旅客为主。同时，到达旅客也分为两层，国内到达在第 2 层，国际到达在第 1 层。这样的“双层出发，双层到达”设计，相当于将传统的双层航站楼变成了 4 层航站楼，功能更加集约紧凑，属国际首创，为旅客提供了更为充足的交通接驳条件，使旅客能够更为顺畅、便捷地到达或离开航站楼。

3. 建筑艺术特点

北京大兴机场在建筑形式上由扎哈・哈迪德事务所参与优化。建筑艺术上最具识别度的标志，除了核心区和五个手指形廊道组成的酷似“凤凰展翅”航站楼外观，就是建筑内部支撑起投影面积达 18 万平方米、重量超过 3 万吨屋顶的 8 根 C 形柱。C 形柱如同花朵一般，从屋顶自然延伸到地面。白天，阳光从天窗中倾泻而下，给人以开敞、通透、流动之感，令航站楼内基本可以做到不开灯。

“C 形柱”这一概念是扎哈・哈迪德事务所在概念设计阶段提出的，因柱的平面呈 C 形，不是闭合的而得名。C 形柱既是结构构件，又是将自然光引入建筑的通道，由 C 形柱生长出整个建筑的巨大双曲屋面，也为航站楼建筑注入了独特的造型元素。

C 形柱的原型来自 1997 年弗雷・奥托和 Christoph Ingenhoven 一同参与的德国斯图加特火车站翻新工程的设计竞赛的创意。而这种形态起源于弗雷・奥托对肥皂泡的研究。据他研究，肥皂泡能自然延展以达到所谓的“最小曲面”。在“最小曲面”时，膜材料在所有方向的受力是均等的，它的形式遵从自己的规律，并不以设计者的意志为转移，形式和结构在此形成了一个不可分的整体，共存于不可变的形体中。2015 年，弗雷・奥托因其轻盈通透的帐篷式建筑结构，以及其他独树一帜的工程作品被授予普利兹克奖。

在北京大兴机场之前，扎哈・哈迪德建筑事务所还在 2013 年建成的塞克勒蛇形画廊咖啡厅项目中实践过这类 C 形柱设计。与德国斯图加特火车

图12　大兴机场 C 形柱（1）

站和塞克勒蛇形画廊咖啡厅相比，北京大兴机场在 C 形柱的规模和建造技术上有长足的进步，为项目落地提供了良好的支撑。

北京大兴机场航站楼采用全 BIM 的设计手段，屋面的高阶曲面和结构网格完全由参数化程序控制自动生成，接着，程序控制进行结构计算调整和进一步的深化设计。程序化的控制保证了整个屋面在符合结构和功能的前提下，曲面平滑优美，每条曲线完整连续。建筑的内外装饰也完全随结构网格布置，做到了建筑结构装饰的一体化，从而为如此复杂屋面的施工提供了几何逻辑和构造的保证。也正是由于采用了各种先进的设计方法，才能在有限的时间内完成这样大型复杂屋面的设计工作。

图 13　大兴机场 C 形柱（2）

4. 其他设计特点

作为京津冀交通的核心节点，北京大兴机场规划了发达、便捷的综合交通系统。在新机场外部，构建“五纵两横”综合交通主干网络，以满足不同容量、功能和区域范围的旅客交通需求。“五纵”包括新机场快线、京雄铁路两条轨道线和机场专用高速路、京台高速北京段、大广高速扩容三条道路交通；“两横”包括机场北线高速路和城际铁路联络线。

航站楼核心区采用层间隔震技术。不同于昆明长水机场 T1 航站楼的底板隔震和海口美兰机场 T2 航站楼的底板错层隔震，这一设计大胆地将隔震层设计在地下一层的柱头之上，超过 1100 个隔震垫将一层底板以上

图 14　塞克勒蛇形画廊咖啡厅

结构全部托起，可减小地震力对上部结构的作用，有利于控制结构构件尺寸，降低上部结构造价。如此大规模的层间隔震应用，目前在国际上尚无先例。

新机场采用了一系列高效能源方案：将能源站设置在停车楼内，以减少输配距离；采用高效机组，大温差送风；利用冰蓄冷削峰填谷；充分利用可再生能源，在停车楼屋面采用光伏发电系统为停车楼及航站区供电；通过建模模拟方式对航站楼冷源、热源、空调输配系统及空调末端系统的能耗进行计算，建筑能耗比参照建筑全年能耗可提高 23%，综合计算节能率达到 73.35%。目前北京新机场航站楼已取得三星级绿色建筑设计标识认证和 3A 级节能建筑设计标识认证，成为首个同时获得这两项绿色认证的航站楼建筑。

图 15　大兴机场航站楼

四　结语

北京大兴机场从立项、竞标到设计、建设、运行，都面临着一系列巨大挑战，很多问题没有先例可供参考和借鉴。在设计过程中，全世界的优秀设计师纷纷为这一世纪工程献计献策。

北京大兴机场不仅是北京推进国际交往中心功能建设的重要载体和组成部分，也是北京作为国际交往中心在开放性、包容性上的重要体现。进一步强化北京的国际交往中心职能，不仅将提升北京的国际化程度，吸引更多跨国公司和国际人才来京发展，还有利于我国参与全球治理，促使国际社会正面理解与解读中国在国际社会中的角色。

国外智慧城市综合评价指标体系及对中国的影响*

文学国　王贝贝　张　梅**

摘　要： 智慧城市评估是引导智慧城市建设方向、检验建设成果的重要手段。本文从智慧城市发展的价值内涵和评价趋势出发，透彻分析国内外智慧城市各类指标体系的评估维度、评估方式等，创新性提出智慧城市发展 WISDOM 模型，并构建了 WISDOM 评估指标体系，为智慧城市的评估提供了理论基础和决策参考。

关键词： 智慧城市　评估指标　WISDOM 模型

一　智慧城市建设的价值内涵与评价趋势

（一）智慧城市的发展演进

2008 年全球金融危机后，美国 IBM 公司在《智慧地球：下一代领导人议程》主题报告中首次提出“智慧地球”理念，旨在将新一代信息通信技

---

* 本研究成果为中国社会科学院 - 上海市人民政府上海研究院课题“智慧城市综合评价指标体系研究”阶段性成果。

** 文学国，上海大学法学院院长，教授，博士生导师；王贝贝，南京师范大学硕士，数旗（上海）网络科技有限公司；张梅，北京科技大学马克思主义学院副教授，欧美同学会留美国分会理事、副秘书长。

术充分运用在地球的可持续发展中。“智慧城市”概念起源于“智慧地球”，从“智慧城市”概念的提出到具体的落地实践，世界各国一直在不断探索着其发展路径，研究如何运用新一代信息技术重新审视城市的本质和使命、定位，确立城市的发展目标，调整和培育城市的产业结构，重塑和推广城市的形象特色，加快城市的创新发展。从世界各国智慧城市的建设轨迹看，基本经历了技术驱动—政府主导—用户导向—数据为王的发展进程。

1. 初级阶段：技术驱动

信息技术是支撑智慧城市的重要基石，智慧城市建设通过物联网、云计算、大数据、移动互联网等新一代信息技术应用实现全面感知、泛在互联、融合创新。在智慧城市初级发展阶段，呈现明显、强烈的技术驱动特征，通常是技术提供商鼓励和引导城市管理者、决策者利用技术手段解决城市发展问题、提升城市竞争力。而受到技术公司概念和理念的操控、捆绑及影响，城市管理者、决策者也单纯地将技术理解成该阶段解决城市问题的重要手段或唯一手段。很多国家和地区未来城市的发展愿意也是由技术公司去整体推动和设立的，如葡萄牙的 Plan IT 以及韩国的 New Songdo。在该阶段，政府和城市管理者本身未积极主动地去理解这些技术对于公众实际生活质量提高和城市经济社会发展进步的影响。

2. 中级阶段：政府主导

在智慧城市发展的中级阶段，政府和城市管理者的角色和定位发生了重大转变。这个阶段，政府作为领导者、决策者起着不可替代的作用，快速确定了其在智慧城市建设和创新中的引导、示范、创造发展环境等职责，并开展相应工作部署。这时候，政府和城市管理者也越来越能发现城市问题，关注综合解决方案并加以应用，以此来提高城市质量。同时，政府也从可持续运营的需求出发选择合适的管理模式，如通过多元化建设和运营（政府、企业、非营利组织等）来保证长远效益，营造和谐的共生体系。但这个阶段的政府和城市管理者，还只是单纯从自身角度出发开展系列工作和部署，未能全面认知来自城市实际应用主体的诉求和需求，缺乏广泛的公众参与机制和交互机制，因此，该阶段智慧城市的建设成效和应用成效也非常有限。

3. 高级阶段：用户导向

智慧城市的建设应坚持以人为本，因此，建设人民满意的智慧城市是政府和城市管理者的最终目标。在智慧城市发展的高级阶段，智慧城市实践所取得的成效逐步显现，但群体的“数字鸿沟”也越来越明显，不同群体对智慧城市建设的认识态度和应用能力有差异，这将影响智慧城市建设的应用成效。这个阶段中，政府和城市管理者开始注重用户诉求，关注用户体验和评价，广泛吸收社会各界的意见建议，并结合各地区自身的特点，着眼实际，积极开发适用于各类群体（如老年人、低受教育程度群体、残障人士等群体）的产品和服务，关注和保障各类群体的诉求和利益，增强和提升政务服务的特色性、针对性和适用性，缩小不同群体对智慧城市认知和使用的差距，创造各种条件让民众参与到城市建设和治理中，使智慧城市的理念、实践进入更多群体的视野，得到民众的赞许和肯定，最终形成全社会共建、共用、共治的智慧城市共识。①

4. 创新阶段：数据为王

智慧城市逐步走向创新实践阶段，实现多领域的跨界融合，其建设和发展离不开大数据。大数据是智慧城市各个领域和应用都能够实现智慧化的核心支撑技术。这个阶段中，大数据遍布智慧城市的方方面面，从政府决策、治理与服务，到人们的日常生活方式，到城市的产业布局和经济结构，再到城市的运营和管理方式，大数据已成为智慧城市的智慧引擎。将大数据采集、大数据处理、大数据存储及管理、大数据分析及挖掘等运用到智慧城市建设中，能够提升城市智能化水平，让民众享受智慧生活。将大数据运用在智慧政务中，使数据共享、互联互通成为可能，能够极大提高政府各部门间协同办公能力，提升政务服务效率，降低政府管理成本，为政府决策提供有力的支撑。大数据源源不断的“智慧”将推动智慧城市走向更智慧、更科学、更高效。

① 《探索：智慧发展的三个阶段与趋势》，https：//www. yelunet. com/chanye/iot/2018 - 09 - 10/954. html，2018 年 9 月 10 日。

（二）智慧城市建设的价值内涵

哈佛大学商学院的波特教授于1985年提出了“价值链”的概念，中国学者连玉明教授将该理论应用于城市发展，创造性地提出了城市价值链理论，他将城市品牌、城市综合竞争力和城市治理结构整合到一个完整的城市价值体系，全新审视城市的发展。① 城市价值链理论从两个方面理解城市的价值内涵：其一是城市功能价值最大化，其二是城市形态高级化。本研究主要从城市功能的角度来理解智慧城市的价值内涵，主要体现在产业导向、服务导向和人本导向三个方面。

1. 产业导向

新一代信息技术将对城市经济转型和升级起到重要的推进作用。首先，智慧技术应用于传统产业中，对企业的产品设计、生产、管理、营销、服务等各个环节全面实施智能化改造，利用云平台对数据进行实时处理和分析，实现数据流、资金流、业务流、物流的有机统一和集成，将提高企业协同运作能力，促进传统产业的升级转型。其次，智慧技术的集聚化将培育战略性新兴产业，智慧城市作为新一代信息技术的整体集成与具体应用，将推动现有信息产业的繁荣与发展，催生新的产业，培育新的经济增长点。最后，智慧产业将带动整体产业朝着高端化方向发展，新一代智慧技术产业具有技术密集型和知识密集型的特征，产业智慧化的过程实质上就是城市知识化的过程。知识与资本的广泛应用成为不断促进智慧城市产业发展壮大的重要推动力。

2. 服务导向

让民众在这座城市中更好地工作、生活、学习，提高人民群众满意度、获得感和幸福感是智慧城市要实现的目标，因此，智慧城市建设要以服务为基本导向和最终核心，要始终围绕着给谁提供服务，提供什么样的服务，如

① 李猷兵、黄明、蔡姗姗：《浅谈大数据在智慧城市的建设及城市规划中的应用》，https：//wenku. baidu. com/view/d9421e6055270722192ef7ba. html，2015年3月13日。

何提供更好的服务这一类基本问题展开。

建立智慧城市公共服务体系，推进民众关切的住房、教育、交通、文化、医疗、社会保障、供水供电等公共服务系统的智慧化建设和改造，提升城市建设和管理的规范化、智能化水平。打造高效、一体化的政务服务平台、城市服务平台等公共服务平台，推进公共服务事项和社会信息服务的全人群覆盖、全天候受理和“一站式”服务，实现基本公共服务在不同区域、不同层级和不同群体间的全覆盖、智能化和均等化，优化公共资源配置，创新社会管理和公共服务的新机制新模式。

3. 人本导向

智慧城市经济的繁荣发展、高质量的公共服务和高效的社会管理，将为城市居民营造良好的工作和生活环境，提高人们的生活品质，实现人的全面发展。首先，通过运用新一代智慧技术，优化社区环境、改善家庭环境，从而改变人们的生活环境和生活方式，提高市民的生活品质。其次，智慧城市提倡“终身学习”“社会多元化”“创造性”等理念，主张构建学习型社会和学习型组织，关注人自身素质的提高和个人价值的实现。从理念层面来看，智慧城市的要义是培养“智慧市民”，使人的全面个性化发展得到充分体现。

（三）智慧城市评价维度

目前，智慧城市建设在世界各地如火如荼地开展着，各个国家和地区纷纷出台政策、采取行动建设智慧城市，并涌现出大量优秀的示范和应用。开展智慧城市评价，正确衡量智慧城市的发展水平，动态监测智慧城市的建设进程，有利于对智慧城市的建设发挥引领、监测、指导等作用，并为智慧城市发展和政府综合决策提供量化的科学依据。为此，国内外学者、高校、组织、政府部门纷纷开展智慧城市评价和指标体系构建。由于对智慧城市的理解存在一定的差异，对智慧城市评价的关注点也各不相同，指标体系呈现多样化的特征。总体来说，智慧城市评价从以下三个维度展开。

1. 突出信息化发展水平的评价

2011 年浦东新区发布的智慧城市指标体系，是国内首个公开发布的智慧城市评价指标，该指标体系包含 5 个一级指标、19 个二级指标和 64 个三级指标。南京市在借鉴多种评价城市信息化水平的方法以及其他智慧城市评估标准的基础上，形成了智慧南京评价指标，包含 4 个一级指标、21 个二级指标。宁波智慧城市研究院也较早推出了智慧城市 7 个一级评价指标。综观国内初期推出的这些指标，发现其更注重信息化建设的技术层面，硬件技术相关指标所占比例相对较高，除信息化基础设施外，还包含有各类传感终端、诱导系统、宽带光纤接入、公共场所 WLAN/无线网络覆盖率等方面的内容，而对于技术与硬件所产出的价值效益以及对公众和经济所起的作用涉及较少，且对于利用信息化手段利企便民、降低企业办理成本和缩短审批时间、提高政务服务效率等方面也欠缺关注。

2. 强调智慧城市的综合建设评价

国外最具代表性的评价指标体系是欧洲中等规模城市智慧评价指标，这也是迄今为止可公开查阅到的智慧城市评价指标中内容最全面的一个，其包含了 6 个一级指标，许多指标内容仅有欧盟的指标体系中提及，如“劳动力市场的流动、社会活动参与度、公民参与决策、社会保障”等，其还将“日照小时、人均绿地”等宜居环境因素纳入评价中。在智慧城市领域中，“住房、文化设施、教育、旅游、社会保障、社区管理”等均有涉及，又由于欧盟国家之间高度的联通性和丰富的商业交流，特意设计了智慧经济维度中“国际化水平”、智慧公民维度中“公民开放意识/国际化”、智慧生活维度中“国际交通便捷程度”等系列评价国际化、开放性、区域一体化的指标。

3. 重视公民体验的评价

在欧盟、上海浦东的智慧城市评价指标中，还有一块偏重于公民体验等主观指标。浦东尤为重视公民的主观体验和感知，将该类别的所有指标单独划分成一个领域设立具体指标，具体满意度调查包含了其他各个领域所涉及的内容，如生活便捷感中的“交通信息获取便捷，城市医疗信息获取便捷，政府服务信息获取便捷”、生活安全感中的“食品药品安全满意度、网络资费满意度、环境安全满意度”等，通过满意度调查来主观衡量。欧盟也在各项内容中设立了相关的公民满意度指标①。

未来，智慧城市评价，在评估方式上可以开展多时段、常态化的评估，通过建立智慧城市评价指标池，根据不同阶段的工作推进情况从指标池中选取相关指标，分阶段开展评测，以此持续性地推进智慧城市的发展。在评估指标上，应将主观和客观指标结合考虑，尤其是针对政府投入产出的绩效类指标，应通过客观的数据来反应效益。评价指标要继续强化用户体验，调查方式、调查群体和调查内容要更具针对性，能实际反映问题。

二　国内外智慧城市评价指标研究

（一）国外智慧城市发展评价指标

1. 智慧社区论坛评估指标体系

智慧社区论坛（Intelligent Community Forum，ICF）自 1999 年开始在世界范围内评选“年度智慧城市”。ICF 构建的“智慧城市关键评价指标”，由宽带连接、知识型劳动力、数字包容（后改为数字平等）、创新、营销和共识等 5 个一级指标构成。2015 年又增加了“可持续性”指标，表达对城市环境可持续发展的高度关注。

2. 欧盟中等规模城市智慧排名评价指标体系

2007 年 10 月，在鲁道夫·金芬格（Rudolf Giffinger）教授带领下，奥地利维也纳科技大学（Vienna University of Technology）区域科学中心、斯洛文尼亚卢布尔雅那大学（University of Ljubljana）地理系及荷兰代尔夫特科技大学（Delft University of Technology）建筑都市移动研究院等三所大学的研究机构合作，提出智慧城市发展水平评价可从智慧经济（Smart Economy）、智慧市民（Smart People）、智慧治理（Smart Governance）、智慧

① 王思雪、郑磊：《国内外智慧城市评价指标体系比较》，《电子政务》2013 年第 1 期。

移动性（Smart Mobility）、智慧环境（Smart Environment）及智慧生活（Smart Living）等六大维度出发，发布了欧洲中等规模城市的智慧城市排名报告，构建的智慧城市评价指标体系包含6个一级指标、31个二级指标和74个三级指标，具体见表1。该评价指标的目标在于对欧盟地区所有符合条件（城市人口数为10万至50万、城市内至少有一所大学、交通人口数小于150万人次三个条件）的70个中等规模城市进行智慧化水平排名，希望通过排名来加强优秀城市的国际形象，同时可以帮助排名落后的城市找到自己城市发展的缺点，进行优化。欧盟中等规模智慧城市评价指标对欧盟地区样本城市进行横向比对，而不是单一地对某一个城市进行评价，指标设置比较全面和细致，较多关注市民体验，硬件技术相关的指标较少，但总体来说二级指标数目较多，数据获取存在一定的难度，带有较强的地域性。

表1　欧盟中等规模智慧城市评价指标

一级指标	二级指标
智慧经济	创新精神、创业才能、经济情景与知识产权、生产率、劳动力市场的灵活性、国际化程度
智慧市民	市民素质、终身学习、社会及种族多元性、灵活性、创造力、开放性、公共生活参与度
智慧治理	市民参与决策、公共与社会服务、治理透明度
智慧移动性	本地接入能力、国际接入能力、ICT基础设施可获得性、可持续/创新和安全的交通运输系统
智慧环境	自然资源吸引力、污染物排放、环境保护、可持续的资源管理
智慧生活	文化设施、医疗健康保障、人身安全、居住质量、教育设施、旅游吸引力、社会包容性

3. IBM智慧城市评价指标体系

2008年IBM首次提出智慧城市概念，此后IBM陆续发布了《智慧城市红皮书》和《引领更具竞争力的智慧城市3.0时代——创新、和谐、中国梦》白皮书对这一概念进行补充和完善。IBM公司作为“智慧城市”概念的提出者，将智慧城市评价体系分为城市服务、市民、商业、交通、通信、供水、能源共7个系统，围绕这七大系统，提出智慧城市评估标准和要素，具体见表2。IBM认为评估应遵循以下原则：一是评估应根据城市的愿景和外部因素的影响而量身定制；二是评估应基于整体的城市视图；三是评估应全面地衡量整个系统的进展；四是评估应具有可比性，并以适当的同等城市为基准进行衡量①。IBM 作为商业公司，其智慧城市评估标准侧重于智慧城市建设水平，落脚点在于帮助城市明确新出现的优势和劣势，便于评估城市确定各项改进活动的优先级。但该评估体系的评价要素缺乏对公众主观体验、感知方面的指标，均为客观性指标，数据采集存在一定难度，更适用于统计数据完备的欧美国家。

表 2　IBM 智慧城市评估标准和要素

系统	要素	必要条件
城市服务	公共服务管理、当地政府管理	当地政府支出、当地政府人员
市民	健康与教育、公共安全	教育、健康、住房、公共安全和社会服务的投资
商业	商业环境、管理负担	资金的获取、行政管理负担、贸易壁垒、商业不动产
交通	汽车、公路、公共交通、机场、海港	交通基础设施和公共交通的投资，基础设施质量
通信	宽带、无线、电话、计算机	通信基础设施的投资
供水	卫生、净水供应、海水	供水基础设施的投资、净水的供应、污水的排放
能源	油、气、可再生能源、核能	能源基础设施的投资

4. “智慧城市轮”评价指标体系

2012 年，博德·科恩（Boyd Cohen）城市和气候战略科学家、经济学家等广泛调研世界各地智慧城市计划，比较城市信息技术的创新和城市数字化管理，重新定义智慧城市为：利用信息和通信技术令城市生活更加智能；高效利用资源，导致成本和能源的节约；改进服务交付和服务质量，减少对环境的影响，支持创新和低碳经济。并提出基于智慧城市轮（Smarter Cities Wheel）理论的“智慧城市轮”评价指标体系，开展了多次全球智慧城市调查排名。该指标包括智慧经济、智慧市民、智慧政府、智慧移动、智慧环境、智慧生活等 6 个一级指标，每个一级指标对应 3 个二级指标，共 18 个二级指标和 27 个三级指标，具体见表 3。② 科恩指标主要关注评价结果，整

① IBM 商业价值研究院：《您的城市有多智慧？——帮助城市衡量进步》，2012 年 12 月 18 日。

② Cohen B.，The Smartest Cities In The World 2015：Methodology，https：//www.fastcompany.com/3038818/the－smartest－cities－in－the－world－2015－methodology.

体指标设计较客观、直观性强、简单精练、容易操作，但是其原始数据来源非一手数据，而是其他机构的相关数据，存在一定的局限性。

表3　智慧城市轮评价指标体系

一级指标	二级指标	三级指标
智慧市民	一体化	家庭互联网联通度、基尼系数
	受教育程度	大学毕业生
	创造力	创意产业工作
智慧政府	在线服务	在线处理服务
	基础设施	Wi－Fi覆盖率、传感器多样性、市政人力资源
	数据开放	数据系列、开放数据
智慧经济	机会	新的创业公司、R&D研发
	生产率	人均国民生产总值
	区域与全球联系度	ICT集群、举行的国际盛宴
智慧移动	有效的交通	清洁能源的运输
	多移动的可达性	公共交通使用
	交通技术基础设置	信息实时可达性
智慧环境	智慧建筑	绿色建筑认证
	能源管理	能源总消费、碳足迹、废物再利用
	绿色城市规划	人均绿色空间
智慧生活	文化和幸福感	生活条件、文化投资
	公共安全	犯罪率
	公共健康	生命预期

（二）国内智慧城市发展评价指标

1. 上海浦东智慧城市评价指标体系

2011年上海浦东智慧城市发展研究院发布了浦东新区“智慧城市评价指标体系1.0”。该指标是国内首个公开发布的智慧城市评价指标，由上海浦东智慧城市发展研究院研究起草，国内十余所高校、主流通信运营商、主要的智慧城市解决方案提供商，以及浦东新区相关事业单位共同参与制定。“智慧城市评价指标体系1.0”主要基于智慧化城市发展理念，统筹考虑城市信息化水平、综合竞争力、绿色低碳、人文科技等方面的因素设计。整个指标体系涵盖智慧城市基础设施、城市公共管理和服务、城市信息服务、人文科学素养、市民主观感知5个维度，还包括19个二级指标和64个三级指标。

2012年，在“智慧城市指标体系1.0”基础上进行精简和完善，发布了“智慧城市指标体系2.0”。“智慧城市指标体系2.0”主要可分为基础设施、公共管理和服务、信息服务经济发展、人文科学素养、市民主观感知、软环境建设等6个维度，包括18个要素、37个指标，具体如表4所示。“智慧城市指标体系2.0”指标指向性较明确，主要针对浦东新区“十二五”发展规划，尤其是《智慧浦东建设纲要（iPudong 2015）》。智慧浦东建设2015年前需要完成的工作基本上都反映在每一项指标上。浦东新区的“智慧城市指标体系2.0”覆盖内容较为全面，是国内首个公开发布的智慧城市评价规则，并首次将市民主观感知设为一级指标，对后续国内其他城市、机构的智慧城市评价参考、研究等具有一定价值。

表4　智慧城市指标体系2.0

一级指标	二级指标	三级指标
基础设施	基础设施保障	宽带网络建设，主要公共场所无线网络覆盖，户均网络接入
公共管理和服务	政府服务	行政审批事项网上办理，非涉密公文网上流转
	智慧交通	智能公交站牌建设，市民交通诱导信息使用
	智慧医疗	市民电子健康档案建档，病历电子化
	智慧环保	环境质量自动化监测，重点污染源监控
	智慧能源	家庭智能表具安装，新能源汽车，建筑物数字化节能
	智慧安全	重大突发事件应急系统建设，危化品运输监控
	智慧教育	城市教育支出，网络教学
	智慧社区	社区综合信息服务
信息服务经济发展	产业发展	信息服务业总体发展，信息服务业从业人员占比
	企业信息化运营	企业网站建站，企业电子商务行为，企业信息化系统使用
人文科学素养	市民收入	人均可支配收入
	市民文化科学素养	大专及以上学历占比
	市民生活网络化	市民上网，家庭网购
市民主观感知	生活便捷感	交通信息获取便捷，城市医疗信息获取便捷，政府服务信息获取便捷
	生活安全感	食品药品安全电子监控满意度，环境安全信息监控满意度，交通安全信息系统满意度
软环境建设	城市规划设计	城市发展规划，城市组织领导机制
	城市氛围营造	智慧城市论坛会议及培训水平

2. 住建部的智慧城市评价指标体系

住建部于2013年1月起，每年陆续公布智慧城市试点名单。要求各地区制定智慧城市发展规划纲要，对照《国家智慧城市（区、镇）试点指标体系（试行）》，根据当地实际制定切实可行的国家智慧城市创建目标并编制实施方案，建立相应的政策、组织和资金保障体系。

住建部的《国家智慧城市管理办法及指标》中，评价指标体系由保障体系与基础设施、智慧建设与宜居、智慧管理与服务、智慧产业与经济4个一级指标，11个二级指标、57个三级指标构成，具体见表5。总体来看，住建部的智慧城市评价指标体系主要用于指导各地区申报智慧城市试点方案，明确其主要建设内容，并未对其展开定量化评估。

表5　智慧城市（区、镇）试点指标体系（试行）（住建部）

一级指标	二级指标	三级指标	指标说明
保障体系与基础设施	保障体系	智慧城市发展规划纲要及实施方案	指智慧城市发展规划纲要及实施方案的完整性和可行性
		组织机构	指成立专门的领导组织体系和执行机构，负责智慧城市创建工作
		政策法规	指保障智慧城市建设和运行的政策法规
		经费规划和持续保障	指智慧城市建设的经费规划和保障措施
		运行管理	指明确智慧城市的运营主体并建立运行监督体系
	网络基础设施	无线网络	指无线网络的覆盖面、速度等方面的基础条件
		宽带网络	指包括光纤在内的固定宽带接入覆盖面、接入速度等方面的基础条件
		下一代广播电视网	指下一代广播电视网络建设和使用情况
	公共平台与数据库	城市公共基础数据库	指建设城市基础空间数据库、人口基础数据库、法人基础数据库、宏观经济数据库、建筑物基础数据库等公共基础数据库
		城市公共信息平台	指建设能对城市的各类公共信息进行统一管理、交换的信息平台，满足城市各类业务和行业发展对公共信息交换和服务的需求
		信息安全	指智慧城市信息安全的保障措施和有效性
智慧建设与宜居	城市建设管理	城乡规划	指编制完整合理的城乡规划，并根据城市发展的需要，制定道路交通规划、历史文化保护规划、城市景观风貌规划等具体的专项规划，以综合指导城市建设

续表

一级指标	二级指标	三级指标	指标说明
智慧建设与宜居	城市建设管理	数字化城市管理	指建有城市地理空间框架,并建成基于国家相关标准的数字化城市管理系统,建立完善的考核和激励机制,实现区域网格化管理
		建筑市场管理	通过制定建筑市场管理的法律法规,并利用信息化手段促进政府在建筑勘察、设计、施工、监理等环节的监督和管理能力提升
		房产管理	指通过制定和落实房产管理的有效政策,并利用信息技术手段进行房产管理,促进政府提升在住房规划、房产销售、中介服务、房产测绘等多个领域的综合管理服务能力
		园林绿化	指通过遥感等先进技术手段的应用,提升园林绿化的监测和管理水平,提升城市园林绿化水平
		历史文化保护	指通过信息技术手段的应用,促进城市历史文化的保护
		建筑节能	指通过信息技术手段的应用,提升城市在建筑节能监督、评价、控制和管理等方面的工作水平
		绿色建筑	指通过制定有效的政策,并结合信息技术手段的应用,提升城市在绿色建筑的建设、管理和评价等方面的水平
	城市功能提升	供水系统	指利用信息技术手段对从水源地监测到龙头水管理的整个供水过程实现实时监测管理,制定合理的信息公示制度,保障居民用水安全
		排水系统	指生活、工业污水排放,城市雨水收集、疏导等方面的排水系统设施建设情况,以及利用现代信息技术手段提升其整体功能的发展状况
		节水应用	指城市节水器具的使用和水资源的循环利用情况,以及利用现代信息技术手段提升其整体水平的发展状况
		燃气系统	指城市清洁燃气使用的普及状况,以及利用现代信息技术手段提升其安全运行水平的发展状况
		垃圾分类与处理	指社区垃圾分类的普及情况及垃圾无害化处理能力,以及利用现代信息技术手段提升其整体水平的发展状况
		供热系统	指北方城市冬季供暖设施的建设情况,以及利用现代信息技术手段提升其整体水平的发展状况

续表

一级指标	二级指标	三级指标	指标说明
智慧建设与宜居	城市功能提升	照明系统	指城市各类照明设施的覆盖面和节能自动化应用程度
		地下管线与空间综合管理	指实现城市地下管网数字化综合管理、监控，并利用三维可视化等技术手段提升管理水平
智慧管理与服务	政务服务	决策支持	指建立支撑政府决策的信息化手段和制度
		信息公开	指通过政府网站等途径，主动、及时、准确公开财政预算决算、重大建设项目批准和实施、社会公益事业建设等领域的政府信息
		网上办事	指完善政务门户网站的功能，扩大网上办事的范围，提升网上办事的效率
		政务服务体系	指各级各类政务服务平台的联结与融合，建立上下联动、层级清晰、覆盖城乡的政务服务体系
	基本公共服务	基本公共教育	指通过制定合理的教育发展规划，并利用信息技术手段提升目标人群获得基本公共教育服务的便捷度，并促进教育资源的覆盖和共享
		劳动就业服务	指通过法规和制度的不断完善，结合现代信息技术手段的应用，提升城市就业服务的管理水平，通过建立就业信息服务平台等措施提升就业信息的发布能力，加大免费就业培训的保障力度，保护劳动者合法权益
		社会保险	指通过信息技术手段的应用，在提升覆盖率的基础上，通过信息服务终端建设，提高目标人群享受基本养老保险，基本医疗保险，失业、工伤和生育保险服务的便捷程度，提升社会保险服务的质量监督水平，提高居民生活保障水平
		社会服务	指通过信息技术手段的应用，在提升覆盖率的基础上，通过信息服务终端建设，提高目标人群享受社会救助、社会福利、基本养老服务和优抚安置等服务的便捷程度，提升服务的质量监督水平，提高服务的透明度，保障社会公平
		医疗卫生	指通过信息技术手段应用，提升基本公共卫生服务的水平。通过信息化管理系统建设和终端服务，保障儿童、妇女、老人等各类人群获得满意的服务；通过建立食品药品的溯源系统等措施，保障食品药品安全供应，并促进社会舆论监督，提高服务质量监督的透明度

续表

一级指标	二级指标	三级指标	指标说明
智慧管理与服务	基本公共服务	公共文化体育	指通过信息技术手段应用,促进公益性文化服务的服务面,提高广播影视接入的普及率;通过信息应用终端的普及,提升各类人群获得文化内容的便捷度;提升体育设施服务的覆盖度和使用率
		残疾人服务	指在提高服务覆盖率的基础上,通过信息化、个性化应用开发,提升残疾人社会保障、基本服务的水平,提供健全的文、体、卫服务设施和丰富的服务内容
		基本住房保障	指通过信息技术手段应用,提升廉租房、公租房、棚户区改造等方面的服务水平,增强服务的便利性、提升服务的透明度
	专项应用	智能交通	指城市整体交通智慧化的建设及运行情况,包含公共交通建设、交通事故处理、电子地图应用、城市道路传感器建设和交通诱导信息应用等方面情况
		智慧能源	指城市能源智慧化管理及利用的建设情况,包含智能表具安装、能源管理与利用、路灯智能化管理等方面的建设
		智慧环保	指城市环境、生态智慧化管理与服务的建设情况,包含空气质量监测与服务、地表水环境质量监测与服务、环境噪声监测与服务、污染源监控、城市饮用水环境等方面的建设
		智慧国土	指城市国土资源管理和服务的智慧化建设情况,包含土地利用规划实施、土地资源监测、土地利用变化监测、地籍管理等方面的建设
		智慧应急	指城市智慧应急的建设情况,包含应急救援物资建设、应急反应机制、应急响应体系、灾害预警能力、防灾减灾能力、应急指挥系统等方面的建设
		智慧安全	指城市公共安全体系智慧化建设,包含城市食品安全、药品安全、平安城市建设等建设情况
		智慧物流	指物流智慧化管理和服务的建设水平,包含物流公共服务平台、智能仓储服务、物流呼叫中心、物流溯源体系等方面的建设

续表

一级指标	二级指标	三级指标	指标说明
智慧管理与服务	专项应用	智慧社区	指社区管理和服务的数字化、便捷化、智慧化水平，包含社区服务信息推送、信息服务系统覆盖、社区传感器安装、社区运行保障等方面的建设
		智能家居	指家居安全性、便利性、舒适性、艺术性和环保节能的建设状况，包含家居智能控制，如智能家电控制、灯光控制、防盗控制和门禁控制等，家居数字化服务内容，家居设施安装等方面的建设
		智慧支付	指包含一卡通、手机支付、市民卡等智慧化支付新方式，支付终端卡设备、顾客支付服务便捷性、安全性和商家支付便捷性、安全性等方面的建设
		智能金融	指城市金融体系智慧化建设与服务，包含诚信监管体系、投融资体系、金融安全体系等方面的建设
智慧产业与经济	产业规划	产业规划	指城市产业规划制定及完成情况，围绕城市产业发展、产业转型与升级、新兴产业发展的战略性产业规划编制、规划公示及实施的情况
		创新投入	指城市创新产业投入情况，包括产业转型与升级的创新费用投入，新兴产业发展的创新投入等方面
	产业升级	产业要素聚集	指城市为产业发展、产业转型与升级而实现的产业要素聚集情况、增长情况
		传统产业改造	指在实现城市产业升级过程中，对传统产业的改造情况
	新兴产业发展	高新技术产业	指城市高新技术产业的服务与发展，包含支撑高新技术产业的人才环境、科研环境、金融环境及管理服务状况，高新技术产业的发展状况及在城市整体产业中的水平状况
		现代服务业	指城市现代服务业发展状况，包含现代服务业发展的政策环境、发展环境、发展水平及投入等方面
		其他新兴产业	反映城市其他新兴产业的发展及提升状况

3. 国家新型智慧城市评价指标体系

2016年，国家发改委联合中央网信办、国家标准委颁布《新型智慧城市评价指标》，该指标按照“以人为本、惠民便民、绩效导向、客观量化”的原则制定，包括客观指标、主观指标、自选指标三部分。客观指标重点对城市发展现状、发展空间、发展特色进行评价，包括7个一级指标。主观指标指“市民体验问卷”，旨在引导评价工作注重公众满意度和社会参与。自选指标指各地方参照客观指标自行制定的指标，旨在反映本地特色。2017年“新型智慧城市建设部际协调工作组”完成了对国内新型智慧城市建设的评价，并首次发布了《新型智慧城市发展报告2017》。

《新型智慧城市评价指标》初次评价时，包括地方自评价和市民体验调查两部分，一共8个一级指标、21个二级指标、54个二级指标分项。国家开展新型智慧城市评价是一项新兴工作，之前在世界范围内都没有相应经验，因此指标体系保持动态调整，是一个逐步完善的过程。在2018版指标体系中8个一级指标项基本没变，但二级指标调整为22个（除扣分项指标：将2016年指标体系中的“网络安全”“网络安全管理”“系统与数据安全”设为扣分项二级指标），二级指标分项调整为49个（除市民体验扣分项指标），具体如表6所示，主要调整的内容是市民体验，权重由原来的20%提升为40%。“新型智慧城市评价指标体系”是全球评价指标体系最全、评价覆盖范围最广、网络化平台使用和第三方市民体验调查规模最大的智慧城市评估实践。该指标体系注重惠民服务和绩效导向，专门配备了相应软件，具有较强的可操作性，同时在国内的影响力较大。据不完全统计，国内70%的地级及以上城市参与了该项评估工作。

表6　新型智慧城市评价指标（2018版）

一级指标	二级指标	二级指标分项
惠民服务	政务服务	公民和企业的“一号”，一站式办理，网上统一入口
	交通服务	交通运行指数发布，公共汽电车来车信息实时预报，公共交通乘车电子支付
	社保服务	街道（乡镇）社区（行政村）自助服务，异地业务联网，服务渠道多元化
	医疗服务	一级以上医疗机构电子病历，二级以上医疗机构预约诊疗，三级以上医疗机构门诊健康档案调阅

续表

一级指标	二级指标	二级指标分项
惠民服务	教育服务	学校多媒体教室,师生网络学习空间,学校无线网络
	就业服务	街道(乡镇)社区(行政村)信息系统使用,服务渠道多元化
	城市服务	移动互联网城市服务提供、公众使用,一卡通应用
	帮扶服务	互联网残疾人无障碍访问
	智慧农业	精准化生产,便捷化服务,在线化经营
	智慧社区	智慧社区综合信息系统覆盖
精准治理	城市管理	数字化城管,市政管网管线智能化监测,综合管廊,多规合一水平,园林绿化信息和精细化管理
	公共安全	城市重点公共区域视频监控覆盖率、视频监控摄像机完好,视频监控联网,视频图像支持服务社会管理
	社会信用	统筹管理机制,信息部门实时共享
生态宜居	绿色节能	重点用能单位在线监测
智能设施	宽带网络设施	固定宽带家庭普及,4G 用户普及,1Pv6 网站支持
	时空信息平台	多尺度地理信息,在线为政府部门和公众提供服务
信息资源	开放共享	公共信息资源社会开放,信息资源部门间共享
	开发利用	政企合作开发
信息安全	保密工作	失泄密事件
	密码应用	密码应用
创新发展	体制机制	智慧城市的统筹机制、管理机制、运营机制
市民体验	市民体验调查	

4. 中新天津生态城智慧城市指标体系

2019 年 5 月，第三届世界智能大会闭幕会上，“中新天津生态城智慧城市指标体系”由中新天津生态城管委会主任正式对外发布。“中新天津生态城智慧城市指标体系”由中国标准化研究院牵头组织国内相关研究机构，与新加坡公共事务对外合作局和 ISO 国际专家团队联合编制，按照“统一共享、面向应用”的原则，设置了“基础设施、数据服务、智慧环境、智慧治理、智慧经济、智慧民生”6 类一级指标；根据先行示范、效果导向、突出特色等要求，确定了 30 项二级指标，具体如表 7 所示。该指标体系主要体现“超前谋划、强化支撑、效果导向、系统实施”四大特点，突出先进性和示范性，充分借鉴比较国内外智慧城市发展规划、目标和标准，确保大部分指标达到甚至超过国际先进水平；着重考虑生态环境和绿色发展，将智慧城市指标体系与生态城原有的指标体系进行有效衔接；注重居民需求，融入以人为本和公众参与的指标；建立智慧城市评估模型，确定各项指标分解落实的路径和方法，形成了比较详细的路线图①。

表 7　中新天津生态城智慧城市指标

一级指标	二级指标
基础设施	视频监控系统共享率
	数据中心满足本地需求的比率
	满足智慧一体化的新建基础设施比例
数据服务	数据公共服务平台的系统接入比例
	信息资源部门间共享率
	城市开放数据利用率
	城市开放数据实时更新率
智慧环境	大气、地表水、环境噪声实时监测覆盖率
	饮用水水质实时监测比例
	市政级可再生能源实时监测比例
	生活垃圾产生量在线监测的小区比例
	公共建筑能耗分项在线监测管理覆盖率
智慧治理	统一身份认证入口比例
	城市信息模型(CIM)覆盖率
	政务服务事项移动端可查询比例
	公用事业单位年在线办理率
	规定时间内满足应急响应时间的事件比例
	城市管理事项公众年在线参与度
	公众参与绿色行为智能系统的比例
智慧经济	新一代信息技术产业营业收入占比
	新一代信息技术产业就业人口占比
	区域内适用城市公共信息资源服务的企业占比
	智慧城市建设领域财政投入占投资总额比重

① 中新天津生态城管委会：《中新天津生态城智慧城市指标体系发布》，https：//www. eco - city. gov. cn/html/stcxw/20190524/28898. html，2019 年 5 月 24 日。

续表

一级指标	二级指标
智慧民生	年在线预约文体设施比例
	区域内居民电子健康卡比例
	区域内医疗机构提供智慧服务 5 级达标比例
	智慧学校比例
	交通智能协同控制系统覆盖率
	智慧社区比例
	年使用智慧旅游服务的人口比例

“中新天津生态城智慧城市指标体系”是目前国内发布的最新智慧城市指标评价体系，作为第一个国家间合作开发建设“城市”的评价指标体系，其具有一定的特殊性。从整体上来说，该指标地域性、工作目标导向性较明显，二级指标数量偏多且大多为客观指标，且副总理级的“中新联合协调理事会”和部长级的“中新联合工作委员会”工作机制，使得复制推广性并不强。当前虽然暂未开展中新天津生态城智慧城市的具体评估工作，但该指标体系首次将“数据服务”作为一级指标，强调政府数据共享与开放的实效，凸显了我国当前智慧城市和政府信息化建设过程中数据服务成效的难点与重点，这对后续指标体系研究与设计具有一定的借鉴意义。

三　新时代智慧城市综合评价指标体系设计

开展智慧城市综合评价，是新时代智慧城市建设的行动指南，也是检验智慧城市建设成果的具体体现。构建一套科学、系统的智慧城市综合评价指标体系，对智慧城市建设成果进行量化计算、科学评测和实证分析，将起到引领、监测指导、量化评估等作用，有利于不断探索和总结智慧城市的本质特点、发展规律及未来趋势，进而引领智慧城市更加健康、高效、理性、快速地向前发展。

（一）评价指标设计的原则

智慧城市评价指标是智慧城市评估的核心工具，在构建智慧城市综合评价指标体系时，应遵循系统性、可操作、可比性和可持续的原则①，以确保设计的指标体系科学、客观、实用。

1. 系统性

智慧城市评价指标体系应与智慧城市评估对象的发展战略目标以及评估目的保持一致。指标体系层次结构合理、协调统一，能够比较全面、综合地反映出智慧城市建设的基本形态。指标体系由若干个相互独立的指标综合成一个完整的评估指标体系，同一层次的指标间应尽量相互独立，关联性小，避免交叉重叠，确保每项指标能够独立地反映和评估智慧城市建设的某项具体内容、完成程度和达成的目标。

2. 可操作性

智慧城市评价指标体系的建立需在智慧城市评估中得到应用，这就要求指标体系具有可行性和可操作性，指标数据易于采集，评价过程简单，利于操作。指标数据可采集、可获得是设计指标的前提条件，如果指标采集难度过大，或不具备采集的主客观条件，必定会影响评价工作的可操作性与评价工作效率，也不利于推广应用。选取指标时应尽可能采用定量指标，对于定性指标应尽量做到在定性的基础上用定量的方式来衡量，以提高指标数据在采集过程中的可获得性。

3. 可比性

采用相对合理的综合方法，明确智慧城市评估指标体系中每项指标的含义、适用范围和应用说明，保持口径一致，使评估指标具有普通的统计意义。确保评价结果能够进行同级城市、区域间的横向比较与时间上的纵向比较，以便更好地了解和把握各地智慧城市建设的实际水平和变化趋势，并有利于不同区域间智慧城市建设的比较分析，进而找到自身存在的问题，加速

① 李贤毅、邓晓宇：《智慧城市评价指标体系研究》，《电信网技术》2011 年第 10 期。

各地智慧城市建设发展步伐。

4. 可持续性

新时代背景下对智慧城市建设提出了新的需求，同时新技术和新应用不断涌现，使智慧城市建设和发展环境发生变化。因此，智慧城市评价指标体系的构建，既要涵盖可以反映智慧城市当下绩效的现实指标，也要囊括能够反映智慧城市发展过程和未来趋势的指标。同时，智慧城市评价指标体系构建是一个动态调整过程，应根据智慧城市所处的不同发展阶段，对指标进行适当调整，使指标在时间上具有延续性，在内容上及时更新，以适应形势发展变化的需要。

（二）评价指标设计的四大关系

智慧城市评价指标的设计应着重处理好城市与乡村、技术与人文、时间与空间、网络与实体之间的关系。

1. 处理城市与乡村的关系

伴随网络化、信息化和数字化在农业农村经济社会发展中的广泛应用，数字乡村逐渐兴起，成为建设数字中国的重要内容。未来智慧城市建设要在城乡一体化这一大背景下进行整体规划，重视和理解城乡一体、城乡互补、城乡协调发展。智慧城市评价指标要充分体现通过发挥信息技术的扩散效应、信息知识的溢出效应、数字技术的普惠效应，加快推进农业农村现代化；着力发挥信息化在推进乡村治理体系和治理能力现代化中的基础支撑作用，构建乡村数字治理新体系；着力弥合城乡“数字鸿沟”，培育信息时代新农民。

2. 重视技术与人文的关系

自 2002 年起，韩国在距离首尔 40 公里的地方，花费 400 亿美元开发了世界上第一个智慧城市“松岛”，但该城目前已经变成“切尔诺贝利式的鬼城”，其原因在于只完成了智慧基础设施的改造，而忽略了人文精神与经营、治理建设。在智慧城市建设中，“人”仍是这一领域的关键核心。

智慧城市评价指标体系既要反映创新技术要素的作用，体现物的智能，也要体现人文要素的作用；要考虑到城市居民主观上的体验，通过增加与城市居民的互动，形成城市与居民之间的双向互动；要关注智慧公民，将人文精神、传统文化内容纳入其中，实现城市人文精神的智慧化建设。

3. 解决时间与空间的关系

智慧城市建设依托新一代信息技术极大地压缩了信息横向传输的空间和时间，时间空间距离被淡化，时间空间的限制和制约被打破，从而改变了过去信息与人、物之间的时空关系。智慧城市评价指标要把握好时间与空间的关系，时间方面就是继承和重塑过去的基础设施，将基础设施进行智能化升级，给未来留出来余地；空间方面要充分考虑技术创新背景下，城市空间的多元属性。在智慧城市指标体系设计中既要关注传统基础设施的智能化改造，体现出时间性；也要关注智慧技术创新情况，体现出空间性。

4. 注重网络与实体的关系

未来，物理世界和数字世界将平行共存，万物在实体之外都有数字孪生体如影随形。数字孪生城市将成为智慧城市的发展目标，赋予城市实现智慧化的重要设施和基础能力。数字孪生城市将基于数字化标识、自动化感知、网络化连接、智能化控制、平台化服务等强大技术能力，使数字城市模型能够完整浮出水面，作为一个孪生体与物理城市平行运转，虚实融合，蕴含无限创新空间。

智慧城市评价指标体系要考虑到城市各方面在数字世界的虚拟映像。在公共服务领域，要充分考虑线上线下齐发力聚合服务，提供虚拟现实服务，提供一站式服务，实现“信息多跑路、群众少跑路”。在城市治理领域，充分考虑物理城市所有的人、物、事件等在数字世界均有虚拟映像，实现虚拟现实同步运转、情景交融、轨迹可循。全市一盘棋尽在掌握、一切可管可控。在产业发展领域，要充分考虑新一代信息技术与实体经济的融合性，变革传统行业、拓展产业边界。在基础设施领域，充分考虑城市建筑、道路、设施等在数字城市均有虚拟映像，实现状态可查、信息可见。

（三）智慧城市评价 WISDOM 模型

根据智慧城市的价值内涵及评价维度，本报告提出了适用于信息社会城市发展的 WISDOM 评估模型，如图 1 所示。

WISDOM 分别代表我们（We）、智能技术（Intelligent-Technology）、服

务（Service）、数据流（Data-flow）、治理（Manage）。该体系基于城市整体效益的提升，以居民为核心，以智能技术为基础，以服务和治理为两大抓手，数据流贯穿始终，将城市发展的基础、核心、抓手和目标融为一体。

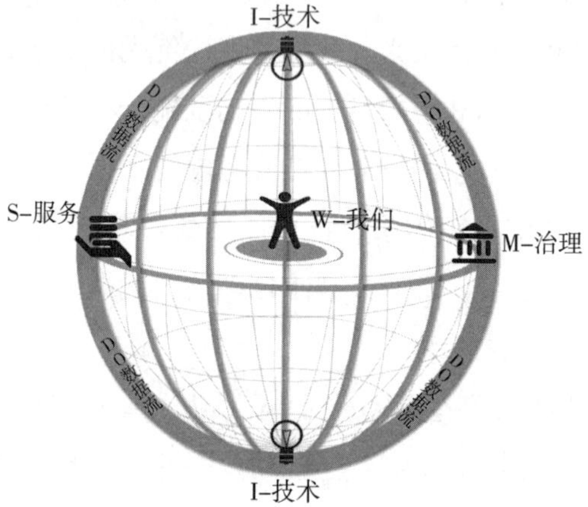

图 1　WISDOM 评估模型

We：我们（居民）。智慧城市是以“我们”为中心的人本主义城市。作为流动的数据节点，每一个市民既是管理的对象，同时也是服务的用户。随着越来越多的服务向线上迁移，城市中人的标签从社会属性的“市民”转向网络属性的“用户”，“市民即用户”成为未来城市发展的核心。

Intelligent-Technology：智能技术。以大数据、人工智能、物联网、云计算为代表的新一代信息技术是智慧城市建设的重要支撑，智慧城市是信息技术和城市建设的完美结合体。新一代信息技术具有强大的渗透力和融合力，在经济社会各领域广泛应用，催生出分享经济、数字经济、新零售、平台经济等一系列新业态，衍生出工业 4.0、智慧工厂等新思维，全面提升了城市品质和活力，有效促进经济社会转型升级。

Service：服务。推行智慧城市，落脚点应在于最大限度地提升公共服务的效能，让百姓在日常生活中感受到信息化带来的便捷。通过互联网、云数据等方式统筹城镇化发展、规划、管理和资源配置，优化城市宜居环境，提升城市文化的传承和创新，进一步增强群众的幸福感，实现城市可持续发展。

Data-flow：数据流。数据流是城市发展的智慧之源。当前城市各个领域的数据仍处于割裂状态，数据“孤岛”现象严重。实施数据驱动策略，将实现系统之间的数据联通，打破数据“孤岛”，进行数据分析提供新洞见，打造智能化系统生态圈。

Manage：治理。智慧城市下的社会治理将是精细化到每一个人、每一秒、每一平方米的实时治理，核心是以人为本的城市能源（水、电、煤、气、网络等）与公共管理资源（市政设施、服务平台、城市大数据中心等）的精细化分配。

（四）智慧城市评价指标体系

在参考国内外智慧城市评价指标体系的基础上，结合智慧城市发展趋势，新时代智慧城市综合评价指标从智慧城市的技术、数据、居民、服务、治理这五个维度出发进行设计，具体包括 5 个一级指标、17 个二级指标（见表 8）。指标体系综合考虑智慧城市的网络基础设施、技术创新等要素和数据归集、共享、开放等要求，突出人的参与性、交互性和体验，还包括政务服务、城市服务、精准治理等方面内容。

表 8　智慧城市评价指标体系

一级指标	二级指标	三级指标
我们(居民)	需求规模	每平方公里市区人口数(万人/平方公里)
	人力支撑	IT 产业从业人员占比
		大专及以上学历占比
	参与决策	公众在城市规划、建设及其他政策制定过程中的参与程度
	满意度	公众对智慧城市设施和服务获取的便捷性、可达性等切身感受情况
智能技术	互联网普及	城市互联网宽带接入情况
		移动互联网用户占比情况
		无线网络覆盖率
		光纤接入率
		IPV6 部署推进情况

续表

一级指标	二级指标	三级指标
智能技术	5G 技术推进	5G 技术的发展布局和推进情况
	技术创新	新一代技术创新的顶层设计
		新一代技术创新的政策支撑
		新一代技术创新的软环境创造
	信息安全	网络安全管理情况
		系统与数据安全保障情况
		网络安全运维情况
服务	数字政府	提升政务服务能力情况
		优化营商环境的情况
		机制体制改革与创新
	城市生活	“互联网 + 便捷交通”情况
		智慧健康医疗情况
		智慧学习情况
		就业服务便捷化情况
		智慧农业情况
		智慧社保服务情况
	绿色环保	城市推进智慧环保、绿色节能等情况
数据流	大数据中心	城市大数据中心建设应用情况
		城市基础数据库建设应用情况
	数据整合共享	城市数据交换共享平台建设情况
		数据交换共享平台系统接入情况
		部门间数据整合共享率
	城市数据开放	城市数据开放平台建设情况
		政务数据开放程度
治理	智慧社区	城乡社区生活智能化情况
		社区综合服务情况（如便民服务站、社区事务受理中心等）
	城市管理	数字化城管
		市政管网管线智能化监测
		城市网格化管理运行情况
		城市“一号”热线情况
		多规合一水平
	公共安全	城市公共安全视频监控联网
		新型技术创新维护公共安全情况

1. W－我们

人是智慧城市的核心，人既是智慧城市的建设者，又是智慧城市的受益者。人的智慧高度，决定了城市的智慧等级；人的需求度，决定了城市的服务创新力；人的参与度，决定了城市的可持续发展。一级指标“我们”（居民）包含四个二级指标。

（1）需求规模

该项指标主要针对城市人口需求规模、人均可支配收入情况进行评价。大众的需求是智慧城市建设的关键，是衡量智慧城市建设成功与否的最佳标准。通过每平方公里市区人口数（万人/平方公里）来测算城市人口，人口密集度越高，其办事和服务的需求就越强烈，反之需求越少。

（2）人力支撑

该项指标主要针对公众为智慧城市提供的人力支撑情况、市民文化科学素养进行评价。人的智慧高度，决定了城市的智慧等级。通过城市 IT 产业从业人员占城市总人口的比例、大专及以上学历占比等数据反映城市的人口智慧程度，以及对于智慧城市发展的支撑力。

（3）参与决策

该项指标主要针对公众在城市规划、建设及其他政策制定过程中的参与程度进行评价。移动互联网、社交媒体的大规模普及和迅速发展，为公众参与智慧城市建设提供了良好的技术基础和社会生态。公众广泛参与智慧城市建设，有利于政府提高执政公开度、透明度，使政府决策更接近民意；有利于城市提高自身竞争力、吸引力，为城市集聚更多的人气。

（4）满意度

该项指标主要针对公众对智慧城市设施和服务获取的便捷性、可达性等切身感受情况进行评价。通过问卷调查、体验式调查等方式开展，调查对象包括不同年龄、性别、民族、阶层的人和特殊群体。

2. I－智能技术

智能技术是支撑智慧城市的核心技术，因此要加快布局泛在化的网络基础，强化新一代信息技术的创新力和基础安全保障力。一级指标“技术”包含四个二级指标。

（1）互联网普及

该项指标主要围绕城市互联网宽带接入情况、移动互联网用户占比情况、无线网络覆盖率、光纤接入率、IPV6 部署推进情况等网络基础设施开展评估。互联网基础是智慧城市建设最重要的基础条件，推动互联网普及、提升互联网普及率是综合反映一个城市网络基础发展水平、城市运行效率、城市信息化程度、城市综合竞争力和实力的重要标志。

（2）5G 技术推进

该项指标主要针对各地加快 5G 技术的发展布局和推进情况进行评价。5G 技术是智慧城市突破性发展的基石，在 5G 技术的加持下，智慧城市的建设将飞速推动。抢抓 5G 发展机遇，有利于创造新的智慧城市发展路径、全面推进经济社会智能化。

（3）技术创新

该项指标主要针对各城市鼓励围绕人工智能、区块链等新一代技术创新应用的顶层设计、政策支撑、软环境创造情况进行评价。智慧城市的建设促进了城市技术创新水平的提升，创新驱动将成为经济社会持续发展的新动力。

（4）信息安全

该项指标主要针对城市网络安全管理情况、系统与数据安全保障情况、网络安全运维情况进行评价。加强智慧城市安全保障体系建设，建立网络安全保障的完整闭环，保证智慧城市建设安全运行，使得智慧城市可持续发展。

3. S－服务

智慧城市建设应加快推进“互联网＋政务服务”，创新政府服务方式；构建普惠化公共服务体系，为群众提供公开透明、高效便捷、公平可及的服务；要强化可持续发展，建立绿色的生态体系。一级指标“服务”包含三个二级指标。

（1）数字政府

该项指标主要针对提升政务服务能力情况、优化营商环境的情况、政府提升服务时进行机制体制改革与创新等方面的情况开展评价。建设智慧城市，需要先建设智慧政府，把智慧政府建设作为推进“互联网+政务服务”、建设智慧城市的重要抓手。加快政府数字化、智慧化转型，不断深化“互联网+政务服务”，持续优化营商环境，为公众提供高效便捷服务。

（2）城市生活

该项指标主要针对城市发展“互联网+便捷交通”、智慧健康医疗、智慧学习、就业服务便捷化、智慧农业、智慧社保服务等方面的情况进行评价。智慧城市应建立完善的公共服务体系，通过加强交通、就业、医疗、文化、农业等领域的智慧化建设和改造，提升城市建设和管理的规范化、精准化和智能化水平，有效促进城市公共资源的有效利用和开放共享。

（3）绿色环保

该项指标主要针对城市推进智慧环保、绿色节能等方面的情况进行评价。智慧城市的可持续发展离不开良好、绿色的生态环境，将绿色城市发展与提升能源效率、保护环境气候联系在一起，推进智慧与绿色融合，有效减少能耗，实现高效管理。

4. D－数据流

大数据已成为新时代的生产力，为城市实现智慧化提供了信息基础并给城市可持续发展带来新机遇和新动力。智慧城市建设应在数据中心布局、数据资源整合、数据开放共享平台建设、数据融合应用和数据开放共享等方面不断创新。一级指标“数据”包含三个二级指标。

（1）大数据中心

该项指标主要针对城市大数据中心建设应用情况进行评价，主要考察城市基础数据库建设应用情况（如人口、法人、空间地理、宏观经济、信用库等）。城市大数据中心是智慧城市的基础平台，是城市海量数据的汇聚地。加强基础数据库的建设，有利于支撑智慧城市建设，加快实现政务服务创新。

（2）数据整合共享

该项指标主要针对城市数据交换共享平台建设情况、数据交换共享平台系统接入情况、部门间数据整合共享率等进行评价。以大数据中心为轴心，建立数据共享交换平台，实现与各类平台的对接。支撑各类数据在共享交换平台上流转，实现跨行业、跨部门的信息共享，形成城市大数据管理及运营的生态圈。

（3）城市数据开放

该项指标主要针对城市数据开放平台建设、政务数据开放程度进行评价。开放数据平台是提升智慧城市支撑创新力、体现城市开放度和活跃度的重要基础。通过建立城市数据库并搭建平台向社会开放并鼓励利用，全面展现城市多元及包容度、提升城市运行效率、创新产业发展、优化服务。

5. M－治理

智慧城市建设有利于推动城市精细化治理，带动政府各部门、城市居民、社会力量共同参与，为公众提供更精准的服务，为城市可持续发展提供最优解决方案，将城市打造成共建共治共享的共同体，让公众有更多获得感、幸福感、安全感。一级指标“治理”包含三个二级指标。

（1）智慧社区

该项指标主要针对推进城乡社区生活智能化情况、社区综合服务情况进行评价。智慧社区是智慧城市的关键组成部分，在运用新一代信息技术的基础上，整合社区内的人、地、房、物、事、情、组织等信息，以及社区周边生活生态圈，将智能化、数字化、人性化、便捷化等服务融入居民生活中，实现新型、智慧的社区治理和社区服务创新模式。

（2）城市管理

该项指标主要针对数字化城管、市政管网管线智能化监测、多规合一水平、城市网格化管理运行情况、城市“一号”热线情况进行评价。运用数字化手段对城市进行智慧管理、精准管理，发展智能化基础设施，优化整合畅通民意渠道，提高城市管理精细化水平。

（3）公共安全

该项指标主要针对推进城市公共安全视频监控联网、新型技术创新维护公共安全情况等进行评价。在推进智慧城市建设过程中，从城市公共安全与应急管理角度出发，建立立体化社会治安防控体系，加强对各类风险动态的实时、精确和全面掌握，提前预防、控制可能发生的危险事故和突发事件，使城市管理更智慧、高效和安全。

专栏五　组织管理篇

2019年北京市西城区国际交往中心建设回顾与分析

杨鸿柳*

摘　要：　2019年，西城区认真做好“四个服务”，牢牢把握核心区作为全国政治中心、文化中心和国际交往中心核心承载区的定位，坚持“红墙意识”，把“四个服务”作为重要政治责任，做到政务环境优良、文化魅力彰显、人居环境一流。在推动高质量发展上形成新优势，强化国家金融管理中心建设，以金融科技研究院成立为契机，加强金融科技底层技术、通用技术、监管技术研究，加快打造国家级金融科技与专业服务创新示范区。[①] 西城区始终围绕首都核心功能区定位加快推进国际交往中心建设工作，主要通过三方面实现

* 杨鸿柳，北京市社会科学院外国问题研究所助理研究员。感谢北京市西城区人民政府外事办公室对此次工作的支持。

① https：//baijiahao. baidu. com/s？ id = 1655685570940481932&wfr = spider&for = pc.

国际交往中心的稳步推进，分别是：坚持首善标准，全力服务中央总体外交和首都外事；坚持主动谋划，扎实推进国际交往中心建设；吸引国际高端要素资源，持续优化涉外服务环境。

关键词： 西城区 国际交往中心 首都功能核心区

一 全力服务中央总体外交

1. 多渠道合力，切实做好服务第二届“一带一路”国际合作高峰论坛相关工作

“一带一路”体验中心于2019年4月28日在北京建成并投入试运行，对公众实行预约制免费开放。体验中心旨在为公众尤其是广大青少年搭建一个形象了解“一带一路”文化的教育平台。通过沉浸式体验，深入传播“一带一路”倡议内涵和中国作为，拓宽青少年国际视野，增强青少年的民族自信心、历史责任感、国家使命感。展览中的所有内容均为来自新华社的文字、图片和视频，包括脍炙人口的视频大片《大道之行》以及新华社为迎接第二届“一带一路”国际合作高峰论坛专门打造的大型纪录片《“一带一路”上的智者》；同时，展览还引入了VR、油墨互动投影等高科技展示手段，突出丰富性、趣味性、互动性和沉浸式体验。展览全方位、多角度地呈现了全球在“一带一路”倡议下共商共建共享的时代长卷。通过展览，观众既能看到共建“一带一路”国家丰富多彩的自然与人文画面，也能感受国际社会积极参与共建“一带一路”的场景；既有“一带一路”互联互通建设的最新进展，又有和合共生、美美与共的文明对话交流。该体验中心位于北京市西城区北礼士路135号的中新华文化金融创意园内，第一期占地约4000平方米，由“广博瞻望——你不知道的丝绸之路”主题展和丝路大讲坛、丝路会客厅、丝路书店、丝路创新坊等功能模

块组成。[①]

北京市西城区税务局在助力“一带一路”建设中持续发力，节节推进，不断加强税收服务的个性化、精准化。一是上门服务送政策。结合西城区金融业聚集、“走出去”企业迅猛发展的特点，辅导企业海外投融资业务涉税事项，对海外业务涉税风险进行提示。二是解决问题出实招。针对“一带一路”企业境外业务享受税收协定遇到的问题，帮助企业梳理协定及业务合同内容，判定企业未能享受协定待遇的原因，为企业享受协定待遇提供保障。三是持续推进不松懈。为“一带一路”企业开具税收居民身份证明开辟绿色通道，持续推进外派员工境外所得年度申报工作，所得来源地涉及美国、英国、俄罗斯、泽西岛等国家和地区。四是创新服务走在前。主动联络辖区“一带一路”国际商事调解中心，了解“一带一路”商事纠纷法律救济途径，探讨合作交流的可行性，力图拓宽服务形式，提升服务“一带一路”企业的能力。[②]

围绕服务新时代大国国家金融管理中心建设，首都金融业供给侧结构性改革和服务业扩大开放契机，西城区对标纽约硅巷华尔街、伦敦“硅环岛”之东区金融城，依托中关村的科技创新能力，以打造中国最优质金融要素集聚的金融街。2019 年 1 月，国务院批复了关于全面推进北京服务业扩大开放综合试点工作方案。其中明确提出，西城区建设国家级金融科技示范区是党中央国务院在服务业扩大开放领域赋予的新的历史使命，这标志着金科新区建设已上升为国家战略。5 月 30 日，国家级金融科技示范区正式启动，北京金融研究院揭牌成立。[③] 下一步，西城区将重点围绕打造国际一流金融人才生态发展区，突出做好以下三方面工作：一是坚持首善标准，构建开放包容、高效便捷的人才服务体系。紧紧围绕提升国家金融管理中心服务能级

---

① 《“一带一路”体验中心在京建成并投入试运行》，http：//www. chinaqw. com/jjkj/2019/04-28/221531. shtml。

② 《国家税务总局北京市西城区税务局以贴心服务做“一带一路”企业的护航者》，http：//beijing. chinatax. gov. cn/bjswjwz/qswj/xc/gzdt/gzdt/201907/t20190708_ 395862. html。

③ 《西城区副区长贾蔚：“一带一路”推动全球金融科技创新》，http：//www. bbtnews. com. cn/2019/0601/304440. shtml。

的要求，按照“政府授权＋跨界共治＋专业运作＋市场机制”的架构模式，加快建设金融街合作发展理事会、金融街服务局、金融街服务中心有限公司、金融街论坛“四位一体”的服务支持体系，大力培育专业化人才服务主体。加快建立优秀金融人才培育体系，充分统筹区域资源优势，立足金融人才发展需求，搭建金融专业人才育成平台。精心构建“互联网＋人才”服务体系，加强金融人才服务信息化建设，建立集政策宣传、资讯交流、线上招聘、培训服务、项目申报等功能于一体的“金融人才服务管理系统”，打造统一、规范、高效的“金融人才之家”网上平台，实现线上线下相互补充、相互促进。二是坚持政策创新，营造更加富有活力的人才发展环境。西城区将对标国际标准和世界水平，加快营造国际一流的人才发展环境。紧紧围绕推进世界优秀杰出金融人才集聚区、国家金融科技示范区建设，建立人才引进绿色通道，大力支持引进金融科技、风险防范等国际高层次金融人才。有效落实《关于促进金融人才发展的奖励办法》，切实加大对贡献突出的高层次金融人才激励奖励力度。着力打造与国际对接的人才服务措施，加强国际学校、公立学校国际部建设，建立适应高层次金融人才需求的国际化教育配套。加快提升医疗保障服务水平，支持具有国际医疗保险结算服务的高水平医疗机构在西城落地。制定住房支持政策，为优秀金融人才提供住房保障。三是坚持政治引领，团结凝聚各类优秀金融人才。有效落实党委联系服务专家等人才激励关怀制度，加强金融人才联系走访，切实解决实际问题。充分利用北京金融科技研究院、西城区专家顾问团等智库平台，积极吸纳优秀金融人才参与地方决策咨询，充分发挥金融人才服务首都“四个中心”建设的引领作用。支持金融人才全面发展，共享区域公共服务资源，积极搭建文化体验、休闲娱乐、公益活动等平台，更好地满足广大金融人才多层次精神文化需求。大兴识才爱才重才用才之风，深入开展“弘扬爱国奋斗精神、建功立业新时代”活动，开展国情研修，培树和宣传金融人才典型，充分激发广大金融人才的报国情怀、奋斗精神、创造活力。①

① http：//www. financialnews. com. cn/qy/dfjr/201905/t20190529_ 160887. html.

西长安街街道地处国家政治核心区和首都功能核心区，有全国著名商业区——西单商业区，地区安全生产工作尤为复杂和烦琐。2015 年 1 月，西长安街街道安全生产检查队成立。现有专职安全员 23 人，有中共党员 3 人，团员 3 人。检查队设队长 1 名、副队长 4 名，创新设立商场检查组。检查队实行“统一管理、分组包片、责任到人”的管理原则。2015 年成立以来，街道安全生产检查队始终保持绝对的忠诚，自觉同党中央保持高度一致，全力以赴圆满完成历次重大活动、重点时期安全保障工作任务。在全国“两会”、APEC 会议、“9・3”阅兵、“一带一路”峰会等重大安保任务面前，街道全体专职安全员充分彰显“红墙精神”，不怕苦不怕累，始终奋战在前。始终秉承责任担当，以精益求精的态度保障安全生产工作，街道安全生产检查队在重大活动、重点时期，全体队员周末不停歇，持续对辖区内生产经营单位开展“地毯式”安全检查工作，不遗余力保障地区安全生产工作稳定。

2. 服务2019年北京世园会

为了丰富北京世园会会期文艺演出活动，展示北京风韵，讲好中国故事，促进文化交流，由北京市西城区区委、区政府主办，区文化和旅游局承办，区第一文化馆和第二文化馆联合演出的“民间艺术・记忆西城”西城专场文艺演出 7 月 1 ~8 日在世园会园区内开演。“记忆西城”专场演出于北京世园会连演 8 天。京韵大鼓、相声、杂技、武术……多种京味儿十足的民间艺术表演逐一登台。北京市西城区历史悠久，文化底蕴深厚，由西城区区域内独具特色的民间艺术团体和群众文化工作者共同组成的表演团队，通过“定点演出 + 互动演出 + 行进演出”等形式，以古都文化、红色文化、京味文化与创新文化为根基，以舞蹈、歌曲、杂技、武术、曲艺为表现形式，为到场观众带来一场具有西城特色的文艺演出。近年来，西城区紧跟时代，深入基层，创作出多部剧目和作品深得百姓的赞誉。本次演出的京韵大鼓《丰碑》就是一部得到群众广泛认可的作品，同时也是在全国第十七届群星奖中获得金奖的作品。《故乡是北京》用舞蹈的形式赞美了北京的古韵风貌，讲述了北京的风俗，弘扬了国粹，代表北京市参加全国 31 个省、自治区、直辖市舞蹈展演的优秀表演奖。《语言艺术》结合2019年世园会的主题用相声的手法展示百姓讲文明讲礼仪的点滴故事，向观众传达北京首善之区的精神风貌。杂技作为具有鲜明的中国特色的世界级非物质文化遗产，代代相传、源远流长，并有不断创新，杂技《滑稽小丑》惊险刺激，幽默诙谐，赢得了观众的阵阵掌声。杂技《记忆天桥》以老北京杂技为根基，围绕中轴线文化创作而出，让观众在观看演出的同时穿越时空，回到那朴实充满人文情怀的年代。以武术表演《中华武术》收尾，武术是中华儿女强身健体的根基，是中华文化品德的集中体现，一声声呐喊中喊出了中华武魂，一拳拳打出了中华儿女的阳刚之气。此外，在完成专题文艺演出的同时，西城区还完成了8场花车巡游任务。①

西城区北京世园会主题花坛，以“老城深处百花香”为主题，以营城建都纪念阙、老城四合院建筑群为主景，展现文保老城院落中的疏解腾退空间里，以花为媒、以鸟为声、以古典园林为意境、以满足周边邻里交流活动为目的的绿色生态花园场景。②

3. 为亚洲文明对话大会做好服务保障工作

西城区文化和旅游局执法队为保障亚洲文明对话大会的顺利召开，实施风险等级分类防控措施，每天昼夜分二组，加大对文化市场检查力度，并积极对重点点位进行布控、检查、监管工作。特别是对首都电影院10号厅、天桥艺术中心承担亚洲文明对话任务的影剧院派出专人盯守，保证了亚洲文明对话期间文化市场良好的市场秩序。西城区文化和旅游局为了切实做好2019年5月15日至22日亚洲文明对话大会期间文化市场监管，积极协调多部门对文化市场开展执法行动。充分发挥文化市场监督员的作用。执法队共出动146人次，检查70家，其中歌厅10家，电影院5家，剧场3家，出版物及印刷厂14家，网吧及游艺厅19家，卫星播出前端5家，文物14家；监督员检查44家，共出动车次53辆，保障了“亚洲文明对话大会”的顺

① 《“记忆西城”专场演出于北京世园会连演8天》，http：//www. horti - expo2019. com/2019 - 07/03/content_ 74949239. htm。

② 《西城区主题花坛亮相世园会》，2019年4月26日。

利进行。[1]

西城区市场监督管理局按照市局关于做好亚洲文明对话大会服务保障的工作部署和指示精神，周密组织，精心安排，圆满完成辖区内特种设备服务保障工作。[2] 西城区市场监督管理局对辖区内 1 家会场开展特种设备服务保障工作，组织协调北京市特检中心、西城区特检所等检验机构，对涉及活动的特种设备逐台进行保障检验。执法人员重点检查各使用单位“三落实、两有证、一检验、一预案”的工作落实情况，现场对涉会电梯反复试乘，确保设备运行正常，并向各使用单位发放并签订“三书”，要求各使用单位针对检查中提出的问题立即落实整改，督促使用单位对特种设备进行全面检查并消除安全隐患，做好人员应急值守。保障期间，西城区市场监督管理局实行领导 24 小时带班制度，安排专人定时与保障单位保持联系，每日向市局报告保障单位特种设备运行情况，确保信息及时准确、特种设备安全运行。同时对会场驻地及活动场地周边人员密集场所特种设备进行检查，为亚洲文明对话大会期间特种设备运行零故障提供有力保障。

在亚洲文明对话大会的会场展区，软陶、京彩瓷和玉花等传统工艺品展台，紧挨着 3D 打印的运动鞋鞋底、佛像和沉浸式增强现实互动设备，使参会者在古与今的时空交错间，得以邂逅中华文明的辉煌过去和灿烂未来。其中，传统部分由北京市西城区的京彩瓷博物馆负责。京彩瓷作为北京市非遗技艺之一，已有 100 多年的历史，目前已传承到第五代。精美、细腻、尽显古代中国皇家风范的京彩瓷作品，具有独特的艺术韵味，深受海内外收藏家的欢迎。位于北京市西城区的京彩瓷博物馆每天都要接待许多慕名前来体验制作工艺的国内外游客，有些外国友人甚至一年要来四次。玉石插花正是这家博物馆的创新工艺之一，面向更广大的普通消费者市场。博物馆馆长史琴

---

① 《区文旅局开展执法行动保障“亚洲文明对话大会”的顺利进行》，https：//www. bjxch. gov. cn/zt/xyxc/xxxq/pnidpv824542. html。

② 《西城区市场监督管理局圆满完成亚洲文明对话大会特种设备服务保障工作》，http：//www. beijing. gov. cn/zfxxgk/11B028/zwxw52j/2019 - 05/27/content _ 649020cb92cf41f9b8d2bd7c52d86631. shtml。

说："瓷器是中国的一张文化名片。京彩瓷作为中国独特的艺术技艺，非常渴望与世界上不同文明和文化交流，以期产生共鸣。京彩瓷是一种传统技法，同时也在不断创新。我们相信，不同文化之间的交流，有助于我们更好地创新，这也是我们积极参加亚洲文明对话大会的原因。"①

4. 圆满完成彭丽媛教授和芬兰总统夫人参观北京坊等党宾国宾接待任务

国家主席习近平夫人彭丽媛2019年1月15日同芬兰总统夫人豪吉欧在北京西城区北京坊欣赏音乐诗会。冬日午后的暖阳中，两国元首夫人相聚前门北京坊。彭丽媛在叶壹堂书店热情迎接豪吉欧。两人徜徉在书店的各个主题区域，听取有关北京坊和书店的介绍。在亲子阅读区，家长们正在陪同孩子读书，彭丽媛和豪吉欧向他们亲切招手致意。在高大的书墙前，两国元首夫人合影留念。窗外望去，正阳门城楼在蓝天映衬下显得格外壮观，仿佛在述说着北京这座古城的悠久历史。彭丽媛向豪吉欧介绍了前门大栅栏地区的历史和改造情况。书店三层，茶艺飘香，两国元首夫人一边品茗，一边欣赏由北京外国语大学和中国音乐学院师生带来的精彩演出。芬兰语专业学生们朗诵了由豪吉欧创作的获奖诗歌《一月已然春天》和《我亲爱的宝贝》，豪吉欧惊喜地连连称赞。身着古装的女生伴随着钢琴和古筝曲吟唱中国古词赋《春光好》和《凤求凰》。小提琴和钢琴演奏芬兰作曲家西贝柳斯的作品。诗词歌赋的音符搭起人们心灵沟通的桥梁，留下中芬友好温馨美丽的瞬间。②

二　助力首都外事

1. 在蒙古乌兰巴托举办"北京日"文化交流活动

在2019年这个中蒙友好关系中的重要年份，西城区作为首都功能核心

① 《特写：在亚洲文明对话大会邂逅中华文明的古与今》，http：//xinhua - rss. zhongguowangshi. com/13694/ - 1715358934343722021/6132613. html。

② 《彭丽媛同芬兰总统夫人豪吉欧欣赏音乐诗会》，http：//wb. beijing. gov. cn/home/gjjwzx/wsyw/202002/t20200203 _ 1624319. htmlhttp：//wb. beijing. gov. cn/home/gjjwzx/wsyw/202002/t20200203_ 1624319. html。

区、全国文化中心和国际交往中心的核心承载区、展示大国首都形象的重要窗口地区，积极承办由北京市人民政府、乌兰巴托市政府、中国驻蒙古国大使馆共同主办的2019年乌兰巴托“北京日”文化交流任务。同时借此机会，通过外交部、我国驻蒙古国大使馆及市外办的积极引荐，西城区与乌兰巴托市青格尔泰区签订《中华人民共和国北京市西城区与蒙古国乌兰巴托市青格尔泰区友好交流合作备忘录》，开启对蒙地方交流新篇章。在北京市及乌兰巴托市领导的见证下，西城区副区长李异与青格尔泰区区长吉·额尔登巴图签署“友好交流合作备忘录”，明确了两地友好交往意向。此次备忘录的签署，也是中蒙建交70周年取得的一项地方友好交往重要成果。

7月20日西城区副区长李异在“北京日”当天出席活动，中国驻蒙古国大使邢海明、北京市委副秘书长李必友、乌兰巴托市第一副市长奥特根蒙赫也一同出席活动，乌兰巴托市环境局局长及近千名市民受邀参加活动。李必友副秘书长宣读了北京市市长陈吉宁发来的贺信；邢海明大使表示，中蒙双方将推动“一带一路”与“发展之路”对接取得新进展。活动现场，中心与两家企业通过宣传展板介绍、智慧照明展览演示、现场交流互动等形式，向出席活动的领导及现场观众宣传展示了北京市“十三五”时期绿色照明工作成果、北京节能环保中心工作成效、智慧照明技术产品节能效果，邢海明大使及李必友副秘书长一行驻足停留，在敬红彬部长的详细介绍中，领导们加深了对北京节能环保中心工作的了解，对绿色照明工作为北京市节能领域做出的贡献表示称赞，对中心组织的此次宣传展示活动给予充分肯定。现场观众兴致勃勃，积极互动，踊跃扫描中心“一带一路”App二维码，希望能进一步沟通交流。

2. 在俄罗斯莫斯科开展“一带一路”文化交流之旅项目

2019年6月上旬，由北京市友协和西城区共同组织的“一带一路”文化之旅代表团对吉尔吉斯斯坦和俄罗斯进行了友好访问。西城区精心遴选、组织非物质文化遗产传承人及茶文化讲师共计15人出访，给两国友好人士带来了精彩纷呈的文化展演、展示。在习近平主席访问吉尔吉斯共和国前夕，国家级非物质文化遗产传承人来到吉尔吉斯，配合比什凯克人文大学

“中国馆”揭牌仪式，进行了别开生面的文化互鉴活动。配合“中国馆”的开幕，古彩戏法、古琴、书法、剪纸、彩塑、药香制作、火绘葫芦以及茶艺表演等多种非遗互动展示也在这里举行。来自当地媒体的记者别尔梅特拿着活动现场发放的剪纸和小葫芦自拍。古丽米拉·库达伊别尔季耶娃表示：“这已经是我3个月来第三次采访与中国有关的活动了。随着吉中两国人文交流不断增多，我们的年轻人越来越关注中国，这是非常积极的信号。”“中国馆”是中国国务院新闻办公室对外介绍中国、促进中外文化交流的品牌项目，通常设在对象国的国家图书馆、著名大学等地。比什凯克人文大学“中国馆”是海外第十四个“中国馆”，也是迄今为止面积最大的“中国馆”。6月13日，由北京市人民对外友好协会、西城区人民政府和俄华战略合作协会共同主办的“北京茶文化和非遗展演莫斯科交流会”在莫斯科郊外美丽的莱蒙托夫庄园（谢列吉恩科夫庄园）举行。来自西城区的国家级非遗传承人向来宾们表演了沙画、口技、古琴、书法、古彩戏法、火绘、剪纸、药香制作、彩塑后，来自北京马连道的茶艺讲师为在场的俄方来宾展示了中国茶艺，还与他们现场互动泡茶，手把手教他们如何泡制中国茶。俄方嘉宾对所有展演项目表现出很大的兴趣，对非遗传承人精彩的表演报以阵阵掌声，对中国茶文化的博大精深产生了浓厚的兴趣。表演结束后，嘉宾们依然不愿离开，与每一位非遗传承人进行细致交流。俄罗斯文化部社会理事会第一副主席和莱蒙托夫国家民族中心主任莱蒙托夫、俄华战略合作协会主席亚历山大·费拉基米尔及彼得·格瓦斯科夫、俄罗斯欧亚经济合作组织秘书长宾斯科列夫·费拉基米尔、俄罗斯欧亚经济合作组织办公室主任柳德米拉，及其他来自媒体、金融、文化领域及从事茶贸易的俄方代表近40人出席。此次活动不仅仅向俄罗斯朋友介绍了中国非遗文化，也对今后开展“万里茶路”茶文化交流进行了探索。①

3. 中日建交40周年之际，举办“北京—东京民间友好交流图片展”

2019年是新中国成立70周年，也是北京市与日本东京都缔结友好城市

① 《“一带一路文化之旅”再出发——西城区非遗文化以及茶文化走进吉尔吉斯斯坦、俄罗斯》，https：//www. bjxch. gov. cn/zt/wsqwzl/xxxq/pnidpv824963. html。

关系40周年。日前，纪念北京—东京缔结友好城市40周年暨北京—东京民间友好交流图片展在天桥艺术中心开幕。50余名中日市民代表参加了活动。本次活动由北京市人民对外友好协会、西城区人民政府共同主办，展出了北京与东京作为友好城市过去40年中在经济社会、文化体育、市民交往、青少年交流等领域开展的民间友好交流活动图片120幅左右，其中40幅是西城区同3个日本友城30多年来友好交流的珍贵瞬间。加强同友好城市的互动频率和拓展互动领域。北京市对外友协、东京都日中友协在西城区北京天桥艺术中心共同签署了《2020年度友好交流活动备忘录》。此外，2019年是日本“东京中野春秋会”成立20周年。5月17日，作为西城区国际友好城区日本东京都中野区最重要的民间对华友好组织，“春秋会”派代表团一行6人再次访问西城区。

三　坚持主动谋划，扎实推进国际交往建设

（一）结合中轴线申遗，开展“西城区中轴线沿线国际交往空间”研究

与东城区合力打造具有中国特色的首都核心区，共同做好中轴线国际交往空间工作。2019年12月30日，北京市人民政府发布通知，《首都功能核心区控制性详细规划（街区层面）（2018年～2035年）》（草案）已经编制完成。规划提出，依托西城区15个街道和东城区17个街道进一步划分183个街区，科学合理配置土地及空间资源。

西城区15个街道已经初步完成街区划分，共划分约101个街区，其中西琉璃厂等17个街区有望在2020年底前亮相。所谓街区是打破现有街道或社区的规划界限，跨越地理空间规制，按照一定规模和历史沿革，把若干社区整合为一个城市人居基础单元。2017年底，西城区对标新版城市总规的要求，启动街区划分。未来，西城区将以街区为单元，对全区进行系统的梳理、整治、提升，通过城市设计、街区设计、街区修补和有机更新，实现城

市风貌、街区风貌的和谐统一。平均每个街道包含约7个街区，牛街街道包含街区最少（3个街区），广外街道包含街区最多（13个街区）；平均每个街区面积约为0.5平方公里，广内街道的西便门街区面积最小（约0.128平方公里），什刹海街道的北海街区面积最大（约1.868平方公里）。此外，根据第六次人口普查数据测算，平均每个街区人口为1.22万人，展览路街道动物园街区包含人口最少（约86人），德胜街道新风街区包含人口最多（约3.11万人）。

具体来看，距离中南海最近的西长安街街道划分为8个街区，包括中南海街区（中央政务）、长安街街区（文化政务）、西交民巷街区（历史风貌）、西单街区（国际商业）、西黄城根街区（宜居生活）等。

作为本市的历史文保区之一，什刹海街道划分为7个街区，包括西海街区（旅游休闲）、前后海街区（旅游休闲）、北海街区（政治安全保障区）、鼓西街区（生活街区）等。在街区整理中，什刹海地区腾退修缮部分被占用的文保单位和历史建筑，腾退改造居住极其困难的大杂院，营造什刹海地区的文化散步道系统，并分区分片进行停车治理，增加停车设施等。

商业氛围浓厚的大栅栏街道此次划分为5个街区，结合居民的需求，将逐步完善公共服务设施，同时疏解6种中低端产业，引入16种文创、艺术、传统商业等业态。位于核心城区的金融街街道则划分了6个街区。配合二龙路政教区街区的整理，拟对北京协和医院西院周边道路进行组织优化，打造大木仓北一巷、大木仓胡同、二龙路等区域的单向交通微循环，对车辆进行分流。①

（二）以规范外语标识工作促进街区品质提升和营商环境优化

1. 规范外语标识

针对金融街核心区35座商务楼宇1120条外语标识开展“地毯式”核查，及时发布《金融街核心区外语标识核查工作成果报告》，持续加强成果

① 《北京市西城区15个街道划分101个街区》，2018年9月21日。

应用，常态化、系统化推进国际语言环境建设。11 月 7 日，北京金融街服务局、西城区政府外办、金融街街道办事处联合召开金融街核心区商务楼宇外语标识核查整改工作推进会，对已核查外语标识整改落实工作进行再部署、再落实。31 座商务楼宇的相关负责人参会。会议通报了第一期金融街核心区外语标识核查工作成果，并要求各楼宇在 12 月底前完成整改落实。会议提到：在开展存量外语标识核查整改的同时，加强源头防控。按照“谁设置、谁负责”的原则，设置主体在新设外语标识前，严格按照国家标准、地方标准和行业标准进行翻译。对于标准里没有又必须设置的内容，需提前 14 个工作日通过行业主管部门，将标识文本、标识设计方案报送区外事部门审核。经审核确认无误后，方可进行设置。会议还邀请了市政府外办语言处就整改工作进行了培训，并向各楼宇物业发放了《金融街核心区外语标识核查工作成果报告》和《公共服务领域英语译写指南》。[①]

2. 针对市民实际、行业需求搭建多层次外语交流学习平台

个性化举办“2019 年西城区市民讲外语风采大赛”、“第二届金融街外语风采汇演”和马连道茶文化外语服务等培训。

2019 年 4 月 26 日，为隆重庆祝新中国成立 70 周年，共贺第二届“一带一路”国际合作高峰论坛顺利召开，西城区文明市民学校总校联合西城区政府外事办公室、区教委、区文明办共同举办了“2019 年西城区市民讲外语风采大赛”。大赛以“迎祖国七十华诞　促国际语言发展”为主题，以提高西城区市民外语应用水平、营造文明和谐的社会氛围为宗旨，为市民朋友搭建了一个广阔的学外语、讲外语成果展示和交流的舞台。来自西城区 15 个街道、12 所社区教育学校、258 个社区市民学校选送的 22 个团队的 34 个外语节目在大赛中精彩亮相，近 500 名外语爱好者欢聚一堂，用精彩的表演和地道的发音展现了西城市民学外语、讲外语，爱生活、爱西城的良好精

---

① 《西城区召开金融街核心区商务楼宇外语标识核查整改工作推进会》，https：//www.bjxch.gov.cn/zt/wsqwzl/xxxq/pnidpv839972.html。

神风貌。大赛精品纷呈，以俄语、意大利语、日语、英语四个语种为表演媒介，通过独唱、小合唱、诗朗诵、情景剧等丰富多彩的表现形式，以小见大，凸显各基层单位社区居民不断增加获得感、幸福感、安全感的大国情怀，以及共同见证“一带一路”沿线国家共建共享的精神风貌。本次活动还为社区外语爱好者赠送了“西城区市民讲外语系列读本”之《畅游丝路》。该系列丛书一套三本，由西城区文明市民学校总校与西城区人民政府外事办公室联合推出。读本从国家概况、风土人情、旅行亮点等多个侧面对已同中国签订共建“一带一路”合作文件的国家做了凝练介绍，内容充实、特色鲜明、图文并茂，具有很强的实用性和可读性，为市民了解不同国家、民族文化打开了一扇新的窗口。①

10 月 25 日，为积极响应金融对外开放，加强区域国际化建设，彰显驻区机构国际风范，由北京市西城区人民政府外事办公室联合北京金融街商会共同主办，金融街书局协办的“第二届金融街外语风采汇演”活动在金融街隆重上演。本次活动共有中国人民银行、中国银保监会、中国证监会、国家外汇管理局、中国银行业协会、中国银行、中国邮储银行、中国光大银行、中央国债、中国华电集团、中国大唐集团、中国建银、网联清算、恒丰银行、金融街集团 15 家金融街驻区机构 300 余位员工通过英语、俄语、法语、西语、韩语等多语种，以歌唱、诗朗诵、电影配音、舞台剧等风格各异的精彩节目形式为大家带来了一场丰盛的外语视听盛宴。北京金融街作为国家金融管理中心，国际化程度高。未来，将继续以金融业为重点，以行业国际语言培养为主要抓手，全面提升区域外语交流和服务保证能力，让更多的行业员工参与到国际语言环境建设中来。②

继 2018 年成功举办马连道茶文化外事服务培训活动，2019 年西城区市民讲外语的英语培训活动再次举办并进一步提升。西城区政府外事侨务办联

① 《2019 年西城区市民讲外语风采大赛隆重举行》，http://bj.wenming.cn/xc/xcsmxx/201904/t20190429_5097301.shtml。

② 《促区域品质提升，多语种文艺荟萃——金融街第二届外语风采汇演圆满落幕》，http://www.bfscc.com/html/2019/whwt_1026/419.html。

合马连道指挥部举办马连道茶文化外事服务培训活动，旨在提升马连道街区企业人员接待外宾的业务水平，达到礼仪规范化、语言专业化的目的。活动从礼仪的概念、原则、分类与着装礼仪、仪容仪态礼仪和言谈礼仪等方面做了生动有趣的讲解，整个活动得到参与企业的一致好评，为街区企业的外事服务专业化、标准化搭建了学习交流平台。马连道是西城区茶文化展示的重要窗口，每年的北京马连道国际茶文化展已成为国际交流活动的重要平台。为全面提升西城区窗口行业外语交流和服务保障能力，西城区以行业英语培训为主要抓手，采取丰富多样的培训形式，让更多的窗口行业员工参与到国际语言环境建设中来，更好地对外讲述好“西城故事”，展示和传播西城区传统文化。

3. 持续优化重大国际活动服务保障

成功举办涉及 13 个国家近百人的“太极・北京”国际健身交流大会。2019 年 5 月 29 日，由北京市人民对外友好协会、北京市人民政府外事办公室、北京市人民政府新闻办公室、北京市体育总会、北京市西城区政府共同主办的 2019“太极・北京”国际健身交流大会在世园会草坪广场开幕。来自澳大利亚、文莱、法国、德国、匈牙利、印度尼西亚、日本、墨西哥、尼泊尔、新西兰、新加坡、斯里兰卡、泰国等 13 个国家的代表队与北京健身爱好者 400 余人出席开幕式，并一起学习了由国家体育总局推广、普及的太极八法五步。

（三）不断更新对国际城市信息的了解，培育过硬外事队伍

1. 促进外事工作队伍国际化，加强外事工作培训

为推进国际交往中心建设各项任务落实，提升西城区外事工作水平，加强全区外事干部队伍建设，7 月 31 日至 8 月 2 日，市委外办、市政府外办和区政府外办共同举办“国际交往中心建设素质提升西城区 2019 年外事业务培训班”，该活动是连续第 5 年举办，全区 120 余名处级领导和外事干部参加了培训。领导小组办公室和各专项工作组牵头单位加强调度、督促落实。相关各单位密切配合、形成合力。统筹利用资源，鼓励支持各

类主体参与国际交往。[①] 着力培育符合国际交往要求的外事队伍。本次培训在中美贸易摩擦这一国际形势下，围绕西城区国际交往中心主要承载地建设等全区重点工作和友城拓展、跨文化交流等外事工作内容，邀请相关领域专家学者开设中美贸易摩擦背景下推进“一带一路”建设的持续性、北京国际交往中心建设的政策与规划解读、跨文化理解与沟通、国际交往礼仪和北京的国际友好城市工作五门课程，从理论结合实践的角度为参训人员梳理历史发展脉络、解析相关政策、结合实际案例讲解具体工作推进措施。此外，西城区加强经验学习交流。在“北京首尔混委会”中专门成立了环保组，就大气污染问题共同寻求应对措施。2019 年上半年，来自北京市西城区的街道工委书记，应邀赴首尔参加研修班，了解首尔在大气污染治理方面的做法，促进了友城治理经验融入街道工作。日常工作中加强在国际大都市精细化治理方面的信息收集，包括其他国家有关古城保护、产业集聚、英语标识、垃圾分类处理、金融科技动态、社会治理等的经验。

2. 与专业智库合作

加强政研合作，启动“涉外信息参与”合作项目，研究编制 14 期《国际信息参阅》、专刊 6 篇，发挥区域国际化“前哨站”“信息港”作用，为西城区委、区政府对外工作决策提供参考。《国际信息参阅》每月两期，基本架构包括“西城区特别关注”、“国际城市动态”、“友城讯息”、“他山之石”和“涉我报道”五个板块。信息内容主要反映半月内相关城市最新动态，与他城对北京和对西城区的关注点与关注度。专刊研究涉及：芬兰总统及夫人情况专刊、金融科技专刊、垃圾分类处理专刊、公共英语标识经验专刊、日本产业集群专刊、南欧及北非古迹保护专刊。其中报送的芬兰总统及夫人情况专刊和垃圾分类处理专刊对支持国家总体外交和北京市国际交往中心功能建设起到重要作用。

---

① 《北京推进国际交往中心功能建设领导小组第二次全体会议召开》，http：//wb. beijing. gov. cn/home/gjjwzx/wsyw/202003/t20200312_ 1698088. html。

四　吸引国际高端要素资源，持续优化涉外服务环境

1. 抓紧推进世界剧院联盟等符合西城区需求的专业协会和科技、工程类国际组织落户和运作

为已落户的国际地质科学联合会等国际组织提供便利的工作环境，并将其打造为吸引更多国际组织来京的范本。由中国国家大剧院主办的“2019世界剧院北京论坛”日前在京举行。本届论坛以“交流合作、共享共赢”为主题，邀请全世界20多个国家和地区、近90家艺术机构的200余名管理者及艺术家共聚一堂，围绕“剧院运营管理新理念”“艺术教育与观众培养”“艺术创作与生产的未来之路”等剧院发展共同面临的实际问题进行了深入探讨。本次论坛为各剧院深化合作、交流互鉴奠定了良好基础。论坛闭幕式当天发布了《北京宣言》。与会艺术机构代表一致支持建立世界剧院北京论坛交流合作机制，探索建立世界剧院联盟组织，以期更好地促进各机构间形成深层次、规范性、常态化的交流合作。为落实蔡奇书记筹建世界剧院联盟的指示精神，西城区国家大剧院正积极开展“世界剧院联盟”相关筹备工作。①

2. 为2019年北京马拉松做好服务工作

以筹备北京冬奥会、冬残奥会为契机，与东城区、海淀区、朝阳区合作，组织好北京马拉松西城区范围内的服务保障，提升国际体育赛事承载能力。2019年11月3日，3万名来自世界各地的跑者齐聚北京，参与了2019年华夏幸福北京马拉松的跑步盛会。早上7∶30，本届北京马拉松从天安门广场开跑，沿长安街向西，经过东城区、西城区、海淀区、朝阳区，最终抵达奥林匹克公园景观大道中心区庆典广场，这也是北马的经典路线，途中涵盖了中华世纪坛、军事博物馆等北京著名地标，也成为一场城市文化的展演。

① 《2019“世界剧院北京论坛”：让优秀作品在全世界交流》，http：//www. wenming. cn/wmzh_ pd/jj_ wmzh/201907/t20190701_ 5169215. shtml。

3. 办好西城区胡同文化节、国际旅行商西城文化行、国际打击乐艺术节等国际文化节庆活动

8 月 23 日，2019 年北京西城区胡同文化节拉开序幕，将在醋章胡同、永庆胡同、西砖胡同开展为期 7 天的胡同文化展览、非遗技艺展示等参观和体验活动。“胡同文化节”的主题是“非遗@ 胡同，我们的节日”。该活动的举办意在实施中华优秀传统文化传承发展工程，让更多民众了解北京老城改造，更加精心地保护好北京历史文化遗产。随着疏解非首都核心功能战略部署、推进街区重塑综合整治工程以及着力抓好老城保护提升工作的落实，北京西城区菜市口西片区老城保护和城市更新从群众实际需求出发，根据老城区特点，保护北京城市风貌，落实“共生院”发展模式，建设宜居城区，实现“建筑共生、居民共生、文化共生”的发展愿景。“胡同文化节”设有非遗精品廊、会客厅、大师工作室、互动社区、非遗书院等五大板块，展陈已入驻大师工作室的马宁、张垚、周晓初、石小华、武国芬、杨志刚等6 位非遗大师作品，并举办青年设计师论坛、“非遗”和“胡同文化”等主题沙龙，组织纪录片《西城区非遗纪录片》观影以及胡同历史文化展览，了解并深度探讨非遗与胡同、胡同共生等相关话题。本次活动采用同一主题、多点散开的方式，覆盖了西城区所辖的文化特色空间场所，并通过内容丰富、形式多样的文化活动，连接了艺术家、爱好者和社区居民，燃起参与民众对胡同和院落强烈的保护欲，同时激发他们沉浸于城市美好生活的幸福感和无限憧憬。①

由北京市西城区文化和旅游局主办的“国际旅行商西城文化行”活动正式拉开序幕，活动围绕文旅融合发展的主题，旨在对西城区具有地标性质、名片性质的文化要素点加强集成，实现对区域历史文化、特色优势的发掘、提炼和展示，推动全国文化中心建设向纵深发展。“国际旅行商西城文化行”活动以“发现之旅——寻中轴足迹”开篇。来自亚洲、非洲与南美洲 6 个国家的在京工作的外商代表、旅游爱好者开启感知北京、了解西城的

① 《北京：多位非遗大师入驻西城胡同“有文化”》，http：//bj. people. com. cn/n2/2019/0823/c82840 - 33283106. html。

文化之行。在中轴线上最美、最具文化的中国书店（琉璃厂店），清华大学建筑系陆翔教授以“胡同的前世今生”、“四合院之美”和“胡同中的四合院文化”三大主题为国际旅行商们进行一场“胡同里的四合院”讲座，并赠予他们《北京建筑史》，在场的国际旅行商朋友对北京独特的胡同建筑及胡同所蕴含的智慧和文化赞叹不已。参与活动的国际旅行商朋友们纷纷表示，通过此次活动更加深入地体验到北京深厚的文化底蕴和浓郁的城市文化艺术气息，感受了西城文化旅游的新魅力。此系列活动重点打造“发现之旅”“感悟之旅”“传承之旅”三大主题西城精品文化线路，希望更多的中外游客更加了解西城，了解北京。①

4. 西城区着力打造与国际对接的人才服务措施

优化国际教育资源布局，着力打造与国际对接的人才服务措施，加强国际学校、公立学校国际部建设，全面提升教育供给能力，建立适应高层次金融人才需求的国际化教育配套。2019 年，以西城区教委为建设主体，以 161 中学为举办者，在北京市西城区南横西街 94 号院，建设占地面积 49000 平方米的国际学校高中部。西城区打造国际医疗健康产业生态圈，加快提升医疗保障服务水平，支持具有国际医疗保险结算服务的高水平医疗机构在西城落地。制定住房支持政策，为优秀金融人才提供住房保障。② 加快营造国际一流的人才发展环境，完善国际人才服务体系，建设国际人才社区。③

总体而言，2019 年，西城区以庆祝中华人民共和国成立 70 周年为纲，并以之为凝聚力，积极把握新变化、适应新要求，坚持首善标准、践行“红墙意识”，坚决担当好核心区责任使命，持续深入推进“两转型一提升三更好”发展治理各项工作扎实开展，国际交往中心建设事业取得重大进展。西城区在进一步推动首都核心区高质量发展、精细化治理的工作中，职责重大、使命光荣。

---

① 《“发现之旅”——国际旅行商西城文化行活动拉开序幕》，http：//bj. people. com. cn/n2/2019/1009/c82838 - 33416489. html。

② 《北京市西城区将加快营造国际一流的人才发展环境》，http：//news. cnstock. com/news，bwkx - 201905 - 4381488. htm。

③ 《北京推进国际交往中心功能建设领导小组第二次全体会议召开》，http：//wb. beijing. gov. cn/home/gjjwzx/wsyw/202003/t20200312_ 1698088. html。

疫情防控常态化视角下的首都国际化社区建设

王　亮*

摘　要： 北京市在推进“四个中心”战略功能建设进程中，强化国际交往中心核心功能，通过不断加强首都国际化社区建设，初步建成一批具有国际一流的创新创业生态系统和与国际接轨的宜居生活环境的试点社区。首都国际化社区逐渐成为服务世界各国人才在京发展的重要平台。2020 年初，新冠肺炎疫情席卷全球，给世界各国带来巨大风险与挑战，深刻影响着人类社会发展。在疫情防控常态化背景下，首都国际化社区相对其他类型社区面临更为严峻复杂的防控环境和问题，亟须有效凝聚起各国居民“共同家园”意识，更加突出社区生活环境改善和医疗卫生保障，提升社区治理能力，完善社区治理体系，与各国居民一道携手战胜疫情，共建和谐宜居的国际化社区。

关键词： 国际化社区建设　疫情防控常态化　共同家园

建好国际化社区，是有效缓解首都中高端人才紧缺问题、推进各领域创新创业的重要途径，是建设首都“国际交往中心”和国际一流的和谐宜居

* 王亮，北京市社会科学院科研处干部，北京市社会科学院下沉街道疫情防控工作组成员。

之都的重要基础，是加强各国人民互通、各类文明互鉴的重要平台。2017年8月，北京市人才工作领导小组印发《关于推进首都国际人才社区建设的指导意见》，意见确定朝阳望京、中关村大街、未来科学城和新首钢等四个区域试点建设国际人才社区，积极营造“类海外”人才发展环境。提出要建立“具有国际竞争力的人才制度优势、国际一流的创新创业生态系统、与国际接轨的宜居生活环境”。按照意见提出的中期建设目标，2020年，“首批国际人才社区试点区域建设基本完成，与国际人才发展相适应的政策体系基本建立，公共管理服务水平不断提高，国际化工作、生活、文化氛围逐渐显现，首都国际人才社区品牌初步树立，取得明显的人才聚集效应。”目前，四个试点依托各自区位优势、配套资源优势和文化特点筑巢引凤，带动一大批标志性、实质性项目陆续落地，吸引一大批中高端国际人才落户，确保一大批服务保障措施落实。

一　国际化社区处于疫情防控前沿和重要位置

一场突如其来的新冠肺炎疫情给整个世界带来巨大风险与挑战，深刻影响人类社会各项事业发展。疫情防控已成我国及全球各国面临的最为重大的课题和艰巨的任务。特别是在我国境内疫情蔓延得到根本有效控制，境外疫情输入风险不断加大的背景下，作为国际交往中心的北京市面临着更为严峻的疫情防控形势，防范境外疫情输入已成为首都疫情防控工作的重中之重。因此，外籍人士集中居住的各类国际化社区也成为首都疫情防控战的前沿和重点防控位置。

4月8日，习近平总书记在勉励武汉东湖新城社区全体社区工作者的回信中指出，“社区仍然是外防输入、内防扩散的重要防线，关键是要抓好新形势下防控常态化工作。”① 回信内容指明了社区疫情防控在整体疫情防控

① 《习近平回信勉励武汉东湖新城社区全体社区工作者 抓细抓实疫情防控各项工作 用心用情为群众服务》，《人民日报》2020年4月10日头版。

工作中的重要位置，指明了“外防输入，内防扩散”是未来一个阶段社区疫情防控的工作重点，指明了疫情防控工作将是社区工作的重要常态任务。3 月 11 日，北京推进国际交往中心功能建设领导小组第二次全体会议指出，“抓住源头管控、近端筛查、科学处置、社区防范、风险预警环节，坚持关口前移、分级分类、闭环管理，筑牢口岸防疫防线，打好严防境外疫情输入的总体战、阻击战。”① 对首都国际交往中心建设中的疫情防控提出具体要求，其中明确社区防范为重点环节。

二　国际化社区在疫情防控过程中存在的问题及面临的挑战

在中央和北京市委、市政府的坚强领导下，北京市在统筹疫情防控和经济社会发展方面取得了卓有效果的成就，疫情蔓延态势得到了有效遏制。同时也应看到，首都国际化社区在面对公共突发卫生事件时应急能力较为薄弱，疫情防控过程中仍存在一些问题，如果不加以解决，将可能引发疫情反弹。笔者通过所在单位在望京街道下沉工作期间的情况及相关社区调研发现，部分国际化社区在以下方面存在突出问题。

（一）疫情防控压力大

一是境外输入疫情风险大。在境外人士较为集中的望京、酒仙桥、五道口、麦子店、上地等地区的主要国际化社区，登记居住的境外居民往往过百甚至过千，此类社区还有大量因工作学习需要经常往返境内外的中国居民，形成较大的输入风险。二是两类防控风险叠加。在“外防输入，内防扩散”背景下，部分国际化社区特别是一些大型老旧社区有大量外地人员返京复工复产，由此造成社区境内、境外两类防控风险叠加。三是具体防控环节粗

① 《北京推进国际交往中心功能建设领导小组第二次全体会议召开》，《北京日报》2020 年 3 月 12 日头版。

放。首先，很多国际化社区对本社区境外人士摸排登记不全面。一些大型老旧社区由于人口数量大、流动量大，人员构成复杂，租户占比大，即使经过多次摸排，仍不能全面精确掌握全部境外人士信息。其次，境外人员入境转运过程存在漏洞，社区与转运中心信息不共享。最后，居家隔离管理存在隐患。很多社区只能做到在社区出入口对进出人员实行登记管理，无法做到对所有隔离人员进行精准管理并提供生活保障，造成一些境内外隔离人员有在社区内活动或外出现象。

（二）防控力量不足、措施不到位

中国共有近 400 万名社区工作者工作在 65 万个城乡社区，平均每一个社区仅有 6 名社区工作者，每名社区工作者在疫情中服务 350 名居民。[①] 以望京西园四区为例，社区共有 5000 多户 20000 多名居民，其中包括 300 多名外籍人士。社区仅有 16 名社区工作人员，平均每人需保障服务境内外居民 1300 人。疫情期间工作人员往往一岗多责，持续超负荷运转，人手不足问题凸显。部分社区的疫情防控硬件设备薄弱、智能化水平低，办理的出入证和隔离证均为无照片纸质版，存在一定数量的混用、借用、冒用行为，监控设备不足，存在盲区死角，测温设备简易，时常出现测温不准、漏测等现象，这些都是疫情防控环节的普遍漏洞。

（三）应急反应能力较弱

从整体上看，现有社区防控机制对于突发事件的应急反应能力较弱。在部分人员流动量较大的社区出入口经常出现因不配合体温检测、不配合检查出入证、不戴口罩、强行闯卡等各类问题而造成的矛盾，特别是出现了个别外籍人士因沟通不畅或不配合管理引发冲突的现象。若此类问题不能得到及时妥善处置，不仅存在较大治安风险，也会因此带来不

① 《国务院联防联控机制新闻发布会介绍加强基层社区疫情防控情况：强化社区防控网格化管理》，《经济日报》2020 年 2 月 11 日要闻版。

小的外交压力和社会舆论压力。同时，个别外籍居民体温检测出现异常时，由于没有医务或专业防疫人员在场，常常无法做出及时有效的判断并采取进一步的处理措施。

（四）缺乏针对外籍居民的政策法规宣传及心理建设

社区针对外籍居民的信息公开和相关政策法规宣传不到位。外籍居民普遍缺乏对国内疫情防控政策法规和社区疫情防控整体情况的了解渠道，造成部分外籍居民不具备疫情防控基本知识和意识，在隔离期管理、自我防护等方面极易掉以轻心，部分社区出现了外籍人士隔离期外出或不戴口罩外出等情况，造成疫情传播风险。此外，社区在外籍居民心理疏导方面缺失或较为薄弱，基本没有专门针对境外居民的心理辅导，不能及时化解外籍居民因疫情造成的心理恐慌。

同时也要注意到，全球疫情持续蔓延给推进首都国际人才社区建设带来新的挑战。一是虽然长期来看我国经济向好向上的局面不会改变，但是短期内疫情确实给外资和涉外企业发展、创新创业环境、国际交流和人员往来等方面带来不小冲击。二是某些国家和部分媒体操弄意识形态，通过标签化、污名化抹黑我国抗疫工作，造成部分外籍人士对中国产生误解，来华工作生活意愿降低。三是此次疫情暴发使得各国居民对于生活环境品质、医疗卫生服务保障、社区文化氛围等要求进一步提升。这些都对首都国际化社区建设提出更高要求。

以上问题和挑战反映出，首都国际化社区疫情防控工作面临复杂严峻形势，是一项紧迫且长期的重要工作。做好疫情防控工作已成为较长一段时间内国际化社区建设工作的重中之重。必须在巩固现有疫情防控成果基础上，一手继续抓好疫情防控常态化，一手推进国际化社区建设不放松。

三　以“共同家园”理念引领首都国际化社区建设

习近平主席指出，“病毒没有国界，疫情不分种族，人类是休戚与共的命运共同体，唯有团结协作、携手应对，国际社会才能战胜疫情。”① 牢牢树立人类命运共同体意识，团结合作，共同应对，才能从全球范围内消除疫情影响，按下世界的“重启键”。同样道理，国际化社区就是各国居民在京的“共同家园”，国际化社区建设就是构建人类命运共同体的具体内化形式。要引导社区中外居民秉持“共同家园”理念，心手相连，同舟共济，守望相助，探索与疫情防控常态化相适应的管理模式，才能真正打赢疫情防控保卫战，树立国际人才创新创业和宜居宜业协调发展的典范。

（一）落实社区疫情防控常态化责任

根据中央及北京市有关疫情防控常态化要求，国际化社区要把严防境外疫情输入作为首要任务，严格按规定落实境外居民转运、治疗、隔离等措施，确保全程闭环运作。全面集中摸排登记社区内境外居民情况，详细记录身体情况、行动轨迹、接触人员范围、紧急联络人等重要信息。针对隔离期内境外居民，社区要重点提供生活和医疗保障，并严格检查，确保足不出户。对经集中隔离或居家隔离期满的境外抵京人员，社区要对此类人员再进行一定时长的健康管理及回访。同时，社区要定期以调查问卷或电话调查方式，及时了解外籍居民有关诉求。密切与外事主管部门及有关使馆机构的沟通联系，加强疫情防控合作。建立起社区与社区医院、部分国际医院的疫情防控协调机制，由专业医务人员兼任社区疫情防控员，参与到社区具体防疫工作管理中，为境内外居民提供长期防疫支持。对部分外籍居民不文明行为需严加管理一视同仁，建立起完善的涉外突发事件应急机制。

（二）扩大国际化社区建设覆盖范围

在不断扩大国际化人才社区试点基础上，要注重普惠化建设，更多关注境外人士集中居住的大型老旧社区。此类社区是疫情防控重点，但在国际化建设方面却处于范围之外。国际化社区有关政策和资源理应由全体外籍居民

① 《习近平：团结合作是国际社会战胜疫情最有力武器》，《求是》2020 年第 8 期。

共同享有，不能让外籍人士集中居住的大型老旧社区成为国际化社区建设“孤岛”。在做好疫情防控常态化工作的前提下，要加强对于境外居民集中居住的大型老旧社区的环境整治，加大社区、房管部门、物业联合行动力度，依法对此类老旧社区群租房进行清理整治，有效降低公共卫生和公共安全风险。将此类社区纳入国际人才社区建设范围，给予一定政策资源倾斜，充分发挥社区及外籍居民主动性创造性，有效扩大国际化社区覆盖广度和深度。

（三）有效提升国际化社区生活服务保障能力

要以完善国际化社区宜居生活环境和医疗服务保障体系为重点，引进国内外具有优势的国际化社区建设理念和做法，吸引涉外经验丰富的物业公司入驻，与国外先进物业管理水平接轨，建立并完善国际化社区服务标准。打造高品质社区环境，提升社区整体生态环境质量，开辟符合外籍居民喜好的休闲健身区域项目。引进国内外高水平、国际化医疗机构入驻，鼓励国外医生到社区执业，方便外籍居民就医。

（四）加强国际社区建设智慧化升级

在疫情防控方面，进一步升级外籍人士 Health Kit（健康宝），赋予其更多日常健康检测管理、防疫政策法规宣介、防疫知识普及、防疫物资购买等功能。在社区建设方面，要充分运用 5G、大数据、云计算、区块链、人工智能、物联网等先进技术推动社区管理手段、管理模式、管理理念创新，加快社区信息化建设，构建社区综合管理和服务平台，使国际化社区建设从数字化到智能化再到智慧化。重点打造智慧安保监控系统、智慧生活购物系统、智慧互动社交系统、智慧医疗服务系统等。

（五）筑牢国际化社区“精神纽带”

一是社区要主动回应外籍居民关切，讲明本地区疫情发展情况，讲清中国抗击疫情政策，讲好中国抗击疫情故事，展现本国居民愿与世界各国居民团结一心、同舟共济的精神风貌。二是试点外籍居民兼职担任社区工作人员，鼓励更多外籍人士参与社区志愿服务，投身社区疫情防控工作，为疫情防控、社区发展和外籍居民服务出谋划策，贡献力量。例如顺义区空港街道香蜜湾社区的印度籍居民苏雷什夫妇，疫情期间积极参与社区志愿服务，获得社区居民和媒体一致称赞。三是强化命运共同体意识，加强各国居民文化交流，在外事部门指导下建立起具有鲜明社区特色的跨文化交流平台，在部分国家传统节日和国庆日举办集文化性、体验性、互动性于一体的交流活动，增进中外居民的互动了解，增强外籍居民归属感和社区凝聚力。

中国参与全球治理推动北京国际交往中心建设取得新发展

张　丽*

摘　要： 随着中国参与全球治理步伐的加快，北京国际交往中心规划建设也不断得到强化，精准地为国家战略部署提供服务。本文从北京国际交往中心在中国参与全球治理中发挥重要作用入手，分析当前国际交往中心建设中存在的问题，前瞻全球治理背景下国际交往中心需要着力强化之处。国际交往中心建设需要着眼于承担重大外交外事活动，为国际交往提供优质的软硬件环境；需要不断拓展对外开放的广度与深度，服务于国家开放大局，积极培育国际合作竞争新优势；需要完善国际化服务，向世界展示我国改革开放和现代化建设成就，成为重大国际活动的聚集之都。

关键词： 北京　国际交往中心　全球治理

2019年中国参与全球治理步伐加快，展现外交风范，彰显大国担当，国际社会影响力得到极大提升。作为首都，北京在服务国家大局的过程中不断强化国际交往中心建设，无论是在国际交往空间布局规划、软硬件设施建设，还是在城市高质量发展方面，都取得重大进展，有力地为国家参与全球治理提供保障。

* 张丽，北京市社会科学院外国问题研究所副研究员，研究方向为世界经济与国际关系。

一　北京国际交往中心在中国参与全球治理中发挥重要作用

首都北京是国际交往活动的核心承载地，在为国家总体外交提供服务方面发挥着重要的独特的作用。

1. 在主场外交活动中提供北京优质服务

近年来，我国的主场外交活动频繁举办，成果数量屡创新高，在国际社会产生强大的影响力，促进全球治理高效有序发展。2019 年，北京积极发挥国际交往功能，进一步提供服务保障主场外交活动顺利开展。2019 年 4 月 25 日到 27 日，包括 40 位国家元首、政府首脑和国际组织负责人，150 个国家、92 个国际组织的 6000 余名外宾参加的第二届“一带一路”国际合作高峰论坛在北京成功举办。在共建“一带一路”全面推进的实践过程中，中国一直以来都欢迎各方共同参与中国的对外开放，支持各国共同发展，建设各国共享的百花园。此届“一带一路”国际合作高峰论坛上，中方作为主席国发布了涵盖 283 项务实合作成果的清单，全景式勾画了共建“一带一路”的未来合作前景。北京发挥国际交往功能，不仅提供活动空间，而且在议题设置、活动组织等过程中提供主场便利，保障论坛取得合作成果。同时，北京提供现代化的基础设施和高质量的服务，保障论坛成功举办。在服务保障论坛顺利完成的过程中，国际交往功能得到强化。

我国正通过一场场重大国际活动，践行文明交流互鉴理念，促进世界经济繁荣发展，促进全球治理高效有序，为世界携手解决人类共同面临的各种挑战，为人类文明进步和世界和平发展，积极贡献中国力量。2019 年中国北京世界园艺博览会历时 162 天，展现世界各地园艺精品，扩大北京生态文化的国际影响力。北京为园区的运营做了充分的服务保障工作，特别地举办了北京日、中国国家馆日、延庆特色馆等品牌特色活动。2019 年 5 月 15 日亚洲文明对话大会在北京举办，面向亚洲搭建重要对话合作机制，范围覆盖了亚洲所有国家，同时面向全世界开放。亚洲文明对话大会对于维护人类文明多样性、传承人类文明发挥了重大的平台作用。亚洲文明对话大会通过形式丰富多样的分论坛活动，取得丰富的成果。中国为这次大会的召开承担了大国的担当，首都北京展示了维护文明对话的能力。除了在主会场设置 8 个展区呈现亚洲特色餐饮之外，北京主要大商圈同期举办美食节活动，充分显现北京城市现代活力。2019 年中非合作论坛北京峰会胜利举办；2019 年世界交响乐北京论坛举办，包括俄罗斯、美国等国家和地区的 27 家境外乐团和艺术机构代表，以及 70 余家国内乐团、高校和机构代表共 200 余人参加，共同推动古典音乐传承发展，推动高科技在交响乐创作方面的应用，促进交响乐繁荣发展；2019 年世界 5G 大会搭建平台，使技术惠及世界。

中国办会强大感召力的背后，是大道之行、天下为公。中国不仅关注中华文明，更关注文明交流互鉴，呈现了世界文明尤其亚洲文明多元共生景象。在中国舞台上，不同国家、不同文明的优秀成果得到展示，它们之间进行交流、借鉴。这是中国对传承和弘扬文明的一种守望坚持，也是中国促进世界和平发展、推动构建人类命运共同体的大国担当。在一系列重大国际交往活动举办过程中，国际交往中心建设发挥重大作用，保障重大活动圆满成功举办。随着重大国际活动常态化，北京服务能力明显提高，形成了“北京服务”品牌。北京为重大活动的举办提供高质量服务保障，积极配合做好相关各项涉外工作，认真做好礼宾接待，积极筹备主场活动，有针对性地加强对外宣传，持续提升北京国际影响力。

2. 在国际合作中发挥北京优势

当前，全球科技创新较为活跃，兴起新一轮科技革命。2019 年我国积极参与经济全球治理，坚持多边合作，促进全球产业、学术界和政府部门的协力合作，进一步加快高科技行业生态建设。北京作为首都，对于任何重大事件的处理都直接关系到党和国家的工作大局，关系到新时代大国的国际形象。2019 年北京牢牢把握首都城市战略定位，推进城市高质量发展，保持经济社会稳定良好发展态势，对国际组织和涉外企业提供精准化服务和指导。与国际展览局、国际园艺生产者协会的交流合作中，2019 年中国北京世界园艺博览会顺利举办。全球 110 个国家与国际组织参展，举行了 100 多场国家日和荣誉日、3000 多场民族民间文化活动，吸引了近千万人次参观，展出规模之大、参展方数量之多，刷新了人类世园会历史纪录。

在新能源技术和人工智能技术催动下，汽车行业发生革命性变化，智能网联汽车得到发展。2019 年 10 月北京举办了世界智能网联汽车大会，以“共建生态，智领未来——开启汽车新时代”为主题，为智能网联汽车发展搭建开放合作、共同发展、协同创新的交流平台。中国与世界推动智能网联汽车的研发与应用，并且围绕北京 2022 年冬奥会等项目合作，开展大规模、多场景示范运行。北京为世界围绕智能网联技术建立全价值链提供服务保障，加速转变城市发展动能。高精尖产业得到蓬勃发展，科技、金融、信息等服务业发展显著，提升了首都功能和城市品质，为投资者创造较为优质的工作生活环境。

2019 年 10 月 17 日北京举办中关村论坛，来自全球 50 个国家和地区的 400 多位外宾、数千位企业家和投资人参与了研讨。论坛安排全体会议、国际前沿科技成果展、重大成果发布会和 18 场平行论坛，紧扣创新创业主体脉搏，着力培育新经济、新动能，共商全球创新规则和创新治理，致力于打造科技创新交流合作平台，为推动世界科技发展做出积极贡献。在此过程中，科技创新与国际交流融合发展、相互促进。

3. 在与跨国企业交往中优化营商环境

近年来，中国与外部世界的交流进一步融合，实现互利共赢。北京的创新活力强、营商环境好、国际化程度高，新技术和新场景的应用既快又多，为推进高水平对外开放和高质量发展创造条件。

更多品牌在京营业、在京设店，推动提升城市的商业品质，进而促使北京营商环境和投资项目持续优化，引导带动更多境外企业来京发展，以及国际企业来京投资创业。比如，世界 500 强企业怡和集团，扩大在北京的投资经营，支持中心城区提升商业品质和国际化水平，积极参与北京城市副中心建设。北京环球主题公园与美国康卡斯特集团合作，各项目建设取得阶段性成果。宝马集团在自动驾驶、智能网联汽车等领域与北京进一步深化交流合作，宝马中国投资有限公司在京顺利设立，在技术研发、汽车金融等方面深化合作。

二　国际交往中心服务国家参与全球治理中存在的问题

当今世界国际体系和国际秩序深度调整，中国在全球治理体系中的地位和作用日益上升，客观上推动了北京国际交往中心建设发展，同时也对首都服务提出了更高要求。从全球治理体系改革及中国积极参与全球治理的需要来看，当前北京国际交往中心建设中存在着不足。

1. 国际交往规则引领作用发挥不足

中国参与全球经济治理过程是中国影响力不断扩大的过程，也是中国在全球承担责任的体现，不仅需要在物质层面进行交换、互联互通，更需要交往规则、交往规范和标准等，实现“硬件互通”和“软件衔接”相互促进，需要国内规则与国际规则统筹推进。

国际社会越来越希望更多地了解中国，也希望中国能够为国际社会做更大的贡献，在国际事务中发挥更大的作用。因此，中国参与全球治理越来越向参与国际规则的维护与创新方向发展，在新一轮国际规则形成中发挥引领性作用。而在国际交往中，如何统筹考虑国际国内两类规则的综合至关重要，国际交往中心建设在服务国家大局方面也要争取朝着引领制度性变革这个方向转变。

2. 国际交往信息透明化程度欠缺

国际交往信息透明化程度低主要体现在：一是国内对于国际组织、跨国公司、社会团体等的信息掌握程度不够，二是国际社会对于我国的了解仍然存在信息不对称而造成的不足。

当前，我国高度重视网络信息技术的发展，以5G为代表的网络信息技术正在实现跨越式发展，网络技术创新成效明显，互联网产业链水平不断提升，互联网建设全面铺开，网络应用发展得到持续深化，为国际合作奠定扎实的互联互通基础，力求保障信息现代化发展。同时，随着中国参与全球化程度提高，社会开放发展，广大民众对于国际问题特别是涉及中国重大利益的国际问题具有极大的关注度，要求促进信息传播。

因此，国际交往中心深入发展进程中，不能忽视对于国际信息透明度与对称性的把控。

三 全球治理背景下国际交往中心规划建设前瞻

坚定不移地服从服务中央的对外工作和国家的总体外交大局，进一步全面做好新时代北京对外工作，是国际交往中心建设的时代使命。特别是在我国积极参与全球治理的背景下，建设好社会主义大国首都，需要不断完善北京国际交往功能，前瞻性强化国际交往中心建设。

1. 着眼于承担重大外交外事活动，为国际交往提供优质的软硬件环境

科学认识国际交往中心功能建设的历史方位，站在服务国家总体外交、服务构建人类命运共同体、服务构建新型国际关系的高度来认识和谋划。从党和国家工作大局的需要出发，大力推进国际交往中心功能建设。抓住重点，聚焦元首外交、主场外交和重大国事活动服务保障，强化首都政治中心功能，提升北京在世界文化格局和全球创新体系中的地位，统筹硬件和软件两类建设。

统筹需求和供给两个管理，适应重大国事活动常态化，前瞻性谋划涉外设施和能力建设。要深化央地合作和部市对接，加强需求收集和分析研判，根据任务规格、类型，明确需求优先级。既要抓好重点国际交往设施的扩建、扩容和提升，又要完善工作制度和流程，优化运行机制。

健全重大国事活动服务保障长效机制，引进国际高端要素资源，持续优化涉外服务环境。抓紧推进世界机器人合作组织、世界剧院联盟等符合北京需求的专业协会和科技、工程类国际组织落户。提升中国国际服务贸易交易会影响力，办好中关村论坛。以筹备北京冬奥会、冬残奥会为契机，组织好中国网球公开赛、北京马拉松等，提升国际体育赛事承载能力。办好北京国际电影节、世界休闲大会等国际文化节庆活动和“北京日”“北京周”等品牌活动。优化国际教育资源布局，在“三城一区”和海淀、朝阳等重点区域新建一批国际学校。以国际医疗试点医院为抓手，健全国际医疗体系。进

一步完善国际人才服务体系，建设国际人才社区。

提升战略思想研究和传播能力。在统筹国际国内规则的过程中，迫切需要一批深谙国情，具备全球化眼光、战略性思维、深刻洞察力和国际影响力的战略思想家，引领学术研究，传播战略思想。随着中国参与全球化开放程度的提高，民众对国际问题尤其是涉及中国重大利益的国际问题的关注度日益提升，如果缺乏战略层面的研究，缺乏权威专家学者的解读，各种观点交织在一起，整体上略显混乱和无序，容易影响民众对一些国际问题的认知，也会误导相关部门对此问题的理性判断和有效应对。而且对于重大国际问题，如果没有相关部门和专家学者的准确解读和完备的政策阐释，容易在国际上形成不良影响，不仅有可能大幅提升国际合作的成本，而且会影响总体战略的实施和效果。如果中国能够更好地进行战略思想研究和传播，那么对外在处理一些相关的国际问题时将会变得更加主动，对内也将会引导民众对国际规则的正确理解和运用。要抓紧推进世界机器人合作组织、世界剧院联盟等符合北京需求的专业协会和科技、工程类国际组织落户。

围绕着“一核两轴四区域”进一步优化国际交往空间布局。在首都功能核心区优化提升现有国事活动空间，在中轴线和长安街及其延长线，集中承载国际交往功能，同时，东部地区提升外交外事功能承载能力，北部地区提升重大外交外事活动综合保障能力，西部地区强化国际科技创新合作和国际文化体育交流功能，南部地区打造国际交往新门户。要扎实推进国际交往中心重点功能设施建设，推动雁栖湖国际会都、国家会议中心二期等重点项目和各类服务设施扩容、完善和提升。为国家开展政治交往提供场所、设施和功能保障，确保主场外交和重大国事活动安全有序举办。

2. 着眼于常态化服务重大国事活动，进一步健全重大国事活动服务保障长效机制

加强党对外事工作集中统一领导，进一步抓好顶层设计，完善外事工作体制机制维护安全稳定的涉外环境，不断完善涉外突发事件的应急处置机制。要服务保障好重大主场外交活动，加强沟通对接，提前谋划、统筹做好各项重大活动筹备工作。高标准推动共建“一带一路”等重点任务。加强

与友城交往，办好“北京周”“北京日”“北京之夜”等精品项目，统筹利用资源，鼓励支持各类主体参与国际交往。

3. 着眼于重大国际活动的聚集，不断完善国际化服务

集聚承载功能，就是要吸引集聚符合首都功能定位的国际高端要素，带动全球性政治、经济、科教和文化资源流入，提升城市国际化能级。动力支撑功能，就是要培育国际合作竞争新优势，为北京高水平开放和高质量发展提供强大的动力源泉和有力的战略支撑。示范引领功能，就是要坚持首善标准，在“走出去”实践中塑造北京城市国际新形象，向世界展示我国改革开放和现代化建设的辉煌成就和伟大实践。

全面落实首都“四个中心”城市战略定位，“四个中心”建设是和谐统一的有机整体，必须良性互动，步调一致，协调推进。国际交往中心建设为政治中心、文化中心和科技创新中心建设提供了国际化的平台和强有力的支撑。同时，其他三个中心建设在国际层面上的拓展，又会不断助推和强化国际交往中心功能建设。

要统筹北京的资源力量，形成工作合力，实现北京自身高质量发展，提升北京国际化公共服务水平。进一步完善国际组织集聚区建设，吸引更多国际组织及其代表机构落户。比如，抓紧推进世界机器人合作组织、世界剧院联盟等符合北京需求的专业协会和科技、工程类国际组织落户。持续优化涉外服务环境，引进北京国际电影节、世界休闲大会等活动。

4. 着眼于服务国家开放大局，为国际合作培育竞争优势

我国对外开放的广度与深度不断拓展，国际交往中心建设也需要不断拓展对外开放的广度与深度，服务于国家开放大局，积极培育国际合作竞争新优势；强化部市对接，健全完善工作体制机制。北京大力推进新一轮高水平开放，在建设国际化大都市进程中不断迈出新的步伐；坚持首善标准，在服务国家对外交往工作中不断提升城市国际地位和影响力；着力优化完善创新生态，科技创新实力持续增强；持续加大营商环境改革力度，锲而不舍推动疏整促行动计划，提升城市环境质量。

北京要高标准谋划城市对外工作，深入推动全市高水平开放发展，释放

国际交往活力，促进北京高水平开放和高质量发展，以城市发展更好地落实“都”的功能。进一步推动各行业各领域务实合作，大力吸引外资，重点引进国际知名企业总部、研发中心等机构。特别是推动服务业扩大开放综合试点政策全面落地，办好品牌性国际文化节庆和体育赛事活动。

5. 着眼于服务全球治理，为维护与创新国际机制提供服务

无论是全球经济治理，还是全球社会治理，经济合作是治理的基础，需要促进国际贸易发展，推动国际投资便利，融入全球价值链。投资促进贸易，而贸易促进社会发展，将贸易规则、投资规则、金融规则纳入国际规则制定中，需要国际交往中心提供便利条件，创造良好机遇，以全球视野为全球提供制度性公共产品。

专栏六　2022年北京冬奥会篇

“体育城市”的兴起及其对北京国际交往中心建设的启示

任远喆　魏建勋*

摘　要： 组织、举办具有全球影响力的体育赛事对于北京下一阶段推进国际交往中心建设至关重要。北京具有丰富的体育遗产和体育资源，拥有先进的体育管理水平，基础设施建设日趋完善。借鉴谢菲尔德、迪拜、墨尔本等“体育城市”的发展经验，抓住2022年北京冬奥会和冬残奥会的历史契机，北京市可以进一步打造城市体育品牌，加大体育赛事的举办力度，大力培育城市体育文化，走出一条有中国特色的“体育城市”发展道路，助力国际交往中心建设。

* 任远喆，外交学院外交学与外事管理系副教授，北京对外交流与外事管理基地研究员；魏建勋，外交学院外交学专业硕士研究生。

关键词： 北京　国际交往中心　体育城市　2022年冬奥会和冬残奥会

2014年2月26日，习近平总书记在视察北京之后的座谈会上指出，首都的城市战略定位是“四个中心”，即全国政治中心、文化中心、国际交往中心、科技创新中心。“四个中心”建设已经写入《北京城市总体规划（2016年－2035年）》，成为北京城市战略定位的重要方向。国际交往中心建设作为北京落实首都城市战略定位的重要内容，对于服务国家总体外交、实现高质量发展、推进区域协同创新、建设世界级城市群具有重要支撑作用。六年以来，北京市国际交往中心建设取得了一系列令人瞩目的成就，国际化城市框架不断推进，国际交往功能越来越齐全，影响力和话语权进一步提升，对国际资源的积聚能力大幅提高，体制机制建设更加健全完善。北京市国际交往中心建设正在迈入新的阶段。

组织、举办具有全球影响力的体育赛事对于北京下一阶段推进国际交往中心建设至关重要。这样做一方面可以适应在习近平外交思想的指引下，全面推进中国特色大国外交对元首外交、主场外交和重大国事活动提出的新要求，另一方面也可以丰富城市的国际资源，提升国际化能级，进一步展现北京的全球影响力和竞争力。即将于2022年举办的北京冬奥会和冬残奥会就是集体育、科技、文化于一体的世界级盛会，筹办好这一盛会可以有力推动北京国际交往中心建设。从国际层面来看，一直以来，在大型国际城市的衡量指标上，体育赛事的举办层次和频率往往是不可或缺的组成部分，直接体现出城市的国际化水平和吸引力。不仅我们需要对标的伦敦、纽约、东京等国际大都市有不少大型全球性体育赛事的落户，而且世界上还有一大批知名的城市，例如英国谢菲尔德、阿联酋迪拜、澳大利亚墨尔本等，在发展过程中也特别重视以体育为主题的城市建设，并以此塑造了城市独有的鲜明标识，提高了国际交往能力、知名度和吸引力，也带动了城市的经济发展和转型升级。有学者将这一类城市统称为“体育城市”。“体育城市”的理念特色和实践经验对于北京下一阶段利用体育赛事，开展主场外交，加强国际交往中心功能建设具有很强的借鉴意义。

一 “体育城市”的兴起及在西方的实践

“体育城市”是主题城市的一种，与主题城市理念的历史演进密不可分。主题城市兴起于20世纪七八十年代，当时西方资本主义国家经济发展出现了滞胀危机，全球经济产业结构重组，依赖旧制造业如纺织产业、钢铁产业发展的城市遇到了挑战。这一时期，后现代主义等追求个性化发展的思想兴起，为城市发展提供了新的思路和方法。“许多关于城市发展的新思想、新方法开始用简短的词或短语进行了总结，即在‘都市，城市或城镇’等词前加了形容词，从而创建了可持续城市、公正城市、冬季城市和安全城市等概念。”①主题城市的概念在80年代后期逐渐进入实践之中，城市借助不同的主题来重塑自身形象，促进发展转型。“未来城市的形式和内容依赖于形象的塑造。为了实现城市发展的最大利益，政治的、意识形态的或宗教的概念和其他概念都被用来塑造城市形象。”②

体育拥有复合型的内涵，与政治、文化、外交、社会乃至城市发展都密不可分。原南非总统曼德拉曾对体育给予了至高无上的评价，“体育拥有改变世界的力量。启迪人心，并能够将人们联合起来。体育可以在绝望时唤醒希望，是人类共同的语言。”③社会学家贾维认为体育的社会和文化意义更为重要。“如果不认可体育作用的话，就没有办法完全理解当代社会和文

---

① Wayne K. D. Davies ed. , *Theme Cities: Solutions for Urban Problems*, Berlin: Springer, 2015, p. 6.

② Helenius-Mäki, Leena, Theme City or Gated Community-images of Future Cities, 42nd Congress of the European Regional Science Association, From Industry to Advanced Services-Perspectives of European Metropolitan Regions, August 27th – 31st, 2002, Dortmund, Germany, European Regional Science Association (ERSA), Louvain – la – Neuve.

③ Nelson Mandela, Address to the 1st Laureus World Sports Award, 2000, www. laureus. com/content/nelson – mandela – speech – changed – world.

化。"[①]对于城市发展和形象塑造来讲，体育同样不可或缺。体育是"国家、地区和城市向世界分享自己的身份、优点和'品牌'的完美途径"[②]。在国家层面，体育外交已经成为国家总体外交重要的组成部分。"体育方面的外交交往可以让疏远的人们、机构和国家走到一起，这是传统外交和治国术难以实现的。"[③] 在次国家层面，城市可以通过建设体育设施、举办大型体育赛事、培育民众体育文化等方式促进国际交往，拉动经济发展，塑造良好的城市形象。近几十年以来，西方发达国家的很多城市非常注重发掘和利用自身拥有的体育资源，以"体育"为主题进行城市建设，一大批"体育城市"应运而生。

英国是工业革命的发源地，同时英国的城市建设起步早、水平高，且英国在现代体育运动的发展中扮演重要角色，例如英国的户外运动就是现代体育运动的三大基石之一。一直以来，英国的"体育城市"建设最具典型性意义。20 世纪七八十年代的全球产业结构重组使得英国许多著名的工业城市发展面临诸多挑战。"二十世纪七八十年代制造业经历了显著且迅速的衰退，伯明翰、谢菲尔德、曼彻斯特传统上都依赖制造业，这导致过去十年相对较高的失业率和社会压力。"[④]在发展遇到困境时，英国城市在深厚的体育文化基础之上，通过申请举办体育赛事、推进体育项目建设等方式积极促进城市发展转型。谢菲尔德率先垂范。1987 年，谢菲尔德成功获得了 1991 年世界大学生运动会的举办权。1989 年，该市出台了《谢菲尔德 2000》报告，这份城市发展十年规划将体育视为优先发展方向之一。市政府重视大学生运动会的筹办，为该赛事修建世界级的体育场馆、酒店和交通设施。"所开发的主要设施包括耗资 5100 万英镑的 Ponds Forge 国际体育中心（奥林匹克标准的游泳池和潜水池），耗资 3400 万英镑的谢菲尔德室内体育馆，价值

① Grant Jarvie, *Sport*, *Culture and Society*: *An Introduction*, 3rd, edn, Routledge, p. 2.

② Geoffrey Allen Pigman and Simon J. Rofe, Sport and Diplomacy: An Introduction, *Sport in Society*, Volume 17, Number 9, p. 1096.

③ Stuart Murray, *Sports Diplomacy*: *Origins*, *Theory and Practice*, Routledge, 2018, p. 6.

④ Patrick Loftman and Brendan Nevin, Going for Growth: Prestige Projects in Three British Cities, *Urban Studies*, Vol. 33, No. 6, 1996, p. 992.

2800 万英镑的下河谷运动场，价值 1200 万英镑的希尔斯伯勒休闲中心以及耗资 1200 万英镑来塞姆剧院翻新工程。”① 同时，市政府非常注重在城市规划中加入体育元素，营造“体育城市”的氛围，给参赛的各国运动员、教练员及各国观众留下了深刻的印象。体育场馆的设计、运动会开幕式和闭幕式的节目设计尽力展现谢菲尔德地方文化，努力将体育文化同谢菲尔德地方文化融合，提升谢菲尔德的“体育城市”形象。谢菲尔德还注重体育场馆设施的可持续利用，将其打造成城市品牌文化的一部分，以世界级的场馆设施、先进的体育经营和管理理念为载体，在社区、全国、全球范围内推广谢菲尔德的体育文化。与此同时，谢菲尔德市政府非常注重培育社区体育文化，使当地居民受益于体育设施投资建设、管理、经营，让居民感受到身为“体育城市”市民的自豪感，提升居民投身“体育城市”建设的积极性。谢菲尔德利用体育赛事、推进体育项目建设的做法在英国国内获得认可。“1995 年，谢菲尔德被授予‘国家体育城市’（National City of Sport）的称号。”② 谢菲尔德凭借其先进的体育管理和经营理念又取得了多次赛事的举办权，以“体育之城”之名赢得了国际社会的认可。

迪拜代表了“体育城市”建设的新转向——“城中之城”。迪拜早期的发展依赖石油资源，但因石油储量有限，后期迪拜致力于经济发展的多元化，体育产业成为迪拜经济发展的重中之重。迪拜体育城（Dubai Sports City）建设就是这一发展思路的典型体现。“体育城兼具富有体育特色的市中心娱乐区（美国常有）和独立的体育度假村（如西班牙拉曼加俱乐部所在地）的特点。房地产主导体育城发展，这证明了体育城有前者的特点。体育城致力于精英体育发展和体育培训，这是后者具有的特点。”③ 迪拜体育城是以五大体育场为基础建立起来的综合性社区，该社区集运动、娱乐、

① Patrick Loftman and Brendan Nevin, Going for Growth: Prestige Projects in Three British Cities, *Urban Studies*, Vol. 33, No. 6, 1996, pp. 1003 - 1004.

② Chris Gratton, Simon Shibli and Richard Coleman, Sport and Economic Regeneration in Cities, Vol. 42, No. 5 - 6, 2005, p. 990.

③ Andrew Smith, The Development of "Sports-City" Zones and Their Potential Value as Tourism Resources for Urban Areas, *European Planning Studies*, Vol. 18, No. 3, 2010, p. 405.

商业、生活于一体。五大体育场包括"多功能露天体育场（Multi-purpose Outdoor Stadium）、板球体育场（Cricket Stadium）、曲棍球体育场（Field Hockey Stadium）、室内体育场（Indoor Arena）、18 洞的高尔夫球场（18 Hole Golf Course）"①。迪拜体育场大力发展体育培训、体育康复、体育商业等相关的体育产业。"恩尼·艾斯高尔夫俱乐部（The Els Club）、国际板球理事会管理的板球学院（ICC Academy）、西班牙足球学校（Spanish Soccer Schools）"② 等都是迪拜体育教育和培训基地。这些体育学校和学院的水平都是世界一流，不仅吸引世界各地的运动员来迪拜学习，也有助于提升迪拜当地体育运动的发展水平。体育城内建有体育康复和疗养的设施，提供一流的体育医疗服务，是各国运动员疗养休息的佳地。同时体育城内还设有多个以体育为主题的购物中心，满足运动员、游客等来迪群体的购物需要。体育城的住宅区主要包括"胜利高地（Victory Heights）和运河西公寓（Canal Residence West）"③ 两部分，住宅区依体育场而建，增强了住宅区的吸引力，住户从公寓内就可以看到体育场，感受迪拜体育城的活力。迪拜体育城是一座将生活融入体育的"城中之城"，该体育城几乎可以承办任何体育赛事，同时又能给各参赛运动员营造主场的感觉。迪拜体育城凭借迪拜优越的地理位置、发达的交通网络、完善的酒店设施发展迅速。"迪拜位于东西方世界的十字路口，有便利的交通网络。迪拜国际机场已连续四年成为国际客运量最大机场，2017 年的旅客达到 8820 万人次。地铁覆盖整个城市，出租车服务受政府监督。迪拜有各种高级、标准和经济型酒店，可满足各种预算。"④ 通过迪拜体育城及迪拜拥有的其他体育设施，迪拜在体育界中的影响力日益增大。德勤（Deloitte）于 2015 年发布的《体育对迪拜经济的影响》（*Economic Impact of Sport in Dubai*）的研究报告指出"迪拜每年会举办

---

① Andrew Smith, The Development of "Sports-City" Zones and Their Potential Value as Tourism Resources for Urban Areas, *European Planning Studies*, Vol. 18, No. 3, 2010, p. 397.

② Dubai Sports City, http://www.dsc.ae/sports/, 2020 年 3 月 16 日。

③ Dubai Sports City, http://www.dsc.ae/living/, 2020 年 3 月 16 日。

④ Kenes Group: Why Host Your Events in Dubai, https://kenes-group.com/news/why-host-your-event-in-dubai/, 2020 年 3 月 17 日。

300 多场体育赛事，观众超过 100 万人。赛马和高尔夫比赛是最能体现迪拜体育发展水平高的赛事。欧洲巡回赛总决赛（DP World Tour Championship）、欧米茄迪拜沙漠精英赛（Dubai Desert Classic）等重量级的高尔夫比赛在迪拜举行。迪拜赛马世界杯（Dubai World Cup）是世界上奖金最高的赛马赛事，每年吸引大量的运动员参赛。"①

澳大利亚的墨尔本是"体育城市"建设的最佳案例。著名体育公司体育商业（SportBusiness）自 2006 年开始进行"终极体育城市"（Ultimate Sports City）评选，评选标准包括"近八年赛事举办频率、俱乐部联盟和管理机构的数量及其重要性、现有的场地和设施及举办大型赛事的能力、交通和基础设施、住宿、政府的扶持力度及重要的体育赛事策略、体育遗产规划和影响、公众对赛事的兴趣和参与度、营销和品牌打造"②。评选两年一次，至今已进行过七届，在国际社会享有较高的认可度。墨尔本在 2006 年、2008 年、2010 年连续三年当选"终极体育城市"。2016 年，墨尔本还荣获了"体育商业终极体育城市十周年奖"③（Sport Business Ultimate Sports City at 10 Anniversary Award），这表明墨尔本是过去十年体育发展水平最高的城市。同其他工业化进程较早的城市一样，墨尔本在 20 世纪 70 年代工业化发展遇到困境。为促进城市发展转型，墨尔本从 80 年代开始发展体育产业，维多利亚州政府对此给予了大力的支持。1991 年，"维多利亚重大活动公司"（Victorian Major Events Company）（2016 年改名为 Visit Victoria）在墨尔本成立，该机构是非营利性组织，同维多利亚州的体育休闲部门（Sport and Recreation Victoria）及墨尔本市政府共同致力于体育设施的建设、体育

---

① Deloitte, Economic Impact of Sport in Dubai, https://www2.deloitte.com/content/dam/Deloitte/uk/Documents/sports-business-group/deloitte-uk-sbg-dubai-falcon-report.pdf, 2020 年 3 月 17 日。

② SportBusiness, Ultimate Sports City Report, https://library.olympic.org/Default/digitalCollection/DigitalCollectionAttachmentDownloadHandler.ashx? documentId=174970&skipWatermark=true, 2020 年 3 月 24 日。

③ SportBusiness, SportBusiness Ultimate Sport Cities Awards 2016, https://www.sportbusiness.com/2016/06/sportbusiness-ultimate-sport-cities-awards-2016/, 2020 年 3 月 24 日。

赛事的举办、体育文化的宣介。墨尔本建成了许多世界级的体育场馆，包括“能容纳12万名观众的费莱明顿赛马场（Flemington Racecourse）、能容纳10万名观众的墨尔本板球场（Melbourne Cricket Ground）、能容纳55000名观众的漫威体育馆（Marvel Stadium）”[①]。同时，与体育设施配套的交通、住宿、餐饮等设施一应俱全，这为澳大利亚举办各种体育赛事提供了便利条件。墨尔本每年都会举办众多知名的体育赛事，包括一年一度的一级方程式大奖赛（Formula One Grand Prix）、春季赛马嘉年华（Spring Racing Carnival）、澳大利亚网球公开赛（Australian Open）等。墨尔本1956年举办过奥运会、2006年举办过英联邦运动会（Commonwealth Games），2015年举办过板球世界杯（Cricket World Cup），三次举办（1998年、2011年、2019年）总统杯高尔夫赛（Presidents Cup）。墨尔本是“世界上唯一同时拥有一级方程式大奖赛和大满贯网球比赛，世界上唯一举办过奥运会、英联邦运动会和国际泳联世界锦标赛的城市”[②]。体育在城市的未来规划中扮演着重要角色。2016年7月，墨尔本市出台《墨尔本2026》发展规划。规划指出“墨尔本将举办创新性的地方、国家和全球活动。体育、文化、知识和商业活动将吸引投资，刺激经济发展，并提高墨尔本的国际声誉和知名度”[③]。

二　北京建设“体育城市”的丰富资源

北京具有丰富的体育遗产和体育资源，成功举办2008年奥运会，近年来一系列国际重大赛事的举办也让北京具备“体育城市”的诸多特点。北京奥运会为北京留下的体育遗产最具代表性。2008年奥运会为北京留下了

---

① Austadiums, https://www.austadiums.com/stadiums/? a = view&cityname = Melbourne, 2020年3月24日。

② Invest Victoria, Victoria's Sports Industry Directory, http://www.invest.vic.gov.au/_ _ data/assets/pdf_ file/0006/225879/Victorias - Sports - Industry - Directory - 2018.pdf, 2020年3月24日。

③ City of Melbourne, Future Melbourne 2026, https://www.melbourne.vic.gov.au/Site Collection Documents/future - melbourne - 2026 - plan.pdf, 2020年3月24日。

众多体育场馆、优良的基础设施和浓厚的体育氛围。“北京奥运会共设 37 个比赛场馆，其中奥体中心体育场、国家体育馆、国家体育场、国家游泳中心等 31 个比赛场馆设在北京。”① 国家体育馆（鸟巢）和国家游泳中心（水立方）等比赛场馆因其设计独特，且具有中国特色，产生了广泛影响力。“鸟巢”“水立方”是奥林匹克文化与中华文化有机结合的产物，在体育界、建筑界负有盛名。“鸟巢、水立方不但是奥林匹克运动的物质遗产，也是中国建筑史、世界建筑史、城市景观构成和北京文化遗产的一部分。”② 北京的交通基础设施在奥运会筹办期间取得重大进展。“新建的 T3 航站楼使首都机场的年客运容量增加了 2400 万人次；京津第二通道以及城际铁路建成，促进了区域一体化；五条新地铁、一条公路新环线（六环）和机场快轨投入使用。”③

与此同时，奥运会等体育赛事大大提升了北京市民的自信心和凝聚力，提高了北京市的国际形象和知名度，全面展现了北京作为东方文明古都的历史文化积淀。“政府发起改变市民行为，促进北京现代化发展的项目，其中包括禁止随地吐痰、吸烟、乱扔垃圾、插队和不礼貌的行为，纠正广告和菜单上不正确的英语翻译，为出租车司机等服务人员提供英语课程。”④ 政府也注重城市的空间规划，“奥运期间北京大型国际会议、展览、住宿条件得到根本性改善，形成了王府井周边、使馆区、CBD、‘798’等一系列开展国际交往活动的国际化特色片区”⑤。来京的各国运动员、教练员、观众可以真切感受到北京的魅力。同时，世界各国人民也可以通过电视转播的形式

---

① 参见中国奥委会官方网站，http：//2008. olympic. cn/others/changguan/index. html，2020 年 3 月 26 日。

② 徐祥辉、黄家善：《北京奥运会遗产的评估、开发与保护研究》，《体育与科学》2009 年第 4 期，第 12 页。

③ 杨宇、吴唯佳：《发展模式转型：北京奥运会对城市发展的长期影响》，《北京规划建设》2012 年第 3 期，第 50 页。

④ Dongfeng Liu, David Broom and Robert Wilson, Legacy of the Beijing Olympic Games: A Non - host City Perspective, *European Sport Management Quarterly*, Vol. 14, No. 5, 2014, p. 486.

⑤ 杨宇、吴唯佳：《发展模式转型：北京奥运会对城市发展的长期影响》，《北京规划建设》2012 年第 3 期，第 50 页。

感受到北京奥运之城的活力。“北京奥运会在全世界220个国家地区进行转播，潜在的电视观众达43亿。”① 奥运会的成功举办提升了北京在国际社会的知名度，大大释放了北京国际交往的活力，国外来京旅游、经商、参会的人数不断增加，北京与世界各地的联系日益密切。北京奥运会提出了“绿色奥运、科技奥运、人文奥运”三大奥运理念，该奥运理念既有对以往奥运的传承，又有对未来奥运的展望，还结合了中国自身的文化特色。“‘人文奥运’是世界奥运史上首次提出的一种崭新的‘奥运’理念，不仅凸显了现代奥林匹克运动所具有的人文内涵和价值取向，也发扬和光大了中国传统文化中‘以人为本’的思想。”② 中华文化是在五千年的历史发展中孕育出来的，中华文化的核心就是“以人为本”。奥运文化是一种不断发展的文化，需要在实践中不断汲取新的文化。“人文奥运”理念的提出不仅符合中华文化的核心思想，也有助于奥运文化内涵的扩展，也已成为北京城市形象的重要标识。

北京拥有先进的体育管理水平。通过举办2001年大学生运动会、2004年和2010年花样滑冰大奖赛总决赛（2020年，该比赛也将于北京举办）、2008年夏季奥运会及残奥会、2019年篮球世界杯等大型国际赛事，北京的城市功能更加健全，服务保障重大国事活动的能力也有很大提升。一些赛事已发展成为北京的年度品牌赛事，如表1所示。

表1　北京年度品牌赛事

起始年份	赛事名称
1981	北京马拉松
2004	中国网球公开赛
2005	斯诺克中国公开赛
2011	国际泳联世界跳水系列赛

① International Olympic Committee, Marketing Report-Beijing 2008, https: //stillmed. olympic. org/Documents/Reports/EN/en_ report_ 1428. pdf, 2020年3月27日。

② 袁懋栓：《绿色奥运、科技奥运、人文奥运三大理念是奥运非物质遗产》，《北京社会科学》2008年第3期，第14页。

在国际体育赛事的筹办过程中，北京市政府各机关、组委会、媒体等相关部门积累了体育发展的经验。国际体育赛事需要各部门的通力合作。以北京夏季奥运会的举办为例，北京奥组委同国际奥委会就体育赛事的举办进行多次协调和沟通。国际奥委会为北京奥运会的筹办介绍先进的奥林匹克发展经验，指导奥运场馆及其配套设施的建设和评估等。北京奥组委向国际奥委会汇报奥运会筹办工作的进展情况，听取国际奥委会的意见和看法。同时，注重向国际奥委会介绍中华文化，在奥运会项目建设过程中融入中华文化的元素。奥组委工作人员的知识和能力水平在奥运会筹办过程中不断得到提升，除了助力北京奥运，也可以将自己的经验运用到其他体育赛事中去。体育赛事的举办涉及交通、住宿、安全等方方面面的工作。北京市政府各部门在体育赛事筹办、举办过程中进行大力协调，确保体育比赛的正常举行，积累了体育赛事部门合作的经验。媒体在赛事举办过程中积累了赛事转播的经验，不断更新自己的转播技术，提升体育赛事转播的能力和水平。

北京基础设施建设日趋完善。北京的交通网络发达，以航空和铁路运输为例，“首都国际机场2018年旅客吞吐量过亿，成为中国第一个年旅客吞吐量过亿人次的机场，也是继美国亚特兰大机场后，全球第二个年旅客量吞吐量过亿人次的机场。105家航空公司将这座机场与全世界65个国家和地区的296座机场相连。”① 2019年9月，运用多种高新技术建成的大兴国际机场投入使用。城际铁路运输方面，北京站、北京东站、北京西站、北京南站、北京北站等将北京与其他地区相连；市内运输方面，截至2019年末，“轨道交通运营线路22条，运营线路长度699公里，运营车辆6173辆”②。就运营里程而言，“北京地铁成为世界上规模最

① 《北京首都国际机场年旅客吞吐量突破1亿人次》，中国政府网，http://www.gov.cn/xinwen/2018-12/29/content_5353412.htm，2020年3月27日。

② 《北京市2019年国民经济和社会发展统计公报》，北京市统计局官网，http://tjj.beijing.gov.cn/tjsj_31433/tjgb_31445/ndgb_31446/202003/t20200302_1673343.html，2020年3月28日。

大的地铁网络系统"①。北京的酒店类型齐全，有北京国贸大酒店、北京丽思卡尔顿酒店、北京金融街洲际酒店等豪华型星级酒店，"截至2019年12月北京共有星级饭店428家"②；也有汉庭、如家、锦江之星之类的经济型酒店，可满足不同预算的客户的需求。北京酒店的突出特点为国际化程度高，这为国际旅客的入住提供了便利条件。北京加快5G基础设施建设。2019年初，北京市经济和信息化局发布《北京市5G产业发展行动方案（2019年－2022年）》，其中指出"掌握5G创新主动权、发展主动权，构筑高端高新的5G产业体系。实现首都功能核心区、城市副中心、重要功能区、重要场所的5G网络覆盖"。③ 至2020年3月，5G基础设施建设取得重大进展，"全市共开通5G基站26000个，其中联通、电信共享基站8400个，5G用户达近80万"④。5G基础设施的发展将推动北京信息产业的发展，提高信息传播的便利化水平，为用户提供更流畅的视觉体验。

三 "体育城市"与北京市的借鉴路径

2022年冬奥会和冬残奥会将在北京举行。这是继2008年夏季奥运会和残奥会之后，北京市以体育展现国际交往中心建设成果、展现改革开放伟大成就、展现新时代大国风范的重要契机。2016年3月18日，习近平总书记在听取北京冬奥会、冬残奥会筹办工作情况汇报后指出，"要把筹办冬奥会、冬残奥会作为推动京津冀协同发展的重要抓手，下大气力推动体制创新、机制创新、管理创新和政策创新，推动交通、环境、产业等领域协同发展先行

① International Railway Journal, Beijing Metro Tops 699km Making It World's Largest Network, https://www.railjournal.com/passenger/metros/beijing-metro-tops-699km-making-it-worlds-largest-network/，2020年3月28日。

② 北京市文化和旅游局网站产业促进专栏，http://whlyj.beijing.gov.cn，2020年3月28日。

③ 北京市经济和信息化局：《北京市5G产业发展行动方案（2019年～2022年）》，http://invest.beijing.gov.cn/xxpt/fzgh/bjsgh/201912/P020191206672560117909.pdf，2020年3月29日。

④ 北京市通信管理局：《北京市政府大力支持5G基础设施建设取得新成效》，http://bjca.miit.gov.cn/n817054/c1187301/content.html，2020年3月29日。

先试，重点突破，以点带面，为全面实施京津冀协同发展战略起到引领作用”。2017 年 1 月 23 日到河北省张家口市考察北京冬奥会筹办工作时，习近平总书记还强调“要抓住历史机遇，紧密结合实施‘十三五’规划，紧密结合推进京津冀协同发展，通过筹办北京冬奥会带动各方面建设，努力交出冬奥会筹办和本地发展两份优异答卷”。举办北京冬奥会、冬残奥会来之不易、意义重大，同实现“两个一百年”奋斗目标高度契合，给新时代北京发展注入了新的动力。北京将成为国际上唯一举办过夏季和冬季奥运会的“双奥城”。伴随着 2022 年冬奥会、冬残奥会的顺利筹备和成功举办，毋庸置疑体育将再次成为北京展现给世界的身份标识，成为“国际交往中心”建设的持久动力。从这一角度来看，“体育城市”也将是未来北京作为国际大都市的面相之一。

借鉴国际上主要“体育城市”的发展经验，未来北京市首先可以借助“鸟巢”“水立方”等著名体育场馆、系列体育赛事打造城市体育品牌。“鸟巢”“水立方”是具有世界级标准的体育场馆，“鸟巢”见证了博尔特的起飞，博尔特三破世界纪录夺得 100 米、200 米、4 ×100 米项目的冠军。菲尔普斯在“水立方”七破世界纪录夺得八块金牌，成为奥运历史上夺得金牌数最多的运动员。体育运动追求“更快、更高、更强”的精神在“鸟巢”“水立方”得到了淋漓尽致的展示。体育场馆是城市体育文化的结晶，凝聚了城市体育发展的智慧。系列体育赛事发展过程中，北京注重城市发展与体育运动的结合，不断融入地方元素，体育赛事的本土化特色日益明显，且体育赛事规模不断增长。以北京马拉松为例，1981 年首届比赛仅有 86 人参赛，经过近 40 年的发展，2019 年北京马拉松的报名人数达到 16 万。在赛事的发展过程中，主办方注重将体育与北京市文化融合，“近年来形成广大跑友熟悉的从天安门广场起跑，沿长安街等首都地标，一路跑到鸟巢、水立方之间的奥林匹克景观大道这样的标志性线路，将千年古都和奥运城的魅力精心设计在其中，深受跑友欢迎并逐渐固定成型。”① 著名体育场馆、系列

① 《北京马拉松为何能成为‘国马’？——专访中国田径协会副主席王楠》，新华网，http：//www.xinhuanet.com/politics/2018－09/16/c_ 1123438193.htm，2020 年 3 月 29 日。

体育赛事成为国际社会了解北京体育文化的重要平台。充分利用这两项资源，打造北京的城市体育品牌。通过记者专访、主流媒体的国际传播、国际交流项目等方式加大对北京体育场馆和系列赛事的宣传力度。“记者专访是通过国外记者参观的亲身体验和感受，以及对本国高层领导人面对面的采访报道，向公众传播本国的形象。”① 北京有大量的外国记者常驻，高层领导人接受记者专访，将体育场馆、体育赛事与北京的历史文化结合起来进行讲解，突出北京城市体育发展的历史底蕴。致力于打造北京形象与体育场馆、体育赛事紧密结合的纸质、语音、视频宣传材料，通过主流媒体的国际传播，提升北京的城市体育形象。国际交流项目中注重加大以体育场馆、体育赛事为主题的活动力度，通过博览会、体育周、体育年等活动增进国际社会对北京体育文化的了解。通过打造与体育场馆、体育赛事相关的体育产品，将其影响力实质化。体育衍生产品越来越受到国际社会的关注，通过体育衍生产品，可以更真实地感受体育文化。以体育为主题的生活用品受到越来越多人的欢迎，以体育为主题的游乐园也受到越来越多游客的青睐。打造与体育场馆、体育赛事相关的衣帽、日历、玩具，建造以体育场馆、体育赛事为主题的游乐园，有助于北京体育资源持续影响力的发挥。

其次，可以利用体育场馆和先进的体育管理经验，加大体育赛事的举办力度，打造具有北京标识的体育比赛。曾被体育商业连续三次评为“世界终极体育城市”的墨尔本举办的体育赛事基本上处于全年无休的状态。迪拜也凭借其“迪拜体育城”的发展不断吸引重大国际体育赛事。为举办2008 年北京奥运会，北京建成了国家体育场、国家游泳中心、五棵松体育馆、北京射击馆、首都体育馆等 31 个高标准的体育场馆。同时，北京通过举办大运会、奥运会、篮球世界杯、系列体育赛事等积累了丰富的赛事举办经验。北京应加大系列体育赛事的举办力度，着力点为乒乓球、羽毛球、举重、射击、跳水等中国的优势体育项目。中国在这些项目上面有优秀的运动员和教练员，同时有先进的训练理念和训练方法。举办这些优势项目的比

① 杨闯：《外交学：理论与实践》，世界知识出版社，2018，第 180 页。

赛，有助于吸引各国的运动员和教练员来京比赛。在羽毛球系列赛事中，汤姆斯杯、尤伯杯、苏迪曼杯是具有含金量的比赛，这些赛事名称体现地方文化特色。北京可借鉴这种方式，在优势项目上打造具有北京地方特色和人文特色的比赛。凭借先进的体育管理经验，为各国参赛运动员和教练员提供舒适的比赛环境和生活环境，给他们留下美好的参赛体验。比赛之余，可以通过研讨会等举办体育经验交流活动，邀请中国知名的现役和退役教练员、运动员为各国的教练员、运动员介绍中国优势体育项目发展的经验。

最后，大力培育北京的体育文化，为“体育城市”发展营造浓厚的积极氛围。体育文化体现为市民对体育运动的热情，投身于体育运动志愿工作的精神，支持体育设施建设的决心，市民对体育相关新闻的关注度以及市民积极投身于体育运动的自觉性等。培育体育文化，要注重城市体育形象的规划，可通过加强以体育为主题的商场、公园、街道的建设，在城市的宣传标语中融入体育元素等方式。要加强体育基础设施建设，提高体育基础设施利用率。北京人均体育场地面积虽由2003年的2.2平方米提高到2018年的2.32平方米①，但相比著名体育城市还存在一定差距。且北京现有的部分体育设施因为定价、地理位置等因素而不能得到充分利用。加大对体育基础设施建设的投资力度，提高人均体育场地面积；加强对体育设施的管理，增强体育设施建设的公益性；改建不合理的体育基础设施，提高体育资源的利用率，鼓励北京市民参与到体育运动中去。要提高当地体育俱乐部的影响力。“如果一家有数百名员工的工厂倒闭，这无疑会成为当地报纸的头条新闻。但当一个城市面临着失去自己球队的危险，或是可以取得联赛的举办权时，这将成为几个月甚至几年内的大新闻。”②当一个城市的球队夺得冠军之后，球员们会在游行花车上同全市的球迷一起庆祝这美妙的时刻，整个城市呈现

① 根据北京市体育局网站发布的体育场地主要指标数据整理，http：//tyj.beijing.gov.cn/bjsports/xxcx/tjxx/681226/index.html，http：//tyj.beijing.gov.cn/bjsports/xxcx/tjxx/1410269/index.html，2020年3月28日。

② David A. Karp and William C. Yoels, Sport and Urban Life, *Journal of Sports and Social Issues*, Vol. 14, No. 2, 1990, p. 78.

万人空巷的景象。这是部分欧美体育城市的真实写照。相比于欧美部分城市发达的体育俱乐部，北京体育俱乐部发展水平还有所欠缺，要结合西方经验与本土特色提升组织管理、训练体系、引援制度、球员与球迷互动等方面的水平，为市民带来更好的观赛体验。

四 结语

在国际交往中心建设中，要处理好世界眼光与中国特色的关系。牢牢把握国际交往中心建设的内在规律，既要吸收世界各国先进科技文化与发展经验，提升城市国际化能级，又要走出具有中国特色、中国气派、中国风格的世界城市成长之路。[①] 谢菲尔德、迪拜、墨尔本等“体育城市”的发展历程为北京利用体育赛事推进国际交往中心建设提供了宝贵经验和现实路径，2022 年北京冬奥会和冬残奥会的筹办又提供了“体育城市”建设的良好契机，北京市可以充分利用自身拥有的独特资源和优势，注重西方经验与地方现实的结合，促进西方经验的本土化发展，从而打造具有自身特色的“体育城市”。

① 熊九玲：《对标初心使命 建设国际交往中心》，《前线》2019 年第 7 期，第 25 页。

从两届东京奥运会看奥运会对城市发展的影响

徐晓文*

摘　要： 现代奥运会已经成为国家与举办城市改造和提升自我的机会，城市通过奥运会这一契机加速自身建设并对自身进行重新定义，以全新面貌在日益激烈的国际竞争中获得优势。东京，借助1964年夏季奥运会完成“涅槃重生”的城市，在2020年奥运会的筹备中在已有的奥运遗产与影响上将奥运会作为更进一步的跳板。然而，全球新冠肺炎疫情使这一切都被奥运会延期的阴霾所掩盖。作为东京奥运会之后举办奥运会的城市，北京既要从这位风月同天的“近邻”身上学习经验，也要重视东京奥运延期所带来的一系列负面影响，才能在2022年冬奥会上让刚刚踏出全球疫情伤痛的人们更加团结。

关键词： 奥运会　举办城市　东京

二战后，随着体育产业向产业化、全民健身的方向发展，奥林匹克运动已经超越了体育的范畴，成为国家经济发展的推动力。奥运会作为一项全球性的重大文化体育赛事，本身具有一定的经济价值。此外，奥运会对投资和消费的刺激也促进了国家经济的发展。日本是第一个利用奥运会促进国家经

* 徐晓文，英国谢菲尔德哈勒姆大学国际会展活动管理硕士，现就职于北京焱比邻会展服务有限公司。

济发展的国家。1964 年东京奥运会不仅向世界展示了日本的复兴，也拉开了日本经济快速发展的序幕。在东京奥运会前后的 11 年间，日本经济进入了最快的发展阶段。1968 年，日本在奥运会后的第三年就超过了英国和法国，成为仅次于美国的世界第二大经济强国。毫无疑问，东京奥运会是日本成为工业和经济强国的里程碑。本文将回顾东京为 1964 年东京奥运会所做的各项准备工作，并结合 2020 年东京奥运会的部分准备工作为 2022 年北京冬奥会提供参考。

一 大型赛事活动对举办城市的影响

举办大型国际体育赛事活动是世界各国城市管理者的一个重要目标，因为这些赛事活动对举办城市的发展具有催化作用。尽管大型国际体育赛事活动的经济影响是最被关注的问题，但对城市发展的其他因素还包括提高国际旅游的吸引力、重新定位一个地方的形象、促进城市更新和改造、提高游客和市民的生活质量等。

根据学者对各类大型活动影响的研究总结，意大利的 Zagnoli 和 Radicchi 得出了一个相对完整的大型活动对举办城市影响模型（见图 1）①。

其影响归纳为五大类：经济增长、城市重建、旅游增长、社会—文化发展、环境治理与发展。而从另一维度又可以归纳为有形和无形：有形影响为旅游业增长、就业率提升、新建各类城市功能设施等；无形影响为重新定位城市形象、提高全民素质、提高社会凝聚力等。

1. 经济增长

大型国际体育赛事活动的经济效益，包括举办活动所带来的收入的增加这类事件和就业率因此而提高。收入的增加通常是：与公共行政部门和/或私营部门的资本投资相关的，不仅是为了体育场馆（体育馆、体

① Zagnoli, P. and Radicchi, E., Do Major Sports Events Enhance Tourism Destinations? Physical Culture and Sport. *Studies and Research*, 2009, 47 (1), pp. 44 - 63.

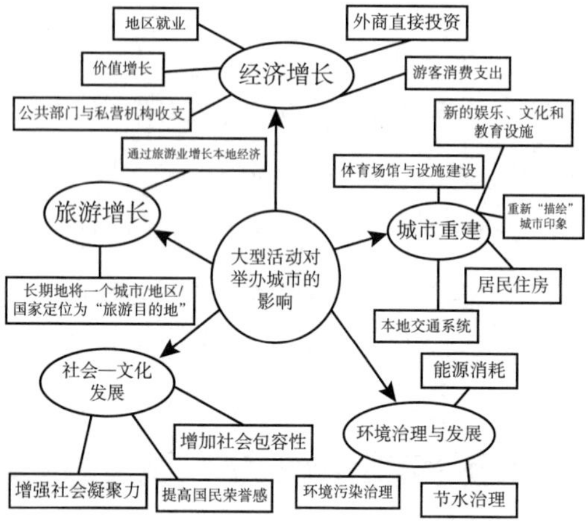

图1　大型活动对举办城市的影响模型

育场、足球场等），也要改造城市地区（如地铁、道路，铁路、机场升级改造，停车场、城市改造等）和加强旅游设施（酒店、餐厅、休闲和娱乐服务等）建设。另一个重要的经济指标是游客在这些方面的额外消费额。包括住宿、饮食、当地交通、租车、购物和娱乐等项目。尽管关于大型国际体育赛事活动在吸引外国直接投资方面作用的研究比较少，但从已有的案例来看，大型体育赛事可以通过吸引国内外企业资本来修建电信、交通等方面的基础设施以及新的住宅区以提高一个城市或国家的国际地位①。

2. 城市重建

举办大型国际体育赛事活动往往被视为城市重建的一个重要工具。它通过改善举办城市的基础设施和市容来实现这一目标（有形的层面），同时也提供了改造城市形象的机会（无形的层面），实质上是“重塑城市个性”的机会。从有形的层面来说，申办奥运会这类重大赛事意味着要投入大量的基础设施项目资金，不仅是体育设施和场馆，还包括市政和国家的改造。从历

① Unione Industriale Torino, Valutazione Dgli Effetti Economici dei Giochi Olimpici Invernali di Torino 2006, 2005, November.

史上看，奥运会历来被作为一种载体，在一个城市进行长期的交通和住房改善；在无形的层面上，“城市重建”一词指的是“目的地重新配置其概念的尝试”[①]。这种努力使许多后工业化城市能够刺激城市从单一的工业功能向提供文化与金融服务过渡。

3. 旅游增长

赛事旅游是举办地发展的一个重要方面。重大体育赛事被视为吸引游客并增加游客在赛事期间的平均消费和停留时间的催化剂。他们还被视为一个地方的形象塑造者，为城市和/或国家树立了高大的形象，将其重新定位为旅游景点。主办体育赛事也有潜力发展当地的经济，因为在赛事期间，甚至在赛事结束后，体育活动带来的旅游消费也会增加[②]。

4. 社会—文化发展

大型国际体育赛事活动的影响不能只从经济、基础设施和旅游发展的角度来看待，而应从更大范围看其对社会进程和社会关系的影响。在社会层面，体育行业可以为培养青少年、发展个人技能和创造就业机会做出贡献。例如，从长远来看，一项重大的体育赛事可以通过共同的归属感或共同的目的，在地方或国家社区中增强“社会黏性”[③]。要实现社会的发展，需要很强的社会凝聚力以及更多的包容性。为了实现这一目标，公民需要有促进社会交往和娱乐活动的设施。为重大活动而建的体育设施，如果能成为多用途的、所有人都能使用的体育设施，可以促进社会凝聚力。大型国际体育赛事活动也提供了发展新技术的机会与职业资格。通过参与组织体育活动，个人参与者可以提高个人和社交技能、自尊心和自信心，提高“个人能力”，从而在未来具备胜任各个领域工作的素质。

---

① Smith, A., Reimaging the City. The Value of Sport Initiatives. *Annals of Tourism Research*, 2005, Vol. 32, no. 1, pp. 217 - 236.

② Higham, J., (Eds.) Sport Tourism Destinations. London: Elsevier, 2005.

③ Coalter, F., Allison, M. and Taylor, J., The Role of Sport in Regenerating Deprived Areas. Scottish Executive Central Research Unit, 2000.

二 1964年东京奥运会的影响与遗产

1940 年，第 12 届奥运会计划在东京举行。然而，由于二战的爆发该届奥运会被中止了。战后的头几年，由于经济的崩溃，日本没有能力举办奥运会。到 1953 年，日本经济整体恢复到大正后期水平，为摆脱二战阴影，重新赢得世界信任，日本计划再次举办奥运会①。

日本举办奥运会的一个重要原因是向世界展示日本已经从二战时期的军国主义国家变成了一个爱好和平的国家②。1952 年 4 月，结束对日本的占领并使日本恢复完全主权的《旧金山和平条约》签署后，东京都知事安井诚一郎开始申办 1960 年奥运会。他表示，日本举办奥运会的目的是“在日本和平复兴和国际回归后，通过真正表现日本对和平的巨大渴望，获得世界对日本真实形态的理解”③。尽管他们最终输给了罗马，但东京仍以更大的热情在 1956 年 10 月继续筹备申办 1964 年奥运会并最终获胜。1964 年奥运会为日本提供了一个平台，向世界表明“日本不再是国际体系中的一个异常行为体，而是一个热爱和平、富裕和支持该体系的成员”④。

除了改变国家形象之外，奥运会也是推动日本城市经济和国家政治显著复苏的完美平台，是日本政府公共外交的关键部分⑤。此外，东京奥运会还将奥运会作为城市重建的理由⑥。东京利用奥运会来推动其未来十年的城市

---

① Abel, J., Japan's Sporting Diplomacy: The 1964 Tokyo Olympiad. *The International History Review*, 2012, 34 (2), pp. 203 – 220.

② Masumoto, N. The Legacy of the Olympic Peace Education of the 1964 Tokyo Olympic Games in Japan. *The International Journal of the History of Sport*, 2012, 29 (9), pp. 1263 – 1280.

③ Droubie, P. Phoenix Arisen: Japan as Peaceful Internationalist at the 1964 Tokyo Summer Olympics. *The International Journal of the History of Sport*, 2011, 28 (16), pp. 2309 – 2322.

④ Cha, V., Role of Sport in International Relations: National Rebirth and Renewal. *Asian Economic Policy Review*, 2016, 11 (1), pp. 139 – 155.

⑤ Horton, P. and Saunders, J., The 'East Asian' Olympic Games: What of Sustainable Legacies? *The International Journal of the History of Sport*, 2012, 29 (6), pp. 887 – 911.

⑥ Chalkley, B. and Essex, S., Urban Development through Hosting International Events: A History of the Olympic Games. *Planning Perspectives*, 1999, 14 (4), pp. 369 – 394.

发展计划，包括道路改善、港口发展、住房和旅游住宿、建立供水和污水处理系统以及改善公共卫生，最大的项目是建设一个新的交通网络，使城市能够满足奥运会的短期需求和未来随着城市人口和交通增长的长期需求①。

为了东京奥运会，日本投资了1万亿日元，是20世纪历史上奥运会投资额最高的一次②。在这些投资中，奥运场馆投资160亿日元，运营成本投资60亿日元，与奥运相关的设施投资仅占全部投资的3%③，加上道路和其他投资825亿日元，这些直接投资总计约1000亿日元。其余90%的投资包括东京新干线、修建在河流上的首都公路、东京单轨铁路、东京地铁网络和建立整个交通系统④。奥运会筹备期间，奥运相关投资占日本政府总投资的18.4%，1964年达到峰值19.1%。

虽然20世纪50年代中期日本经济已经恢复，但日本政府并不认为应该完全由政府出资举办奥运会，因为这也不利于提高全体公民对奥运会的认识以及团结日本国民。1960年12月，东京奥林匹克基金会成立，并开始为奥运会筹集资金。该组织通过广告、广播、电视、专利产品、赞助、捐赠和其他渠道筹集资金。直到1965年该组织宣布解散，总共筹集了49亿日元⑤。

大规模投资产生了显著的经济效应。日本的GDP增长率从1962年的7.0%、1963年的10.5%增长到1964年的13.1%，经济增长明显加快。就业情况也有所改善，1962～1964年，日本的就业人数从1962年的4556万人增加到1963年的4596万人，并最终在1964年达到4655万人。

第二次世界大战后，日本整个交通系统几乎瘫痪，航空和海上运输完全受战争影响，因此，当时的运输大部分是铁路运输。直到1954年，日本铁

---

① Essex, S. and Chalkley, B., Olympic Games: Catalyst of Urban Change. *Leisure Studies*, 1998, 17 (3), pp. 187 - 206.

② Takashi Nakamura, Showa History II. New Toyo Keizai Newspaper. 1993, p. 534.

③ Liao, H. and Pitts, A., A Brief Historical Review of Olympic Urbanization. *The International Journal of the History of Sport*, 2006, 23 (7), pp. 1232 - 1252.

④ Shimizu, S., Tokyo - Bidding for the Olympics and the Discrepancies of Nationalism. *The International Journal of the History of Sport*, 2014, 31 (6), pp. 601 - 617.

⑤ 梁文：《1964年东京奥运会的申办及准备工作》，《北京体育学院学报》1992年第2期。

路运输仍占总客运量的80%以上，货运量约占总货运量的60%。这一时期，铁路运输需求比战前增长了10倍，而铁路运输能力仅为20世纪30年代的1/4。

1954年以来，日本经济进入快速增长阶段，运力不足问题更加突出，特别是连接东京、名古屋和大阪三大经济圈的东海道线的运输能力已达到最大限度。虽然20世纪50年代铁路运输业为提高运输效率进行了电气化、内燃机升级等技术改造，但仍不能满足日益增长的铁路运输需求。1959年，日本成功申办了1964年的奥运会，加上大阪将在1970年举办世博会。在这种情况下，东京至大阪之间已经超载的东海道线在未来十年将进一步增加乘客，日本政府意识到有必要修建一条新的高速东海道铁路。1958年，根据1964年东京奥运会和1970年大阪世博会的需要，日本政府提出了“用五年时间，建设现代化的独立宽轨线”作为最终解决方案。该项目于1959年4月20日动工，这条东京至大阪的铁路线全长515.4公里，称为东海道新干线高速铁路，于1964年7月25日竣工①。

为了建造东京新干线，旧的日本国家铁路公司从世界银行贷款288亿日元，总工程造价380亿日元。新干线工程计划用五年时间完成，为奥运会使用，工期缩短为三年。

除了投资改善硬件设施外，为了让日本的年轻人了解奥运会，对外宾有礼貌，在东京奥运会前，日本政府还计划了奥运教育计划。这是世界上第一个奥林匹克教育项目。20世纪60年代，日本教育部将奥运会内容编入教材，分发到每一所中小学。除了对奥林匹克运动会的了解外，还了解世界的态度、公众的礼仪和真诚地欢迎奥林匹克的态度。这些教育目标清楚地表明日本渴望在二战后加入世界体系。

另外，东京奥运会也是日本企业向世界展示自己的舞台。像精工、爱普生和索尼这样的大型跨国公司就诞生于东京奥运会期间。利用卫星，东京奥

---

① Imashiro, M., Changes in Japan's Transport Market and JNR Privatization. *Japan Railway & Transport Review*, 1997, 13, pp. 50 - 53.

运会实现了向世界直播，这是奥运会历史上的第一次[①]。更重要的是，由于索尼在东京奥运会前发明了门控彩色显像管，约20%的广播使用了彩色信号，直接刺激了彩电的销售。10年后，日本电视的销量达到了世界第一。

东京奥运会也促进了日本建筑业的快速发展，奥运会筹备阶段是二战以来日本建筑业发展最快的时期。为了举办奥运会，日本人投资159亿日元，修建了国家体育场、国家室内体育场、奥运村、现代体育馆等体育场馆。这些建筑让人们直观地感受到战后日本的复兴，同时日本也注重展示先进的建筑技术，得到了国际奥委会和国家奥委会的高度赞扬。

除了体育设施建设外，私人住宅建设也在迅速发展。在奥运会的推动下，日本建筑业蓬勃发展，1964年建筑业比1961年增长了71%。此外，建筑合同金额从1962年的5510亿日元增加到1964年的8990亿日元，增长了63%。

随着建筑技术的进步和城市现代化的需要，1964年1月，日本政府修订的《建筑标准法》废除了不允许建筑高度超过31米的规定。从那时起，东京进入了高层建筑时代。

奥运会后，东京奥运会的场馆已成为本届奥运会的遗产，最著名的场馆是东京国立竞技场。东京国立竞技场位于东京市中心，始建于1940年，经过反复改造、扩建，东京国立竞技场于1958年3月竣工。奥运会后，东京国立竞技场作为日本国家足球队的主场。除了组织2002年世界杯决赛、2009年和2010年亚足联冠军联赛决赛外，还举办了1967年大学生运动会、1991年世锦赛、2009年橄榄球决赛等赛事。体育场还举办了许多著名歌唱家的演唱会，但为了满足东京噪声限制的要求，自2005年以来，体育场每年只能举办有限数量的演唱会。该体育场每年有10亿日元的收入，但政府每年投入20亿日元用于体育场的维护。2014年7月，日本政府开始拆除东

① Dolles, H. and Wang, Y., Mega-Sporting Events in Asia—Impacts on Society, Business and Management: An Introduction. *Asian Business & Management*, 2008, 7 (2), pp. 147 - 162.

京国立竞技场并开始兴建新国立竞技场①。

东京奥运会推动了日本经济的发展，并在 1962～1964 年促成了“奥运热潮”。然而，奥运会后，日本在 1965 年突然陷入衰退。1964 年日本经济增长率为 13.2%，而 1965 年则大幅下降至 5.1%。尽管 1965 年的经济衰退还有许多其他原因，但不可否认的是，奥运会后，东京狂热的建设潮流有所减少，导致投资减少，失业人口增多。为备战奥运会，日本将 97% 的投资投向了基础设施建设，带动了对钢铁、机械等与建筑相关的其他产业的积极投资。随着奥运会的结束，刺激经济增长的原因消失，奥运前过热的经济势头迅速平息。

然而，Brückner 和 Pappa② 提出异见，他们利用 1950 年至 2009 年的跨国面板数据来量化举办奥运会对实际国内生产总值的影响（见图 2）。

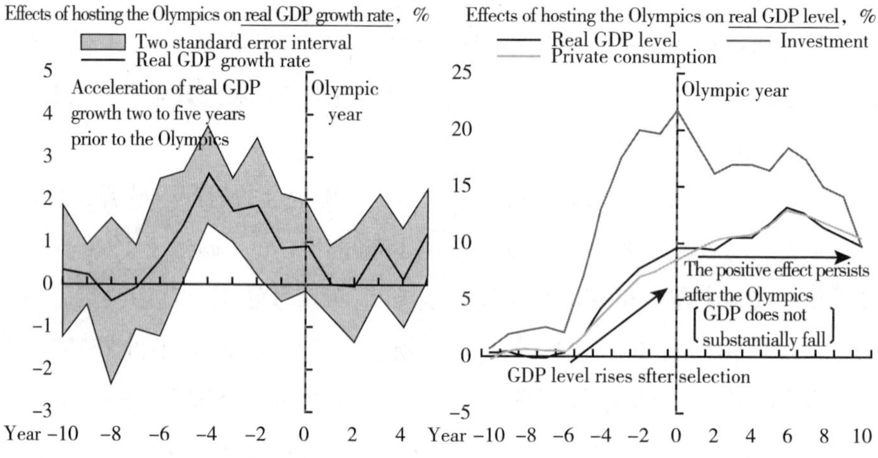

图 2　举办奥运会对实际 GDP 的影响

资料来源：Figures are estimates by Bruckner and Pappa（2015） using cross-country panel data from 1950 to 2009.

① 谭泽阳、孔祥惠：《由东京奥运会主体育场方案引发的关注——奥运会主体育场，你们安好?》，《城市建筑》2015 年第 7 期。

② Brückner，M.，and E. Pappa，News Shocks in the Data：Olympic Games and Their Macroeconomic Effects，*Journal of Money*，*Credit and Banking*，2015，Vol. 47，pp. 1339－1367.

他们的估计结果表明，举办奥运会在举办奥运会之前的五年到两年，极大地推动了实际 GDP 的增长。他们的结果进一步表明，在奥运会举办之前的几年中，对实际 GDP 水平的累计影响约为 10%。奥运会前 GDP 的增长主要归因于与该赛事相关的建筑投资的增加，以及由于国际利益的提高而增加了前往东道国的外国游客数量。国内生产总值水平在奥运会结束后并未大幅回落。换句话说，对经济的积极影响仍然持续存在。尽管奥运会后固定投资趋于明显下降，但消费和其他需求组成部分继续增加，抵消了这一趋势。

此外，其他研究指出，主办国在被选择主办奥运会时往往会实施促进经济增长的政策。Rose 和 Spiegel① 认为，从申办奥运会成功开始东道国的实际出口量呈显著增加趋势，并认为这可能是各国倾向于在成为奥运会东道主后实施增加开放度的政策导致的（见图 3）。

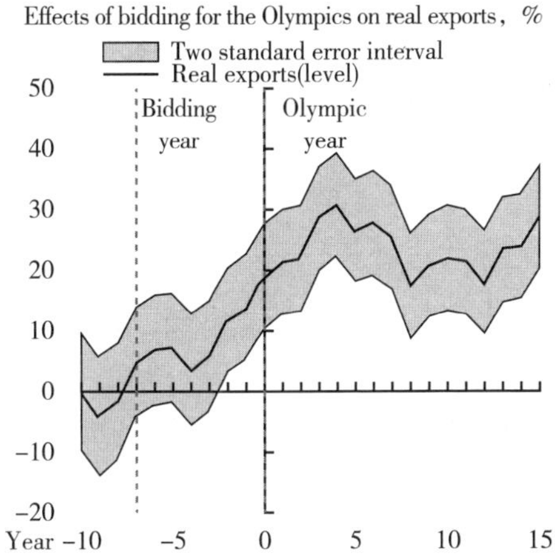

Host countries' external policies

Rome (1960)	Italy acceeds to the United Nations in 1995, when it is chosen to host the Olympics
Tokyo (1964)	Japan acceeds to the OECD and becomes an IMF Article 8 member
Barcelona (1992)	Spain acceeds to the European Economic Community in 1986, when it is chosen to host the Olympics
Beijing (2008)	China acceeds to the WTO in 2001, when it is chosen to host the Olympics
Tokyo (2020)	Japan participates in negotiations for the TPP in 2003, when it is chosen to host the Olympics

图 3 举办奥运会对实际出口及对外政策的影响

资料来源：Figures in the left panel are estimates by Rose and Spiegel (2011), who used a gravity model of intemational trade flows employing cross-country panel data for the period 1950 to 2006.

① Rose, A., and M. Spiegel, The Olympic Effect, *Economic Journal*, 2011, Vol. 121, pp. 652 - 677.

虽然投资规模减少了，但日本的经济总量仍然迅速发展。日本第一个新干线东京新干线开通后，每天运送旅客6万多人次，缓解了日本新干线铁路运输的压力，为1964年东京奥运会和1970年大阪世博会做出了重要贡献。随着日本经济的快速增长，东海道新干线的客运能力也在不断提高，从1974年的每天6万人次增加到34万人次，增长了数倍。东海道新干线投入运营后，新干线成为人们关注的焦点，全国各地都要求建设新干线。1969年，日本政府颁布了《新国家综合发展计划》，提出了建设总长7200公里的新干线网络的构想①。

如前所述，日本第一个新干线东京新干线建设投资3800亿日元，相当于1960年国内生产总值的2.3%。如此巨大的资金投入，不仅需要购买大量的建筑材料等物资，还创造了大量的就业机会，从而增加了收入和就业。随着收入的增加，消费也会增加，从而刺激生产，进而进一步扩大就业和收入，这就是乘数效应。根据日本政府模型估计，日本公共投资的乘数效应在2.18倍到2.3倍。东海道新干线建设的乘数效应至少可以达到8300亿日元，直接推动了当时国民经济的持续增长。此外，新线路的建设不同于一般的交通设施建设，它有很多最新的技术。许多以前没有经验的项目，其本身就是一个研究项目。通过新干线的建设，日本不仅在这一技术领域确立了领先地位，而且开展了其他研究。再加上产业关联度高，带动了整个国民经济的发展。

东京奥运会的成功举办对大众体育的普及起到了积极的作用。1957年，在申办1964年奥运会的前一年，参加体育锻炼的日本成年人只占总人口的14%；1965年东京奥运会后，这一数字达到47%。此外，自东京奥运会以来，日本向国际社会展示了自己的经济水平，并获得了其他国家的认同，日本政府发现，日本人的体质与欧洲和美国有很大的差距，随后他们集中力量，以群众体育为重点，制定了公共体育发展的法律和政策，以确保资金用于开展群众体育产业。日本政府每年投入7000亿日元发展群众体育。到

① 张季风：《新干线与日本经济》，《日本学刊》2003年第6期。

2000 年，参加体育运动的日本人占总人口的比例有了很大的增长：从 1965 年的 45% 增长到 1982 年的 64.2%，1997 年达到 71.7%[①]。

三 2020年东京奥运会的准备

2013 年 9 月，国际奥委会选定东京为 2020 年夏季奥运会和残奥会主办城市。受全球新冠肺炎疫情影响，奥运会已被推迟于 2021 年 7 月 23 日至 8 月 8 日举行。

本届奥运会预算为 126 亿美元，不同于 1964 年奥运会，本届奥运会场馆除拆除旧国立竞技场并在公开招标后开建新国立竞技场外，其余场馆基本以租用现有场馆形式以节省预算进行城市系统的改建与更新。东京中部许多地区正在进行各种重建项目。这些重建项目与政府主导的计划相关，例如 2011 年启动的亚洲总部特区和 2013 年启动的国家战略特区。重新开发旨在提高东京作为全球最先进的国际城市的竞争力。此外，举办 2020 年东京奥运会将为东京的再开发创造更多机会和动力，进而使东京市中心在 2025 年左右实现显著变化：虎之门－麻布台重建再开发、六本木再开发、JR EAST 新品川站开发、涩谷站附近地区再开发、东京站八重洲地区的重建以及丰洲重建计划都将在 2020 年奥运会前完成。[②]

东京借举办奥运会这一机会进行智慧城市的建设。[③] 仲量联行日本的岩永直子说："奥运会为真正寻求推进科学技术的政府提供了一个焦点。"根据东京都政府的数据，从 2017 年到 2020 年，约 514 亿美元被投资于东京的再开发地区和特定技术。日本科技巨头松下正在开发一种实时翻译设备，该设备可以使人们即时面对面交流，从而减少了许多游客在日本遇到的语言障碍。无人驾驶车辆也将成为体验的一部分。日本政府希望它们能在奥运

① 张航：《我国后奥运时期大众体育发展对策研究——中日比较分析》，《科教文汇》2009 年第 11 期。

② Ltd.，P.，Redevelopment Plans In Tokyo-PLAZA HOMES. 2020.

③ Why Japanese Innovation Is Surging Ahead Of The 2020 Olympics. Joneslanglasalle. com. cn. 2020.

会之前全面发挥作用，并在 2022 年之前实现商业化以供公众常规使用。日本机器人公司 ZMP 已开始在东京进行自动出租车服务的试验。这些汽车正在东京站到六本木之间进行试运行，因此可以在比赛中被观众和运动员使用。全日空航空公司也一直在东京羽田机场内进行无人驾驶巴士服务的试验。

奥运期间城市的安全至关重要，市政府已与日本松下公司合作，将摄像头与 LTE 网络相结合，将各类城市安全威胁投影到地图上。现场安全人员使用将智能手机转换为可穿戴式摄像头的技术，并具有将视频流传输到中心位置的能力。然后，后台人员将使用人工智能来分析视频中的安全威胁。监视该现场的无人驾驶飞机将在空中 50～70 米高度飞行以支持现场实时画面回传。这样，每个小组将能够监控半径 3 公里的地区。总部位于东京的 NEC 已开发出仅需 0. 3 秒即可完成的人脸识别技术，当参与者进入和退出设施时，可以在不到 0. 3 秒的时间内对参与者进行筛选。这将是第一次在奥运会上使用这种技术，将减少丢失身份证的风险，更重要的是，将可能会出现伪造证件的威胁降到最低。岩永直子说：“日本政府将这样的技术视为创建智慧城市的一种手段，即使在奥运会结束后，智慧城市也可以作为国际金融中心服务于世界。”

此外，智能场馆将为奥运会观众提供全新的体验。进入场馆后，观众将体验未来的体育场。松下设备将进行实时翻译，因此沟通交流将轻松自如。新的体育馆将配备可显示运动员心律的摄像机，其他专用摄像机将捕获运动员的体形并分析每个动作的生物力学。观众将使用触摸屏和非接触式付款进行场内物品的购买。对于那些不能亲自参加的人，东京奥运会将进行虚拟现实直播。

对其他国家人来说，2020 年奥运会的筹备工作似乎很奢侈。但是，日本认为奥运会是超越硅谷的契机。2015～2017 年，东京的专利申请量超过了世界任何其他城市。

虽然东京已经为奥运会做好了准备，但当国际奥组委宣布东京奥运会延期时，这一切都被接下来的一系列负面消息所掩盖：奥运会的延期对奥运会的各相关方都造成了巨大的损失。关西大学荣誉退休教授宫本胜弘在3月19日得出的结论是，将奥运会推迟一年会造成“经济损失”约6408亿日元（约58亿美元）：其中就场馆和奥运村的额外维护费用而言，将产生225亿日元的额外费用；相关团体还需要另外3900亿日元来维持其组织正常运作一年；延期造成的奥运会后的影响将达到2180亿日元[①]。

在基础设施方面，虽然奥运相关的大部分场馆和基础设施在2020年已经完成，但是延期不仅意味着届时某些场馆不一定可用，也令建筑和房地产业的计划被打乱。很多比赛场馆和设施原计划要在奥运会结束之后改为其他场馆或者公寓，其中一些企业也已经提前售卖了期房：延期将推迟原本在2020年7月至8月留给运动员使用的东京奥林匹克村公寓的售卖，这使开发商和未来的居民陷入困境。随着奥林匹克村被作为新冠肺炎感染者收治点使用，这一地产的奥运后价值再次面临贬值。此外，据日经新闻报道，组委会向比赛场馆设施支付的租借费约为530亿日元（约4.7亿美元）[②③]。

日本经济在2019年因上调消费税率而遭受打击，市场本期待东京在奥运期间迎来的200万游客带来提振作用。但是在延期后，旅游需求难以期待。新冠肺炎疫情令全球旅游业下滑，据日本旅游观光局公布的数据，2020年2月到访日本的外国游客人数较上年同期下降58%，是自2011年关东地震海啸以来最大的跌幅。

据《金融时报》报道，东京奥运会将是有史以来赞助规模最大的体育盛会——赞助总值达到31亿美元，比2012年伦敦奥运会和2008年北京奥运会的总和还多。其中大部分赞助商来自日本本国企业，包括15家“金牌赞助商”——每家企业须付出1亿美元才能获得这一荣誉。报道指出，日本原打算让东京奥运会成为展示日本国力和企业雄心的舞台，但是一家金牌赞助商的首席执行官称，延期举办奥运将会给这些“为国家效力”的本国

① Brasor, P., Who Suffers The Most From The Postponement Of The 2020 Tokyo Olympics? | The Japan Times. 2020.

② Asia Times, 2021 Re-Branded 2020 For Tokyo Olympics. 2020.

③ Batte, K., Tokyo Olympics Athletes Village Could Be Used As Coronavirus Hospital. 2020.

企业带来一场“企业灾难”[①]。

虽然东京奥组委从慕尼黑再保险集团和瑞士再保险集团购买了奥运会取消险，但奥运会延期能否获取相应赔偿并不明确，无法用于弥补延期一年所额外支出的费用[②③]。

四　总结

诚然，东京奥运会的延期使得东京乃至日本都遭受了巨大的损失，但东京将两届奥运会作为城市转型、进化的机会的观念以及为之付出的巨额投资值得预算日益超支的奥运会主办方们思考：大型国际体育赛事活动能为城市带来什么？能够借这一平台实现什么？为之付出的成本是否值得？可能的风险如何规避？特别是已经享受过奥运红利的城市。而这次新冠肺炎疫情对国际大型活动的影响，特别是大型活动取消险的购买，应该引起即将成为奥运会与残奥会的保险合作伙伴安联保险担保客户的北京冬奥会奥组委的注意。

4 月 2 日，国际奥组委举行了电话媒体会议，其中提到了东京奥运会延期对北京冬奥会的影响。奥林匹克运动会执行董事 Christophe Dubi 对两届奥运会的背靠背举办充满信心，他认为这将再次提高奥运会的国际影响力。当疫情过去，人们将对东京奥运会抱以巨大的期待，而这一期望将在北京冬奥会达到一个新的高峰[④]。

虽然全球疫情对赛事活动以及会议展览产业造成了巨大的损失，但可以预见的是 2022 年北京冬奥会很有可能成为疫情过后全人类的一大里程碑式的活动，原因在于北京冬奥会举办期间恰逢中国壬寅年春节。当全球最大的国际体育赛事与中国最重要的节日相结合，北京将成为各国各界人士相聚欢

---

① 《延期的 2020 东京奥运将面对什么损失》，BBC News 中文，2020。

② 《慕再、瑞再独家回应一财：确实承保奥运会，但判断理赔损失尚早》，News. sina. com. cn，2020。

③ Swiss Re Faces ＄250M Loss If Olympics Canceled-Law360. Law360. com. 2020.

④ International Olympic Committee. Tokyo 2020，Here We Go：New Dates，Same Commitment-Olympic News. 2020.

庆的乐土，这是2020年东京奥运会所不具备的机会。如何让在现场以及通过媒体收看奥运赛事的观众体验到“文体两开花”的北京将是北京需要考虑的问题，特别是当人类时隔102年又一次面对全球性大流行病后，“文化+体育”将是重建社会与社会、人与人之间联系的最好方式，而东京恰好为北京提供了一个可实行的参考方案。

疫情背景下北京冬奥会赛事筹备工作研究

马 鑫*

摘 要： 2021年东京夏季奥运会推迟与疫情持续的可能性对2022年北京冬奥会的比赛模式、参赛方式、盈利方式以及宣传手段等提出挑战，北京不仅要做好疫情背景下冬奥会各项筹备工作，严防冬奥会测试赛等人员入境对北京疫情的输入，还要扩大境外宣传，展示北京的良好形象，办好2022年北京冬奥会，“实现对国际奥林匹克大家庭的庄严承诺”。

关键词： 北京冬奥会 疫情防控 外防输入

新冠肺炎疫情在世界范围内蔓延，全球大型体育赛事按下“暂停键”。东京夏季奥运会延期，对半年内叠加举办的冬奥会造成压力；国内疫情形势持续向好，防疫工作从应急管控向常态化防控转变，给北京市筹备和举办冬奥会带来了新挑战。疫情的动态变化给冬奥会带来不确定性；如何在“外防输入，内防反弹”的前提下办好北京冬奥会将是筹备工作的首要议题。

---

* 马鑫，北京市社会科学院外国问题研究所助理研究员，博士。

一　疫情对北京冬奥会的影响

1. 疫情给国际大型体育赛事按下“暂停键”，全球体育损失惨重

新冠肺炎疫情在多国暴发，出现难以控制的局面，已有多国体育赛事停摆，包括篮球、体操、足球、花样滑冰等多个单项协会的国际体育组织也纷纷给比赛按下暂停键。全球最大的体育盛事夏季奥运会已经宣布延迟一年举行。现代奥运会历史长达 124 年，曾被取消，但推迟还是第一次。本次东京奥运会的延迟可以说是体育界在和平时代做出的最为重大的决定。多家日本媒体推测，东京奥运会推迟举行造成的直接经济损失约为 60 亿美元。东京和日本为奥运会准备了 7 年时间，全国上下满怀热情地迎接奥运会，推迟奥运会对于整个国民信心的打击是非常沉重的。

表 1　疫情影响下的北京国际体育赛事

赛事名称	原定举办日期	计划
国际雪联高山滑雪世界杯	2020 年 1 月	取消
北美职业冰球联赛中国赛	2020 年 3 月	取消
北京国际马拉松	2020 年 4 月	延迟
中国网球公开赛	2020 年 9 月	无变化
国际滑联花样滑冰大奖赛总决赛	2020 年 12 月	无变化

2. 疫情对北京奥运会的盈利形式以及宣传手段等提出挑战

东京奥运会正式“定档”2021 年 7 月 23 日，残奥会结束时间为 9 月 5 日，距离 2022 年 2 月 4 日开幕的北京冬奥会只有 5 个月时间。在短短半年内连续观看夏奥会和冬奥会，再加上稍早进行的欧洲杯和美洲杯，广大体育迷必然会产生审美疲劳，本就不占优势的冬奥会，将更加容易被观众抛弃，收视率大幅下跌或将成为必然。此外，疫情可能导致的“空场”情况将对奥运会依靠赛场广告的盈利模式造成冲击。①

① 安瑀：《大型城市媒体事件如何有效传播国家形象——以索契冬奥会开幕式“五环变四环”事件为例》，《东南传播》2017 年第 8 期。

3. 疫情可能对冬奥会重点功能设施建设造成一定影响

目前，北京冬奥会绝大多数场馆以及其他基础设施建设已经复工，所有竞赛场馆 2020 年将全部完工。但疫情延伸影响依然存在，原材料可能面临短缺风险，设备供应可能滞后，物流运输工期延长，安装、调试、测试等工程进度受到影响等突发问题的风险增加。

表 2　北京冬奥会部分主要场馆施工状况

场馆	施工状况
首钢滑雪大跳台中心	完工
国家游泳中心冰壶场地	完工
国家高山滑雪中心	完工
国家速滑馆	2020 年 6 月
冬奥村	2020 年底
国家会议中心二期	2020 年底
延庆冬奥村	2020 年底

4. 冬奥会的相关活动无法如期举行

受新冠肺炎疫情影响，原定于 2 月 4 日在鸟巢举行的北京冬奥会倒计时两周年活动取消。原定于 2 月 15 日至 16 日在国家高山滑雪中心举行的冬奥首场测试赛取消；4 月 19 日至 24 日在北京举办、后易地到瑞士洛桑的 2020 年世界体育大会宣布取消。不仅如此，受疫情影响，中国国内举办的体育比赛相继推迟。原定于 2 月 16 日至 26 日在内蒙古自治区举行的第十四届全国冬季运动会延期，有可能推迟到年底；中国滑冰协会已经宣布延期举办全国各类比赛，时间待定。作为北京冬奥测试赛的“相约北京系列冬季体育赛事”，也可能会继续受到影响。

5. 疫情引发全球经济衰退可能导致参赛国家、人员减少

根据 2018 年平昌冬奥会参赛国家和地区数据，欧洲 45 个，亚洲 25 个，南美洲 8 个，非洲 7 个，大洋洲 4 个，北美洲 3 个。其中，欧洲国家占一半以上，同时作为冬奥会强国的美国、加拿大、西欧均已经成为本次疫情的中心，不仅遭受疫情冲击，而且经济形势遭受沉重打击，未来 2 年可能进入大

萧条。目前虽然已经有 84 个国家和地区宣布参加 2022 年冬奥会，但是不排除参加国家和地区因为经济原因取消参赛。

6. 国内防疫工作从应急管控向常态化防控转变，“外防输入”对北京筹备和举办冬奥会提出挑战，成为成功举办冬奥会的关键

鉴于病毒本身的不确定性，检测手段的有限，以及一些国家管控疫情的不力，全球公共卫生形势可能依然是疫情在中国得到控制，国际上处于扩散蔓延态势。因此，如何防止参加冬奥会的外籍人员把疫情扩散传播至境内是 2022 年冬奥会面临的主要问题。“外防输入，内防反弹”将重新定义 2022 年冬奥会。

7. 新冠肺炎疫情对北京冬奥会的危机公关能力提出新挑战

体育赛事危机本身有爆发性强、控制难度大等特征。新冠肺炎疫情影响下，出于政治、社会原因，冬奥会可能成为一些国家反华政客抹黑中国、甩锅中国的借口。他们可能以北京采取“外防输入”的措施为借口，炒作“人权及运动员安全问题”等议题，利用冬奥会采取反华行动。

二　疫情防控常态化与成功举办冬奥会两手抓

尽管中国正在经历一场突如其来的“疫情防控阻击战”，截至目前，北京 2022 年冬奥会如期推进项目建设。国际奥委会副主席、北京冬奥会协调委员会主席小萨马兰奇对中国在抗击疫情方面采取的果断、高效措施表示肯定和赞扬。

但随着疫情持续蔓延，国内疫情防控举措常态化的发展，2022 年北京冬奥会的筹备和举办面临着“外防输入”和“奉献一届精彩、非凡、卓越的冬奥会”两大主题，应该提早布局，吸收经验，采取切实有效措施筹备好、办好冬奥会。

1. 吸取东京奥运会延期的教训，尽快制定疫情持续下2022年冬奥会举办的预案

首先，对北京战胜新冠肺炎疫情保持信心，按照原有计划部署加快推进

相关筹备工作。要坚持“外防输入，内防反弹”，科学防治、精准施策，切断一切可能的疫情传播渠道，统筹推进北京冬奥会的相关筹备工作。赛事组委会要加强统筹调度，各单项赛事组委会、场馆属地党委政府、场馆业主等要层层压实责任，密切配合。冬奥组委会要按照整体工作方案，加强监督检查，做好总结评估。动员社会各方力量，广泛凝聚合力。

其次，充分考虑不可抗因素导致的各种可能性，针对各类突发危机事件为赛事制定更加详尽的应对措施。防疫期间，北京冬奥会 3 个赛区迅速制定了疫情防控方案，要求各建设工地实施封闭管理，做好定期消毒、检测体温、每日报告以及宿舍安排、错峰就餐等工作。以上措施保证了目前场馆建设工作的有序开展。接下来，尽快制定测试赛、冬奥会的具体预案，确保测试赛和冬奥会在“疫情可控”的情况下成功举办。

最后，加强与友好城市东京就疫情下的国际赛事筹备进行经验交流，研究东京奥运会延期引发的赞助商、关注度、收视率等变化情况，提前做好角色转换、备战保障、筹办服务等工作。

2. 外防输入，有效隔离，精准控制的方针指导下，有序推进疫情下冬奥会赛事筹备工作

首先，外防输入。冬奥首场测试赛将于 2021 年 2 月在北京举行，届时一系列测试赛将陆续展开。需要根据各国疫情变化情况，提前做好测试赛期间运动员、教练员、记者、保障团队等的核酸检测，严防疫情境外输入。

具体而言，对于测试赛的境外参加人员，以国家或地区为单位组织包机方式，搭载参赛运动员、教练员以及相关人员提前来华隔离，进行集中封闭式管理。在延庆、张家口以及周边地区，划出专门区域提供给外国参赛人员，安排其训练和日常生活。北京出入境管理局协调国家相关单位出台相关长期签证配套措施。

注重高科技手段对运动员病毒筛查的应用。在做到医学排查、流行病学调查的基础上，升级专业化检测的手段，引入智能测温设备、智能机器人排查设备、智能化专用通道。提升基础排查和快速转运效率，采取严实、精准、分类、有序、动态防控的手段，形成“智能 + 人工”的多级筛查制度。

其次，做好有效隔离准备。推进国家速滑馆、国家游泳中心、国家体育馆、冬奥会主新闻中心和国际广播中心、北京冬奥村等北京赛区项目全面复工；对冬奥会比赛场馆提前预留隔离医疗区域，对现有场馆做出有效改进，增加通风设施，增加新型转播模式的硬件设施配备。

最后，做好精准控制，与国际奥委会保持密切沟通。目前国外疫情已经全面扩散，不仅是欧美国家深受重灾，俄罗斯、非洲、印度、东南亚、南美洲等地区也都发生了重大疫情。疫情的动态变化给赛事举行带来不确定性，赛事安排需要根据疫情情况做出调整。因此，需要与国际奥委会保持密切沟通，及时调整工作计划，将一些重要现场会议改为以视频会议等方式进行。争取在疫情可控的情况下，实施调整测试赛的赛期，按时举办冬奥会。

3. 疫情对冬奥会关注度和曝光度提出挑战，需要制定完整冬奥会国内外传播方案

首先，抓住冬奥会和冬残奥会的机遇，展示北京的良好形象。北京身为东道主，需要抓住筹办 2022 年冬奥会和冬残奥会的重大历史机遇，深入弘扬人类命运共同体主张；充分展示中国特色社会主义道路自信与文化自信；给全世界呈现一届足以载入史册的、精彩的奥运会。

其次，加强对国际舆情的分析引导，打好冬奥会“舆情战”。随着疫情的蔓延，需要提前组建政府、专家、媒体相互协作的国际舆情研判团队并确定奥运赛事危机公关的媒体管理策略方案，充分评估国际舆论对冬奥会的影响，加以应对。①

再次，增加冬奥会的曝光度，扩展多种报道方式。鉴于疫情导致境外民众无法来京观赛的可能性，北京可以构建联合各类中央媒体、互联网赛事直播平台等机构，制定整体传播方案；拓展多种报道方式，主动邀请境内相关网络大 V、up 主等自媒体人士，参与奥运相关活动的报道推荐，抢占境内多种媒体平台流量；建议聘请谷爱凌等运动员作为冬奥会大使，积极在海外

① 李政霖、董欣：《北京冬奥会危机公关策略研究——以索契、平昌冬奥会危机事件为例》，《冰雪运动》2019 年第 9 期。

冰雪圈提升冬奥热度。

最后，境外开设冬奥会体验中心。北京需要提前做好冬奥会的境外宣传推广工作，增强境外参赛人员对北京安全举办冬奥会的信心，增加冬奥会的海外热度。在友好城市开设冬奥会体验中心，通过 AR 数字多媒体浸入方式介绍冬奥项目。在俄罗斯、塞尔维亚、北欧等冰雪强国举办赛事推荐活动，确保赛事影响力，在海外相关媒体上投放各类宣传广告。进一步梳理北京各类资源，将体育赛事与城市推荐进一步结合，增强北京文化软实力，激发北京相关消费。

4. 若疫情持续，采取“数字化冬奥会”，确保参赛人员数量、严防疫情输入，拓展赛事报道模式

第一，确保冬奥会参赛人员的数量、参赛国家的多样性，将注册制比赛改为邀请制。为参赛运动员及教练员发放补贴，挖掘“一带一路”沿线以及中东及非洲有参赛意愿的国家，资助其来中国参加比赛。

此外，鉴于奥运会延期和疫情持续，妥善协助相关体育机构安排好冬奥会运动员的利益诉求。在隔离区内，做好运动员积极备战的后勤服务工作，为运动员把身体调整到适合参赛的最好状态创造条件。另外，一些项目运动员的参赛资格可能会发生变化。北京奥组委可以协调国际奥委会、各国和地区奥委会、国际体育单项协会联起手来共同应对协商并解决好运动员的诉求、不同国家和地区的诉求、单项体育组织协会的诉求。

第二，比照测试赛的模式，对参赛运动员、教练员实施提前隔离，集中封闭式管理。

第三，观赛群众以中国长期居民（包括外籍长期在华人士）为主，欢迎部分高端境外人士参加。中国居民可以通过注册、提供健康码等举措选定观赛场次。政府可以通过发放优惠券等形式，积极鼓励并激励民众到比赛现场观看比赛。

第四，探索传统媒体与新媒体相结合以及依托新科技手段的赛事报道模式。不接受外国媒体临时来华记者的注册，可依托其长期驻华记者参与冬奥会报道，可运用 VR、AI 技术和互联网等手段参与奥运相关活动报道推荐。

积极鼓励王牌参赛运动员用 AR 设备，采用第一视角 AR、360 度全景摄像等新型技术，对赛事赛程进行体验性直播。

总而言之，“外防输入，内防反弹”将是疫情持续蔓延下筹备和举办好 2022 年冬奥会的首要关切。北京需要统筹推进北京冬奥会的相关筹备工作，完善冬奥会体育场馆、奥运村的“防疫”功能；探索疫情持续下，举办 2022 年北京冬奥会的可能性，并制定奥运会的举办预案；切实做好外国参赛运动员的隔离、集中封闭式管理工作；积极鼓励国内民众观赛，依托新技术手段多样化报道宣传，确保冬奥会成功举办。

重大体育赛事争议解决机制研究[*]

张万春　叶振宇　付冠宪　李雨欣[**]

摘　要： 重大体育赛事活动既是体育学研究的范畴，也是会展学研究的重要范畴。从会展法的视角看，当今世界重大体育赛事活动在举办过程中难免产生参赛资格争议（含国籍争议）、比赛过程和成绩争议及兴奋剂问题等种种争议。这些争议通常可由赛事活动主办方或组织方的内部争议解决机制解决。如果对内部争议解决不服，可以诉诸外部争议解决机制：国际体育仲裁庭的仲裁。而如果对国际体育仲裁庭裁决不服，则最终可上诉瑞士联邦最高法院寻求解决。

关键词： 会展法　赛事　反兴奋剂　体育仲裁　国际体育仲裁庭

伴随着北京2008年奥运会的成功举办及北京张家口2022年冬季奥运会的成功申办，① 重大体育赛事活动越来越引起国人注意。伴随着孙杨兴奋剂案件的发酵，重大体育赛事活动中的兴奋剂等种种争议同样吸引了公众眼

---

* 本文主要内容和观点体现在拙著《我国会展争议解决研究》中并经过资料和观点的修改和补充。本文是北京市2019年北京高等学校高水平人才交叉培养“实培计划”项目“北京2022年冬奥会法律问题研究”、北京学研究基地开放课题“北京文化软实力建设的会展撬动机制与法律规制”（SK60201902）阶段成果。

** 张万春，北京联合大学副教授，硕士生导师；叶振宇，中国社会科学院工业经济研究所副研究员；付冠宪，北京联合大学应用文理学院；李雨欣，北京联合大学应用文理学院。

① 最终获得举办权的城市和国家于2015年7月31日国际奥委会全体会议上投票产生，中国获胜。

球，国际体育仲裁庭的仲裁机制再次受到公众关注。这些赛事活动争议如何解决？赛场上裁判的判罚到底公平不公平？奥运赛事争议是否奥委会说了算？这些都是重大体育赛事活动争议解决的组成部分。虽然会展学界一直倡议“大会展”和“活动”，认为大会展包括赛事活动。[①] 但是，会展人对于体育赛事活动及其争议解决的研究的确较少。从会展法律的视角关注体育赛事及其争议解决，其研究目的不仅在于阐释体育赛事的法律规则，也不仅仅在于探索赛事活动的法治精神和价值理念，更在于借助体育赛事活动法律规则为会展一般法律规则的研究充实内容。

一　重大体育赛事活动内部争议解决机制

凡是有一定规模的单项或综合性体育赛事，往往都具备自己独立的赛事争议解决机构和机制。而对于世界上一些比较著名的重大体育赛事活动，其争议解决机制则更加完备。

（一）奥运会

奥运会是国际奥林匹克委员会主办的世界上规模最大的综合性运动会，每四年一届，会期不超过 16 日，分为夏季奥运会、冬季奥运会、夏季残疾人奥运会、冬季残疾人奥运会、夏季青年奥运会和冬季青年奥运会。奥运会的发起者和组织者为国际奥林匹克委员会，简称为国际奥委会，总部位于瑞士洛桑，是非政府间的国际体育组织。国际奥林匹克委员会于 1981 年 9 月 17 日得到瑞士联邦议会的承认，确认其为无限期存在的具有法人资格的国际机构。

国际奥委会处理争议的机构主要为奥委会大会与执行委员会。在有的情形下，奥委会执行委员会也可以将其职权授予道德委员会行使。[②] 道德委员

① 会展学界一般认为会展包括会议、展览、节庆、赛事等活动。参见张万春《中世纪商人法中的会展法律制度及其借鉴》，《法商研究》2012 年第 1 期。

② OLYMPIC CHARTERS art 59.

会一开始并未设立，而是盐湖城冬奥会丑闻爆发后国际奥委会机构改革的结果。1998 年 12 月，2002 年盐湖城冬季奥运会丑闻集中爆发。[①] 1999 年 3 月，国际奥委会第 108 次非常全会决定成立道德委员会，加强奥林匹克大家庭成员的道德约束。Olympic Agenda 2020 通过后，国际奥委会道德委员会的独立性进一步加强。在组织关系上，与国际奥委会密切相关的是各个国家的国家奥委会和国际单项体育联合会。国际奥委会、国家奥委会及国际单项体育联合会也被并称为“奥林匹克三大支柱”。[②] 这三大支柱不仅在奥运会举办权上起着决定作用，而且在奥运会争议处理中也起着决定作用。

（二）世界杯

国际足联世界杯，简称世界杯，是世界上最高规格和最高竞技水平的足球比赛，是当今世界影响力最大的单项体育赛事活动，是可以与奥运会并称的全球体育顶级赛事。世界杯每四年举办一次，任何国际足联会员国（地区）都可以派出代表队报名参加这项赛事。世界杯的发起者为国际足球联合会（The Fédération Internationale de Football Association，FIFA，简称国际足联）。国际足联由比利时、丹麦、法国、荷兰、西班牙、瑞典和瑞士倡议，并于 1904 年 5 月 21 日在法国巴黎成立。[③] 国际足联现有 211 个附属机构，总部设在瑞士苏黎世。[④] 国际足联是根据《瑞士民法典》第 60 条及有关法条规定而登记设立的，为瑞士社团组织，因而不可避免受瑞士法律约束。[⑤]

FIFA 内部救济机制的司法机构包括三部分：纪律委员会、道德委员会

① 具体内容可参考梁诚《盐湖城丑闻探源》，《体育文化导刊》2002 年第 2 期。

② 《奥林匹克宪章》明确规定了这三个机构：第二章内容为“国际奥委会”（IOC），第三章内容为“国际单项组织联合会”（IFs），第四章内容为“国家奥委会”（NOCs）。

③ See The story of FIFA，http：//www. fifa. com/about－fifa/videos/y＝2014/m＝11/video＝the－story－of－fifa－2477121. html，2020－2－28.

④ FIFA-Associations and Confederations-FIFA. com，https：//www. fifa. com/associations/，2020－2－28.

⑤ See FIFA STATUTES（April 2016 edition），General provisions，art. 1.

和上诉委员会。[1] 纪律委员会可以宣布对会员协会、俱乐部、官员、运动员的处罚。根据国际足联有关规则，如果纪律委员会和道德委员会的决定不是最终裁决，上诉委员会负责审理纪律委员会和道德委员会的上诉。FIFA 在外部争议解决机制上确立了国际体育仲裁庭的权威性。国际足联在解决任何国际足联、各洲际足联、会员协会、联赛、俱乐部、球员、官员以及授权的球员和赛事经纪人之间的纠纷时，可寻求外部体育仲裁法庭救济。而且，在向俱乐部、联赛、会员协会、各洲际足联和国际足联上诉都无法解决的情况下，只有体育仲裁法庭有权对就最后的决定和纪律处罚决定的上诉进行仲裁。[2]

（三）世界一级方程式

世界一级方程式锦标赛（Formula 1 World Championship，简称一级方程式或 F1）是目前最高等级的年度系列场地赛车比赛，是汽车顶尖科技、顶级车手和团队精神的综合体，是当今世界最高水平的赛车比赛。F1 与奥运会、世界杯并称为当今世界三大体育盛事。F1 赛事已经在中国落地。[3] F1 的发起者是国际汽车联合会（Fédération Internationale de l'Automobile，简称国际汽联或 FIA）。FIA 成立于 1904 年 6 月 20 日，总部位于法国巴黎，[4] 为非营利性国际组织，主要致力于协调各国汽车与摩托车组织、帮助驾驶者解决问题并统筹全世界各种汽车与摩托车赛事。FIA 的最高权力机构是世界汽车旅游理事会[5]（World Council for Automobile Mobility and Tourism）和世界汽车运动理事会（World Motor Sport Council）。两个理事会的主席均由国际汽联主席担任。FIA 属于国际奥委会承认的国际单项体育联合会。

---

① 2016 版《国际足联章程》（英文版）第 52 条。

② See FIFA STATUTES（April 2016 edition），art. 59，art. 60.

③ 2004 年 9 月 26 日，F1 赛事首次中国站比赛在上海正式进行，一直延续至今。

④ See http：//www. fia. com/fia，2020 - 2 - 28.

⑤ 其实，该机构的这种中文翻译并不准确。因为 World Council for Automobile Mobility and Tourism 中的 Mobility 作为“机动性”并没有体现出来。而显然该理事会的职能与目标也不仅仅限于旅游。

目前FIA内部拥有完善的争议处理体系，主要体现在赛会干事团（Stewards of the Meeting）、国际法庭（International Tribunal，IT）和国际上诉法庭（International Court of Appeal，ICA）。赛会干事团主要负责监督比赛状况，处理比赛过程中突发事件并做出相应裁决。赛会干事可以使用比赛录像以及无线电通信资料辅助器快速做出准确决定。2010年国际汽联大会采用了新的司法体系①，这包括国际法庭、国际上诉法庭新的功能和新的法律规则。这套新司法体系于2011年1月1日生效。对于赛会干事团未处理的案件，IT拥有初审纪律处罚权。IT的裁决可以上诉到国际上诉法庭ICA。ICA是国际汽车运动的终审法庭，根据FIA章程（FIA Statutes）和FIA国际运动法典（FIA International Sporting Code）而设立。ICA处理的争端须由世界各国国家运动主管部门（National Sporting Authorities）提起或国际汽联主席提起。另外，ICA还处理作为FIA成员的各国汽车组织提起的非运动争议。基于良治准则，ICA不是FIA的主要行政机构，而是一个独立的司法机构。

以上仅解析了三大类重大赛事活动，实际上还有四大网球公开赛、英联邦运动会、亚运会、环法自行车比赛等重大赛事活动。

二　重大体育赛事活动仲裁纠纷类型解析

从赛事活动主体角度看，赛事活动争议有运动员与赛事组织方的争议，② 运动员与体育协会之间的争议，体育协会与国际体育组织之间的争议等。从赛事活动主体之间法律关系看，有的争议双方为平等主体之间的法律关系，如球员与俱乐部之间的关系；③ 有的则为垂直的隶属关系，例如球员与国家体育组织之间的关系。

① See http：//www. fia. com/fia - courts，2020 - 2 - 28.

② 例如网球比赛选手与赛事主办方的奖金争议。

③ 著名的博斯曼案例中让·马克·博斯曼（Jean-Marc Bosman）与其效力的比甲RFC列日队之间的关系。

重大赛事活动争议根据是否含有直接商业利益，可以分为赛事商业争议与比赛争议。赛事商业争议往往具有直接的商业或者经济目的，例如赛事主办方与电视台的直播或转播纠纷、赛事赞助纠纷、赛事知识产权纠纷等；比赛争议主要是以赛事活动为中心的并且不具有直接商业或经济利益的争议，例如参赛资格争议、参赛国籍争议、比赛成绩争议、裁判争议以及兴奋剂争议等。之所以将赛事争议分为赛事商业争议与比赛争议，是因为这两类纠纷在争议解决方式上并不完全相同。

（一）参赛资格争议（含国籍争议）

这里的参赛资格争议往往是指运动员与体育运动组织之间的争议或纠纷。参赛资格对于一个运动员至关重要。尤其奥运会或世界杯这样重大的国际赛事，运动员参赛资格对于运动员成绩甚至运动生涯都具有决定性影响。参赛资格被禁止的情形中，有的是个人运动项目的比赛资格被禁止，有的是集体运动项目中的个人比赛资格被禁止；有时参赛资格被国际单项体育联合会禁止，有时则是被某个国家奥委会禁止。

具体到参赛资格的禁止原因，兴奋剂问题是最敏感的理由，下文将专门阐述。而很多运动员则是因为双重国籍或者更换国籍问题被禁止。当前，随着世界各国对奥运会成绩重视的加强，运动员流动性的增加，通过更换国籍或者在多重国籍中选择国籍的现象也开始普遍。从运动员的视角看，这本身也是运动员运动权益和人权的重要体现。因此，在正确适用规则的前提下，总体上维护运动员参赛权益的倾向也得到支撑。[①]

（二）比赛过程和成绩争议

这类纠纷围绕比赛过程和比赛结果而展开，除了最终的比赛结果有争议外，还包括对裁判标准与裁判行为的争议。体育比赛项目时间性非常强，比赛节奏非常快；而竞技比赛的激烈性也很容易导致比赛参与方产生冲突。但

① 参见肖永平、周青山《2008 年北京奥运会仲裁案件述评》，《法学评论》2009 年第 4 期。

是，无论是什么体育项目，一般都尊重比赛现场裁判员的裁决权。尽管如网球比赛中判罚辅助系统“鹰眼”（The Hawk-Eye Officiating System）已经介入比赛，[①] 但这只是一种辅助系统，赛场上裁判的判罚是决定性的。比赛成绩的争议有的体现在成绩被取消，有的体现在成绩被罚分；有的比赛成绩是因为兴奋剂问题而取消，有的则是违反比赛规则而受罚。对于因比赛成绩而引起的争议，如果是涉及技术性规则问题，一般很难推翻当时的裁判决定，或者很难改变比赛结果。这种情形，即使是国际体育仲裁庭也不例外。国际体育仲裁庭也认为，对于运动场上因裁判而引发的争议，原则上不予干涉或者审查。每项赛事运动的参与者都必须接受体育场上裁判的判罚和裁决。裁判有时也会出现错误，这不可避免，是赛事活动的一部分，所有参加比赛的当事人都必须接受这个事实。当然，如果有证据证明有关比赛官员和裁判的裁决是恶意或者是武断的，应当例外。[②]

（三）兴奋剂问题

兴奋剂问题与参赛资格争议、比赛过程和结果争议都有密切关联。之所以单独将这类争议作为一类，是基于兴奋剂问题的严重性和广泛性。

兴奋剂问题应当是威胁所有体育赛事活动的首要问题，这也是当今世界所有赛事运动都会摒弃的违反人类体育道德和体育精神的一类问题。体育运动中的兴奋剂是指国际体育组织规定的禁用物质和禁用方法的统称。兴奋剂不仅指禁用物质，也包括禁用方法和其他生理物质，例如血液、尿液和含有违禁药物成分的食品添加剂、营养补品、饮料等，只要这些生理物质以“非正常量或通过不正常途径”摄入人体，就作为兴奋剂。现在世界反兴奋剂机构每年公布一份禁用物质和禁用方法的清单。[③]

服用兴奋剂和兴奋剂被禁止的时间在历史上并不同步。最初，服用兴奋剂并非如今天这般敏感和严格。兴奋剂问题受到大家普遍重视是在 1964 年

① 该系统在网球比赛中已经普遍使用，但是使用有限制。

② 黄世席：《奥运会争议仲裁之发展浅析》，《山东体育学院学报》2007 年第 4 期。

③ 以前是由国际奥委会医学委员会公布。

东京奥运会期间的体育科学大会后。针对层出不穷的兴奋剂事件，以国际奥委会为代表的国际组织都加大了反兴奋剂的力度和决心。第一届世界反兴奋剂大会于1999年2月2~4日在瑞士洛桑召开，诞生了体育兴奋剂《洛桑宣言》。这个文件促成了2000年悉尼第27届奥运会独立的国际反兴奋剂机构的设立。为促进和协调世界范围内体育运动反兴奋剂的斗争，根据《洛桑宣言》条款，世界反兴奋剂机构（World Anti-Doping Agency，WADA）于1999年11月10日在洛桑宣告成立。WADA作为国际范围内的兴奋剂组织，遵循了奥林匹克精神，也得到政府间国际组织、政府机构、公共机构以及其他公共和私人反兴奋剂运动机构的支持和参与。①

根据《奥林匹克宪章》和《世界反兴奋剂条例》，对在奥运会期间服用兴奋剂的问题适用严格责任制度，而无须考虑其是否故意，或者能不能因此在比赛中获益。严格责任原则下，只要在运动员体内采集的样品中发现了某种禁用物质，就构成违规。无论运动员是否故意地使用了某种禁用物质，即使是服用感冒药都不可以。②

三　外部救济机制：国际体育仲裁庭的设立与独立

（一）国际体育仲裁庭的附属设立

国际体育仲裁庭（Court of Arbitration for Sport，CAS；Tribunal Arbitral

---

① See https：//www. wada - ama. org/en/who - we - are，2020 - 2 - 28.

② 拉杜坎（Raducan）兴奋剂事件即为典型案例。2000年9月悉尼奥运会期间，罗马尼亚女子运动员拉杜坎因为赛前感冒而听从队医建议服用感冒药。但这感冒药里含有禁药成分伪麻黄碱，而该药物已被国际奥委会列为禁药。拉杜坎获得女子体操个人全能冠军后的例行尿检尿样呈阳性，含有禁药伪麻黄碱成分。后国际奥委会根据医学委员会的要求召开会议，决定取消拉杜坎金牌，队医也被强令离开奥运村。于是拉杜坎向CAS提出上诉仲裁申请。CAS召开听证会于次日作出最后裁决：维持国际奥委会对拉杜坎的处理决定。拉杜坎兴奋剂案也因此成为最值得同情的兴奋剂案例。关于该案例的具体法律分析，可参见余宇、谢雪峰《第27届奥运会拉杜坎兴奋剂事件引发的法学思考》，《体育科学》2006年（第26卷）第3期。

du Sport，TAS），又称国际体育仲裁院，是专门为解决体育纠纷而设立的国际性仲裁机构。该机构总部位于瑞士洛桑，在纽约和悉尼设有分院。① 每届奥运会举行时还会设立临时仲裁法庭。CAS 是根据国际奥委会前主席萨马兰奇②的设想而设立的。一般来说，只有在双方都决定将案件提交到国际体育仲裁庭的情况下，国际体育仲裁法庭才有管辖权。

CAS 最初设立的初衷是建立"体育界的国际法院"（Hague Court in the Sports World）。③ 1981 年，萨马兰奇倡导的专门体育仲裁开始创立。1983 年 3 月印度新德里第 86 届国际奥委会全会上，《国际体育仲裁庭章程》（*Statutes of the Court of Arbitration for Sport*）被国际奥委会正式批准。1984 年 6 月 30 日，《国际体育仲裁庭章程》开始生效，CAS 在首任院长兼国际奥委会委员姆巴伊（Kéba Mbaye）④ 领导下开始运行。1986 年，CAS 开始受理第一例案件，1987 年做出第一例裁决。⑤ 1991 年，CAS《仲裁指南》（*Guide to Arbitration*）发布，该指南包含几款标准仲裁条款。此后，CAS 开始为越来越多的国际体育单项组织承认。

（二）CAS 的改革与独立

CAS 的发展潜藏着一种巨大的危机：CAS 独立性和公正性的质疑。1993 年 3 月 15 日，瑞士联邦法院公开 Gundel 案⑥的判决，承认 CAS 的真实性，但对其在面对 IOC 时的独立性提出质疑。这引发了 CAS 的改革。1994 年 6

---

① http：//www. tas - cas. org/en/general - information/statistics. html，2020 - 2 - 28.

② 胡安·安东尼奥·萨马兰奇（Juan Antonio Samaranch，1920. 7. 17 - 2010. 4. 21），国际奥委会终身名誉主席。1980 年在苏联莫斯科举行的国际奥委会第 83 次全会上获选为国际奥委会主席，2001 年 7 月 16 日在莫斯科举行的国际奥委会第 112 次全会上正式退休。积极支持中国 1979 年重返国际奥林匹克大家庭，为中国北京成功申办 2008 年第 29 届奥运会做出贡献。

③ See speech delivered by Mr Juan Antonio Samaranch（1982）176 Olympic Review.

④ Kéba Mbaye（April 6，1924，Kaolack，Senegal-January 12，2007，Dakar，Senegal），CAS 法官兼国际奥委会成员。

⑤ See TAS 86/1，Ligue Suisse de Hockey sur Glace（LSHG）.

⑥ See The 1994 reform，http：//www. tas - cas. org/en/general - information/history - of - the - cas. html，2020 - 2 - 28.

月22日，CAS的新机构——国际体育仲裁委员会（The International Council of Arbitration for Sport，ICAS）作为CAS的最高领导机构成立，并被载入《巴黎协定》（*Paris Agreement*）。[①] 1994年11月22日，《体育仲裁法典》（*Code of Sports-related Arbitration*）实施，确认了CAS改革；特别是确认了关于ICAS的设立以及普通仲裁庭（Ordinary Arbitration Division）和上诉仲裁庭（Appeals Arbitration Division）的设立。

1994年改革使得CAS走上了独立运作的轨道。1996年，CAS在悉尼和丹佛（Denver）[②] 设立分院。同样是在1996年，ICAS在亚特兰大设立第一个CAS临时仲裁庭，以处理在亚特兰大奥运会期间的争议。自此，每届奥运会期间都设立CAS临时仲裁庭。1998年，CAS还在吉隆坡举行的英联邦运动会上设立了临时仲裁庭。这也充分说明，CAS不仅仅为奥运会比赛提供服务。[③] 1999年，丹佛CAS分院搬到纽约；同年，《体育仲裁法典》做出修订，引入了调解程序。2002年，国际足联认可CAS仲裁。2003年CAS的独立性得到瑞士联邦法院的承认。[④] 盐湖城冬奥会中两个俄罗斯越野滑雪运动员不满CAS裁决[⑤]向瑞士联邦法院提起上诉。瑞士联邦法院经过认真分析CAS和ICAS的组织和机构关系后，认定CAS具备独立性，并没有偏袒IOC和其他当事方。[⑥] 同年，根据WADA公布的《世界反兴奋剂条例》，与兴奋剂有关的国际争议，指定CAS进行终审裁决。2004年，新的《体育仲裁法典》生效。2010年，亚奥理事会（OCA）与ICAS签署协定，着眼于为亚运

① Agreement Concerning the Constitution of the International Council of Arbitration for Sport.

② 美国科罗拉多州最大城市，该州首府。

③ 相同的例子还有：CAS在2000年为欧锦赛（European Football Championship）设立临时仲裁庭，2002年为在曼彻斯特召开的英联邦运动会设立临时仲裁庭。

④ An appeal has been filed by against CAS award before the Swiss Federal Tribunal (réf. 4P. 267, 268, 269 & 270/2002). It has been dismissed on 27 May 2003. Cf. ATF 129 III 425.

⑤ See Arbitration CAS 2002/A/370 L. /International Olympic Committee, award of 29 November 2002.

⑥ See Judgement of 27 May 2003, first civil Court, TF, Lazutina et Danilova v. International Olympic Committee (IOC), International Skiing Federation (FIS) and Court of Arbitration for Sport (CAS).

会设立临时仲裁庭。[①] 2012 年，CAS 在我国上海、阿布扎比、吉隆坡以及开罗四地设立替代性听证中心（Hearing Centres）。[②] 2013 年，CAS《法律援助指南》（*Legal Aid Guidelines*）生效，CAS 咨询程序（Consultation Procedure）取消，CAS 登记受理的案件也达到了创纪录的 408 件。[③]

CAS 的独立性与其自治性和公正性密切相关。1994 年，ICAS 成为 CAS 的最高领导机构，开始从组织上和财务上独立，独立于国际奥委会。而这种组织上和财务上的相对独立也确保了 CAS 的独立性和公正性。北京奥运会期间两名白俄罗斯选手兴奋剂案例就说明了 CAS 的公正性和对 IOC 的独立性。北京奥运会上，两名白俄罗斯选手杰维亚托夫斯基和齐汉在男子链球项目中赢得银牌和铜牌。由于涉嫌服用兴奋剂，国际奥委会在 2008 年 12 月取消了他们的成绩，由匈牙利选手帕尔什和日本选手室伏广治替补获银牌铜牌。两名白俄罗斯选手在 2009 年 1 月上诉至国际体育仲裁法庭，要求取回被剥夺的奥运会奖牌。仲裁庭立即着手进行调查，经过长达 1 年半的时间，最终认定两人服用禁药的证据不足，要求国际奥委会恢复两人的成绩和名次。[④] 而且，这种 CAS 否定 IOC 决定的案例并不鲜见。对 IOC 决议进行否定，这是 CAS 独立性的明显体现。也正因如此，CAS 裁决作为终局裁决获得了全球体育界的认可。

自成立以来，CAS 已经由 IOC 下的一个机构变成一个独立而公证的全球性体育仲裁机构。CAS 不仅设机构仲裁，而且还为奥运会、英联邦运动会、欧锦赛、世界杯和亚运会等设立临时仲裁庭。而且，CAS 还在全球设立了两大分院和四大听证中心。在国际体育范围内，CAS 独一无二的仲裁地位没有任何其他机构可以取代。CAS 的判例对奥林匹克大家庭中各国体育立法和司法，也起着不可估量的作用。

---

① 2014 年仁川亚运会上，CAS 设立了临时仲裁庭。

② 2013 年 8 月，上海听证中心听证的首个案件为韩国 FC 首尔足球俱乐部诉澳大利亚纽卡斯尔喷气机 FC 足球俱乐部关于培训补偿金的上诉案件，这也是 CAS 在全球设立 4 个听证中心以来的首个听证案件。

③ See http://www.tas-cas.org/en/general-information/statistics.html，2020-2-28.

④ 范遥：《仲裁法庭推翻国际奥委会》，http://www.bjnews.com.cn/sport/2010/06/14/42758.html，2020 年 2 月 28 日。

（三）CAS 仲裁裁决的争议类型

本文上述分析的体育赛事活动的比赛争议都属于 CAS 处理的范畴。《体育仲裁法典》R27 条规定，CAS 只能仲裁与体育有关的争议。自 CAS 创立后，CAS 从来没有声称因为争议与体育无关而没有仲裁权。[①] 原则上，CAS 可以处理两类争议：一种具有商业属性，一种具有纪律属性。

商业争议本质上是与合同的履行有关的争议，例如与赞助权有关的争议，电视转播权销售争议，体育赛事的筹划，运动员转会，运动员、教练员与俱乐部之间以及与代理人之间的关系（雇用合同和代理合同）。与体育有关的民事责任争议也属于这一类，例如运动员在体育比赛中的意外事件。这些民事或商事争议都可以由 CAS 仲裁庭作为一审案件来处理。作为一审案件来处理也就意味着这些争议适用普通仲裁程序。普通仲裁程序可以仲裁在体育运动的实践或发展中与体育、金钱或其他利害关系有关的任何争议。

纪律争议案件大部分与兴奋剂有关。除了兴奋剂案件外，CAS 还处理赛场暴力案件、裁判权力滥用案件等其他各种纪律争议案件。这类纪律案件通常由比赛体育主管部门进行初审处理；若仍然存在争议，可继续上诉至 CAS，由其作为终审案件进行裁决。与 CAS 普通仲裁程序相比，上诉仲裁的管辖权相对有限，仅处理那些争议当事人“已用尽体育联合会、体育协会或体育团体的所有的内部救济而意图将其裁决上诉到 CAS 的争议”。[②]

四　CAS 仲裁管辖权依据及仲裁程序

（一）CAS 仲裁管辖权依据

一般而言，只有诉诸 CAS 的当事方间存在仲裁协议，他们才可以将争

① See Digest of CAS Awards 1986 – 1998.

② Stephan A. Kaufman, Issues in International Sports Arbitration, *Boston University International Law Journal*, 1995, 13, p. 527.

议提交给 CAS。当事方之间的仲裁协议，一般具有广义和狭义两个方面。

从狭义的方面看，每位奥运会参赛者（包括运动员、教练员、训练员、代表团官员）签署“奥运会报名表”（Individual Eligibility Conditions Form）和国家奥委会签署“国家奥委会代表团参赛资格表”（NOC Delegation Eligibility Validation Form）。这两类表格有一个共同点：都包括一个由 CAS 进行仲裁的条款，任何拒绝签署文件或试图修改此仲裁条款的运动员将不得参加比赛。该仲裁条款的主要内容为：所有与奥运会有关的争议，如通过相关人员所在国国家奥委会、国际单项体育联合会、奥运会组委会以及国际奥委会的内部救济程序未能得到解决，须提交 CAS 裁决，该仲裁庭将依据瑞士的国际私法法案的规定进行仲裁，且该裁决是有拘束力的最终裁决。这种仲裁条款的目的在于确保奥运会特别仲裁庭的管辖权。

除了这两类报名表，还存在一个“奥林匹克运动会主办城市合同”（以下简称“主办城市合同”）。主办城市合同的内容非常复杂，这在《奥林匹克宪章》中也有明确规定和要求。主办城市合同除规定奥运会组委会需为 CAS 在主办城市设立的临时仲裁庭提供服务（包括但不限于房间、服务人员）外，绪言中明确规定签署此合同的前提之一就是举办城市与国家奥委会承诺完全遵守《奥林匹克宪章》和该合同各项条款举办奥运会的承诺。该合同的确能够保障 CAS 临时仲裁庭的设立。当然，就仲裁管辖权而言，主办城市合同不能作为仲裁管辖权的直接依据。

应当说，奥运会报名表和国家奥委会代表团参赛资格表含有确保当事方可以提交 CAS 仲裁的仲裁条款，这就是 CAS 仲裁管辖权的直接来源。

（二）仲裁程序

自 1994 年以来，CAS 的组织和仲裁程序适用《体育仲裁法典》。该法典于 2003 年修订，将长期以来为仲裁员一贯遵循的 CAS 判例法或惯例并入其中。该法典目前最新版本于 2010 年 1 月 1 日生效，共 70 条，分为两部分：第一部分为 S1 条到 S26 条，为解决体育运动争议的总则性内容；第二部分为 R27 条到 R70 条，相当于分则。自 1999 年后，法典也包含了一系列调解规则，但是没有约束力，也不采用正式程序，供当事方选择，在调解人主持下达成调解协议。因此，《体育仲裁法典》总共包括四种不同的程序：普通仲裁程序、上诉仲裁程序、咨询程序和调解程序。2013 年，CAS 弃用了咨询程序，因此目前只有普通仲裁程序、上诉仲裁程序和调解程序。CAS 仲裁程序分为两个阶段：书面程序和口头程序。书面程序是争议的双方当事人交换申请书和答辩书；而口头程序则通常是在 CAS 所在地洛桑，由仲裁院主持双方听证。当然，CAS 也在全球其他地方设立了听证中心。调解程序遵循双方达成的模式。如果不能达成调解协议，CAS 仲裁院会决定接下来的仲裁程序。

五　CAS 仲裁的基本法律适用：《奥林匹克宪章》与《世界反兴奋剂条例》

（一）《奥林匹克宪章》

无论是作为赛事活动的奥运会，还是作为赛事组织方的奥委会及有关组织，其最高活动准则皆为《奥林匹克宪章》。

在处理体育赛事争议中，《奥林匹克宪章》如同体育界的宪法，为处理各种争议提供最基础和最根本的法律依据。这是由《奥林匹克宪章》的地位和内容所决定的。而在赛事仲裁方面，《奥林匹克宪章》不仅提供了仲裁处理的法律依据，而且也是仲裁依赖的实体法。

《奥林匹克宪章》是国际奥委会为发展奥林匹克运动而制定的效力最高的法律文件，对奥林匹克运动的组织、宗旨、原则、成员资格、机构及其各自的职权范围和奥林匹克各种活动的基本程序等作了明确规定，是奥林匹克运动的根本大法，为各国际单项运动联合会、国家或地区奥委会、奥运会组委会等社团组织所遵守。由于奥林匹克运动在全世界独一无二的影响力，《奥林匹克宪章》已经远远超越了一个国际体育组织宪章的范畴，实际上对于各个国家的体育运动立法都有着巨大影响力。《奥林匹克宪章》是奥林匹克委员会通过的奥林匹克基本原则、规则和细则（Bye-laws）的法典汇编。[①]随着奥林匹克运动的发展，尤其是世界范围内反兴奋剂运动和反腐运动的进行，《奥林匹克宪章》也在不断修订中，最新版本是2014年12月8日在摩纳哥召开的国际奥委会第127次全会上通过的新宪章。[②]

2014版《奥林匹克宪章》共有6章。其中第6章为惩罚措施、纪律程序和争议解决，这也是关于奥林匹克运动争议解决中最关键最为具体的一章。该章共包括3条（59～61），其中第59条是关于处罚措施的规定，第60条是关于质疑奥委会裁决的规定，第61条是关于争议解决的规定[③]：①国际奥委会的决议是终局性的。国际奥委会的决议的执行或解释有关的任何争议只能由国际奥委会执行委员会解决；在某些特定案件中，由国际体育仲裁庭（CAS）仲裁解决。②在奥林匹克运动会举行时与奥林匹克运动会有关的任何争议，都只应提交到CAS，按照《体育仲裁法典》（*Code of Sports-related Arbitration*）[④] 解决。

宪章第61条对IOC和CAS在争端解决中的分工与合作做出清晰的界定。IOC作为奥林匹克运动的领导机构，其权力通过三个机构实施：大会（Session）、执行委员会（IOC Executive Board）和主席。其中，大会是IOC的最高权力机构，自然可以做出终局性决议，例如委员会委员的选举、国际奥委会主席和副主席的选举、奥运会本身的改革、《奥林匹克宪章》的修改以及奥运会主办城市的选举等。这些事项多涉及IOC组织和奥林匹克运动的根本性问题，CAS是无权解决的。但是在特别情形下，CAS可以介入。到底哪些属于特别情形宪章并没有用细则进行解释。而且，如果由CAS介

---

① OLYMPIC CHARTER（8 December 2014），Introduction to the Olympic Charter.

② See http：//www. olympic. org/olympic - charter/documents - reports - studies - publications，2020 -2 -28.

③ 《奥林匹克宪章》的官方版本为法文版和英文版，无中文版，因此本条内容表述仅为参考。为慎重起见，请参阅官方版本第61条。

④ 本文将*Code of Sports-related Arbitration*译为《体育仲裁法典》。这里的Code，有学者表述为“章程”，参见韩勇《兴奋剂处罚中的程序公正》，《北京体育大学学报》2008年第8期。“章程”的表述，脱离了Code的本义；另外，在“宪章”下再谈“章程”，逻辑上也很难成立，因为“宪章”本身就是大章程。

入，到底是用普通仲裁程序还是上诉仲裁程序？还是二者皆可？这也是值得进一步探讨的问题。而第 61 条第 2 款则似乎是扩大了 CAS 的仲裁权。凡是奥运会举行期间发生的任何争议，或者与奥运会有关的任何争议，都提交到 CAS 解决，IOC 无权干涉。实际上，这里的任何争议，除了比赛争议外，还涉及商业争议。如果是商业侵权争议，争议当事方并没有仲裁协议或者不存在相应的仲裁条款，CAS 是否有管辖权？答案是肯定的。CAS 已经有判例证明了这一点。但问题是，既然没有仲裁协议或仲裁条款 CAS 也可以受理案件，那么 CAS 受理案件的真正边界到底在哪里？如果一旦超越这个边界，其承认和执行是否会受到限制？CAS 裁决被有的国家拒绝承认和执行的案例也已经说明了问题。但是无论如何，宪章第 61 条明确了 CAS 管辖权和可仲裁事项。

（二）反兴奋剂强行法：《世界反兴奋剂条例》

根据 2014 版《奥林匹克宪章》，《世界反兴奋剂条例》（*The World Anti-Doping Code*，WADC）对于整个奥林匹克运动而言都具有强行法性质。[①] 世界反兴奋剂体系涵盖了为确保国际和国家反兴奋剂体系的高度协调一致和最佳实施所必需的所有要素，其主要部分为三级：第一级为条例（The Code）；第二级为国际标准（International Standards）；第三级为最佳实施模式及指南（Models of Best Practice and Guidelines）。

《世界反兴奋剂条例》于 2003 年第一次通过，并于 2004 年生效。后来，该条例进行修改并于 2009 年 1 月 1 日生效。2014 年 11 月 12 日到 15 日，在南非约翰内斯堡举行的第四届世界反兴奋剂大会上，《世界反兴奋剂条例》再次修订，并于 2015 年 1 月 1 日生效。2019 年 11 月 7 日，在第五届世界反兴奋剂大会上，世界反兴奋剂机构 WADA 审议并通过了 2021 版《世界反兴奋剂条例》，该条例于 2021 年 1 月 1 日起正式生效。

《世界反兴奋剂条例》是竞技体育运动中世界反兴奋剂体系的全球性基础文件。本条例的目的在于通过反兴奋剂核心内容的全球协调一致来加强反

---

① See Olympic Charter art. 43.

兴奋剂工作。该条例以及支持条例的世界反兴奋剂体系的宗旨在于：①保障运动员参加无兴奋剂的体育运动的基本权利，从而增进世界范围内运动员的健康、公平与平等。②确保在发现、遏制和防止使用兴奋剂方面，形成国际和国家层面上协调一致的有效的反兴奋剂体系。《世界反兴奋剂条例》的基本原则为：反兴奋剂体系努力维护体育运动固有的价值观。该价值观被称为“体育精神”，也是奥林匹克精神的精髓，即通过完美呈现个人自然禀赋来追求人类卓越，关系到我们如何公平竞赛。体育精神是人类灵魂、身体、心灵的体现，并且体现在从体育运动中发现的如下价值中，包括：道德、公平竞赛与诚实；健康；优秀的竞技能力；人格与教育；趣味与快乐；团队协作；奉献与承诺；尊重规则与法律；尊重自己，尊重其他参赛者；勇气；共享与团结。使用兴奋剂在根本上与体育精神背道而驰。

2021 版 WADC 首次在基本原则中纳入运动员权利，并从实体和程序两方面强化了运动员权利的保护。随着科学检测技术的进步以及受污染产品问题的增加，结合国际体育仲裁庭的仲裁判例，为了保护运动员权利，如果运动员阳性检测结果涉及的违禁物质含量非常低，在已知受污染的产品中都会出现这种情况，导致运动员无法具体识别，2021 版 WADC 规定了在违禁物质来源于受污染产品的情况下视过错程度处以最高 2 年的禁赛。2021 版 WADC 还增加了兴奋剂违规涉及滥用毒品问题运动员的处罚。凡是运动员能够证明任何毒品摄入或使用是在赛外发生的且与运动成绩无关，则不合格期（Period of Ineligibility）为三个月。但是如果运动员或其他人圆满完成了反兴奋剂机构批准的药物滥用治疗项目，并对结果负有管理责任，则不合格期可缩短至一个月。[①] 此外，2021 版 WADC 还对运动员处罚涉及共谋的禁赛期限改为 2 年至终身禁赛，[②] 引入“加重情节”条款，[③] 再次修改兴奋剂违规禁赛期的计算公式。[④]

---

① See World Anti-Doping Code 2021，Art. 10.2.4.

② See World Anti-Doping Code 2021，Art. 10.3.4.

③ See World Anti-Doping Code 2021，Art. 10.4.

④ See World Anti-Doping Code 2021，Art. 10.9.1.

六　最终救济机制：上诉机制

CAS 作为重大体育赛事活动的最高仲裁机构，其设立旨在成为体育界的海牙国际法院。因而从一开始 CAS 也是仿照了国际法院的思路而设立，仲裁庭第一任院长姆巴伊即是海牙国际法庭法官。另外，CAS 咨询管辖权的创立也显然是仿照了国际法院。但是 CAS 的仲裁管辖权可以说是摆设，因为 CAS 与国际法院的运行体制不同，实现的功能也并不相同。不过，就其影响力而言，CAS 如今也确实实现了萨马兰奇当初设定的体育界国际法院的目标。CAS 的至高性已经超越奥林匹克运动本身。本文开始分析的重要赛事奥运会、世界杯和 F1 等也都普遍承认和引入了 CAS，尤其是 CAS 临时仲裁。CAS 仲裁已经成为各国运动员、各个体育项目、国际奥委会、国际单项体育组织和国家奥委会等各方公认的最高争议解决殿堂。

从 CAS 的实践看，仲裁裁决并不总是最终的和有约束力的裁决，当事人可以在国内法院对其提出诉讼。① 而且，如果 CAS 裁决需要承认和执行的时候，承认和执行国所在法院仍然有权审查其裁决。这些都是 CAS 无法逾越的。

CAS 1994 年改革的重要内容就是摆脱国际奥委会的影响以保持其公正性。当 CAS 有越来越多的案例否定和撤销了国际奥委会的决议时，这种改革目标已然实现了。然而，不可忽视的是，无论是质疑 CAS 公正性和独立性的标志性事件，还是承认 CAS 独立性的标志性事件，都出自瑞士联邦法院的判决：1993 年瑞士联邦法院判决的 Gundel 案和 2003 年瑞士联邦法院判决的俄罗斯越野滑雪运动员的上诉案。这充分说明，当 CAS 摆脱了国际奥委会成为至高体育仲裁庭的时候，作为一个民间仲裁机构，它还是要受到所在国法院瑞士法院的司法审查，还是要受到所在国法律瑞士法②的约束。

---

① 赵秀文：《论法律意义上的仲裁地点及其确定》，《时代法学》2005 年第 1 期。

② 主要是《瑞士联邦国际私法》和《瑞士民法典》。

CAS 于 2011 年 6 月 29 日裁决的国际足联诉马图扎伦案就是典型一例。[①] 由于不满 CAS 裁决，马图扎伦最后向瑞士联邦最高法院提起上诉，瑞士联邦最高法院依据瑞士法律于 2012 年 3 月做出最终判决，支持了当事人的上诉请求，认为 FIFA 所做纪律处罚不合法，CAS 维持对运动员“无限期禁止从事与足球相关的活动”的禁令威胁到了他的经济自由权和隐私权，于是撤销了 2011 年 6 月 29 日的裁决。

CAS 管辖权体现的仍然是一种自治权，它可以摆脱对一个国际组织的依赖，却无法摆脱瑞士法律下瑞士法院的司法审查和各国法院在涉及承认与执行 CAS 裁决时的国家权力。

① 参见姜世波、孔伟《私力惩罚的空间：基于国际足联诉马图扎伦案的思考》，《甘肃政法学院学报》2015 年第 3 期。

专栏七　经验借鉴篇

民间社会公共外交的扬州实践

张跃进*

摘　要： 新时代以来，中国的和平发展外交政策为公共外交注入了新内涵。随着世界多元化的发展，公共外交正在成为各类文明交流互鉴的重要方式。扬州民间社会公共外交的实践与成效，充分体现出具有中国特色的公共外交魅力，必将有利于人类命运共同体加快建设。

关键词： 扬州　民间社会　公共外交

一

进入新时代以来，中国经济社会不仅有了长足的进步，许多国家也越来

* 张跃进，扬州公共外交协会会长。

越感受到中国对于世界的贡献，符合绝大多数国家利益的世界多元化趋势稳步发展。习近平主席顺应世界求和平、谋发展、促合作、图共赢的时代潮流，在国际国内多个场合强调，和平、发展、合作、共赢，恪守维护世界和平、促进共同发展是中国的外交政策宗旨，提出构建新型国际关系、构建人类命运共同体。

当今世界，绵延五千年灿烂文明的中国，作为世界第二大经济体，对全球经济增长的贡献率超过30%，现行联合国标准下的7亿多贫困人口成功脱贫，尤其是十几亿人口都过上了吃穿不愁安居乐业的生活，执政党代表全国人民根本利益的体制特色，赢得世界绝大多数国家和民众无比羡慕。但以美国为首的西方社会图谋继续维持二战以来通过霸权获得的唯我独尊地位，竭尽全力利用经济军事强势和话语权优势，全面打压和污名化中国。在处理国际事务中，完全置和平、公平、平等于不顾，逆世界发展潮流，唯美国和西方利益至上。

中国作为负责任大国，主动发挥作用，积极推动建设相互尊重、公平正义、合作共赢的新型国际关系，是国际社会发展的需要。越来越多的国家逐步认清霸权的本质是只顾自己不顾他人，或是少顾他人，不愿意服从美国的指挥棒。因此，中国提出尊重各国人民自主选择发展道路的权利，支持广大发展中国家健康发展，受到普遍欢迎。

世界本身具有开放、包容、融合、交流的特性，需要大胸怀、大格局、大智慧、大合作来维护。面对少数发达国家社会矛盾痼疾缠身和大多数发展中国家贫困落后的现状，当今世界既需要世界各个国家和地区共同探讨治理良方，形成合力共识，也需要“中国智慧”和“中国方案”的贡献。维护国际公平正义，倡导国际关系民主化，是世界和平发展的必要环境。习近平主席在多个外交、外事场合强调，中国不会把自己的意志强加于人，反对干涉别国内政，反对以强凌弱。和平发展的道路不是零和博弈、你死我活的老路，而是互利共赢、共同繁荣的新路；不是文明冲突、文明优越的老路，而是促进和而不同、兼收并蓄、交流互鉴的新路。为此，中国提出了进一步扩大对外开放，构建人类命运共同体，共建“一带一路”倡议，加强文明交流互鉴等一系列普惠世界的好方案，目的是促使大家联合起来，消除隔阂、贫困、饥饿、疾病、恐怖、战争等，共同建设持久和平、普遍安全、共同繁荣、开放包容、清洁美丽的世界。

二

国际舞台上的中国形象，一方面，得益于中国国家外交发挥了主导性、决定性、战略性的作用，在国际事务中扮演的角色越来越重要，越来越走近世界舞台的中央。另一方面，中国的民间社会公共外交发挥了不可或缺的引导性、补充性、柔韧性作用。

面对动荡不安、贫富不均、各有所求的国际社会，新时代的中国民间社会公共外交如何配合国家外交做得更好？关键在于贴近对象国各社会阶层，了解他们的需求，要讲他们能够听懂的话语，用他们能够接受的方式，有针对性地开展工作，还要特别注重运用民众喜欢的融媒体和网络方式，借助其强大的信息传播和互动功能，这样才会收到事半功倍的效果，让越来越多的国家、地区、组织和民众，逐步认清美国和西方国家的政治嘴脸，深切感受到中国对于世界稳定、和平发展的巨大贡献，接纳和平崛起的中国。

民间社会开展公共外交与国家外交及国家层面的公共外交不是各自独立的关系，而是一个有机整体，既有联系，又有区别。简言之，目标是一致的，重点不一样；要求是一致的，方法不一样；宣传是一致的，作用不一样。因此，民间社会开展公共外交实际上是对国家外交及国家层面公共外交的补充、扩大和完善。例如，博鳌亚洲论坛已经成为每年一度政府、企业及专家学者等共商经济、社会、环境及其他相关问题的高层对话平台，无论能否形成共识，起码了解了彼此。作为推动构建人类命运共同体的重要实践平台，“一带一路”倡议提出 7 年多来广受欢迎，中国已同 160 多个国家和国际组织签署相关合作文件，政策沟通不断深化，资金融通不断扩大，设施联通不断加强，贸易畅通不断提升，民心相通不断发展，对构建以“对话不对抗，结伴不结盟”为特征的新型国际关系起到了切实的推动作用。沿线国家和地区之间几乎每天都在开展媒体交流、智库交流、文化交流、青年交流、体育交流等不同形式的对话，加强沟通，促进互补。这次新冠肺炎疫情发生以来，许多国家和地区纷纷给中国捐献物资和表达慰问，当国外许多城市疫情扩散时，中国又积极伸出援手，不仅体现了人类命运共同体的理念，也为未来更丰富的交流合作打下了坚实的基础。

民间社会开展公共外交，看似无足轻重，实则最接地气。不论国家体制和意识倾向，凡是民众生产生活的一切方面，都可以成为相互交流交往的内容；凡是不违法不违规不违教入乡随俗的形式都可以采用。在实践中，的确有些正正规规的严肃宣传反而不如当下流行的媒介手段受欢迎，间接的文字图片讲授不如身临其境的亲身感受，在对方有特定需求的时候也没有必要急急忙忙搭配兜售我们的价值观。所以，民间社会开展公共外交的形式可以更加体现灵活性、趣味性和互动性。旧城新貌、古今名人、文化交流、非遗展示、体育比赛、美食品鉴、工艺美术、绘画摄影、城市节日、旅游观光以及老建筑、老街巷、老物件、老习俗、老生活、老把式等，都是民间社会开展公共外交的最好素材，能够更好更快地拉近距离，建立友谊。最近，中国处在抗击新冠肺炎疫情期间，得知中国防疫用品紧张，日本许多民间团体通过广泛募捐和采购驰援中国，有些就是朋友之间发起的。同样，当国外疫情蔓延的时候，国内不少组织机构、团体个人也都想方设法给予外国友人防疫用品帮助，这样的民间友好互动，都是对政府的国家外交作了有力补充。

三

扬州公共外交协会成立六年多来，认真学习贯彻习近平主席关于国家外交和公共外交的一系列重要讲话精神，立足中国自信、发挥地方特色、紧密依靠会员，从配合参与到积极开展对外交流合作，既主动交往各国友人，又尊重权利包容认识；既充满自信讲好故事，又兼收并蓄采人之长；既把握遵守外事纪律，又积极探索民间方式。多年来的探索实践和取得的成效，被业内誉为“扬州公共外交模式”。

作为地方城市开展民间社会公共外交活动并非易事，政策的瓶颈、资金的来源、信息的对称、活动的协调等都是屡见不鲜的难题。现有的行政体制和机制决定了协会开展民间社会公共外交，不能脱离地方政府的支持，不能没有企业的支持，更不能违反规定开展工作。对此，协会不是消极的等待，而是想方设法、因地制宜地开展活动。一些活动尽量与政府部门联办，有些部门本身就承担地方政府对外开展交流交往的职责，有着大量对外交流合作的资源。协会倚重政府部门力量组织开展工作，在政策上、资金上、方式上、人员上能够得到很多支持与帮助，也方便解决费用问题。有些完全靠自己开展的活动，则有限度地请企业和热心人士予以赞助。还有一些则是借智借力参与其中，与大家共同为外国友人讲好扬州故事。许多外国友人和友城也正是从这些故事和亲身感受中认识了扬州并爱上了扬州。

2019 年，扬州喜获“东亚文化之都”和“世界美食之都”称号，与政府和协会多年来孜孜不倦开展纪念鉴真、崔致远和举办美食节等各种活动分不开。连续 13 年举办的扬州鉴真国际半程马拉松赛，每年吸引 40 多个国家和地区的 3 万多名选手参赛。鉴真图书馆举办的“扬州讲坛”已开讲 11 年，200 多位国内外各界名人大家登坛演讲。连续五年，由日本 NPO 法人亚细亚新生交流协会理事长、日本亚细亚大学范云涛教授发起的鉴真计划中日大学生交流活动在扬举行，本着缅怀鉴真大师、弘扬鉴真精神，培养以未来良好中日关系为己任的中日青年一代。协会曾应邀参加第四届中韩论坛，代表中国民间社会发声，受到与会者欢迎，原外交部部长李肇星给予充分肯定。这些历史名人的效应，帮助我们更加深化中日和中韩民间的友好交往，在新型国际关系的建设中发挥了独特作用。协会在接待瑞典厄斯特松德前副市长、瑞典国家食品研究中心主任、“美食之都”项目联络人克里斯蒂纳女士时，不仅积极推介近年来扬州开展的美食文化活动，请她亲自品尝美食，还专门为她准备一幅中国画作品，给她留下了深刻印象。

民间社会公共外交活动不同于项目产品的生产，不能以急功近利的眼光来看待公共外交效果。一些文化艺术方面的交流，一些项目课题的讨论研究，一些论坛会议的举办参与等，往往并不产生直接经济效益。但是，其产生的社会影响、潜移默化的作用、彼此友谊的加强，却是不容小觑的。通过交流交往，相互了解彼此想法，寻求共同的认识，对于在关键时刻解决重要问题往往是非常有利的。

协会连续六年在北京举办“扬州美食节”。因为，北京的外国驻华使馆和领事馆集中，国际组织、机构、办事处众多，世界500强跨国企业或者总部多设在北京，外国媒体派驻机构和记者云集。协会正是看中这一点，依靠中国公共外交协会和北京外事服务局的大力支持，每年举办一次“扬州美食节”，外国友人踊跃参加，市领导现场推介，邀请他们来扬州观光考察、投资兴业、宣传报道等。这样的民间社会公共外交，因为沟通了信息，建立了互信，对于促进地方经济发展起到了良好的推动作用。

扬州高等教育资源并不十分丰富，但近几年来认真贯彻和助力国家“一带一路”倡议，积极响应江苏省“留学江苏行动计划”，主要面向东盟和中亚、南亚国家招收留学生。其中，扬州职业大学的留学生培养是在中国公共外交协会直接指导关心下进行的。据统计，每年在扬州学习的外国留学生总数达3000多人。在开展学历教育的同时，学校每年都会举办各种校园文化交流活动，协会还与学校共同开展“外籍人士看扬州”微视频大赛、外籍人士“感知扬州”、选拔留学生参加每年一度的扬州国际半程马拉松比赛等一系列活动，帮助留学生全面感知和认识更加全面、充满着生机与活力的中国城市，为培养知华、友华、爱华的国际友人奠定基础。

根据现有的政策规定，地方公共外交协会人员无论是主动出访还是应邀出国的可能几乎为零。中华人民共和国成立70周年之际，许多驻外使馆举办庆祝活动，其中有一个大使馆专门电函邀请协会协助组织文艺人员赴当地参加庆祝演出。这是一个非常好的民间组织开展公共外交的机会，但遗憾的是无论如何得不到批准。

因此，协会开展民间公共外交必须面对现实，因地制宜。在实践中，我们着重注意以下四个方面。

一是主动用好“请进来”的。对于主动来扬州、应邀来访的外国友人和企业聘用的外国专业技术人员以及几千名留学生，协会主动与有关单位联系，利用适当时机，采取适当渠道，建立互信关系。如中国驻巴拿马使馆，介绍巴拿马中华总会冯会长来扬考察浮雕工艺，拟在巴拿马华安义庄内把百年前华人抵巴筑铁路和开运河的事迹用浮雕展现出来。协会派专人陪同服务，基本敲定合作意向。在这次新冠肺炎疫情期间，得知国内防疫用品紧张，冯会长专门从巴拿马购买一批口罩寄往扬州支持抗疫。

2019 年上半年，协会与南京公共外交协会共同组织开展两地留学生“歌舞青春同乐五洲”的联谊活动。来自南京、扬州 6 所高校的 20 多个国家的 600 多名中外师生参加活动，以音乐、舞蹈、歌声等形式来表达对两个城市的热爱。联谊演出不仅为多国留学生搭建了展示自我的舞台和增进友谊的平台，还让他们更加全面地认知中国、喜爱中国，表示一定把中国人民的友谊带回家乡。

2019 年 11 月，应中国驻登巴萨总领事馆倡议，我们邀请印尼巴厘省 11 位艺术家来访扬州，协会专门商请具有社会情怀、愿为公益出力的扬州最大商业航母“五彩世界”，共同组织开展书画笔会、艺术采风等多种形式的文化交流。“五彩世界”周到的接待服务和优雅的人文环境，给对方留下极为深刻的印象，并初步商定，接受协会方提出的参加 2020 年扬州世界园艺博览会展览的邀请。

二是借力用好“走出去”的。2020 年春节前，许多留学生放假回国了，正赶上中国抗击新冠肺炎疫情期间，暂时不能返回。协会通过校方沟通联系获悉，他们不仅没有抱怨，还表示支持中国为中国加油，祝愿早日解除疫情。同时，这些学生还成了义务宣传员，把中国政府如何领导全国人民同心抗击新冠肺炎疫情纷纷宣传给本国民众。

2019 年是扬州市与日本厚木市结好 35 周年，受到该市邀请后，协会组织并资助柳丝艺术团赴厚木市参加香鱼节演出，开展友好交流。柳丝艺术团完全由民间自发组成，平时团员各有自己的工作。有了涉外文化交流项目，能够走开的团员便集体排练准备，依靠邀请方补贴一点、协会支持一点、团员个人自筹一点的经费，热心参加民间社会公共外交活动。几年来，柳丝艺术团先后到访过日本和欧洲一些城市，为对外民间交流做出了贡献。

协会会员周鑫先生既有文艺才华，又有公共外交情怀，为不断丰富民间社会公共外交形式，协会大力支持他参与在北京举办的“一带一路人文历史专题展”。已获得“2018‘一带一路’最美文化信使”的他，多年来在共建“一带一路”国家和地区拍摄的《丝路上的一万张面孔》《丝路上的影像故事》《发现新世界》等影像专题得到集中展示，协会组织座谈，让他讲述十年“重走丝路”历程，与沿途各国人民结下的深厚友谊，有许多国内外媒体参与了报道。

三是精心讲好要表达的。关键要有自信，国家的强大，城市的发展，多方的支持，友人的向往，这些都是讲好中国发展故事、讲好扬州幸福故事的自信所在。公共外交要区别不同对象。对留学生、外国专家、旅游观光者、外商企业，不能千篇一律空谈合作或者一味地说教灌输，而应由浅入深、循循善诱。有条件的话，要带他们耳闻目睹、亲力亲为。在交流中，中国的和天下理念要解读，悠久的历史文化要叙述，城市日新月异的发展要眼见，百姓生活幸福快乐要感受，这就实现了我们开展公共外交的初心。

近几年，协会与高校专门为留学生组织开展了一系列活动，主要是文化展示、知识竞赛、体育锻炼、游览观光、美食品尝等。在讲好中国故事基础上，不断开拓创新，丰富内容和方式，针对外国人的文化和需求，用国际化的语言让他们领略中国文化的博大精深。

四是积极了解想什么的。留学生虽然有很多来自比较贫穷落后的国家，但是年轻人的思维非常活跃，接受能力强，理解事物快。开办各类专题讲座前，我们不是先入为主，自说自话，而是事先让学校征求学生想法，再从学生关心的话题中选出题目，请有关专业人员做好准备。这样的讲座效果从现场活泼互动的欢声笑语中明显能够看出来。

2018 年 9 月，扬州公共外交协会与扬州广电总台、扬州报业传媒集团成功主办“外籍人士看扬州”微视频大赛。事先，我们了解到学生们来自不同的国家，希望借此机会对扬州的城市印象给予有个性的自我表达。为此，我们并没有规定条条框框，让留学生们用自己的视角诠释扬州，我们只是在最后环节把关。应该讲，这些作品基本做到了用国际视角阐述扬州故事，达到了向世界分享“大美扬州”的目的，不少作品荣获多个奖项。中国公共外交协会吴海龙会长对该项活动给予充分肯定并希望进一步扩大宣传。

四

同舟共济、权责共担的东方文明为应对当今世界面临的各种挑战带来了全新视野与成功实践。习近平新时代中国特色社会主义外交思想正是东方文明智慧的体现，对于统筹国内国际两个大局，始终不渝走和平发展道路、奉行互利共赢的开放战略，为实现“两个一百年”奋斗目标和中华民族伟大复兴的中国梦营造更加有利的国际环境，具有十分重要的意义。

民间社会公共外交要常做常新，不能仅仅停留在浅尝辄止的表面认知上，还可以与其他工作更紧密结合，借助媒体、网络、会演、书画、讲座、论坛、培训、外聘、联办等各种形式，会产生出更好的叠加效果。2020 年，协会将要带领留学生走进社区管理、环境保护、科技创新、行政审批等部门，让他们亲身了解中国城市发展的动力和目的、政府在城市发展与治理中的角色定位以及多元主体如何参与城市的发展与治理。通过扬州城市治理的缩影进一步宣传“中国理念”、“中国方案”和“中国智慧”。同时，协会也在探索开展一些更富新意的项目，设想在有关部门支持下，打造公共外交文化特色小镇，形成推动区域特色发展的新引擎，拓展友好往来的新窗口，展示公共外交的新样本。

当今，世界正处于百年未有之大变局中，全面拓展中国特色的民间社会公共外交功能，是新形势下国家外交布局的必然要求。遗憾的是国内关于民间社会如何开展公共外交至今没有一部系统的工作规范，这与中国未来的全面发展不相适应。2020 年 2 月 26 日，习近平主持中央政治局会议在强调疫情防控国际合作时指出：“加强对外宣介和公共外交，共同维护地区和世界公共卫生安全”。这次新冠肺炎疫情世界大流行，各个国家都不能独善其身，必须加强国家之间、民众之间的共同防护，才能抵御疫情。值此重要契机，希望有关部门高度重视，尽快启动关于中国公共外交的顶层设计，及早出台指导性文件，促进中国公共外交分类分层次的有序开展。作为国家公共外交中重要补充的民间社会公共外交，只要不损害国家利益、不偏离国家政策、不玷污国家形象、不影响国家对外工作大局，能够讲好故事、树立形象、打好基础、增进友谊的，都应该给予大力支持。地方协会也有责任组织和培训热心民间社会公共外交人士，全面学习和了解习近平主席的外交思想及中国的外交政策宗旨，筑牢历史文化哲学的基础，扩大放眼国际国内的视野，把握社会发展趋势的大局，通过民间社会公共外交渠道，心平气和潜移默化地讲好中国人民勤劳的故事、社会发展的故事、追求和平的故事，展现真实立体、丰富全面的中国形象。

海南自贸港视域下的城市外交建设路径*

卢 暄　何自扬**

摘　要： 自贸港建设为海南城市外交发展带来了新的契机，同时城市外交也促进了国际交流与合作，契合了自贸港扩大对外开放的现实需要，二者形成了相互促进、互为补充的关系。海南当下城市外交还存在短板与不足，在自贸港建设过程中强化海南城市外交要依托自贸港建设，抓住发展机遇；打造海南精品城市外交项目，构建特色品牌；借助多形式的媒体宣传，提高城市对外影响力；完善城市外事活动机制，融合多种外交形式共同促进海南城市外交发展。

关键词： 城市外交　海南　自贸港建设

在全球化时代，国际行为体呈现多层次与多元化的特征，城市作为世界沟通与交流的重要平台与节点，越来越成为国际关系中活跃的行为体，城市外交也成为除传统外交形式外值得关注的新兴外交形式。20 世纪 70 年代，天津市与日本神户市缔结了中国历史上第一对国际友好城市，揭开了中国城

* 本文系国家社会科学基金项目“基于国际比较的中国海洋公共外交构建研究”（编号16BGJ023），海南省高等学校科学研究项目“海南省三沙市的城市外交运行机制研究”（编号Hnky2019－9），海南省高等学校教育教学改革研究项目及海南大学教改项目“海南公共外交人才培养的高校课程配套设计研究”（编号 Hnjg2018－8 &hdjy1824）的阶段性成果。

** 卢暄，地缘政治学博士，海南大学政治与公共管理学院副教授，海南公共外交研究中心秘书长，察哈尔学会研究员；何自扬，海南大学政治与公共管理学院 2019 级公共管理硕士研究生。

市参与对外交流的序幕。2014 年习近平主席在中国国际友好大会暨中国人民对外友好协会成立 60 周年纪念活动中首次明确提出“城市外交”的概念，强调要推进城市外交，大力发展国际友好城市工作，促进中外地方交流，推动实现资源共享、优势互补、合作共赢。[①]“城市外交”得到了中国最高领导人的强调，为中国城市外交指明了前进方向。

海南是我国最南端的省级行政区，毗邻港澳台以及东南亚各国，肩负经略南海的特殊使命，是内陆与东南亚各国相连接的重要枢纽，是我国联通世界的重要节点，在城市外交方面具有广阔的发展潜力。2018 年习近平总书记“4·13”重要讲话和中共中央、国务院下发的《中共中央国务院关于支持海南全面深化改革开放的指导意见》，支持海南全岛建设自由贸易实验区，建设中国特色自由贸易港，海南成为我国进一步扩大开放的窗口、国内改革和制度创新的时代标杆。[②] 自贸港建设赋予了海南新的历史使命和时代机遇，在城市外交方面也带来了新的发展局面。

一 海南自贸港建设与城市外交意涵

自贸港建设需要更加深层次的对外开放和更加国际化的对外交往，城市外交是全球化时代下对外交往的重要形式，同时也是扩大对外开放的重要实践。在自贸港建设背景下，海南省的城市外交应融入自贸港建设的大局。

（一）自贸港建设下海南探索更深层次的对外开放

海南自从 1988 年建省以来，始终把对外开放与地区发展结合起来，从设立海南经济特区，到建设国际旅游岛，再到当下的自由贸易区和自贸港建设，均是把对外开放作为海南发展的核心目标来看待，国家在对海南的顶层

---

① 《习近平：在中国国际友好大会暨中国人民对外友好协会成立 60 周年纪念活动上的讲话》，《人民日报》2014 年 5 月 16 日，第 2 版。

② 吴士存、蔡振伟：《海南自贸区建设的时代背景、深远意义与推进路径》，《南海学刊》2018 年第 9 期。

设计和战略考量上赋予了其更大的对外开放期望。自贸港作为我国现阶段对外开放程度最高的贸易实验区，强调在多个领域的国际合作与对外开放，国务院印发的《中国（海南）自由贸易实验区总体方案》（以下简称《方案》）中明确提到，“实行更加积极主动的开放战略，加快构建开放型经济新体制，推动形成全面开放新格局，把海南打造成为我国面向太平洋和印度洋的重要对外开放门户”①。海南地处中南半岛东北方、南洋群岛北方和中国南海出海口的交汇点上，在地缘上与东南亚各国相近、在人文上与东南亚各国相通，在推动面向东南亚各国的开放中，海南具有无可比拟的优势和先天条件。同时，海南在自贸港建设中，深化政府与外国各层面的对外交流与沟通，“国之交在于民相亲，民相亲在于心相通”，增进海南与各国政府与非政府层面的了解与互信为海南扩大对外开放、加强国际合作提供了有力支撑。《方案》中还指出在海南自贸港建设的过程中要加大对市场、贸易、金融、现代服务业、国际航运等多方面和深层次的对外开放和国际合作力度，彰显全面深化改革和扩大开放试验田作用。这表明海南在自贸港建设中的对外开放，是结构优化的多领域的开放，是面向国际的深层次的广泛交流与合作。

（二）城市外交的意涵

在中国素有的“外交无小事”观念下，改革开放前，外交事务往往均由外交部统一处理，“外交”一词成为地方政府和城市慎谈的敏感词，因而中国的城市外交起步较晚。而纵观历史，各国城市间的交流与互动从未停止过，自古希腊城邦之间的交流与互动到盛唐时期各国使臣纷至长安“万国来朝”不乏看到城市外交的雏形；二战后世界各国的联系更加紧密，世界互联互通的进程深刻影响着每个国家，城市外交也以更丰富的形式在各国间展开；2004 年成立了世界城市和地方政府组织，其成为国际社会中具有重要影响力的组织，城市外交在国际舞台上扮演着更为重要的角色。

---

① 《国务院关于印发中国（海南）自由贸易实验区总体方案的通知》（国发〔2018〕34 号），2018 年 9 月 24 日。

改革开放后，随着全球化进程的不断加深和我国对外交流的领域和程度不断深化，公共外交、民间外交、文化外交等多种类型的各种层次的外交形式均逐渐活跃起来，城市外交也成为国内逐渐重视的对外交往的重要领域。

国内学者对城市外交的概念还未形成统一的界定，具有代表性的界定有以下几种。赵可金认为城市外交是在中央政府的授权和指导下，某一具有合法身份和代表能力的城市当局及其附属机构，为执行一国对外政策和谋求城市安全繁荣和价值等利益，与其他国家的官方和非官方机构围绕非主权事务所开展的制度化的沟通活动。① 还有观点认为，城市外交以中央政府的授权和指导为前提，以实现一国广泛的对外政策和谋求城市发展利益为目标，是通过城市政府或非政府机构与其他国家的官方、非官方机构乃至个人围绕非主权事务所开展的制度化的交往活动。② 其强调了城市外交的参与主体与作用对象，认为城市政府或非政府机构都可作为城市外交的参与主体，在以谋求城市发展利益为目标的前提下，对其他国家展开非主权事务的外交行为，城市外交的作用对象包括其他国家的官方、非官方机构乃至个人。学者们虽未对城市外交的概念有着统一的界定，但可以了解到城市外交概念的特征具有以下几个方面：首先，城市外交是要在中央政府的指导和授权下进行的；其次，城市外交的目的是谋求城市的繁荣与发展利益；最后，都强调城市外交开展的外交事务是非主权事务。

海南省自贸港建设需要深化对外开放的领域与程度、提升岛内各行各业的国际化水平，在全球化时代城市成为对外交往的重要平台与节点，而城市外交正是把这些分散于各国的节点连接起来的桥梁。海南自贸港建设可促进城市外交，扩大对外开放、加强国际交流，同时城市外交又赋予了海南更多的国际知晓度，吸引了国际目光，为建设世界一流自贸港提供有力支撑，二者形成了相互促进的互补关系。

---

① 赵可金、陈维：《城市外交：探寻全球都市的外交角色》，《外交评论》2013 年第 6 期。

② 陈楠：《当代中国城市外交的理论与实践探索》，华东师范大学博士学位论文，2018。

二　海南省城市外交现状

城市外交一般可分为双边和多边两种外交形式，双边外交主要是以友好城市缔结正式协议，开展经济社会和文化等领域的交流合作；而多边形式则指城市参与包括区域性和全球性城市国际组织开展城市对外交往交流活动。[①] 海南的城市外交活动可按照这两种类型进行划分。

（一）海南友城和国际友好交流对象缔结现状

各国城市间缔结“友好城市”协议是双边城市外交的重要形式，不同国家间对“友好城市”名称的界定不尽相同，如美国和亚太地区多使用“姐妹城市”，俄罗斯则使用“兄弟城市”，而中欧的国家习惯于使用“伙伴城市”。在签署友城协议后，双方城市在政治、经济、科技、教育、文化、卫生、体育等多个领域展开交流与合作，形成综合的、正式的、长期的友好关系。

截至2019年底，海南省共与50个国家的90个城市缔结省级、市级友城关系和国际友好交流对象，其中有63对友城关系和27对国际友好交流对象，即省级友好城市38对，市级友好城市25对，省级国际友好交流对象1对，市场国际友好交流对象26对。美国以11对关系缔结数而成为表现最活跃国家；从大洲分布来看，如图1所示，海南与欧洲各国缔结的友城和国际友好交流对象数量最多共有33对，而大洋洲数量较少有3对。海南与各大洲各国友城和国际友好交流对象缔结数量的差异既反映了海南城市外交的布局走向，又与各大州城市数量和国家数量有关，总体来看海南基本形成了合理的城市外交网络体系。

将海南省级、市级友城和国际交流友好对象缔结数量汇总和梳理，可

① 刘波：《全球化时代城市外交的地方经验——以北京为例》，《西部学刊》2017年第4期。

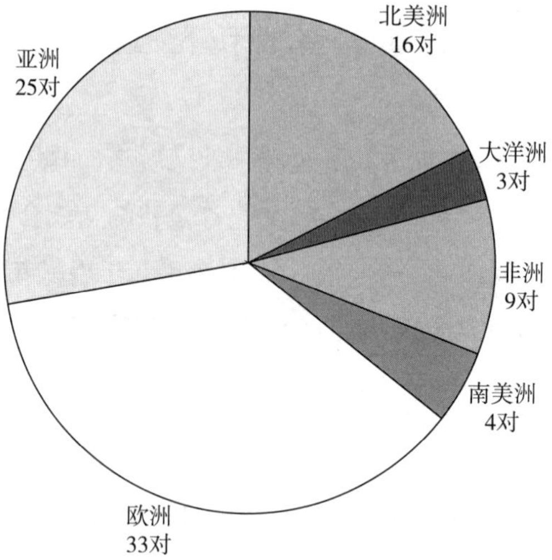

图 1　海南省级、市级友城和国际友好交流对象城市缔结大洲占比

以达到对海南双边城市外交进行可视化考察的目的。从图 2 可以看出，海南省的友城和国际友好交流对象的缔结情况按增长趋势可划为三个阶段：1990 年到 2003 年为第一阶段，在这一阶段海南省级、市级友城和国际友好交流对象缔结数量呈现波动起伏趋势，每年的缔结数量差异较大，处于无规律的波动状态，海南省第一对友城缔结是 1990 年海口市与澳大利亚达尔文市缔结的友城关系，与国内其他省区市相比起步相对较晚；2004 年到 2010 年为第二阶段，在这一阶段缔结数量呈现波动增长趋势，在这七年间缔结数总体处于高发状态，2010 年作为海南国际旅游岛建设的开局之年，海南省积极推进城市外交，缔结数达到 9 对，成为数量最高的一年；2011 年到 2019 年为第三阶段，在这一阶段缔结数量呈现触底反弹的“V”字形趋势，在 2014 年达到最低值后又表现出上升状态，随着海南自贸区自贸港建设步伐的加快，可以预见到在今后的几年间，海南的友城缔结数量将有着增长趋势。

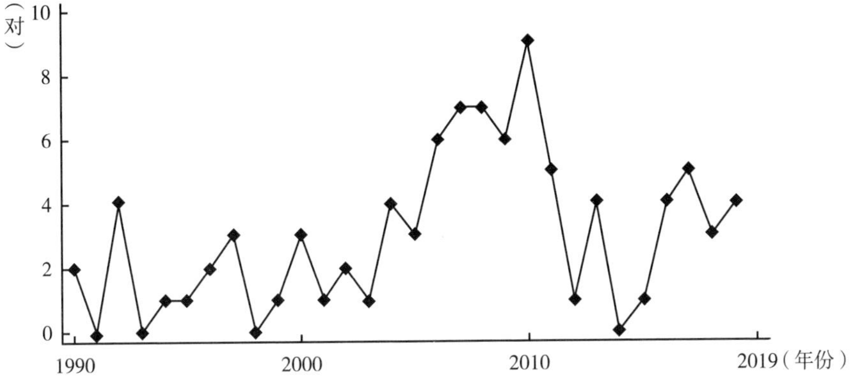

图 2　海南省级、市级友城和国际友好交流对象城市缔结趋势

（二）海南多边形式城市外交现状

海南在开展多边形式的城市外交方面，有着自身特有的优势。得益于得天独厚的地理和生态环境，海南以此独有的魅力吸引着世界的目光，海南是我国唯一的热带岛屿，岛上生态环境优美，“夏无酷热，冬无严寒”，具备了我国最适宜开展国际交流活动的气候环境条件；此外海南省各城市极其注重国际交流活动的配套设施建设，拥有适合开展各类国际高端交流活动的会场、酒店、交通服务等相关设施，这为开展多边形式的城市外交提供了重要基础。

海南各城市积极发挥自身优势融入国家总体外交战略。海南着力打造的“三个基地一个示范区”的战略构想，以博鳌、万宁、三亚、海口四城为支点开展高层次的外交外事活动。博鳌公共外交基地的核心——博鳌亚洲论坛经十余年发展，现已成为亚洲乃至全球进行高端对话的公共外交平台，可视为海南公共外交事业的缩影与载体；位于万宁市的中非合作交流促进基地则以中非合作圆桌会议为平台，搭建中非交往平台，带动中企对非投资，促进万宁建设发展；三亚首脑外交和休闲外交基地，则欲将三亚打造成为具备独特自然资源、一流会议场所和会议服务水平、一流疗养机构、一流娱乐休闲设施等特征的中国国家元首和政府首脑休闲外交的首选城市；海口国家侨务交流示范区则紧抓琼籍华侨大多数分布在东南亚国家的特点，发挥毗邻东南亚的地缘优势，充分利用侨务资源推动海口“世界华侨华人交流中心”建设。[①] 海南城市外交积极融入国家外交战略，在承担国家外交任务的同时扩大自身的对外交往程度。

此外，海南各城市积极参与、承接、举办各类国际交往活动。海口作为海南省会在城市外交中取得了长足发展，海口市目前已成为世界城市和地方政府联合组织（简称“城地组织”，United Cities and Local Governments）、亚洲市长论坛（Asian Mayors Forum）、世界大都市协会（World Association of the Major Metropolis）等城际多边组织的活跃成员；海口还成功举办了世界城市和地方政府联合组织世界理事会、亚洲市长论坛第四次全体会议及海口首届国际友城市长会议等一系列活动，吸引了68个国家近百名国外市长与会。[②] 同时三亚也在城市外交中有着不俗的表现，世界小姐环球总决赛、克利伯环球帆船赛、海南岛国际电影节、海南环岛国际自行车赛等一系列大型国际活动和体育赛事都在三亚举办，展现了三亚的独特城市魅力，成为海南城市外交中浓墨重彩的一笔。

三　海南省城市外交存在的主要问题

海南省城市外交近年来发展形势向好，有着广阔的发展潜力，但也确实存在着需要克服的短板和不足，以下几点问题尤为突出。

（一）友城关系缔结“量”与“质”的缺陷

海南建省较晚，在友城关系的发展中也起步较晚，同时海南地域面积相对狭小，省内只有海口、三亚、三沙三座地级市，这阻碍了海南在缔结友城关系数量上的拓展。在1990年海口市与澳大利亚达尔文市建立

① 卢暄：《海南公共外交基地之建设要素初探》，《社科纵横》2017年第11期。

② 林颖：《海口城市外交与外事翻译人才培养》，《海南广播电视大学学报》2016年第1期。

第一对友城关系以来，至今海南省级、市级友城关系已有63对，对于只有三座地级市的海南省来说看似已经不差了，但与海南作为中国“进一步扩大开放的窗口”的要求还达不到相匹配程度。同时紧邻海南的广东省，是中国对外开放的大省，截至2019年广东省共有省级、市级友城关系198对，与其相比，海南省的友城关系缔结数量还有待进一步提升，这也反映出海南在双边城市外交方面还有所不足。同时我们也需要关注到，海南的友城关系并没有发挥出应有的对外交流效果，双边城市在经贸、科技、教育、卫生、文化等多方面的交流沟通不足，相对应的交流活动有所欠缺，友城缔结仅是名义上的协议签署，而非实质上的效果呈现，友城关系并未达到期望中的对外交流效果，友城关系的发展还需要进一步注重“质”的提升。

（二）城市外交中品牌化战略不足

提及威尼斯我们便可想到“水上都市”，谈到拉斯维加斯我们便可想到“赌博之城”，这就是城市外交中的品牌化战略，城市品牌化战略赋予了城市更多的知名度，让城市在国际交往中处于有利地位。海南有着中国独有的热带岛屿风光、宜人的气候环境，但并没有形成自身独有的城市外交优势，与国际知名的马尔代夫、巴厘岛、夏威夷等岛屿城市相比，显然海南的城市外交在品牌化战略中还有所缺陷。当提到海南时并不能立刻想到对应的代名词，海南在城市外交中使自身独有的特色变得一般化了。城市外交中应尽早确立“城市品牌化”先行的观念，先城市品牌，后城市外交。城市品牌可不断完善，但不应走一步看一步，以免造成城市性格模糊，品牌效应失焦，与多城特色雷同，达不到应有的城市外交效果。[①] 海南在城市品牌的构建上并未做好充足的准备便开启了城市外交的道路，没有充分利用好自身独有的地理、生态、人文特色作为城市外交的品牌，造成了城市性格的模糊，在国

---

① 卢暄：《城市外交中的特色彰显——以美国加州洛杉矶与旧金山为例》，《公共外交季刊》2017年第4期。

际城市交往中没有占到优势地位。海南在城市外交中还需要进一步探索自身的特色所在。

（三）城市外交生命力和影响力不足

海南各式各样的外事活动类型众多，但大多面临生命力和影响力不足的问题。博鳌亚洲论坛，作为海南最具影响力和最为知名的外事活动，在创建以来的近20年间，取得了非凡的成就，但随着全球化进入新阶段，国际形势不确定性增强的背景下，博鳌亚洲论坛也应与时俱进、开拓创新，进行必要的结构优化与功能完善。其余的海南城市外交活动均面临着类似的问题，活动形式老套与当下国际形势和外交需求不匹配，或是新创立的外事活动缺乏经验、不具有国际影响力等，这成为海南在建设自贸港的过程中亟须解决的对外交流问题。

此外，海南的城市外交还存在着许多的短板与不足，比如城市宣传远远不够、城市涉外工作人员专业化程度不足、对外交往活动缺乏顶层的战略设计和制度安排等问题都阻碍着海南城市外交向外扩展的步伐，亟须得到有效解决。

四　自贸港视域下海南强化城市外交的建议

在《中国（海南）自由贸易实验区总体方案》中国家赋予了海南“彰显全面深化改革和扩大开放试验田作用”，这要求海南要以更加开放的心态扩大对外交往的广度与深度，不断革新自身对外交往的方式方法，探索出一条切合自身发展需要的对外开放新路径。这赋予了海南城市外交新机会，对于在自贸港建设中海南如何强化城市外交，本文给出以下几点建议。

（一）依托自贸港建设，抓住发展机遇

自贸港建设为海南的城市外交提供了新的发展机遇，海南各市要依靠自贸港建设，完善城市的弱项，“打铁还需自身硬”，没有完善的涉外基础设

施，就难以实现高质量的城市外交发展。要借助自贸港建设的政策红利，破除城市积累的弊病，改善城市风气风貌，提高涉外服务能力，将一个秩序井然、设施便利、便民高效的城市风貌展现在外事活动中。同时要依据自贸港建设的总体方案和指导意见提高城市的对外开放水平，提升现有的免税店、特色商店、知名景点的对外服务能力，加强服务业人员的涉外业务能力和城市居民的对外交流意识，提高城市的国际化水平。

另外，对外交往中积极与各国开展城市间双边和多边交流对话，积极参加和承办各类国际交往活动，有效提升友城关系和国际友好交流对象的互动质量和缔结数量。同时，要以自贸区、自贸港的身份要求自身的城市外交发展，以世界一流自贸港城市为标杆，学习先进的城市外交经验方法。在城市外交中谋求城市的繁荣、发展与利益，既要契合国家总体外交战略布局又要开展符合自身需要的特色外交活动。

（二）打造精品项目，构建特色品牌

海南城市外交生命力不足和缺乏特色品牌的问题是出在没有把某一具体对外交往活动做精做实，广而泛的城市外交活动呈现同质化的趋向，没有新意没有效果，这样的城市外交自然不会形成特色品牌。海南是中国最具有独特性的省份，在地理上位于中国南海北端，毗邻东南亚各国，是中国第二大的岛屿；气候上是中国唯一的热带海洋气候省份，全年无冬；在其发展阶段上，经历了从经济特区建设、国际旅游岛建设到当下的自贸港建设三个阶段。可以说海南在地理、气候、政策上都具有独特性，海南要从自身的独特性中选择一些要素，办一些具有特色的精品项目，把海南的独特性转化为品牌优势，依据这些精品项目，海南的城市外交特色品牌自然而然便会形成。同时，要注重海南省特有的城市视觉识别系统的构建，形成有海南城市特色的颜色鲜明、易于记忆、给予他人强烈的感官冲击、能达到很好的记忆停留效果的视觉标识，起到对城市的对外宣传效果。总的来说就是要依据海南省自身的特色，打造一批影响力、有生命力的精品项目，通过这些项目来树立海南城市外交品牌。

（三）借助多形式的媒体作用，提高城市影响力

一部节奏明快、镜头丰富、符合现代人审美的城市宣传片，能够极大地提高城市的美誉度；良好的传播渠道，结构合理的媒体传播形式是城市知晓度的重要来源；一篇对城市文化、历史讲解的文章可以带来人们对城市的认可度。可见，良好的对外宣传策略可以极大地提升城市的对外影响力，城市外交需要各种形式的媒体向世界发出声音，来讲好城市故事。电视、报纸等传统媒体在城市对外宣传中依旧起着不可或缺的作用，而当今更受青睐的媒体传播形式是更加灵活、便捷的网络媒体，借助官方和非官方的各种网络媒体账号对外发布的城市信息，将以更加深刻和迅速的方式产生对外宣传效用。制定一份结构合理的城市对外宣传规划，将海南各城市的特色风物、城市风情、涉外活动资讯用各种形式的媒体向外发布，会增强海南城市外交的影响力。

（四）完善外事活动机制，融合多种外交形式

随着全球化的发展和全球治理体系的不断完善，国际行为体也出现了多样化的特征，外交早已打破了传统的政府间外交的形式形成了多种多样的外交类型，民间外交、文化外交、体育外交、媒体外交以及城市外交等外交类型共同构成了当今的公共外交体系，与传统的政府间外交在国际社会上共同起着调节各国关系的作用。国家相继把一系列重大的国事活动放在海南举行，或者选择在海南举办重要的外交会晤与会谈活动，海南成为除北京之外承担国家级外事活动最多的省份之一，① 成为各种外交类型的汇聚地。城市外交的发展并非摒弃其他外交类型而独立进行的，城市外交要想取得长足发展就要与各类外交形式相互融合，实现共同发展。海南的城市外交要结合其他外交形式协调发展，既要承担起国家对海南的外交布局，又要结合自身的发展需要通过各种类型的外交模式相互配合，抓住海南城市外交在自贸港建设下的发展新机遇。

---

① 周伟：《海南公共外交的兴起与发展》，《公共外交季刊》2015 年第 4 期。

五 结语

随着海南自贸港建设逐渐展开蓝图，海南需要更深层次的对外开放、更为成熟的国际事务应对能力和更为广泛的国际知晓度。作为一种新兴的外交方式，城市外交关注于国际城市间的交流与合作，为海南提供了实现这些目标的可能性，同时自贸港建设也为海南城市外交的发展提供了更多的机会，两者形成了相互促进、互为补充的良性发展关系。城市外交像一座桥梁，将分散于世界各地的城市连接起来，促进了城市间经贸、文化、教育、科技、卫生等领域的沟通与互动，带来了城市国际化水平的提升。国家赋予了海南在对外开放上更多的自主权，希望将海南打造成为“我国面向太平洋和印度洋的重要对外开放门户”，以城市为支点的对外交流为进一步扩大海南对外开放提供了路径支持。诚然，海南的城市外交起步较晚，与我国发达地区相比存在不小的差距与不足，但也孕育着相当大的发展潜力。海南应抓住这次自贸港建设的历史机遇，审视自身在城市外交中存在的短板与差距，将海南城市外交的发展融入自贸港建设的大局中，扩大海南城市在国际上的知晓度和影响力，为国家的整体战略布局增光添彩。

附表 1：

附表 1　海南市级友城关系

城市	对口城市	所在国	结好日期
海口市	达尔文市	澳大利亚	1990 年 9 月 5 日
	柏斯市	英国	1992 年 2 月 3 日
	圣纳泽尔市	法兰西共和国	1992 年 6 月 27 日
	俄克拉荷马市	美利坚合众国	1992 年 11 月 20 日
	桑给巴尔市	坦桑尼亚联合共和国	1997 年 10 月 30 日
	格丁尼亚市	波兰共和国	2006 年 4 月 24 日
	维多利亚市	塞舌尔共和国	2007 年 7 月 25 日
	仰光市	缅甸联邦共和国	2017 年 5 月 26 日
三亚市	阿尔汉布拉市	美利坚合众国	1994 年 10 月 5 日
	拉普拉普市	菲律宾共和国	1997 年 7 月 19 日
	夏纳市	法兰西共和国	1997 年 11 月 17 日
	西归浦市	大韩民国	1999 年 11 月 19 日
	雅尔塔市	乌克兰	2004 年 11 月 17 日
	库萨莫市	芬兰共和国	2006 年 6 月 22 日
	毛伊县	美利坚合众国	2007 年 9 月 15 日
	萨尔市	佛得角共和国	2009 年 10 月 18 日
	坎昆市	墨西哥合众国	2010 年 7 月 5 日
	哈巴罗夫斯克市	俄罗斯联邦	2011 年 2 月 22 日
	杜布罗夫尼克市	克罗地亚	2013 年 4 月 21 日
	维亚雷焦市	意大利	2015 年 11 月
	黑池市	英国	2016 年 9 月 6 日
	姆巴拉拉市	乌干达共和国	2017 年 11 月 27 日
儋州市	力湖市	美利坚合众国	2007 年 6 月 28 日
琼海市	杜邦市	美利坚合众国	2010 年 5 月 21 日
文昌市	华盛顿州斯特莱库姆市	美利坚合众国	2019 年 7 月 15 日

资料来源：海南省外事办公室网站。下同。

附表 2:

附表 2　海南省级友好城市

对口城市	所在国	结好日期
兵库县	日本	1990 年 9 月 28 日
夏威夷州	美利坚合众国	1992 年 6 月 30 日
济州道	大韩民国	1995 年 10 月 6 日
克里米亚自治共和国	乌克兰(2014 年 3 月 18 日俄罗斯布归并)	1996 年 4 月 15 日
宿务省	菲律宾共和国	1996 年 6 月 9 日
阿拉德县	罗马尼亚	2000 年 9 月 27 日
萨尔茨堡州	奥地利共和国	2000 年 10 月 24 日
爱德华王子马省	加拿大	2001 年 6 月 20 日
南西奈省	阿拉伯埃及共和国	2002 年 8 月 3 日
奥鲁省	芬兰	2002 年 12 月 11 日
巴利阿里大区	西班牙王国	2004 年 7 月 29 日
南方省	斯里兰卡民主社会主义共和国	2005 年 4 月 23 日
普吉府	泰王国	2005 年 9 月 25 日
加纳利自治区	西班牙	2005 年 11 月 11 日
卢布斯卡省	波兰共和国	2006 年 2 月 24 日
东新不列颠省	巴布亚新几内亚	2006 年 9 月 28 日
磅湛省	柬埔寨王国	2007 年 3 月 27 日
广宁省	越南社会主义共和国	2007 年 4 月 19 日
金塔纳罗实州	墨西哥	2008 年 9 月 30 日
克孜勒实尔达州	哈萨克斯坦共和国	2009 年 7 月 3 日
巴拉那州	巴西联邦共和国	2010 年 5 月 13 日
哥德兰省	瑞典	2010 年 11 月 2 日
撒丁自治大区	意大利共和国	2011 年 10 月 13 日
巴厘省	印度尼西亚共和国	2011 年 10 月 20 日
楠普拉省	莫桑比克共和国	2013 年 9 月 18 日
槟榔屿(槟城)州	马来西亚	2013 年 10 月 7 日
南摩拉维亚州	捷克共和国	2016 年 4 月 29 日
佩斯州	匈牙利	2016 年 6 月 12 日
琅勃拉邦省	老挝人民民主共和国	2016 年 7 月 16 日
威克洛郡	爱尔兰	2017 年 7 月 10 日
巴拉望省	菲律宾共和国	2017 年 7 月 21 日
罗恰省	乌拉圭东岸共和国	2017 年 11 月 30 日
南方州	埃塞俄比亚	2018 年 6 月 1 日
普洛夫迪夫省	保加利亚共和国	2018 年 10 月 19 日
雅浦州	密克罗尼西亚联邦	2018 年 11 月 7 日
伏伊伏丁那自治省	塞尔维亚共和国	2019 年 3 月 29 日
苏克雷省	哥伦比亚	2019 年 9 月 18 日
西哈努克省	柬埔寨	2019 年 9 月 20 日

附表 3：

附表 3　海南市级国际友好交流对象

城市	对口城市	所在国	结好日期
海口市	东海市	大韩民国	2006 年 4 月 1 日
	弗拉基米尔市	俄罗斯联邦	2007 年 9 月 26 日
	法鲁市	葡萄牙共和国	2008 年 5 月 12 日
	伊利乔夫斯克市	乌克兰	2008 年 9 月 19 日
	库里蒂巴市	巴西联邦共和国	2008 年 9 月 22 日
	法尤姆市	阿拉伯埃及共和国	2008 年 11 月 13 日
	大雅台市	菲律宾共和国	2009 年 1 月 21 日
	檀香山	美利坚合众国	2009 年 12 月 21 日
	斯科茨代尔市	美利坚合众国	2010 年 3 月 22 日
	甲美市	泰王国	2010 年 4 月 7 日
	纳奈莫市	加拿大	2010 年 9 月 20 日
	安塔利亚市	土耳其共和国	2010 年 11 月 22 日
	比萨省	意大利	2010 年 11 月 25 日
	阿雅克肖市	法兰西共和国	2011 年 7 月 8 日
	罗斯托克市	德意志联邦共和国	2011 年 12 月 15 日
	马六甲市	马来西亚	2012 年 8 月 16 日
	奥兰岛	芬兰	2013 年 6 月 12 日
三亚市	加迪诺市	加拿大	2003 年 10 月 18 日
	马山市	大韩民国	2004 年 5 月 18 日
	鸭川市	日本国	2004 年 5 月 25 日
	好莱坞市（佛罗里达州）	美利坚合众国	2006 年 7 月 3 日
	巴特基辛根市	德意志联邦共和国	2007 年 3 月 8 日
	法尤姆市	阿拉伯埃及共和国	2008 年 11 月 13 日
	卡萨雷斯市	西班牙王国	2008 年 11 月 1 日
儋州市	下龙市	越南社会主义共和国	2009 年 7 月 9 日
文昌市	巴拉德罗市	古巴共和国	2000 年 9 月 26 日

附表 4：

附表 4　海南省级国际友好交流对象

对口城市	所在国	结好日期
华盛顿州	美利坚合众国	2009 年 7 月 2 日

海外华商参与改革开放样板城市福清的建设经验及对北京的启示

张　姣*

摘　要： 海外华商是一支不可忽视的经济力量，是联结祖籍国和海外经济的天然纽带。伴随着改革开放和跨境投资，华商将工业建设及管理经验传导到祖籍国，带来了“高起点”的工业园区建设思路，引进了大批具有世界竞争力的企业，推动了规模经济、特色产业的形成以及制度创新。吸收样板地区福建省的优质经验，完善海外华商群体建设，是提升北京国际交往功能的重要组成部分，对推动京津冀协同发展、海外人才建设和产业孵化等有积极意义。

关键词： 海外华商　“福清模式”　侨领　产业孵化

改革开放40多年来，侨资和侨属企业已经成为中国经济发展不可或缺的重要力量。从“引进来”到“走出去”，中国从世界边缘到共建“一带一路”，走入世界中央，华商都是参与者、贡献者、见证者，同时也是受益者，华商参与改革开放，是中国经济发展历程中的浓重一笔。以改革开放样板城市——福清为例，华商在侨领的号召下形成了群体性的团体，克服侨乡在资金、制度、设备、人才等方面一系列的不足，成为推动改革开放的先行

* 张姣，北京市社会科学院外国问题研究所助理研究员。

力量。他们基于海外经营的管理经验，把“高起点”的工业园区建设思路移植到国内，引进了大批具有世界竞争力的企业，推动了规模经济和特色产业的形成。在这一过程中，他们与地方政府互动，积极消除改革开放初期的制度性障碍，推动了观念更新与制度创新，为招商引资创造了政策保障，不仅成功实践了“五带七自”等一系列开发方式，也调动了外商投资的积极性，拓宽了引进外资的渠道，以独特的经营管理智慧打造了改革开放样板地区。

伴随着越来越多的人出国定居，今日的北京已成为中国“新侨乡”，是继福建、广东早期侨乡之后，崛起的第二批侨乡的代表。新时期下的京籍海外移民，打破了早期海外华商因战争或生活所迫，颠沛流离，在民族夹缝中艰难求生存的被动局面，他们具备新时期的突出特点，普遍知识层次高、年纪轻、教育背景优越、高度关注北京发展，由于从小的“京文化”渗透，主人翁意识较强，也具有在国富民生等重大政治、经济问题上与本土的高度共识，因此易沟通，便于合作。不同于早期闽籍华商分布于东南亚，京籍华商分布地以欧美为主，从事科研、教学、金融、经贸、法律、服务业、医药等多领域，有些在新兴产业、经营管理方面具备突出的竞争优势。随着京津冀一体化和雄安经济开发区的政策出台，北京会迎来海外产业延伸的新契机。当下，需强化海外华商在国际交往中心建设中的作用，挖掘其新特点，助力京津冀协同发展、海外人才建设和产业孵化等。

一 海外华商对福建经济的贡献

福清是全国著名侨乡，富有“爱乡”的光荣传统，回乡建设、反哺乡里成为侨乡的文化，其中，以侨领为代表的印尼华商成为推动地区经济发展的生力军。他们立足于海外的生存需要，获得了居住国工业化崛起初期的特许经营权，并在水泥、食品、银行、汽车、化工等领域成为国家经济支柱，其海外经营管理经验丰富且经济实力日益提升。改革开放后，在融籍侨领的带领下纷纷回乡探亲，资助亲友、助学建校、修桥铺路、供水供电等以各种方式改善落后面貌促进经济发展。到1990年，福清地区生产总值为133246万元，为1978年的10倍，工业总产值达94901万元。[①] 华商群体带来了“高起点”的建设思路，使福清经济从捐资“输血”型经济发展到新型工业发展“造血”型经济。

（一）跨越障碍形成了自发性的考察、沟通群体

“爱乡、爱国”是参与侨乡建设的早期一批华侨的整体特点。改革开放前，中国市场经济体制决定了海外私人资本在祖籍国发展的局限性，党的十一届三中全会后提出“以经济建设为中心”的思想，在侨务战线上也肃清了极“左”路线的毒瘤，至此，华侨政策得到了改善，经济改革成为重点。而中国处在由计划经济向市场经济过渡的转型期，“摸着石头过河”成为当时地方改革开放的真实写照，华商成为地区改革的引领者。为了及时了解家乡建设所需，打破中国和印尼尚未复交带来的地域沟通障碍，1979年10月，海外华商邀请福清县领导进行了改革开放后第一次香港会谈，在侨领林绍良、蔡云辉和陈子兴等的带领下，98位侨胞参与了香港联络和会面，压抑许久的爱乡建设情怀得以释放，第一次会面捐资1000万港元，形成了改革开放后侨乡建设的第一笔资金，主要用于改善公共设施。[②] 之后香港成为沟通联络的支点，1981年8月举办了第二次会谈，在侨领带领下洽谈资金1000万美元（折合人民币2800万元）建清华糖厂，507万元兴办华侨罐头厂[③]。“两厂”建成投产奠定了工业化的雏形，因为，当时除了侨汇外，多以助学建校、修桥铺路、饮水供电等各种方式在家乡兴办公益事业，大多不计回报，但从事投资者甚少。“两厂”建设带来了先进的技术和管理经验，拉开了海外乡亲改革开放后投资设厂的序幕。

① 李其荣、孙芳：《侨批文化及其对闽南地区的影响》，《闽商文化研究》2010年第2期，第94～103页。

② 1000万港元用以建设华侨影剧院、华侨中学教学楼，扩建福清医院，修建石竹山、侨兴轻工学校等。

③ 邱玉清：《情系玉融》，2010，第25页。

在形成沟通渠道的同时，海外华商还发动了大规模的回乡考察。1987年4月27日，侨领林绍良委托林文镜率领35位华侨组成的印尼工商考察团回乡考察，1987年的福建省仅有厦门特区和马尾经济技术开发区两个外商投资区，此次考察带来了工业区建设的决心，直接推动了福清的快速发展并带来“高起点”的经济发展思路，为了适应海外华商的投资热情，融侨工业开发区的雏形——“上郑工业区”进行了扩建。考察团表示“我们是来投石问路的，如果成功，随后有千军万马回来建设家乡”①。

（二）以侨领为核心形成了自发性、群体性的建设团体

融籍侨领林绍良身为印尼华商，对侨乡感情深厚，以身作则、率先垂范，不仅本人参与到改革开放建设中，还充当义务招商员，带领融籍华侨到侨乡考察、参与建设，立足自身的经济优势，带动众多华商参与资金筹措，充分调动了融籍华侨建设家乡的积极性。

福建省第一家与华侨合资的大型企业——清华糖厂，即是林绍良发动融籍华侨集资1000万美元兴建的。1987年4月，印尼工商考察团也是以侨领林绍良为旗帜，以林文镜等为先锋开展的回乡考察。融侨、元洪、江阴开发区，以及诸多工业村、配套设施的建设也主要是在林氏集团注资、招商下得以完成的。在基础设施建设上，正是在林绍良的慷慨捐赠和带动下，闽江调水工程——当时全国最大、没有国家拨款的县级水利工程才得以完成，福清第一条现代化公路“元洪路”，以及“元华路”“元载大桥”等一批侨乡基础设施均在其带领下修建完成。他高度重视教育，从第一所捐建的元载小学开始，林绍良先后领导和招募资金，捐建（助）过的学校达20多所。在文化遗产传承方面，林绍良带领华侨修建寺庙、宗祠、古迹，林绍良先后捐资1300多万元保护坐落在福清全国最大的立体弥勒造像，修复弥勒岩风景区，重修瑞岩禅寺，修缮祠堂，“林则徐纪念堂”、《福清林氏大宗谱》、《牛宅村志》均是在其资助下完成的。据统计，1978年至1997年，林绍良以身作

① 邱玉清：《情系玉融》，2010，第142页。

则，发挥侨领的责任和担当，个人捐助家乡修桥铺路、兴修水利、扶危济困、兴办教育等，捐款高达 4.3 亿元。① 他带领融籍华侨投身改革开放建设，仅他一人合作捐赠额占福清地区捐款总额的 1/5，捐资项目超过百项。②

在侨领带领下福清形成了自发性、群体性的投资团体。1988 年 10 月 12 日，林绍良、林文镜、陈子兴、林学善、何隆朝等侨领侨贤，召集 300 多名福清籍华侨华人在新加坡福清会馆成立“世界福清同乡联谊会”（以下简称“世联”）。以“地缘、血缘、业缘”为纽带成立的联谊会馆普遍存在于每一处华侨聚居区，然而横向对比其他的侨乡联谊组织，如国际潮团联谊年会、世界广西同乡联谊会、世界越棉寮华人团体联合会、世界海南乡团联谊大会，“世联”聚焦家乡建设的独特性较为突出，并且群体性、自发性地参与到家乡建设实践中，其规模是其他地区没有的。“世联”以“团结、爱乡、发展”③ 为宗旨，自成立以来，在推动家乡建设、发扬传统文化、推动乡亲联谊、保护文化遗产等方面，扮演了重要角色，侨领林绍良自 1988 年起，连续 21 年担任主席。

（三）海外华商带来了“高起点”工业化建设思路

20 世纪 80 年代初开始运营的清华糖厂和福清华侨罐头厂，是海外华商早期“摸着石头过河”寻找为侨乡经济、民生做贡献创办实体经济的探索，但是同时面临着经济效益问题和国际化的冲击。到 90 年代，包括印尼在内的“亚洲四小虎”经济迅速崛起，华商投资家乡，整体的建设思路也受到东南亚经济发展的影响。借助进口替代政策，林绍良已经带领三林集团成为印尼民族工业起步的奠基者，在水泥工业、面粉业、速食面加工等诸多领域拥有市场绝对占有率和诸多特许经营权，并且在 80 年代出口导向政策下，成功开辟了新加坡、中国香港的市场，也推出了巴淡工业区建设项目，具备

① 三林家族、世界福清社团联谊会第六届主席团总秘书处暨《世界融音》编委会联合编印《永远怀念您　林绍良》，第 99 页。

② 同上，第 104 页。

③ 世界福清社团联谊会官网，http：//www. iafqc. com/sc/pages. php？ pid =2。

工业区建设经验。通过侨乡投资，他们带来了具有世界级水平的经营经验和投资眼光，推动了以经济技术开发区建设为主的侨乡经济建设思路。

华商推动侨乡建设的显著特点——“高起点”，即资金规模大、产能高、技术先进、与国际化接轨。由于海外华商在印尼、新加坡等已经具备了高水平工业化建设经验，由此打造出大型工业园区建设的重要理念。早在清华糖厂建设时，林绍良发动集资1000万美元，这在当年是全国吸引外资数量最多的一个合资项目。融侨经济技术开发区是1987年继华商首次考察福清后的重要经济成果，也是全国唯一以“侨”命名的国家级经济开发区，正是由于考察团带来的大规模投资的决心使“上郑工业区”[①] 由1平方公里扩展到4平方公里，与此同时华商主动承担起义务招商员，吸纳了众多优质的产业进驻，冠源轻工业制品有限公司、太平洋塑胶有限公司、明达玩具公司、冠辉食品公司陆续落户，南方铝业、福耀玻璃、冠旺纺织、优星纺织等蓬勃发展起来，有些企业成为在全球具有行业竞争力的“中国名片”。到1991年，工业区中心开发面积由原来的1平方公里扩展到7平方公里，批准建立的三资企业达44家，年产值达5.7亿元。[②] 融侨经济开发区建设具有划时代意义，其引资项目起点高，规模大，产业优势突出，在建设过程中，受到了林氏集团“高起点”海外建设经验的影响，体现了他们对侨乡由“输血”经济到“造血”经济培育的独到的现代化的眼光。

除此之外，元洪投资开发区也是由林氏集团整体开发，为当时全国最大的经济开发区，到1995年，林氏集团先后投入了5亿元资金。[③] “高起点”的工业区建设配套设施涉及每个环节，在码头、水利、基础设施等项目上配备齐全、投资巨大，一系列基础设施建设不胜枚举，代表性的有：融侨码头、元洪码头、江阴国际集装箱码头、融侨大酒店、福清国际会展中心等，

① 融侨经济技术开发区的雏形，国家政策颁布后，福清县政府决定在交通便利、人口相对集中的上郑村，划出1平方公里的地块建立开发区，叫作“上郑工业区”。

② 《福清海口志》编纂委员会编《福清海口志》，2013，第189页。

③ 三林家族、世界福清社团联谊会第六届主席团总秘书处暨《世界融音》编委会联合编印《永远怀念您　林绍良》，2012，第82页。

还涌现出一大批工业村，如洪宽工业村、友精工业村、康辉工业村等，涉及电子、礼品、食品、干电池、童装等诸多行业。

（四）海外华商与政府互动，推动改革创新

第一，优惠的土地价格。在工业园区建设过程中，政府给予了更加优惠的土地政策。改革开放初期，为了招商引资，中央颁布了《中华人民共和国中外合资经营企业法》《中共中央、国务院关于加强利用外资工作的指示》《国务院关于华侨投资优惠的暂行规定》，给予了华侨优惠政策，比如“华侨投资者可以选择独资经营，同国营企业合资、合作经营，同集体企业合资、合作经营等方式进行投资”。对招商引资最有吸引力的，当数“免三减四”政策（即华侨投资的企业，从开始获利的年度起，三年内免征所得税，从第四年起，缴纳一半所得税）。由于当时土地价格归属于地方政府定价，全国不定统一价格，福清县政府推行了更加优惠的针对华侨的土地政策，在地价、水价、电价及其他有关费用收取方面，推行特殊的价格，有力支持了工业区的招商引资和建设。

第二，企业发展理念的创新。清华糖厂建设时，缺乏资金，缺乏设备，当地的劳动力也停留在农业水平而非现代化水平，为此，林绍良基于海外多年的经营管理经验和卓越的投资眼光，集资1000万美元，引进国外的专利，率先配备微电脑系统控制生产，企业在当时达到了国家一级水平，也开辟了很多先例，是第一批实践“五带七自”的企业，即“带资金、带设备、带技术、带原料、带市场，可以项目自定、厂址自择、设计自选、基建自招、伙伴自找、员工自聘、管理自主”。除“五带七自”外，福清县委、县政府为了吸引外商投资开发努力营造符合国际惯例的环境，还公布了《福清县关于鼓励外商投资的暂行规定》，提出“以侨引台、以台促侨、侨台联合”的招商引资方针，同时提出了“先予后取”“先上后理”的发展理念，目的是让投资者进得来、留得住、干得好、发展快。

第三，在管理方式、行政审批和政策配套方面的创新。闽江调水工程，即大胆采用了“先动工后报批”，其顺利实施离不开侨领林绍良的巨大号召

力，避免项目深陷资金困局，也得益于福建省、福州、福清三级党委、政府和华侨华人思想观念统一、协调一致，并且实干为先，以地方经济发展为目标。面对当时对楼堂馆所建设审批严格的相关规定①，融侨大酒店的建设采取了层层上报的方式，最终获批。在项目安排上“先外后内”，即优先安排三资企业，在环境配套上，重视软环境建设，采取“先上马，后完善”，把基础设施建设放第一位，第一步打造良好的投资环境，把效率放第一位，再逐步完善其他配套工程等。三级政府协调一致、大力配合，“华侨走到哪，政策跟到哪”的例子不胜枚举，推动了改革制度大胆尝试，促使华商资本在招商引资过程中充分发挥作用。

二　海外华商对北京国际交往中心建设的启示

改革开放后，华商参与了诸多北京的建设，成就了许多“第一”。香港美心集团伍淑清发现内地食品供应上的缺口，成立了全国第一家三资企业——北京航空食品有限公司，专营航空食品；美籍华人陈宣远推动了侨资建设的内地第一家合资饭店——建国饭店；他们出资公益，兴办学校，抗击灾害，1998 年洪水救灾，抗击 2003 年“非典”，捐建 2008 年北京奥运的国家游泳馆等，对北京的建设和发展做出了杰出贡献。据统计，北京在 20 世纪 90 年代，由海外华侨、华人、港澳台同胞投资兴办的独资、合资、合作企业达到 6000 家之多，占北京整个外资企业的 60% 以上。② 创新北京“新侨乡”海外华商经济建设和参与模式，吸收福清地区充分发挥华商参与性和创造性的建设经验，对北京有借鉴意义。

---

① 国务院 1988 年 9 月 22 日颁布了《楼堂馆所建设管理暂行条例》，第三条规定“属于经营性的涉外旅游旅馆、公寓、写字楼，根据旅游事业发展的需要，有计划地进行建设，除特殊批准的以外，主要建设一些中、低档标准的项目”，第六条规定“楼堂馆所的建设必须经过严格的审批程序，经批准建设的楼堂馆所必须列入部门、地方基建投资计划。任何单位未经报批程序不得擅自建设，不得搞计划外工程”。

② 北京市侨务办公室：《试论北京新侨乡的由来及发展》，http：//www. gqb. gov. cn/news/2006/0928/1/3243. shtml。

（一）重视侨领在北京国际交往中心建设中的沟通和号召作用

华商在海外通过生存和发展，形成了以“地缘、血缘、业缘”为纽带的各类联谊会馆，群体内部推举具有影响力、号召力的领袖作为侨领，在参与居住国和祖籍国政治、经济、社会、文化等事务过程中发挥领导作用。林绍良、林文镜等侨领充分发挥自身号召力，在福清发展中起到了极大的推动作用。元洪开发区、融侨开发区、闽江调水工程、江阴港建设等成功案例都是明证。北京作为中国的首都，政治、经济、文化中心，在早期的发展过程中，侨商领袖也发挥了重要作用。如20世纪50年代末建成的北京华侨大厦就是在著名爱国华侨领袖陈嘉庚倡议下建成的。在北京国际交往中心建设过程中需要充分重视侨领的作用。

第一，利用国际华商网络整合资源，推动北京企业“走出去”。侨领带领下形成的各地同乡会，不仅增强了海外华商抵抗外部压力的能力，能抵抗华人经济政策的负面效应，也通过侨领构筑起国际华商网络，能有效弥补外部资源不足的缺陷，起到资源整合的作用，实现每个华商的多元化发展。“一带一路”背景下，京企“走出去”也是北京国际交往中心建设的重要组成部分，在“走出去”过程中，必然会面临各种“水土不服”，利用侨领的影响力和国际华商网络的资源整合功能，有助于京企快速适应，迅速打开市场。

第二，利用侨领影响号召全球华侨华人高端企业进驻北京。北京作为中国的首都，一定程度上代表着中国，比各地更具有号召力，在吸引侨资方面，不必局限于京侨，可邀请全球著名侨领参加招商引资推介会，发挥著名侨领影响力，号召国外华侨华人高端企业进驻北京，推动北京发展。

（二）倡导“惠侨计划”带动产业发展和招商引资

目前，针对外商在中国投资，兴办先进技术型、产品出口型企业的，鼓励类外商投资企业和外商投资研究开发中心等企业的，给予特别优惠政策。主要享有场地使用费、企业所得税、进口关税、进口环节增值税等税费减免政策，以及在金融信贷方面享有优先支持和发放等权利。

党中央、国务院批复的《北京城市总体规划（2016 年 - 2035 年）》，对实现首都全面协调可持续发展具有重要意义，支持高科技产业的发展必将成为重点，立足华商资源优势，积极改善投资环境，倡导“惠侨计划”带动产业发展和招商引资，努力促使科技转化为产业落地。

（三）提升“一带一路”企业“走出去”华商参与性

2016 年 3 月，在国家发布的“一带一路”愿景与行动中特别强调要“充分发海外华侨华人的作用”，海外华侨华人是“一带—路”倡议的参与者、建设者、促进者和受益者。党的十九大报告强调“广泛团结联系海外侨胞和归侨侨眷”，“创新对外投资方式，加快培育国际经济合作和竞争新优势”，这是以习近平同志为核心的党中央适应经济全球化新趋势，准确判断国际形势新变化，深刻把握国情、侨情、世情与国内改革发展新要求做出的重大战略部署，为新时代更好发挥海外华商独特优势与对外投资合作创新工作指明了方向。作为社会关系网络的海外华商网络兼具本土化和国际化双重特征，可以成为联结中国特色国际关系的纽带。在新时期对外开放背景下，提升华商参与性，对推动“一带一路”建设具有重要意义。

第一，华商企业发展成功的经验，可为京企开拓市场提供借鉴。华商早期筚路蓝缕、开拓市场、发展壮大过程中的经验教训，为京企快速适应投资国社会环境、融入当地市场提供了借鉴。

第二，华商的参与可降低京企的海外运营成本。海外华商可为“走出去”企业提供发展所需的资金、信息、市场、原材料以及劳动力，降低了他们在生产领域和流通领域的营运成本和进入成本，有助于其提升竞争力，开拓国际市场，实现规模化经营。

第三，华商的参与，可实现海外华商与北京企业的互动赋能、互惠双赢。“走出去”企业与华商合作，一方面可以借用中国影响力和“一带一路”建设契机，为华商企业发展注入新的增长点，另一方面可借用华商在当地的影响力，帮助“走出去”企业抵御部分投资国制度、敌视等带来的外部风险和困难障碍。

（四）构建海外—北京人才交流模式

一方面，“筑巢引凤”，吸引国外高端人才入住北京。海外华商参与福清改革开放过程中，曾兴建楼堂馆所，改善居住生活条件，吸引外商人才投身建设。2019 年 9 月 4 日北京推进国际交往中心功能建设领导小组召开第一次全体会议也强调“着眼提升对国际高端要素资源吸引力，努力营造‘类海外’环境。积极‘筑巢引凤’，加紧推进国际人才社区建设，完善国际化配套设施。优化国际学校布局，深化国际医疗试点，营造国际化人文环境”。华商作为联结中外的纽带，既熟悉国外生活习惯，又了解中国文化，可吸引海外华商共建国际社区，营建相应场所。一方面可吸引外资，另一方面可发挥其海外影响力，为首都招贤纳士。

另一方面，发挥北京教育资源优势，为海外培养人才，扩大中国国际影响力。北京聚集着全国最优质的教育资源。可通过招纳留学生、短期培训等方式为共建“一带一路”国家培养人才。长期以来，欧美等发达国家通过吸引中国留学生，来输出其文化影响。培养共建“一带一路”国家留学生，可为中国创收，这些留学生回国后在促进当地发展的同时，也可充当中国的“免费宣传员”。

三 总结

全球海外华侨华人约有 6000 万，资产高达 5 万亿美元，分布广泛，经济实力雄厚，作为社会关系网络的海外华商网络兼具本土化和国际化双重特征，在改革开放样板地区福清，他们立足自身优势做出了突出贡献，在北京未来的国际交往中心建设中，充分发挥华商的作用和影响力，可加速北京国际交往中心建设进程。

伊斯兰堡应当成为新型友好城市的试点

周　戎*

摘　要： 巴基斯坦首都伊斯兰堡既有中巴友好感情的历史积淀，又有浓厚的文化氛围，同时有因新冠肺炎疫情的蔓延为中巴全天候战略合作伙伴关系快速拓宽的历史机遇，还有统领中巴经济走廊在建项目持续推进的功能，加上伊斯兰堡的自然、清新的氛围，带有现代气息的文化底蕴以及绿色特点，因此，它有一切理由成为中国建立新型的友好城市关系的典范。

关键词： 伊斯兰堡　友好城市　中巴经济走廊

2020 年是伊斯兰堡正式建市 60 周年，笔者欣然接受了刘波老师布置的写作任务。笔者在伊斯兰堡整整居住了十年，对伊斯兰堡有着十分深刻的印象和深厚的感情。因此，笔者想通过此文将自己的十年感悟和促进中巴全天候战略合作伙伴关系以及中巴经济走廊发展的一些心得写出来，以飨读者。

一　伊斯兰堡有其丰厚的中巴友谊资源和传统

伊斯兰堡正式启用为巴基斯坦国家首都是 1966 年。早在 1965 年，周恩来总理就访问了巴基斯坦（总计访问巴基斯坦四次）。2004 年，巴基斯坦政府将中国驻巴基斯坦大使馆所在的道路命名为周恩来路。这是巴基斯坦首次

---

* 周戎，中国人民大学重阳金融研究院高级研究员。

以外国领导人的名字命名本国街道。巴基斯坦与中国有着特殊的感情，伊斯兰堡更是中巴友谊的象征。据统计，新中国成立以来，在中国七位国家主席中，有六位访问过巴基斯坦，他们分别是刘少奇、李先念、杨尚昆、江泽民、胡锦涛和习近平，同时建国后七位国务院总理中也有六位访问了巴基斯坦，他们分别是周恩来、赵紫阳、李鹏、朱镕基、温家宝和李克强。伊斯兰堡毫无疑问是新中国建立后历届国家主席和国务院总理访问次数最多的外国首都。巴基斯坦政府在伊斯兰堡举行过十多次欢迎中国领导人的盛大仪式。现任巴基斯坦总理伊姆兰·汗（时年 13 岁）、现任巴基斯坦参议院外交委员会主席穆沙希德·侯赛因（时年 13 岁）当时都作为被选派的巴基斯坦少年儿童代表，在伊斯兰堡国际机场迎接过周恩来总理。他们对周恩来总理的感情和对中国的感情可以追溯到幼年时代。2018 年伊姆兰·汗总理首次访华，并应邀在中共中央党校发表演讲时，谈到当年迎接周恩来总理的场面仍十分动容。50 多年前，周恩来总理在小山公园种下了第一棵象征中巴友谊的乌柏树。在中巴两国人民的精心培育下，这棵树已枝繁叶茂，它是中巴友谊历久弥新的生动写照。2015 年，习近平主席也在这里栽下一棵松树，标志着中巴友谊万古长青。中国领导人与巴基斯坦领导人之间的植树外交延续了 50 多年。每棵树上，都记载着这些中国领导人来访和种植友谊树的时间。总计有超过 20 位中国领导人参与种过象征着中巴友谊的大树。在小山公园郁郁葱葱的友谊树中，中国领导人种植的友谊之树最为醒目。

最近 20 年，中巴两国患难与共，相互帮助。2005 年 10 月 8 日，巴基斯坦发生 7.6 级特大地震，震中距离伊斯兰堡仅 95 公里。2010 年，巴基斯坦发生 81 年未遇的特大洪灾，2008 年，中国发生汶川大地震，2020 年初，国内新冠肺炎疫情一度蔓延。此时，中国和巴基斯坦人民在各自遭遇重大灾情和疫情时彰显患难见真情，展现相互支持、相互帮助、相互奉献的责任与精神。应当说，所有援助中国汶川的抗震救灾和抗疫阻击战的巴基斯坦救援物资都是从伊斯兰堡起运的，巴基斯坦援助汶川的医疗队也是从伊斯兰堡出发的。而中国援助巴基斯坦的抗震物资、抗疫医疗救治物资，多数是先行运抵伊斯兰堡，后发放到全国各地。中国第一批支援巴基斯坦的抗疫医疗队和专家团队也于2020年3月28日抵达伊斯兰堡。

从历史上看，1971年，巴基斯坦时任总统叶海亚·汗帮助中国秘密安排时任美国国家安全事务助理基辛格博士访华，为尼克松总统历史性的北京之行和中美实现关系正常化做出了不可替代的贡献，其全部策划工作均完成于伊斯兰堡。2013年，李克强总理访问巴基斯坦，开启双边关系新阶段，规划务实合作新方向，将中巴传统友谊推向新高度。2015年习近平主席访问巴基斯坦，正式启动了具有世纪意义的中巴经济走廊，使之成为“一带一路”国际合作的旗舰项目。而这一切具有里程碑意义的活动均系在伊斯兰堡策划。总之，在历史长河中，伊斯兰堡经历了中巴友好关系的所有重大事件。伊斯兰堡毫无疑问地成为中巴友谊的标志性城市。伊斯兰堡不仅是巴基斯坦的政治首都，而且其国民议会、参议院、总统府和总理府都设在这里。习近平主席和李克强总理分别在伊斯兰堡的巴基斯坦国会（国民议会与参议院）发表讲话，习近平主席出席中国援建巴基斯坦国会大厦太阳能光伏发电项目揭牌仪式。该项目完工后，巴基斯坦议会大厦将成为世界上首个绿色议会。习主席在巴议会发表讲话时，深情地说，巴基斯坦人民将中巴友谊比喻为“比山高，比海深，比蜜甜”，同样地，中国人民也亲切地称巴基斯坦人民为“好朋友、好邻居、好伙伴、好兄弟”。习近平主席是第一个在巴国会发表演讲的中国国家元首。巴方盛赞习近平的此次访问是一次历史性的访问，也被称为“改变命运的访问”，而这次历史性访问的高潮也是出现在伊斯兰堡。

二　伊斯兰堡理应成为人类卫生健康共同体的典范

伊斯兰堡面积大约200平方公里，人口113万人左右（2020年），是巴基斯坦城市人口密度较小的都市之一。虽然伊斯兰堡仍不断在扩建，人口也不断增多，但依然未显得过度拥堵。伊斯兰堡也是巴基斯坦卫生条件较好的城市。伊斯兰堡的医院并不很多，却集中了巴基斯坦公立医院较多的医疗资源，包括医疗设备、医务人员、医学专家。另外，两批中国医疗队为医治巴基斯坦白内障患者的“中巴友好光明行”都是在伊斯兰堡启动的。目前伊斯兰堡与卡拉奇已成为巴基斯坦新冠肺炎疫情最严重的两大城市。而中国对巴基斯坦最大限度的抗疫援助也是从伊斯兰堡开始的。3 月 28 日，中国派出了由 8 名专家组成的医疗团队支援巴基斯坦。这些中国医学专家的专业领域涵盖呼吸、重症、护理、检验、中医等。专家组主要任务是与当地医院和专家开展经验分享与交流，介绍中国抗疫经验，结合巴方防疫措施和诊疗流程，对巴疫情防控、患者治疗和实验室工作提供咨询，为巴医务人员和社区防控人员提供培训和指导等。同时，中国还向巴基斯坦提供了 1 万只医用 N95 口罩、10 万只一次性医用口罩、5000 套医用防护服、12 台呼吸机、5 台除颤监护仪、1 万份核酸检测试剂等抗疫医疗物资及药品。这些援助项目的落地都是从伊斯兰堡开始启动的。截至 2020 年 4 月 10 日，巴基斯坦已累计确诊超过 4601 例，而就在同一天，中国第四次援助巴基斯坦的抗疫物资（包括大量呼吸机、检测试剂盒、手套和口罩等）再度抵达伊斯兰堡，巴基斯坦成为中国援助世界各国提供抗疫物资最多的国家。对此，当地政府紧急改建“方舱医院”，集中进行物资采购。也就是在 4 月 9 日，巴基斯坦总统阿尔维在伊斯兰堡总统官邸亲切会见了中国帮助巴基斯坦抗疫的医疗专家团队。阿尔维总统深情地说，中国在两个多月的时间内就取得了疫情防控的阶段性成效，并在疫情初起之时就及时向世界卫生组织和各国通报，为世界抗疫赢得了时间，做出了巨大贡献。中方向巴方援助大量抗疫物资，并派遣专家组赴巴帮助、指导抗疫工作，这充分体现巴中全天候战略合作伙伴关系和久经考验的深厚情谊。①

由于巴基斯坦地处亚热带，较高的温度对冰箱的保鲜功能提出了更高的要求。因此，在采购冰箱时，当地政府选择了能针对不同食材，全面提供保鲜方案的海尔冰箱，以确保全体医护人员及患者的健康饮食。而通过差异化科技创新，在巴基斯坦的中国海尔分公司生产的冰箱一直广受巴基斯坦消费者欢迎。数据显示，1～3 月，海尔冰箱变频系列产品在当地市场的增幅达

① http：//www. chinanews. com/gj/2020/04－10/9152504. shtml.

到281%，预计4月就能完成上年全年产值。另外，海尔高端冰箱SBS和T门系列也实现了20%的高增长。疫情期间，除服务一线“方舱医院”外，海尔冰箱也通过场景直播，给巴基斯坦用户带去了更健康的饮食方案。3月26日，海尔冰箱第一次在巴基斯坦官方媒体账号开展的2分钟预热直播，就吸引了超770万次观看。中国许多国有和民营企业正在通过伊斯兰堡的巴基斯坦官方平台，提供巴基斯坦疫情经济所需的新产品。4月1日，伊姆兰·汗总理在首都伊斯兰堡发表电视讲话，他强调说，中国在刚刚控制完疫情后就向巴基斯坦伸出援手。

鉴于伊斯兰堡与北京早在1992年就结为友好城市，因此我们完全有理由将伊斯兰堡的抗疫经济和抗疫工程打造成卫生健康“一带一路”的试点项目，同时也成为人类卫生健康共同体的试点项目。伊斯兰堡距离巴基斯坦陆军总部的拉瓦尔品第只有18公里，巴基斯坦军方非常重视中国医疗专家的到来，他们认为，医治被新型冠状病毒感染的巴基斯坦军人十分重要，这对于巴基斯坦保持军队士气和捍卫国家主权更为关键。

三　伊斯兰堡拥有巴基斯坦最友好的文化与舆论氛围

伊斯兰堡拥有丰厚的中巴友好文化和舆论氛围。中国援建的巴中友谊中心位于巴基斯坦首都伊斯兰堡南部最大的森林公园，占地总面积4.8公顷，是集会议、展览、学术交流、文艺演出、经贸往来于一体的多功能综合建筑，是未来中巴文化交流活动的重要场所。该建筑的设计融合了巴中两国元素，并且具有浓郁的现代气息，内设有818座的报告厅、会议室、阅览厅、餐厅及102张床位的宾馆，已经成为中巴文化交流活动的重要场所。这座体现着中巴两国人民之间深情厚谊的巴中友谊中心完全由中国政府援建。巴中友谊中心是两国亘久不变友好关系的真正体现，也是目前和将来巴基斯坦人民了解中国和中国文化的好场所。应当说，巴中友谊中心是中国政府和人民送给巴基斯坦人民的最好的礼物之一。

伊斯兰堡是最早设立孔子学院的城市，目前巴基斯坦的汉语学习已形成相当规模，2018 年 11 月 17 日，首届巴基斯坦本土汉语教师优质课大赛在伊斯兰堡孔子学院举行，为组织这次比赛，伊斯兰堡孔子学院特邀 15 名经验丰富的汉语教师担任评委，并就教师素质、教学目标、教学过程、教学特色和教学效果等五个方面制定了评分细则。伊斯兰堡孔子学院中方院长张道建说，比赛的目的在于激励巴基斯坦本国汉语教师提高汉语教学水平，促进汉语教师本土化发展。随着瓜达尔港的开发及其对外语人才需求的增加，伊斯兰堡孔子学院所在的巴基斯坦国立现代语言大学在中巴经济走廊的终点瓜达尔设立分校，开设了英文和中文专业。由于伊斯兰堡就业机会少，所以在伊斯兰堡学习汉语的人数不够多，但也因为其首都地位，拥有最雄厚的汉语师资力量，伊斯兰堡孔子学院正在完成中国政府承诺的培训 1000 名以上巴基斯坦孔子学院老师的工作。除了孔院外，位于伊斯兰堡的巴基斯坦国立语言大学还设有中文系，是孔子学院汉语教学的重要补充。另外，伊斯兰堡也是巴基斯坦社交媒体比较集中的地方，在中国抗疫阻击战打响后，巴基斯坦社交媒体显示出强大的反应能力。巴民众纷纷在社交媒体上表示，中国的支持坚定了巴方战胜疫情的信心。网友@ Sairbeen plus（萨尔宾）：中国人民凭借钢铁一般的意志有力遏制了疫情。这也在告诉其他国家，不要惊慌，要充满斗志。网友@ Imtiaz ul Haque（伊姆提亚兹 · 哈克）：中国抗击疫情取得积极成效。一方面政府和专业人士广泛传播科学防疫知识，另一方面人民自觉配合各项防疫举措。希望巴基斯坦政府和人民学习借鉴中国的成功做法，尽快建立起一套行之有效的防控体系。网友@ Ali Abbas（阿里 · 阿巴斯）：全中国上下都以积极的态度遏制病毒传播。民众认真配合防疫措施，这对我们是一个很好的启示。网友@ Naeem ul Fateh（纳伊姆 · 法特赫）：中国凭借强大的执行力有效阻止了疫情蔓延，为各国应对疫情树立了榜样。网友@ Muzaffar Abbas（穆扎法尔 · 阿巴斯）：我们赞赏中国为全球共同抗疫所做的努力。希望所有国家都能本着同样的精神去战斗。网友@ Syed Danish Raza（赛义德 · 丹尼什 · 拉扎）：中国向巴基斯坦援助医疗物资，将帮助我们挽救成千上万的生命。与此同时，中国还在积极推动国际合作以共同抗击疫情，这对于人类健康和安全意义重大。为中国点赞！网友@ Umair Ch（乌马尔）：患难见真情，中国再次证明了谁是可信赖的朋友。因此，中巴友谊在巴基斯坦以及首都伊斯兰堡有雄厚的文化和群众基础。

伊斯兰堡也是巴基斯坦唯一经过正式注册的华文报纸《华商报》的发行地。自2018年至今，该报纸共发行了60多期，不仅客观报道巴基斯坦国内政治经济情况，更多地展现中巴友谊和巴基斯坦人民与中国人民之间的友好感情，而且还与巴基斯坦著名英文报刊《新闻报》（NEWS）结成战略合作伙伴关系。作者本人坚持每周义务向该报发文一篇。

另外，巴基斯坦的一些著名高校如伟大领袖——真纳大学、巴基斯坦科技大学、国立语言大学、国际伊斯兰大学、国防大学等都设在伊斯兰堡，这些院校在伊斯兰堡举办涉及中巴友谊的各种活动频率很高。这些大学与中国首都和全国各地的大学建立了大学联盟，它们与中国各类大学之间的合作趋于常态化。可以说，伊斯兰堡具备了拓展中巴友好城市关系的一切重要的文化元素。

四　伊斯兰堡属于宜居城市，适合开展友好城市的各种活动

伊斯兰堡是巴基斯坦绿化程度最高的城市之一。人们一说起伊斯兰堡，往往都是从绿开始。巴基斯坦是伊斯兰国家，它与其他伊斯兰国家有着不同的特点，即巴基斯坦清真寺基本上都是绿顶。伊斯兰堡全城的水不多，仅有的拉瓦尔湖湖水碧波荡漾，清澈无比。虽然整个巴基斯坦气候炎热，但伊斯兰堡仍然是冬夏分明。伊斯兰堡的建筑风格融合了欧洲和南亚的风格。伊斯兰堡纬度为北纬33度左右，比巴基斯坦的卡拉奇低9个纬度（卡拉奇是北纬24度左右），属于亚热带气候，冬天树叶不落，因此，一年四季，树叶都是绿的。伊斯兰堡还是个盆景城市，在主要城市公路干线旁，在许多大型超市的周围，均有许多路边花房（苗圃），类似这样的苗圃亦栽亦卖，既有正在成长的幼苗，也有已成熟的花卉植物，这些盆种植物并非人工技术（如用塑料捆绑、剪枝）与自然栽培（施肥）相结合，而是纯天然植物。因

此，伊斯兰堡的美首先是环境美。伊斯兰堡的名胜古迹并不多，但其街头熙熙攘攘，车水马龙，各种小吃琳琅满目，更适合于中国旅游者在闲暇之时到这里休息、旅游。

伊斯兰堡是一个新兴的现代化城市，到了 2020 年，伊斯兰堡才满 60 岁。其实巴基斯坦独立后的首都并非伊斯兰堡，而是卡拉奇。卡拉奇不仅是巴基斯坦的最大城市，也是仅次于孟买的南亚第二大城市。但卡拉奇人口过于稠密，交通阻塞，不利于巴基斯坦联邦政府各个部门“物理上”的联络协调，工作效率也受影响，同时卡拉奇濒临阿拉伯海，易受来自海上的入侵，再者卡拉奇在巴基斯坦靠近新南部，距离巴基斯坦腹地（旁遮普省、西北边境省——今开博尔·普赫图赫瓦省）过远。基于这几个理由，巴基斯坦政府在 20 世纪 50 年代末期就决定迁都。20 世纪 50 年代末，一位希腊的设计师应巴基斯坦政府之邀，开始受命设计这所城市，后来他的设计方案就成了现在伊斯兰堡的城市规划图，而伊斯兰堡从无到有、从小到大正是在这个设计方案下逐步发展起来的。

为了迁都伊斯兰堡，巴基斯坦政府做了很多准备工作，先是从卡拉奇迁都到巴基斯坦的第三大城市拉瓦尔品第，然后到了 1965 年又迁都伊斯兰堡（伊斯兰堡的建设整整持续了五年）。有幸的是，中国人民敬爱的周恩来总理在巴基斯坦迁都伊斯兰堡后不久就造访了首都，受到时任总统阿尤布·汗元帅以及巴基斯坦各界群众载歌载舞的夹道欢迎。

整个伊斯兰堡最著名的闹市区就是蓝区，而且横亘在政府机关公司总部与主要的百货中心之间就是长达 10 公里左右的蓝区大道，大道北面大部分建筑物是巴基斯坦政府的各部门所在地，还有一些小型高校的教室，夹杂在部门中间或者部门一层的又恰好是数不清的商业中心和一些公司的写字楼，道路南面则是巴基斯坦宾馆和一些大型购物中心。当时华为的伊斯兰堡总部就设立在蓝区大道北侧的沙特大厦 10 层，也就是当时伊斯兰堡最高的大厦，沙特大厦是唯一超过 10 层的大厦，据说是沙特王室出资建造的，沙特的建筑法风格也十分醒目。也是因为伊斯兰堡的地缘优势，众多的中国公司总部如著名的三峡集团、葛洲坝集团、中国移动集团、中兴集团、中建集团、中交集团、中石油、中石化等多个巨型国企在巴基斯坦甚至南亚的地区总部都设在伊斯兰堡。

伊斯兰堡市全城的公园并不多，但数得着的当数 F-9 公园、拉瓦尔湖公园、半山公园和小山公园。F-9 公园占地面积很大，相当于一个大型街区，整个公园的面积 4 平方公里左右，里面最主要的是风景恰好的儿童乐园和步行道。最近十年来，伊斯兰堡市政当局从国外进口了大量游乐设施，这里成了伊斯兰堡儿童和家长节假日主要休闲和娱乐的场所，许多巴基斯坦全国各地到伊斯兰堡度假的游客，也愿意清晨到 F-9 公园玩一玩。F-9 公园还有漫长的步行路，大约有 4 公里长，也成了体育爱好者慢跑、快走的健身中心。

而国家纪念碑旁，就是闻名遐迩的小山公园。这里是万国领袖栽树园区。目前这里已成为巴基斯坦首都的一大景观。每到节假日总有一些巴基斯坦来自全国各地的中小学生由学校组织到这里游玩，同时进行爱国主义教育。也有的家长在节假日专门带着孩子到小山公园的种树园参观游览。

伊斯兰堡第二大景观当数巴基斯坦国家纪念碑。纪念碑造型大气优雅，由四个大花瓣和三个小花瓣组成。四个大花瓣象征巴基斯坦四大省份：旁遮普省、信德省、俾路支斯坦省、开博尔·普赫图赫瓦省；三个小花瓣象征巴基斯坦三块领地：吉尔吉特-巴尔蒂斯坦特区、阿·贾·克什米尔地区和联邦直辖部落区（目前已经并入开普省）。正前方一座小型五角尖碑。从顶上看去，7 个花瓣围成的新月形，环抱着尖碑的星形，正好是巴基斯坦国旗的星月标志。花瓣上都有浮雕，雕刻的主要是巴基斯坦各地风情古迹、国父真纳、国民诗人伊克巴尔等。这里还刻有巴基斯坦不同民族、不同文化的一些壁画。

半山公园要比小山公园高得多，半山公园之所以有名，是因为它只是马尔格拉山的一部分，而且在半山腰上，故名半山公园。半山公园正好在伊斯兰堡城北，站在半山公园的观望台上，整个伊斯兰堡尽收眼底。其实我刚到伊斯兰堡的时候，半山公园似乎没有什么特色，后来那里逐渐发展起三个餐厅，而且观望台的栏杆，观望台附近的喷泉、假山也分别矗立起来了。记得

2014 年离开伊斯兰堡时，那里的巴基斯坦本地口味的餐厅、自助餐厅等已高朋满座。人们在半山腰一边领略伊斯兰堡城市的风光，一边品尝着美味佳肴。很多人到半山公园并不是为了山顶餐厅的美味佳肴而到此一游，主要是在山顶餐厅里可以眺望整个伊斯兰堡，站在高处，胸怀宽广，心旷神怡，犹如飞机上的航拍。每到夏末，人们都是一家老小，到这里休闲、娱乐。由于地势高，在山顶上感觉不到伊斯兰堡市区的酷热，却有凉风习习、清爽之感，这里比山下的平均气温低了 2～3 度。半山公园另一特色是其最高处曾有经济合作发展组织（中西亚国家）8 个成员的领导人到这里的合影照，合影照中包括巴基斯坦著名的前女总理贝娜齐尔·布托、哈萨克斯坦共和国前总统纳扎尔巴耶夫、土耳其前总理德米雷尔和伊朗前总统拉夫桑贾尼等，那张大幅照片目前已很珍贵和醒目。

沙阿·费萨尔清真寺，是伊斯兰堡的又一大景观。从伊斯兰堡市中心出发，一直向西北直奔马尔格拉山的南麓，远远望去，4 座高耸入云的锥状尖塔，顶部金色的新月饰物在太阳的照耀下熠熠生辉。其实，当年人们选择在马尔格拉山山脚下大兴土木，不仅是要用这座山作为大清真寺的背景和屏障，更倚重它天然“雄伟”的地理位置。那 4 座尖塔，高度近 90 米。传统的清真寺为圆顶，而费萨尔清真寺则呈八角形。它的外体用的是白色大理石，里面用马赛克装饰。祈祷大厅内并无一根柱子，大清真寺的设计者不是巴基斯坦人，而是土耳其著名的设计师维达特·达罗凯。当年他综合了现代社会文化和古代穆斯林文化以及土耳其建筑风格的设计理念，在专门为建造大清真寺而举办的国际设计大赛中一举夺魁，因而得以把他独运的匠心变成挺拔的杰作，但尽管由达罗凯设计，但却不能以他的名字命名，因为当年是沙特阿拉伯的老国王沙阿·费萨尔出资修建的，故以此命名。虽然清真寺宏伟挺拔，但巴基斯坦普通儿童还是借着高大的建筑支柱，在那里“滑梯”，这些孩子其实只有四五岁，乳臭未干，智趣可爱。同时，这里的一些辅助建筑被用来举办各种庆典活动，我记得自己参加的巴中协会举办庆祝新中国成立 61 周年华诞就是在这里。

中国大使馆坐落在巴基斯坦的 G4 区，为了纪念对巴基斯坦人民有着深情厚谊的周恩来总理，政府将中国大使馆所在的街命名为周恩来街区，当然现在中国大使馆已迁移到距离原馆址差不多一公里处的地方，在这里建成了中国在全球最大的大使馆，面积差不多15万平方米，相当于梵蒂冈的1/3。

我对这座城市充满着憧憬、感激和期盼。刚到伊斯兰堡的时候，这里还没有快速公交，待我离开伊斯兰堡时，伊斯兰堡已建成了三条纵横南北的城市主干线，快速公交和地铁站也拔地而起，这些快速公交既安全又舒适。新机场在那时已经启动，而目前这座现代化的机场已经落成。我记得刚到伊斯兰堡时，市区不过只有E－6、E－7、E－8、F－6、F－7、F－8、F－9、F－10、G－5、G－6、G－7、G－8、G－9、I－8、I－9、I－10、I－11等区，待我离开伊斯兰堡之时，整个伊斯兰堡的小区数量已超过30个，城区面积也上升到900多平方公里，人口也由我在时候的不足80万人上升到目前的100多万人，已成为巴基斯坦名副其实的大都市了。

伊斯兰堡的城市规划非常好，有点像北京城所有的街道都是横平竖直，你要想找到某一个街区似乎不是很困难，每个街区都有自己的中型购物中心（或者叫小超市），而每个街区又分成四个小区。比方说F－8区分F8－1、F8－2、F8－3、F8－4，而在F区下面的4个小区当中，都有各自的小型购物中心，奶制品、甜点比比皆是，日用品（如洗漱、化妆、保养）也大体上应有尽有。每个小区的购物中心，你要是买一般的蔬菜在这里就能满足，要买高档蔬菜，还是要去新建不久的麦德龙大型超市。现代化的生活在静悄悄地改变巴基斯坦民众的生活方式，到麦德龙逛一逛，即使不买东西，看到琳琅满目的货物，也是一种享受，因此逛超市已经成为巴基斯坦家庭的一种享受。

巴基斯坦银行的服务态度是巴基斯坦各个行业中最好的。巴基斯坦与中国的银行合作也十分好，早在1979年，巴基斯坦与中国之间就开始了银行间的合作。我们常说宾至如归，也就是说，你在银行办理业务时，巴基斯坦朋友会让你坐在宽敞的沙发里，享受着各类画报，品尝着巴基斯坦的奶茶（有时还有一些小点心），阅读当日的报纸，或者滚动式新闻，待业务处理完，银行工作人员自然会叫你。虽然态度很好，但效率还不是很高，往往你会面临温柔的低效率。中国改革开放之前，巴基斯坦与中国的合作就是从银行和民航开启的，特别是阿斯卡利银行（ASIKARI 就是军队的意思）。在北京有 10 家巴基斯坦银行。银行的合作对中巴两国之间的金融合作十分重要，中国开放银行也在巴基斯坦有业务。中国的金融期货交易所在巴基斯坦也有分支机构。关于民航，最突出的是巴基斯坦飞行员的飞行技术惊人，尤其降落地面的技术令人称道，往往让你感觉不到飞机滑轮接触到地面的那一瞬间。

人们其实没有注意的是，中国的饮食文化已逐渐渗透到了巴基斯坦民众的三餐，几乎所有的巴基斯坦星级饭店，都有中餐、泰餐、巴餐和自助餐。只不过，中餐被当地的巴基斯坦厨师做了巴式创新（或者说改良），巴基斯坦的厨师做的中餐，带有强烈的本地化风格，淀粉和胡椒放得很多，汤里的作料更多，但不论是中式中餐还是巴式中餐，都很受巴基斯坦人的欢迎。尤其是许多到过中国的巴基斯坦朋友，更喜欢原汁原味、正宗的中餐。随着中巴经济走廊项目的推进，越来越多的中国工程技术人员进入巴基斯坦大地，因此伊斯兰堡对中餐的需求量也比过去大大增加了。而且吃中餐依然是巴基斯坦民众的一种奢侈的享受。

目前在这里的中国餐馆差不多有 20 家，中国的小旅店也如雨后春笋，巴基斯坦人比较爱吃中国的炒面，当然米饭炒菜对于许多巴基斯坦人仍是美味佳肴。我记得当时巴基斯坦外交部一位驻外大使回国后带着一家人经常到中餐馆用餐，说吃中餐是改善生活，是奢侈和享受。在巴基斯坦的中餐馆，已经有人在尝试烹制烤鸭了。因为条件有限，所以一般都是采用传统烤箱，也有人用方便烤箱。一些家庭还准备了人字形钢铁钩子，上面可挂，下面分叉处，减少上钩的压强，然后用面包或者松软的馒头片填进鸭肚子。也有的中餐馆用面包蘸水填充进鸡鸭肚子，里面的肉会更嫩。伊斯兰堡的中餐馆比不了北京的全聚德，不可能将鸭肚子灌水后密封再拿去烤，密封技术也很难把握。伊斯兰堡中餐馆的烤鸭往往用黄瓜丝、大葱和胡萝卜配菜，但不像在北京，烤鸭配菜还包括山楂糕片。伊斯兰堡的中国厨师，往往都会做春饼，有了春饼（荷叶饼），饼卷烤鸭片就生成了。当然，虽然巴基斯坦人都喜欢吃中国烤鸭，但目前他们自己尚不会烹饪，我记得在拉合尔的 PC 酒店（珍珠洲际酒店）也能吃到烤鸭，而那位烤鸭师傅是从菲律宾请来的菲籍华人，他的祖先来自山东，是烤鸭世家。

中国人比较爱吃巴基斯坦的烤肉卷、烤鱼、烤鸡等，巴基斯坦人喜欢在烤肉上放一些麻辣、胡椒粉等，特别是巴基斯坦人爱吃的奶油蘑菇汤，而中国人也喜欢吃，但巴人更愿意放一些胡椒粉，由于巴基斯坦的胡椒粉调味功能特别强，很多巴基斯坦朋友对胡椒粉几乎是多多益善，相比之下，中国胡椒粉的味道和“强度”就显得“清淡”了。现在巴基斯坦的餐馆有一个特点，一定会有一两道中国餐，而这些中国餐会带有甜味或者带有辣味，已经融合了巴基斯坦的特征，比如他们所说的酸辣汤要放很多的胡椒粉、很多的芡粉，和中国的酸辣汤不一样，很少有清淡的。因此，中国的饮食文化在巴基斯坦有着根深叶茂的基础。在巴基斯坦，吃鸡肉非常容易，吃牛肉也还算可以，但吃羊肉就是一种奢侈了，很多巴基斯坦人往往吃一顿羊肉会高兴好几天。

伊斯兰堡的空气质量非常好，由于这里没有厂矿企业，所以也从未有过雾霾，空气质量从未低于标准。这里长夏无冬，所以天气显得炎热，雨季到来，则阴雨连绵。但伊斯兰堡天气热而不潮，因此很少有桑拿天，自然身上也不会黏糊糊的。虽然炎热，但随便找一块树荫都很凉爽。

总体而言，巴基斯坦首都伊斯兰堡的卫生条件很好，绿化水平也比较高。自从伊姆兰·汗总理上任后，全市开展去垃圾运动，所有店铺都不再有废弃的塑料袋，伊斯兰堡的清洁、规整更加突出。所以从自然风光而言，伊斯兰堡作为巴基斯坦最主要的宜居城市为中巴友好城市建设带来了地利与人和。

五　结语

综上，巴基斯坦首都伊斯兰堡既有中巴友好感情的历史积淀，又有浓厚的文化氛围，同时有因新冠肺炎疫情的蔓延为中巴全天候战略合作伙伴关系快速拓宽的历史机遇，还有统领中巴经济走廊在建项目持续推进的功能，加上伊斯兰堡的自然、清新的氛围，带有现代气息的文化底蕴以及绿色特点，因此，它有一切理由成为中国建立新型的友好城市关系的典范。让伊斯兰堡在友好城市建设中绽放出更加独特的风采。这种风采包括环保和宜居，带有热烈和亲密，见证着现在和未来的中巴友谊大事件，继续成为中巴友谊之都。

新加坡国际交往中心建设经验及对北京的启示

刘 波 张世贵*

摘 要： 国际交往功能的增生是全球化背景下城市文明发展的大趋势。新加坡作为城市国家与北京同属儒家文化圈，两个城市都致力于提升自身国际影响力，具有辐射周边地区，推动国际交往的城市功能。新加坡作为区域性国际交往中心，在举办高端会展会议，吸引国际人才集聚，打造国际宜居环境等方面拥有十分丰富的经验。借鉴吸收这些经验对加快推动北京国际交往功能建设，完善“一核两轴四区域”空间布局具有显著的启发意义。

关键词： 国际交往中心 国际组织 城市规划 新加坡

新加坡是一个城市国家，人口 530 万，国土面积仅为 714.3 平方公里，比北京市副中心通州区的面积还要略小。新加坡既无内陆腹地支撑，国内自然禀赋也异常匮乏。然而，新加坡自 1965 年从马来西亚独立后，在半个世纪内一跃成为全球区域性金融中心、国际旅游城市、国际会展城市、国际交通枢纽城市，在诸多国际城市竞争领域拔得头筹。新加坡在国际交往中心建

* 刘波，北京市社会科学院外国问题研究所所长、研究员、博士，主要研究方向为国际关系与国际大城市比较；张世贵，中央党校（国家行政学院）报刊社编辑，法学博士，研究方向为马克思主义理论与思想政治教育。

设方面形成一些比较成熟的经验做法，借鉴吸收这些经验对加快推动北京国际交往功能建设具有一定的启发意义。

一　举办高端国际会议，推动国际交往平台建设

随着全球化不断深入，各国相互依存程度日益加深，会议会展业在各国交流互动的过程中不断发展壮大，已成为新兴的现代服务贸易产业之一。目前，国际会展业已成为新加坡外向型经济发展的一个支柱产业。新加坡是世界上第一个建立展览行业标准的国家，多年保持其作为世界顶级的会展城市的地位，已连续多年被国际展览联盟评选为“亚洲最佳会议城市”。根据ICCA 排名，新加坡连续 5 年占据世界前 6。

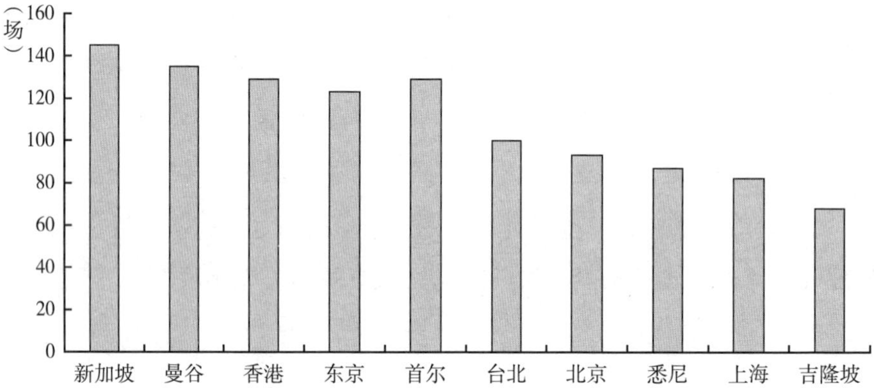

图 1　2018 年亚太地区国际会议排名

国际会展业一方面能够带来大量的国际游客，增加国际交往的体量，另一方面也是塑造开放形象，向国际社会展示自身软硬实力的重要窗口。北京在建设国际交往中心过程中，需要结合总体城市布局，大力发展国际会展业。而新加坡的经验为我们提供了很多可供参考的经验。新加坡发展国际会展业主要采取以下几方面的措施。首先，建设一流的会展基础设施。目前，新加坡主要有三大会展中心：新加坡博览中心、新加坡国际会议与展览中

心、莱佛士城会议中心。其中新加坡博览中心是亚洲最大的展览馆，是拥有政府背景的新加坡港务集团投资建立的；而新加坡国际会议与展览中心，是新加坡前总理李光耀提议建立的，总面积10万平方米，可容纳1.2万名会议代表，里面设有新加坡最大的无支柱会议大厅，并配备了先进的翻译、通信以及传播系统，每年在这里举办的各种会议、展览等活动超过1200场，许多国际高峰会议都在这里举行。其次，政府给予优惠政策支持。新加坡设有会议会展局，对外宣传推广、扩展会展市场，为新加坡申办国际会议提供支持，有效地提高了地区竞争力，深受国际大会和展会的青睐。虽然新加坡政府不直接参与举办展览，但提供税收等优惠政策。除掉税收优惠的支持外，政府对会展企业提供便捷办展登记手续。新加坡对举办展览会议不实行申报审批制度，无论本地的或国外的展览公司，在新加坡举办展览会议都不需要向政府部门登记。此外，为推动本地会展业的发展，新加坡政府对会展业提供一定的财力支持：如对去海外参展办展的新加坡企业，由新加坡贸易发展局给予一定的资金补贴支持；对国外来新加坡办展的外国企业，由新加坡旅游局有条件地给予资金赞助。再次，着力推动会展业与旅游业融合发展。新加坡旅游局设立新加坡展览会议署，统筹新加坡会展业的各项事务，重点推动旅游业与会展业融合发展。新加坡旅游局推出了一个“商务会议大使计划”，邀请专业人士和会展专才担任新加坡的“商务会议大使”，为新加坡争夺各大商务会展活动的主办权。新加坡政府通过各方的相互协调，推动会展业与国际国内旅游业伙伴及相关领域战略伙伴合作，不断开发世界级商务旅游项目，有效整合优势资源。例如，自2010年开业以来，新加坡度假胜地滨海湾金沙娱乐城和圣淘沙名胜世界，把会议会展与旅游结合起来，深受世界各地游客喜爱。① 2018年6月12日，特朗普与金正恩会面就安排在新加坡圣淘沙岛上的嘉佩乐酒店。最后，拥有高度市场化的经营管理团队，强化国际展览专业化。新加坡展览公司培养专门的市场调研部门，定期走访参展商，分析市场行情，力求用理智态度对待竞争，避免盲目跟进和

① 李麒：《国际交往中心建设背景下的北京市会展业研究》，《中外会展》2015年第12期。

恶性竞争。新加坡的展览公司大多建有完善的数据库系统和用户服务系统，建有完备的客户信息库，既包括参展商，也包括展会的专业观众。此外，在展会内容和形式层面，注重面向周边国家的市场，基本上均为聚焦行业发展的专业性展览，几乎没有综合性的贸易展览。

二　会集国际人才，推动人力国际交往

外籍人口，尤其是具有专业技能的国际人才聚集是国际交往中心城市的一项重要指标。新加坡在建国后不久，就确立“人才立国”战略。在2018年全球人才竞争力指数排名中，新加坡排名第二，而中国位列第43名。根据新加坡国家人口及人才署公布的《2018年人口简报》，在新加坡564万总人口中，有164.4万外籍居民，人员国际化程度高。据统计，新加坡国立大学外籍教学研究人员的比例约为50%，新加坡管理大学为63%，南洋理工大学达65%。从外籍人员比例、区域总部数量及国际人才层次上看，新加坡人才国际化的发展成就是其“人才立国”理念的最好诠释。

目前，北京正在加快吸引国际高端人才，推进国际人才社区建设，参考借鉴新加坡相关经验十分有必要。新加坡在吸聚国际人才方面拥有比较成熟的经验。首先，新加坡通过政府引导，出台人才优惠税政。目前，新加坡个人所得税税率低于大多数发达国家的税率水平。新加坡制定的海外工作者纳税人计划规定：外国工作者享有5年的税务优惠期。此外，为鼓励企业研发，还实行了研发费用双重扣除政策，以减轻企业的纳税负担。对企业招聘、培训外来人才的支出，以及为外来人才提供高薪和住房等福利待遇产生的支出，可以享受税收减免。对于经营先导型产业的技术企业，免税期可长达10年。其次，在国际教育中，实行多元办学，提高人才综合素质。为提升新加坡大学的国际合作办学的层级，从1998年起，新加坡开始实施“双翼发展”战略。一翼是“十所顶级大学计划”，即用10年时间吸引10所世界顶尖高校与新加坡高校合作办学或设立分支机构。此举旨在以最高的起点、最快的速度，提高本国教育水平和科研水平。该计划实施后效果明显，

佐治亚理工学院、宾夕法尼亚大学等知名高校纷纷参与合作。另一翼是“环球校园计划”，旨在将新加坡打造成为全球教育服务贸易中心，吸引周边国家人员来新加坡求学，这既提高了新加坡的教育水平又带动了经济增长。根据新加坡统计局数据，2009～2013年新加坡教育服务业总收入从30亿新元增加到47亿新元。新加坡国际学生人数也从2005年的7万人，增加到2018年的23万人。① 最后，采取有效措施，搭建国际人才集聚平台。“联系新加坡”成立于2008年，是新加坡经济发展局和人力部的下属机构，承担吸引国际人才到新加坡工作、投资和生活的职能。“联系新加坡”设有工业劳动部、市场传播部、新加坡迎接中心和全球运营中心。其中，全球运营中心共有12个分支机构，除新加坡总部外设有北美分部、印度分部、欧洲分部等区域分部，形成了覆盖全球的国际引才网络。通过游学、研讨会、求职宣讲会和博览会等形式，“联系新加坡”既扮演了“宣传窗口”的角色，又发挥了充实人才库的作用。②

三　打造国际花园城市，高品质的城市宜居环境

国际交往中心城市一个共同的特点就是都拥有高品质的宜居环境。北京国际交往中心建设，一方面需要对近年来疏解非首都功能腾空的土地进行留绿储备，另一方面要结合国外经验，打造点缀的微型公园，逐步建设花园型城市。新加坡是世界知名的花园城市，如果从空中俯瞰新加坡，在摩天大楼的周边和缝隙之处，到处是连绵起伏的绿地及点缀其间的各种热带树木。在新加坡的工业园区、商业区、住宅区、大学校园以及任何一条道路都可以看到充满生机的不经修剪的园林、绿色走廊和盛开的鲜花，呼吸清新的空气。新加坡把“建设花园城市”作为基本国策，通过建设“花园城市”，不仅为新加坡人民提供了一个十分舒适的生活工作环境，也吸引了世界各地众多游

① 《新加坡“双翼齐飞”全球揽人》，《中国组织人事报》2019年3月28日。

② 同上。

客前来旅游、度假，赢得了“世界花园城市”美誉。新加坡花园城市建设，为吸引国际会议会展，吸引国际人才集聚，推动国际交往中心建设提供了重要的物质条件保障。

新加坡在打造国际交往宜居环境方面具有以下几方面的经验。首先，新加坡兼顾 GDP 与“蓝天白云”的平衡发展。新加坡高度重视城市的科学合理规划。由于面积小，新加坡仅需在城市层面的精细规划，不用考虑区域层面的宏观规划。新加坡通过概念规划、总体规划和开发指导规划三级规划体系，按照“可持续新加坡”的目标要求，体现“环保优先”理念，对城市每个区域进行环境功能规划，制定详细的环境质量标准体系，提出“洁净的饮水、清新的空气、干净的土地、安全的食物、优美的居住环境和低传染病率”。① 其次，重视规划引领的作用。新加坡在首部概念规划中就确立了环境保护和绿色发展的理念，是世界上第一个把建设“花园城市”作为基本国策的国家，并坚持数十年不动摇。新加坡在规划公园及娱乐区时将城乡结合理念引入其中，旨在打造一个田园型的生态城市，除了将“原始公园”建设于城郊之外，还将森林、农田和自然景观等融入“田园城市”的建设中。新加坡规划每个新镇应有一个 10 公顷的公园，居住区 500 米范围内应有一个 1.5 公顷的公园，每千人应有 0.8 公顷的绿地指标，并要求在住宅前均要有绿地。目前，新加坡市内占地 20 公顷以上的公园 44 个，0.2 公顷的街心公园 240 多个。最后，绿道串联，主题多元。通过绿道网络将点、片状散布的大型公园绿地以网状形式串联起来；突出多元主题公园建设，利用泄洪区域建设以生态为主题的雨洪公园，通过融入科技和生态节能，打造滨海湾公园等。建立多维立体的绿化景观。新加坡还致力于推行“打造翠绿都市和空中绿意”计划，通过容积率补偿、绿化屋顶津贴等政策，鼓励开发商在各类项目中利用地面公共花园、屋顶花园、天空廊道和垂直绿墙等多维度的垂直立体绿化，5 年增加空中绿化约 40 公顷。②

---

① 叶春民：《新加坡的环保优先实践》，《环境保护》2010 年第 10 期。

② 毛大庆：《新加坡：“热带花园城市”的规划秘密》，《中华建设》2018 年第 4 期。

四 对北京国际交往中心建设的启示

世界一流的国际会展业和国际交往宜居环境，再加上健全的法制、廉洁高效的政府、开放的国际市场、积极的国际人才吸引计划，为新加坡打造区域性国际交往中心奠定了坚实的基础。新加坡国际交往中心建设的经验对北京有以下几方面的启发意义。

首先，加强国际交往中心建设要实现硬实力与软实力的高度统一。新加坡在区域性国际交往中心建设过程中，不仅拥有一流的国际会展、宜居环境等国际交往基础设施，同时在政治制度建设、城市规划、城市管理、人才吸引等软实力方面，拥有全球领先的支撑政策。北京国际交往中心建设实现软硬件结合，就是要在新时代下，立足迈向中华民族伟大复兴的大国首都实际，适应重大国事活动常态化，前瞻性谋划涉外设施和能力建设的同时，要持续拓展对外开放的广度和深度，提升首都国际形象，打造优质营商环境，推动北京城市行为体参与国际城市全球治理进程，持续开展市民讲外语活动，努力打造国际交往活跃、国际化服务完善、国际影响力凸显的国际交往中心。

其次，重视国际人才吸聚，通过人才的流动，扩大国际交往空间。新加坡通过雇用外国工人和引进外来人才来解决本国劳动力不足和技术人员缺乏的问题，并通过国家和企业相结合的培训制度来加强对海事业员工的技术和管理培训，培养本地人才及提高行业的技术和管理水平，实现国际人才的实用性集聚。北京市应学习新加坡经验，着力提升国际化公共服务水平。着眼于提升对国际高端要素资源的吸引力，努力营造“类海外”环境。积极“筑巢引凤”，加紧推进国际人才社区建设，完善国际化配套设施。在朝阳区麦子店国际社区试点基础上，拓展推进中关村、首钢、望京和未来科学城等地区国际化社区建设，以点带面，提升外籍人士服务管理水平。优化国际学校布局，深化国际医疗试点，营造国际化人文环境。要积极打造国际创新创业人才高地，集聚更多国际战略科学家、科技领军人才和重点产业紧缺高端人才及团队；引进一批世界名校、国际知名机构来京合作办学。

再次，加快推进国际会展便利化措施落实，巩固并扩大会展便利化实施效果。新加坡的成功经验告诉我们，国际会展业是推进国际交往功能增生的重要因素。北京市在国际会展方面，要积极加强体制机制改革，吸引举办更多国际会展。国际交往中心建设领导小组可协调好海关、检验检疫、公安出入境管理等部门，推动成立北京国际展览品监管服务中心，试点“海关监管指定展馆”国际展品免于担保及展会期间办理口岸签证商务备案等。在便利化措施方面，推动市公安局出入境管理局尽快推出国际展会口岸签证便利化试点，针对参展外籍人士和参加国际会议人员，持续提升国际展会和会议出入境便利化水平。此外，还可以学习新加坡经验，积极提供优惠措施，提高北京国际会展综合承载能力，建设具有全球影响力的会展之都。不断巩固培育京交会、科博会、文博会等一批具备国际竞争力的专业品牌展会，提升北京会展之都国际知名度。在吸聚国际会展的同时，在现有顺义国家会展中心基础上，结合大兴国际机场规划建设，积极规划建设国际会展业的集聚区，吸引一批国际会展组织及代表机构落户。办好中关村论坛，提升中国国际服务贸易交易会品牌影响力，争取更多重大国际会议、国际会展、国际体育赛事在京举办。

最后，优化城市环境品质建设，打造国际一流宜居城市。要学习新加坡花园城市建设经验，北京应明确建成“望得见山，看得见水”的花园城市。要通过整体规划和空间布局，实现平原挖潜增绿，山区造林，森林健康林木抚育，实现全域增绿。在区域周边与中心城市建立绿色屏障，防止城市进一步蔓延。要盘活中心城区的水系。治理城市生态，紧密结合“疏解整治促提升”行动，调整规划用地增加公共绿色休闲空间，打造生态与文化融合的品质城区。要深入落实《北京城市总体规划（2016 年－2035 年）》，进一步加强战略留白用地管理，优化提升首都功能，提升城市韧性。对于无建筑物的实地留白用地，以绿看地，严格管控。

伦敦城市环境治理的现状、路径以及启示

戴维来　李佳其　孟凯强*

摘　要：伦敦的城市环境治理具有悠久的历史，自20世纪以来，伦敦对环境治理不断进行探索，其治理模式已经日益成熟，并逐渐呈现多样化的特点。进入21世纪以后，伦敦在环境治理方面所面临的问题日益复杂化，出现了新的污染问题和治理机制难题。针对伦敦环境治理新问题，采取环境立法、行政、经济、技术以及城市外交等多样化手段联合治理的路径，形成模式多样化、目标全方位的城市环境治理模式。同时，伦敦市环境治理的经验在理念、机制、能力方面为北京提供了多种启示，城市外交在打造城市环境治理国际互动平台过程中发挥重要作用。

关键词：伦敦环境治理　环境保护　治理模式　城市外交

进入21世纪以来，全球治理特别是全球城市治理任务艰巨。一些发达国家在推进城市发展进程的同时，也更加注重环境治理。作为较早进行城市环境治理的国际大都市，伦敦市环境治理面临的问题日益复杂化：一方面，环境污染出现新源头，污染治理面临新挑战；另一方面，在治理机制上，传

* 戴维来，同济大学政治与国际关系学院副教授、博士；李佳其、孟凯强，同济大学政治与国际关系学院硕士研究生。

统环境治理模式手段单一，政府在环境行政管理过程中资金短缺而导致城市公共空间环境治理措施难以落实，而企业参与环境治理项目中的唯利倾向凸显。面对新问题，伦敦市基于既有的多样化治理模式，创新运用环境立法手段、环境行政手段、环境经济手段、环境技术手段、城市外交手段，积极融入全球环境治理，注重不同手段的综合使用，取得了较好的城市环境治理效果。

一　伦敦城市环境治理的现状

城市环境治理是环境治理的一种具体形式。联合国发展署与联合国环境署认为环境治理的内容包括环境治理内涵、治理结构、治理机制、治理原则、治理目标。因此城市环境治理就是指政府及其他社会行为体针对城市环境，协调各方利益，并采取联合行动的过程，以实现人与城市环境和谐发展。

城市环境治理的空间是城市的三维空间，包括天空、地面、地下三个维度。当前城市环境治理范围主要集中在环境污染治理方面，治理主体强调多元化，治理目标从治理领域看包含综合目标和专业目标。治理目标从治理时间看，包括近期目标、中期目标、远期目标，城市环境治理目标的制定注重协调不同治理主体的利益。治理模式的演变出现了城市环境管理与城市环境治理相结合的趋势，城市环境管理强调政府在环境治理中的主导作用，城市环境治理强调多元治理模式协同治理。

伦敦市城市环境治理历史上取得不少成就，通过对此前经验的总结，当前伦敦市城市环境治理已经探索出多种治理模式并存、多元化的治理主体共同参与、治理蓝图较为完善、开展多层次宽领域的国际环境合作的精细化城市环境治理框架。

（一）建成模式多样化的治理体系

多中心治理模式是伦敦市城市环境治理的基础，伦敦市城市环境治理目前已经形成了多中心治理的格局。伦敦市环境治理过程中，多中心的治理模式在协调各治理主体利益上发挥了重要的作用。目前伦敦市多元城市环境治理秩序已经形成，社群自治推动公民参与环境治理，关于城市环境问题讨论的多元独立决策主体已经形成。城市环境的公共物品，如绿色基础设施的兴建和改造、垃圾分类的技术标准等可以通过多种制度来提供。多元治理主体之间针对不同环境领域的问题加强沟通，凸显了不同主体在不同问题领域的独特作用，例如：在伦敦市环境规划的制定中，大伦敦市政府是责任主体。在特定环境领域的标准制定中，伦敦市企业和市民团体可以参与技术标准的制定和审议。[①] 多中心的治理模式搭建了伦敦城市环境治理各主体的联系纽带，是伦敦城市环境治理的基础模式。

参与型治理模式是伦敦城市环境治理的主要形式，参与型治理的核心价值在于合作。伦敦市城市环境治理过程中，作为与伦敦城市环境相关的利益群体，市民、技术专家、非政府组织是伦敦环境参与型治理的主体。参与型治理模式在绿色基础设施的更新改造、城市废弃物的处理上广泛运用，例如：在伦敦市关键绿色基础设施——城市绿墙改造中，通过政府发布改造方案招标，环保企业参与招标竞争，市民团体进行投票选择的参与式流程，最终确定政府、企业、市民三方认可的绿墙改造方案，市民全程参与确保了项目完成后的企业利润，市民获得了舒适的绿色空间，政府降低了治理成本。[②] 在此过程中，市民与企业在利益攸关的领域进行参与型治理分摊了治理责任，降低治理成本，形成环境治理过程中多方共赢的治理格局。国际组织的参与是参与型治理模式的重要组成部分。在伦敦市确立汽车环保标准的过程中，伦敦市同国际清洁运输理事会和国际汽车联合基金会进行了广泛合作。[③]

---

① Mayor of London, "London Environment Strategy", https://www.london.gov.uk/what-we-do/environment/london-environment-strategy, May 30, 2018.

② Mayor of London, "Using Green Infrastructure To Protect People From Air Pollution", https://www.london.gov.uk/sites/default/files/green_infrastruture_air_pollution_may_19.pdf, April 18, 2019.

③ https://www.london.gov.uk/what-we-do/environment/pollution-and-air-quality/cleaning-londons-vehicles.

政府直控型治理模式是伦敦城市环境治理的重要保障，政府是环境治理的主要领导者、掌舵人，政府直控型治理强调政府在环境治理中的主导作用。伦敦市作为特大城市，城市环境治理情况复杂，涉及政治生态、经济发展状况、技术发展水平、社会影响评价等多方面因素。伦敦市政府作为社会权威的掌控者能够运用权力协调各方利益。其主要表现在两个方面：一方面，伦敦市政府承担了宏观环境政策的制定、微观环境标准的制定、环境保障服务的提供、环境公共物品的供给、环境活动的监管问责和处罚等多项职能。另一方面，作为伦敦市的代表，伦敦市政府还负有参与全球环境治理，参加国际环境合作的责任，是伦敦市参与国际环境治理的主要代表，可以代表不同利益方的利益，并将它们的利益最大化。在治理手段上，伦敦市政府参与环境治理的手段主要依靠环境行政手段，通过环境许可证制度限制违法企业和个人，维护伦敦市的城市环境。① 伦敦市政府通过强有力的环境行政手段保障了伦敦城市环境的基本舒适度，并为环境发展提供了良好支撑。

市场化治理模式是伦敦城市环境治理的动力支撑，市场化治理模式强调利用社会资本，使环境基础设施的建设和运营市场化和产业化。帮助政府缓解资金难题，提高绿色基础设施运营效率。市场化治理模式中，社会化资本的运用是关键。在市场化模式下，政府可以通过同企业签订合同的形式将绿色基础设施移交给社会资本，降低运营成本。政府还可以通过合资的方式同企业设立联合公司，投资绿色基础设施项目。例如在伦敦市绿墙设置的项目中，伦敦市政府就同社会资本一起投资绿墙的翻新改造项目。除此之外，社区组织也可以成立单独的公司负责各自社区的垃圾处理，增加了垃圾处理的效率，目前伦敦市主要行政区中都有社区组织成立的垃圾处理公司。社会资本同政府资本一起为城市环境治理提供了动力支持，增加了环境治理的效率。

自愿型治理模式是伦敦城市环境治理的活力源泉，自愿型治理强调加强环境教育，提高治理主体的自主性，推动环境治理向更深的层次发展。自愿

① https：//www. gov. uk/guidance/check - if - you - need - an - environmental - permit.

型治理一方面强调市民提高卫生意识、垃圾分类意识，使市民认识到良好的环境与每一位市民息息相关。另一方面强调企业主体的自觉意识，避免在环境治理中的唯利益倾向，从被动治理到主动治理转变。例如在伦敦市区低排放区的设置中，市民群体自愿配合，并且在学校聚集的地段，市民群体主动参与当地的环境监管。货运公司积极配合，减少在学校聚集地段的重型卡车活动。[①] 企业与市民团体的紧密配合，自觉的环境保护意识是伦敦城市环境治理不断取得进步的活力源泉。

（二）形成目标全方位的治理蓝图

伦敦市城市环境治理的蓝图制定有悠久的历史传统，针对不同领域、不同时间阶段的城市环境治理需要，伦敦市未雨绸缪，制定了全方位多层次的环境治理蓝图，用于指导城市环境治理实践。

从时间上看，伦敦市从 20 世纪 40 年代就开始制定城市发展规划，此后发展规划不断更新并一直延续至今，《伦敦环境战略》的颁布标志着伦敦市新一轮整体规划序幕的开启。在不同的时间节点颁布的发展规划具有鲜明的时代性特点。20 世纪 60 年代伦敦空气污染严重时的伦敦发展规划注重空气污染治理的目标制定。进入 21 世纪伦敦面临的环境问题出现了新挑战，新的治理源头出现，治理机制应对新的治理问题运转不顺畅。为了解决治理机制内部问题，21 世纪新蓝图谋求长远规划，力求避免政府更迭对规划的干扰。《伦敦方案》《伦敦环境战略》等 21 世纪的新蓝图规划了 2035 ~ 2050 年的目标，体现了伦敦环境治理面向长期性的特点。

从治理目标看，伦敦市政府颁布的环境规划面向综合性、长期性、战略性的目标，是政府层面对各治理主体的总布局。而在伦敦市环境治理中期目标、短期目标的制定和专项目标的制定上，伦敦下属的各区政府、企业和非政府组织都可以参与这些目标的制定。近年来伦敦市的环境治理目标还注意

---

① https：//tfl. gov. uk/modes/driving/ultra – low – emission – zone/small – businessess – prepare – for – ulez.

同国际标准相衔接，例如《伦敦环境战略》指出伦敦市的空气质量标准同欧盟标准相衔接，但是在英国脱欧的背景下，是否会继续接轨还有待观察。[①]

（三）面临问题复杂化的治理困境

当前伦敦市环境治理模式多样，环境规划蓝图全面，环境治理体制机制在发达国家城市中处于领先水平。但是伦敦市环境治理仍然面临一些问题。一方面环境污染出现新的源头，另一方面在治理机制上，政府在环境行政管理过程中面临资金短缺问题，企业参与治理过程中出现项目选择重视经济利益忽视社会公益的倾向。

在传统环境污染问题上，伦敦市面临微小颗粒物的威胁，以及垃圾回收率不高，绿色基础设施老化导致的次生性环境污染等问题。在空气污染问题上，空气污染地区差异化严重，从2008年到2013年，伦敦市区与道路相关的PM2.5和氮氧化物的排放逐年增加。汽车尾气的排放也与哮喘、中风、心脏病和痴呆症有关，而大约20%的小学位于伦敦市污染严重的地区。[②] 在绿地面积上，从2010年到2015年，伦敦市绿地面积持续减少，每年净减少10~15公顷。[③] 当前伦敦市城市环境治理面临的问题复杂，环境污染问题依然严峻，出现了新的污染源头，与此同时治理机制也面临挑战，影响伦敦城市环境治理的可持续发展，主要表现在政策制定和政策实施两个环节。

治理机制的问题主要表现在政策制定和政策实施上，在政策制定上，政府内部特别是市政府与各区政府之间在协调治理、跨区域治理层面存在信息沟通不顺畅、地区利益保护制约城市环境治理的统筹发展等问题，在低排放区的设置、不同地区清洁汽车的更换指标、环境污染不平等等问题上尤为突

---

① Mayor of London, *London Environment Strategy: Draft Public Consultation*, p. 39.

② https://www.london.gov.uk/sites/default/files/analysing_air_pollution_exposure_in_london_-_technical_report-2013.pdf.

③ https://www.london.gov.uk/what-we-do/planning/london-plan/london-development-database.

出。在政策实施上，在需要行政力量介入的项目中，政府的环境行政效率低下，在伦敦市的绿色基础设施改造过程中政府经常面临资金不足的难题。[①] 同样是在绿色基础设施改造过程中，企业是参与政策实施的主体，虽然企业参与提高了部分项目的治理效率，但是在政府给出的企业可以参与的项目中，经济效益好的项目往往备受青睐，经济效益差但公益性强的项目拖延的情况时有发生。相较于传统的污染治理难题，伦敦市环境治理体制问题同样需要重视。

二 伦敦城市环境治理路径

基于多样化模式的治理体系，伦敦市探索出多样化治理手段联合治理的路径。多样化的治理模式下，伦敦市环境治理有多种手段可以选择，不同环境治理手段下的实施主体不同，针对不同的环境治理问题，伦敦市不局限于使用特定的手段，着眼于多手段联合治理。同时，治理手段的运用推动了治理模式的完善，缓解了伦敦市环境治理中新源头治理和机制困境的难题。

（一）环境立法手段

随着多元主体参与城市环境治理，伦敦多中心的城市环境治理模式逐渐形成，基于多中心治理模式，多元主体参与治理可能出现的权责不清晰情况，伦敦市首先通过环境立法手段明确各治理主体的治理责任，伦敦市目前与城市环境治理相关的法律中，如《乡镇规划法》《住宅法》《土地征购法》《土地补偿法》《道路法》《水资源法》《环境保护法》《废弃物管理法》《国家公园保护法》中都在不同领域明确了不同环境治理主体的责任。[②]

同时，环境立法手段在环境治理中发挥了基础性作用，奠定了多中心治

① Mayor of London, *London Environment Strategy*: *Draft Public Consultation*, p. 168.

② 车正光：《基于生态和谐与法治的英国现代城市管理》，《上海城市管理》2011 年第 6 期，第 22 ~ 24 页。

理模式的基础地位。通过环境立法手段才能确保环境行政手段中环境行政许可制度的运行，环境经济手段中重要的财政工具——罚款与补贴，同样需要立法手段的支撑。环境教育手段的施行同样离不开立法支撑，英国政府在环境教育领域制定了《环境教育法》为环境教育提供了立法支撑。环境技术手段的运用，环境技术标准的制定同样需要立法手段的支持，环境立法手段确保了各环境治理主体的有序参与，不同领域的环境立法推动了多个环境治理秩序的出现。在环境立法手段的运用中，政府主导、市民企业遵守法律规定是前提，这个前提也是多中心治理模式存在的必要条件。

（二）环境行政手段

政府直控型模式下，政府主导是伦敦城市环境治理的重要保障，环境行政手段是伦敦市政府参与环境治理的主要手段。目前大伦敦市政府的职责涉及交通、经济发展、环境保护、规划、警察、消防和保健等，主要承担的是战略职能，不负责具体服务的提供，具体服务提供主要由各自治市和伦敦城的公共组织负责。伦敦市运用环境行政手段协调区域内各主体矛盾，伦敦大都市政府治理机制的创新改变了之前域内公共权威多元分散、各自为政、协调不足的弊端，取得了相当的成绩。[①] 大伦敦市政府除了运用环境行政手段制定环境发展规划外，还需要在不同自治区的低排放区设置、新能源汽车的使用指标制定上协调各个自治区的利益。同时要运用环境行政手段治理能源贫困，减少地区之间空气污染差异，促进自治区之间环境平等。伦敦市使用环境行政手段调控企业行为，针对环境污染不平衡的问题，伦敦市政府通过发布环境行政许可，限制高污染的企业在市区活动，将高污染企业的活动范围限制在特定的空间。企业如果违反规定，伦敦市政府可以撤销其环境排污许可证，甚至可能被停止经营。[②] 环境行政许可制度赋予伦敦市政府环境管理的权力，增加了对环境违法企业的震慑力，维护了环境治

① 易承志：《从分散到集中：伦敦大都市政府治理机制的变迁》，《社会主义研究》2015 年第 1 期，第 125 ~ 131 页。

② 胡文杰：《英国环境公共侵扰诉讼救济的研究》，山东科技大学硕士学位论文，2017。

理非政府组织参与秩序。伦敦市政府还可以通过行政手段整合各区环境资源，运用环境行政手段推动区域政府信息共享，推动了伦敦市域内跨区域协调治理。

（三）环境经济手段

市场化模式下，市场化治理是伦敦市环境治理的动力来源，在市场化条件下，伦敦市运用环境经济手段，开展源头治理。一方面，运用收费和减税两个手段，不断加大进入市区车辆的经济成本，从而达到降低市区交通排放的目的。首先，针对城区源头污染施行收费制度，2008 年开始在伦敦划定了低排放区，燃油车辆进入低排放区需要缴纳一定的费用。低排放区的措施在一定程度上限制了进出伦敦的车辆数量，让更多的人使用公共交通。其次，收费制度同国际接轨，2017 年 10 月起，伦敦对进入拥堵费区不能满足欧盟四类标准的车辆，额外征收十英镑排毒费。据伦敦交通局消息，该政策每天减少了大约 1000 辆重污染车，余下的 2000 辆支付了排毒费。在减税上，伦敦市对市民购买新能源汽车补贴 8000 英镑，并且可以减免 80% 的环境保护税。

另一方面，伦敦市鼓励社会资本参与环保市场，通过专项拨款、构建信息共享平台鼓励企业参与公益性更强的项目，减缓企业的唯利益倾向。2019 年专门拨款 100 万英镑用于鼓励企业伙伴和伦敦市民合作开展一系列社区和公众参与的环保计划。拓展政府与社会的沟通渠道，通过举办国家公园城市节，推动政府同社会资本、市民的沟通，仅 2019 年的国家公园城市节，就有 150 个不同的社会组织提供了 317 场活动。[①] 专门活动的举办增加了社会资本与市民的双向互动，构建了政府、社会资本、市民组织三方之间的协同治理信息公开共享平台，塑造企业公平竞争的市场环境。专项资金的补助还有利于缓解企业在参与环境治理过程中唯利益的倾向。

---

① https：//www. london. gov. uk/what - we - do/environment/parks - green - spaces - and - biodiversity/london - national - park - city.

（四）环境技术手段

市场化模式下，伦敦市政府运用环境技术手段制定环境技术标准，设立技术更迭时间表，发挥主体责任，倒逼环境改善和企业环境技术创新。环境技术标准的颁布离不开环境行政手段的支撑，在政府行政手段的强制力下，技术标准的制定还帮助伦敦市淘汰高污染、高排放的企业。企业运用环境技术手段，在环保利益的刺激下，自觉参与环境技术的创新，推动建成低碳循环经济。企业的自觉来源于伦敦市低碳循环经济快速增长的规模，2014 年到 2015 年，伦敦的低碳和环保商品及服务行业创造了约 304 亿英镑的销售额，其中 10900 家企业雇用了大约 19.2 万人。从现在到 2020 年，这一行业的经济规模年增长率预计将超过 6%，伦敦的清洁技术部门发展势头尤其强劲，是全国最大的清洁技术企业集中地。约 42% 清洁技术的销售是在伦敦和东南部，因此低碳循环经济有望为城市提供巨大的机会。①

（五）城市外交手段

城市外交手段为国际组织参与伦敦城市环境治理提供了可行路径。在增强伦敦参与全球环境治理的国际竞争力上，伦敦市政府采取的城市外交策略发挥了至关重要的作用。伦敦市开展国际环境合作，建立国际机制和议程，推进全球城市环境合作。早在 2005 年，由时任市长的肯·利文斯通提议，伦敦发起建立了全球城市气候联盟（C40），确立了伦敦在全球城市应对气候变化议程中的领导地位。全球城市气候联盟围绕着《克林顿气候倡议》（CCI）来实行减排计划。② 全球城市气候联盟的建立，进一步拓宽了伦敦市与其他城市在环境经济手段、环境技术手段上的合作空间。同时在环境行政审批流程、环境影响评价等环境行政领域，伦敦市也同其他国家城市开展了广泛合作。

---

① Mayor of London, *London Environment Strategy*: *Draft Public Consultation*, p. 280.

② 详细情况参见 C40 官方网站，https://www.c40.org/。

伦敦市积极开展国际组织内的协调合作，伦敦市和北京市同为 C40 成员城市，伦敦市积极参与 C40 框架内的环境信息共享，2018 年，伦敦市市长萨迪克·汗与 C40、环境保护基金和伦敦国王学院合作，建设一个分布在伦敦市内的儿童空气质量传感器网络，该项目主要用于向在校儿童提供“可穿戴”空气质量监测组件，这将首次研究伦敦中小学生的空气污染暴露情况。此外监测的信息还将分享给 C40 伙伴城市，帮助他们利用数据建设更完善的空气监管体系。①

伦敦市在友好城市框架下开展同北京的城市环境合作。在 2013 年，北京与伦敦签署了科技、环保合作备忘录。北京市环保局也通过北京与伦敦的友城渠道，与英国多个部门开展了环保领域合作，多次邀请英国环境领域顶尖专家来北京与环境管理和技术人员进行交流，介绍英国在空气质量管理、细颗粒物监测、交通污染治理等方面的实践。2018 年 5 月，北京市委书记蔡奇还实地调研了伦敦城市精细化管理的具体做法。② 伦敦帝国理工学院与中国大学和企业也在环境、可持续发展、基础设施、清洁煤炭和气候变化等领域进行合作。③

三　伦敦城市环境治理的启示

伦敦城市环境治理成效是较为显著的。同为国际交往中心城市，北京与伦敦的城市发展有许多相似之处，首先，二者分别是中英两国的首都，具备政治经济等方面的诸多职能，同时也面临着人口增长、资源紧缺等方面的众多压力。其次，北京在城市空间规划方面借鉴了莫斯科，将中央行政区设置于旧城之中，形成“单中心 + 环线”的布局，而究其根源，莫斯科的城市

① https：//www. london. gov. uk/decisions/md2352 – c40 – air – quality – hyper – local – sensor – programme – kcl.

② 《蔡奇率中共代表团访问英国》，新华网，http：//www. xinhuanet. com/world/2018 – 05/16/c_1122837596. htm，2018 年 5 月 16 日。

③ “Beijing Leader Hails Growing Imperial – China Collaborations”，https：//www. imperial. ac. uk/news/186287/beijing – leader – hails – growing – imperial – china – collaborations/，May 14，2018.

规划是以伦敦为蓝本的，因此北京的城市空间布局和伦敦比较相似，都是环形的城市开发模式。[①] 最后，北京与伦敦都遭遇了非常严重的环境问题，尤其是大气的污染，严重威胁了两个城市的经济发展和公民健康。伦敦城市发展起步较早，在城市环境治理方面拥有更多的经验，经过数十年的治理实践，伦敦已经由“雾都”转变为绿色宜居城市，伦敦的成功对北京城市环境治理具有借鉴意义。

（一）优化顶层设计，创新发展理念

伦敦的城市环境治理之所以能够取得如此显著的成效，一个重要的原因在于其科学完善的规划体系的指引。英国是单一制国家，地方事务受到中央政府的强烈干预，中央政府在伦敦城市群环境治理中发挥了主导作用，在治理计划中的一切政策行为皆在中央政府的控制监督之下。[②] 中国也有着类似的权力结构，因此是否能够取得治理成效，关键也在于是否拥有科学合理的顶层设计，而顶层设计是否科学合理，有赖于决策者的理念和认知，从伦敦城市环境治理的经验来看，顶层设计必须首先明确和解决以下几个方面的矛盾和关系。

1. 正确认识和妥善处理自然环境与社会城市之间的矛盾：将社会融入自然

从传统的观念来看，自然环境和社会城市是两个相互独立并相互对立的概念。社会伴随着人的出现而出现，因此称为人类社会。在社会发展的早期，人类社会与自然环境的界限并不明显，自然环境在一定程度上也是人类生存的社会环境，人类的生存高度依赖自然环境所提供的资源。近代以来，工业革命的爆发开启了世界范围内的城市化进程，虽然人依赖自然关系的本质没有发生根本转变，但是自然环境与人类社会的界限逐渐明显，人类生存逐渐从依赖自然资源转变为依赖社会资源，自然与社会的矛盾逐渐具象为自

① 孙莉：《伦敦环境可持续规划及其对北京的启示》，《中国环境科学学会学术年会论文集（第一卷）》，2015，第927～931页。

② 余敏江、黄建洪：《生态区域治理中中央与地方府际间协调研究》，广东人民出版社，2011，第246页。

然环境与社会城市之间的矛盾。

在工业化和城市化的过程之中，社会城市的发展经历了几个重要的阶段。第一阶段，社会城市的发展以自然资源的破坏为代价，但是由于工业化程度和科技发展水平较低，自然环境通过自身的调节可以恢复，因此自然环境与社会城市的矛盾并不突出；第二阶段，随着工业化水平的提升和科学技术的发展，人类向自然索取的能力大幅提升，社会城市迅速崛起，同时伴随而来的是巨大的环境问题，此时自然环境与社会城市的矛盾最为突出；第三阶段，伴随着科学技术的进一步发展，社会城市发展对于自然环境破坏的依赖越来越小，并且反向补偿自然环境，社会城市以绿色经济为主要发展理念，尽量消除社会城市与自然环境的边界，形成“自然社会和谐”“社会融入自然”的局面。

伦敦和北京都处在第二阶段向第三阶段过渡的关键时期，但伦敦显然比北京走得更快一些。在伦敦城市环境治理的规划体系中，最为重要的组成部分是《伦敦规划》和市长的环境战略，《伦敦规划》体现了伦敦市长对伦敦空间发展的愿景。该规划包含社会、经济、交通及环境整合的策略框架，旨在引导伦敦在之后20年至25年的发展。[①] 在空间土地规划问题上，要把人口增长、经济发展等目标的实现与环境的可持续发展结合起来，追求打造世界第一个国家公园城市的目标，为了实现这一目标，《伦敦规划》从空间上规划出许多绿色基础设施用地，伦敦市长也提出了众多战略来响应。北京的城市社会环境治理应当充分吸取伦敦在发展绿色城市方面的经验，形成新的城市发展理念，自然环境与社会城市并非不可调和的矛盾对立面，努力弱化自然环境与社会城市的边界，首先实现自然融入城市，最终实现城市融入自然。

2. 正确认识和妥善处理环境保护和城市发展之间的矛盾：将绿色融入经济

伦敦与北京都经历过以环境破坏为代价换取发展成果的阶段，并且都承受了这个过程所带来的巨大伤痛。从传统理念的视角来看，环境破坏是经济

---

① Mayor of London, *London Environment Strategy*: *Draft Public Consultation*, p. 100.

发展和城市化进程中无法避免的阵痛。环境保护与城市发展之间一直存在着非常尖锐的矛盾。世界上许多国家虽然意识到了这个矛盾的存在，但是却没有很好的解决办法，在经济实力决定综合国力的激烈国际竞争中，这些国家只能选择牺牲自己的环境来满足自身经济发展需求的战略。换句话说，这些国家本质上是走了一条从"先污染后治理"到"边污染边治理"（被动防守）最后到"清洁生产、循环经济"（主动进攻）的道路，[①] 这条道路虽然从表面上看起来较为合理，但却存在巨大的风险因子，一个国家能否从先污染后治理阶段顺利过渡到边污染边治理阶段，并最终走向清洁生产、循环经济阶段，取决于这个国家的科技创新能力、经济原始积累以及环境容量承受能力，一旦一个国家经济发展的代价超出了这个国家环境容量的承受能力，就容易陷入恶性循环，最终导致一个国家的环境崩溃，随之而来的就是经济的沉沦。

在这条发展道路上，先污染后治理阶段是环境保护与城市发展矛盾冲突性最为明显的时期，二者相互对立、相互排斥；在边污染、边防守阶段，该矛盾的冲突性依旧存在，但是已经不太明显；到了清洁生产、循环经济阶段，矛盾双方的冲突性逐渐转变为同一性，环境保护与城市发展不再是相互排斥的两个过程，清洁能源、清洁技术、清洁服务使得环境保护成为推动经济发展的一个重要因素，城市发展则进入一个绿色经济的新时期。

伦敦自 18 世纪开启工业城市发展之路以来，造成了严重的环境污染问题。20 世纪中期，伦敦开始走绿色经济的发展之路，在几十年间，伦敦大力发展文化、教育、科技，发展高端服务业，逐渐成为世界的金融、商贸、科技、文化、旅游中心与宜居城市。从先污染后治理，到边污染边治理，最终走向了清洁生产、循环经济的绿色发展。纵观北京的城市发展历程，虽然同伦敦存在较大的差距，但目前已经比较成功地过渡到边污染边治理阶段。

我们在借鉴伦敦经验的同时，应当时刻注意自己所处的环境和所拥有的

① 常纪文：《中国环境问题的历史定位与历史战略——参考伦敦大气污染治理经验》，《环境影响评价》2015 年第 3 期，第 36 页。

条件，充分结合北京的实际情况。伦敦城市发展的转型经历了一个漫长的时期，可以说是完整地走完了环境保护与城市发展矛盾的三个阶段，而目前的情况已经不允许北京继续走先污染后治理的老路，即便牺牲一部分经济发展效率，也必须大大缩短先污染后治理阶段的时间。第二阶段与第三阶段还应该同时进行，在某些领域奉行边污染边治理模式的同时，加大清洁生产、循环经济的研发力度，以局部带动整体，最终实现全行业的产业结构转型，走上绿色经济发展之路。

3. 正确认识和妥善处理长期效益和短期效益之间的矛盾：将政策融入战略

环境问题存在阶段性的特点，因而城市环境治理中的长期效益和短期效益并不总是一致的，二者在某些特殊阶段可能存在着非常尖锐的矛盾。当面临某种严峻的环境问题时，严厉的行政执法可能迅速取得成效，但是环境问题的解决最终靠的还是发展，如果执法过严，仅采取片面紧急叫停所有存在污染行为企业的政策，那将无法实现企业的转型升级，从而无法达成城市产业结构调整的目标，最终必然也会导致城市环境治理的失败。城市的环境治理并不是要寻求环境治理与城市发展完全对立的局面，而是要最大限度地协调环境治理与城市发展之间的关系，在城市环境治理的大环境下给予城市经济发展足够的空间，把行政执法的政策手段融入长期可持续发展的长远战略之中，正确处理好短期效益与长期效益之间的矛盾。

伦敦城市治理规划体系中的每个环节都体现了长期效益与短期效益相互协调的战略举措。例如 2018 年最新颁布的《伦敦环境战略》中，列举了目前伦敦面临的最严峻的环境挑战，包括大气污染、公共空间不足、水资源危机、电力能源供应不足以及气候变暖等，这些都在时刻威胁着伦敦的城市发展与伦敦市民的生命健康安全。① 因此伦敦市长立即采取一系列行动来改善伦敦的环境，例如种植更多树木，使得绿色空间更容易到达，并确保更多的绿色屋顶和绿色功能设计作为新的发展因素，支持地方当局和社会团体更好地管理和重视伦敦的公园和生物多样性，这有助于确保到 2050 年，伦敦一

① https：//www. london. gov. uk/what – we – do/environment/london – environment – strategy.

半以上的地方都是绿色的。

北京目前所遭遇的城市环境治理的困境，也是长期粗放式经济发展的产物，因此要想走出这个困境，既要有时代的紧迫感，又要遵循事物发展的客观规律。正确认识城市环境治理过程的阶段性问题。目前北京所出现的环境污染问题，并不完全是企业或者公民的环保意识不强的观念问题，也在于整体经济发展的结构性问题，主要是资源分配上的不公平、不科学。因此在处理此类问题时不能只依赖于行政执法上的规范和约束，更应该积极引导和帮助企业加快产业转型，在顶层设计方面应当积极通过宏观调控和经济绿色发展的方式从根本上寻求解决环境问题的方法。

（二）完善治理体系，塑造多元格局

在市场经济主导的社会中，一个城市的治理主体不仅包括政府，也包括众多的利益相关者。所谓城市中的利益相关者就是在城市规划、管理过程中，由于重大利益影响而以一种或多种方式参与其中的人、团体和组织。① 这些治理主体之间既存在相互和谐的利益，也存在相互冲突的利益。因此，如何协调好各个治理主体之间的利益，发挥不同主体在城市治理中的积极作用，是环境治理取得成效的关键环节。

1. 塑造中央统筹、地方协调的规划格局

政府层面上，伦敦城市环境治理是一种典型的科层制的治理模式，英国政府负责伦敦城市环境治理的顶层设计和统筹规划，而地区政府包括地区发展机构和各区域的政府办公室负责地方层次上的战略规划和协调发展。

中央层面上，伦敦政府先后出台了解决人口密集问题的《大伦敦规划》、抑制城区空间无序蔓延的《新伦敦战略规划建议书》，以及整治空间要素的《伦敦规划》等文件，这些文件从大伦敦的整体视野出发，统筹各区域之间的利益，优化了大伦敦的空间布局，解决了人口密集大的难题，推

① United Nations Human Settlements Programme, *Tools to Support Participatory Urban Decision Making*, Nairobi: UN-HABITAT, 2001, p. 27.

动了伦敦城市群经济、人口、环境、规划等方面的协调发展。

地方层面上，在大都市地区的政府结构中，伦敦地区出现区域性机构和地方单位之间权力分享的双层、联邦式结构。1998 年英国颁布《区域发展局法》，建立区域发展局、区域议事厅和区域层级合作政府。2000 年伦敦郡建立了区域发展局，从而形成一个以区域政府办公室、区域发展局、区域议事厅为主体的治理结构。① 其中区域政府办公室是在国家层面将不同的部门政策进行整合，同时体现区域优先发展的重点，对区域的土地利用进行规划。区域发展局主要负责领导地区的经济发展，同时还监察各个次区域的伙伴关系及其在地方的实现。区域议事厅主要由一些地方议员和其他组织成员组成的志愿组织，负责制定区域发展战略和检查执行情况。② 除此之外，英格兰各地区作为对以上三个部门的补充还成立了区域议会，形成了相对完善的城市环境治理的地方推动机构，大大有助于环境政策的制定和执行。

伦敦这种布局的优点在于既能够保障中央政府从国家和城市整体战略的角度统筹规划城市的发展格局，在各区域中形成一种约束框架和协调手段，避免各个区域之间战略冲突而导致对城市整体发展的破坏，又能够积极发挥各区域的主观能动性，它们可以结合自身的特点和条件，实施符合自身发展的环境治理规划。北京的环境污染在空间布局上呈现“南高北低”的格局，城市发展新区和城市功能拓展区环境污染程度呈现高于首都功能核心区和生态涵养区，其中以城市发展新区最为严重。③ 北京的城市治理应当适当借鉴伦敦的先进经验，既要保持整体规划，又要适当放权，结合发展新区和功能拓展区的区域特点，适当加大该区域的环境治理力度。

2. 塑造政府主导、企业参与的治理格局

在城市环境治理中，城市政府是毫无疑问的主导者和指挥者，政府在城

---

① https://www.cabinetoffice.gov.uk/strategy/downloads/so/reaching/regions/reaching - ant.pdf, 2016 - 5 - 5, p. 77.

② 曾令发、耿芸：《英国区域治理及其对我国区域合作的启示》，《国家行政学院学报》2013 年第 1 期，第 110 页。

③ 朱相宇、乔小勇：《北京环境质量综合评价及政策选择研究》，《城市发展研究》2013 年第 12 期，第 62 ~ 68 页。

市环境治理的整体进程中起着支配性的作用。而企业作为城市生态的重要组成部分，也是城市环境治理的重要参与者，而且在某些方面具备政府机构所不具有的优势，比如为城市提供绿色服务和绿色产品。因此应该积极发挥企业在城市环境治理中的建设性作用，为政府分担部分治理事务，进而提高城市环境治理的效率和效果。

伦敦私有企业对于城市治理所付出的成本也相对较大，例如，金融企业野村证券公司参与伦敦旧城公司发起的城市空气项目，有效合并了食品、办公设备的投递和垃圾的清运，以减少排放量大的垃圾车运输次数。私有化改革后的泰晤士河水务公司承担伦敦和泰晤士河流域的饮用水、生活用水供应和污水处理。该公司向社会筹措资金，向排污者收取排污费，通过发行股票募集资金。同时，这家私营公司也受到了政府、环保组织、公益机构、媒体和公民“无情”的监督。[①]

北京当前所面临的环境治理困境，在很大程度上是由污染企业造成的。企业的污染是环境治理主体之间发生互动的“源头”即原因所在。[②] 因此要想彻底解决环境问题，必须对企业进行恰当的定位，企业既是社会物质财富的创造者，也是污染的生产者，既是城市环境治理的被规制者和被监督者，也是城市环境治理的必要参与者。城市环境是企业生存和发展的必要基础，企业对于环境的治理不仅出于道德伦理和社会责任，也是谋求长期经济利益的必然选择。从这个层面上讲，企业在城市治理中应当发挥更加积极的作用，比如政府出台强有力的政策保障民间资本的运作环境，引导北京的各类企业积极参与，解决环保产业发展的资金和技术问题，推动绿色产业成为我国经济发展的重要推动力。

3. 塑造社会互动、多方介入的参与格局

在城市环境的整体治理体系中，除了政府和企业主体之外，还存在其他的利益相关者，它们包括一些非营利组织，比如环保组织等社会团体、新闻

---

① 焦东雨：《泰晤士河管理为何私有化》，《中国周刊》2013 年第 6 期，第 21 页。

② 王曦：《中国环境治理概念模型：一个新范式工具》，《环境保护》2020 年第 2 期，第 12 ~ 18 页。

媒体、专业机构、人民群众等。这些主体虽然不是城市环境治理的直接责任方，但是利益的相关性和对环境问题的关注度使得各方或多或少地都参与了城市环境治理的整体进程之中，在决策、执行、监督的各个方面都发挥了积极的作用。

早在1751年，英国乔治二世时期议会就通过法案，成立泰晤士河管理局。该机构属于半政府性质的社会组织，成员包括来自泰晤士河流域的议员、泰晤士河边城镇的市长和其他官员、伦敦市长和市议员、牛津大学的官员和一些学院领导以及诸多教区的官员，此外还有一部分宣誓加入大土地的所有者、地产继承者、拥有大量个人财产和债券持有者。[①] 由于类似这种专业机构的存在，伦敦城市治理的每个环节都会相对科学；除了专业机构之外，新闻媒体在监督方面也起到了非常重要的作用，主流媒体不会替政府粉饰遮掩，而是大胆抨击和有效监督，新闻媒体、环保组织能展开调查、公开讨论和协商对策，政府与社会群众站在同一立场上关注对环境污染问题的治理，欢迎监督、参与和举报，而不是怕监督、怕举报。[②]

环境问题是一个与经济、社会发展相互交织的复杂的问题。北京应当发挥自身的优势，调动各种社会力量积极参与到城市环境治理的事务中来。首先可以加强信息公开性，加强社会组织和人民群众对于环境治理的监督。鼓励群众参与，借鉴伦敦等国际城市经验，建立各种环保志愿组织和行业协会，扩大人民群众对于城市环境治理事务的参与力度，从而既有助于提高治理成效，也有助于丰富市民的生活，增强市民主人翁意识。在市场经济主导下的城市社会中，城市环境的治理模式逐渐从政府的单一管制发展到多元治理，要想实现治理目标，必须建立起由政府、企业、社会组织、人民群众所构成的多元体系，充分运用政府的管制机制、市场的分配机制、社会的监督机制等，只有平衡各主体之间的利益，建立相互沟通的协调机制，调动各方

---

① Kidd, S. and Kumar, A., "Develop Planning in the English Metropolitan Counties: A Comparison of Performance under Two Planning Systems", *Regional Studies*, 27, 1993, pp. 65 - 73.

② 陆小成：《伦敦城市雾霾治理的阶段、经验及对北京的启示》，《唐山学院学报》2017年第3期，第40~44页。

参与力量，才能突破城市环境治理的结构性困境，为治理目标的实现提供机制保障。

（三）加强治理能力，科学合理决策

伦敦的城市环境治理之所以取得重要成效，先进的理念是基础、完善的体系是关键、科学的决策是保障。北京对于伦敦治理经验的借鉴，不仅包括思想、机制层面，更要包括具体的决策层面。总体来看，伦敦环境治理的主要经验其实无非涵盖两个环节——“开源”和“节流”，北京的环境治理也可以从这两方面入手，加强治理能力，形成科学的决策。

1. 建立环境保护的长效机制

当前，社会中“唯道德论”“唯执法论”大行其道，大多数人将环境问题的责任归咎于企业和公众环境保护意识不强，或环保部门执法不严。[①] 这实际上没有抓住问题的本质，一味通过强制的法律规范的“节流”措施不可能从根本上解决环境治理的难题，要建立环境保护的长效机制，让环境保护融入国家发展的大战略之中，融入社会生活的方方面面。

一是增加绿色空间。19 世纪 80 年代，伦敦市在城市外围建有大型环形绿地面积 4434 平方公里。政府开辟了更多的绿化带，以及推广使用清洁能源等。重视绿地和开放空间建设，外伦敦的绿带和都市开放地占外伦敦总土地面积的 32.3%。[②] 在最新发布的《伦敦环境战略》中，伦敦政府也明确提出了到 2050 年扩展城市绿地空间的目标。对于北京而言，对于绿地的投资可能不如其他地产项目效益好，并且城市用地趋于饱和，很难扩展绿地空间，但从旧区改造和整个雄安新区的建设来讲，城市绿地的拓展存在非常大的空间，积极改造城市绿地，既可以增加市民与城市绿色空间接触的机会，又可以提高商业用地的赋值，产生一定的经济效益，国

① 常纪文：《中国环境问题的历史定位与历史战略——参考伦敦大气污染治理经验》，《环境影响评价》2015 年第 3 期，第 36 页。

② 陆小成：《伦敦城市雾霾治理的阶段、经验及对北京的启示》，《唐山学院学报》2017 年第 3 期，第 40 ~ 44 页。

家在这方面应当加大支持力度，做好政策指引，努力实现城市的绿色和谐。

二是推行清洁能源。在交通上，北京的交通与伦敦相比还存在较大的差距，城市交通网的发展跟不上城市的发展速度，一些公共交通设施依旧存在耗能大、污染多的问题，因此要积极推行公共交通设施的更新换代，扩大清洁交通工具的研发和使用力度，鼓励电动汽车、混合动力汽车的发展，继续推行共享单车的基础建设等；在居民生活上，北京仍旧依靠以煤炭、石油等为主的能源结构，这也是北京环境污染的重要根源，必须加强城市清洁能源的开发使用，可建立局部试点，逐渐全面推行。

三是加强技术治理。利用现代科学技术取得治理的突破是伦敦城市环境治理困境的重点。例如，2011 年起，伦敦配备特殊装备的卡车在交通最繁忙路段喷洒“醋酸钙镁溶剂”，将悬浮颗粒污染物“黏”起来，坠落地面，改善空气质量。① 技术不仅是环境治理的重要工具，也是经济发展的主要动力，加强治理技术的开发使用，不仅可以带来巨大的环境效益，同时也能够带来巨大的经济效益，因此要想实现产业结构转型和城市环境治理目标，技术是关键。

四是发展循环体系。城市垃圾、污水、废气等废物的处理是城市环境治理的一个重要难题，对这一问题的治理不能完全靠“堵”，而是要“疏”，城市废弃物并非毫无价值，只要建立良好的循环体系，就可以最大限度地实现“变废为宝”，循环利用，可以引进城市居民垃圾分类制度、污水处理体系、二手市场机制等，变堵为疏，使得城市废物实现有效循环。

2. 加强环境保护的有效规范

对环境治理采取“节流”措施，对存在污染现象的企业和个体进行必要的法制和行政约束，从规范的层面减少污染的扩散和加剧。如上所述，“节流”措施虽不能从根本上解决污染难题，但是作为一种治理手段，是城

① 《雾都不再——伦敦治理空气污染的历史》，人民网，http：//www.people.com.cn/GB/huanbao/56/20010826/544252.html。

市环境治理进程中不可或缺的环节。

一是加强清洁法规建设。清洁法规是伦敦取得治理成效的重要保障，在空气质量、能源使用、气候变化、噪声污染、水污染等方面伦敦都制定了全面合理的措施，明确规定了企业和个人应当采取的手段，对于违反规则的行为进行严厉的惩处。北京在法规建设方面应当加强，与伦敦相比，北京所面临的问题更加严峻，既有发展的问题，也有治理的问题，要秉持“宽立法、严执行”的原则，既要遵循城市发展的规律，又要加强对重点污染问题的管制。

二是大力推行信息公开。有关环境污染和环境治理方面的信息公开是社会参与和监督的必要条件。舆论作为“第四种权力”，在一定程度上可以激励或者约束某些行为体的行为。就目前来看，我国的环境治理和环境保护的信息公开机制并不完善，导致大量虚假信息充斥，严重阻碍了治理进程。要想发挥监督体系对于环境治理的反向激励作用，就必须大力推行信息公开，并建立完善的问责机制。

（四）推进城市外交，打造互动平台

随着全球化的扩大和深入，城市作为一种次国家行为体开始走上外交舞台。在高级政治领域，城市仍是一个从属的角色，它受到中央政府的约束和管控，但是在经济发展、文化交流、社会建设、环境治理等低级政治领域，城市外交的优势逐渐凸显。与中央政府主导的国家外交相比，城市外交的主体更加多样、目标更加灵活、手段更加丰富、游戏规则更加复杂，是一种新外交形态。① 在城市环境治理上，北京不仅要借鉴伦敦等城市的重要经验，还要注重平台的建设和打造。城市外交是打造中外城市互动平台，加强国际参与的重要方式，城市外交并不是一个单向的借鉴过程，而是双向的互动过程，发挥城市外交在环境治理方面的优势和作用，是取得自身治理乃至国际

① 赵可金、陈维：《城市外交：探寻全球都市的外交角色》，《外交评论》2013 年第 30 期，第 61 ~ 77 页。

治理成效的重要路径。

强化国际友好城市关系对创建全球城市环境互动机制有重要意义。友好城市是次国家政府进行国际交往的最早方式之一，是次国家政府之间进行友好交流与合作的主要路径。[①] 友好城市关系作为一个互动平台发挥作用有一个渐进的过程，最初仅作为一种情感联结的纽带，后来随着城市交往实践需求不断增加，某些方面的互动机制越来越成熟，友好城市关系开始逐渐发挥现实性作用。2006 年 4 月 10 日，时任北京市市长王岐山与伦敦市市长肯·利文斯通签订了友好城市合作关系协议，两座城市由此建立国际友好城市关系。[②] 两座城市以先后举办奥运会为契机，在经济、文化、社会等方面均有不同程度的互动往来，并取得了一些显著的外交成绩。然而，在城市环境治理方面，北京与伦敦的互动交往相对薄弱，北京应该充分利用友好城市关系这一天然平台，加强与伦敦的城市治理互动，推动创新互动机制、经验互换机制、信息互通机制的建设。

即便是政府间国际组织，其成员也不再局限于主权国家。全球化时代，城市间国际组织迅速发展起来。目前，世界上已经出现众多的地方政府协会、联盟。影响最大者是成立于 1913 年的地方政府国际联盟（The International Union of Local Authorities）。2004 年 5 月，该组织与联合城镇组织（United Township Organization）合并组成新的地方政府国际组织：联合城市和地方政府世界组织（United Cities and Local Governments）。其宗旨是：推动各国政府对地方事务进行民主有效的管理；研究地方政府在城市事务、公民福利和市民参与等方面的课题；促进地方政府在环境保护、人员培训以及管理等方面的合作。[③]

城市间国际组织在城市互动交往中具有独特的作用，它有更小的体量，更简化的机制和更明确的目标和主题，因而更有利于外交目标的实现。目

① 陈志敏：《次国家政府与对外事务》，长征出版社，2001，第 11 页。

② 《北京市市长王岐山与伦敦市市长签订友好城市协议》，新华社北京 2006 年 4 月 10 日电。

③ 龚铁鹰：《国际关系视野中的城市——地位、功能及政治走向》，《世界经济与政治》2004 年第 8 期，第 41 页。

前，有关环境治理的城市间国际组织还非常稀缺，北京和伦敦也没有同时加入一个这个层面上的国际组织。倡导和建立这样一个国际组织是必要的。相对于友好城市关系而言，城市间国际组织范围更广，由双边扩展为多边，可以更加广泛而深入地探讨城市环境治理的经验和未来，更易于实现国际社会的整体治理。

德国会展业及其对中国的启示

——以慕尼黑会展业为例

赵　丽*

摘　要： 会展业与旅游业、房地产并称为“世界三大无烟产业”，德国是世界会展业大国，专业化作为德国会展业的核心竞争力之一，将德国会展业打造成高端服务业的拳头产品，树立了德国会展业在全球的整体形象，使其品牌成为行业权威的象征。目前，中国的会展业取得了长足的发展，但是与德国等发达国家相比还是有些距离，我们需要做进一步的提升和改善，从而提高中国会展业的国际知名度和参与度。

关键词： 德国　会展业　专业化

随着经济全球化水平的不断提升和国家间合作的不断加深，会展业与旅游业、房地产并称为“世界三大无烟产业”，也由此成为“城市名片”“城市经济助推器”的代名词。人类社会文明进步越快，对彼此的物质、文化交流需求也越高，因此会展在国家经济发展中的地位也愈加重要。

德国是世界展览大国，拥有 26 个大型展会中心，根据全球展览业协会统计，全球平均每年举办 3 万多场展览会。德国每年在本国举办约 300 场展览会，其中国际展和国内展各半。但世界 2/3 的顶级行业展览会在德国举

* 赵丽，中国社会科学出版社副编审。

办。德国的国际展会上有一半以上的参展商来自海外，其中1/3来自欧洲以外的国家。约1/4的观众来自海外，海外专业观众比例高达30%。此外，德国展览会主办机构还积极从事海外会展业务的拓展，近年来每年在海外举办展会约250场。

据德国展览业协会（AUMA）统计，在世界范围内影响较大的210个专业性国际贸易展览会中，有150多个是在德国举办的，每年吸引约18万参展商和1000万观展者。德国的注册展会企业年营业总额超过30亿欧元，世界展览企业营业额前十大公司中，有5家在德国。德国展览场馆集中，形成了规模效益，10个展览中心的面积超过10万平方米，11个展览中心的面积超过2万平方米。

2015年德国贸易展览业收入，即各展览公司收入总和为34亿欧元，2014年为34.5亿欧元，2013年为32亿欧元。排名前五位的展览公司分别是法兰克福展览公司（6.48亿欧元）、汉诺威展览公司（3.29亿欧元）、科隆展览公司（3.21亿欧元）、杜塞尔多夫展览公司（3.02亿欧元）和慕尼黑展览公司（2.77亿欧元）。同时，2015年这五家公司在全球展览业公司收入中分别排名第三、八、九、十和十三位。2015年共举办308场展览会（其中国际展会164场，国内展会144场），展览面积达770万平方米，吸引参展商22.4万人次，观众154万人次。知名展会包括：汉诺威消费电子、信息及通信博览会，汉诺威工业博览会，法兰克福车展，慕尼黑国际物流展，柏林国际消费电子展，柏林旅游展，纽伦堡国际创意发明新产品展等。

一　德国会展业的发展特点及趋势

1. 专业化优势明显，形成了品牌效应

专业化是德国会展业的核心竞争力之一，德国会展业将社会经济行业细分成99个展览会主题，每个展览会主题又分成若干分支，几乎涵盖了所有工业产品领域和社会服务行业。专业展也可以做大做强，德国一些专业品牌展如太阳能展、建筑机械展展出面积可以达到10万~30万平方米，并配套

组织系列专业研讨和展示活动，成为全球产业名副其实的风向标。作为德国会展业的核心组织，德国会展业协会协调各方资源，致力于将德国会展业打造成高品质、专业化的服务业拳头产品，在世界各国积极宣传推介，树立德国会展业整体形象，使其品牌成为行业权威的象征。

2. 立足本土之余，积极开拓海外市场

德国会展业迅速扩张，兴起了很多新的展览城市，竞争程度开始加剧，也迫使展会主办者加速德国会展业的发展步伐。从以行业为主线、融入相关行业的产品和服务的行业性综合展开始，德国会展业不断进行调整，在巩固本土核心业务的同时积极探讨国际化之路。目前德国海外办展收入占贸易会展业总收入的 15%。德联邦经济部与德国会展业协会每年制订一个“海外参展计划”，促进德国企业赴海外参展。德联邦经济部每年的预算中包含一定金额的“海外参展项目”补贴。此外，德中小企业参与国际展览活动，可获最高不超过参展费用 50% 的资助，采取事后报销方式，具体由各联邦州执行。

3. 展会内容与时俱进，紧扣国家产业政策

近年，德国开始引入工业 4.0 战略，即将物联网及智能服务引入制造业的第四次工业革命时代。这一战略及相关的智能物联产品迅速在 CeBIT、汉诺威工业博览会、柏林国际消费电子展、轨道交通展等国际知名展会上得到充分体现。这些展会成为全球最新高端智能物联产品展示和交流平台。展览主办方在展位分配政策和媒体宣传方面均向“高大上”企业和产品倾斜。为配合工业 4.0 的产业发展趋势，汉诺威展览公司 2015 年在柏林首次举办“全球大城市智能解决方案大会”，成功将其打造为全球最大的、集研讨和展示于一身的城市智能解决方案平台。

4. 亚洲参展商增长明显，中国成为其最大海外展会市场

2015 年国际参展商较上年增长 5.6%，占展商总数的 58.9%，其中来自亚洲的参展商数量“强劲增长”，较上年增长 10%，中国展商增长 12%，带动亚洲国家在德展商数量增加，来自中国的观众高达 7.5 万人次，为亚洲国家最多。相较而言，来自欧洲国家的参展商数量则增长缓慢。由于欧洲展

会市场相对饱和，而全球展会市场特别是新兴市场国家的展会市场快速发展，德国近年来在海外办展的规模、数量逐年增多。德国在海外组展一半以上在东亚、南亚、中亚，其中中国是德国海外办展最多、市场最大的国家。2015 年，德国展览公司在华举办 87 个展览，占德国全部海外展的 29%；总面积 190 万平方米，占全部海外展面积的 53%；参展商 5. 93 万个，占总参展商的 50%；参观商 446 万个，占总参观商的 58%。

5. 加大硬件投入，投资改建场馆

德国很多展馆建于二战以后，部分展馆早已不适用于现代化展览。未来几年，德国会展业将在本土投资数十亿欧元，翻建和扩建现有场馆，使其成为现代化、多功能展览会议场馆。杜塞尔多夫展览公司、法兰克福展览公司、汉诺威展览公司以及慕尼黑展览公司将分别投资 6 亿、5 亿、4 亿和 2 亿欧元改造展馆。AUMA 主席曼内克斯认为场馆改造迫在眉睫，以应对亚洲会展业的迅速崛起。

二　德国会展业法律法规体系和政府管理机制

德国会展业在市场准入方面完全开放，没有任何法律限制。德国会展业发展以市场为主导，德国政府特别是联邦政府并不直接参与到展会的具体运作层面，也不会给予展会直接的财政支持。但不可否认德国政府在会展业发展过程中发挥着积极的作用，这主要表现在德国政府为会展业发展创造了良好的框架条件。

第一，在管理方面，政府通过德国会展业协会对德国会展业进行宏观调控，其主要职能包括制定严格的行业规则制度和相应的评估指标；发布会展相关信息，确保展会市场透明公开；支持中小企业到海外参展；组织会展业专业人才的教育与培训；统筹协调会展业的专业调研。

第二，德国地方政府大力支持展览场馆以及配套设施建设。由于展览场馆以及配套设施属固定资产，资本投入大，回收期长，投资风险大，私人资本或社会资本不愿或无力承担。德国的展馆基本上都由各州和地方政府投资兴建，但政府不直接参与展馆的日常运作，而是以长期租赁或委托经营的形式把展馆的经营权交给大型会展管理公司，同时场馆配套设施也由地方政府投资建设，保证了展览场馆交通、住宿、餐饮等配套服务设施齐全、便利等。

第三，地方政府一般也是展会公司的最大股东，但政府不参与展会公司具体的决策，只是通过监事会对其进行监督，展会公司实行企业化管理。如汉诺威展览公司的50%股份属于下萨克森州，49.9%的股份属于汉诺威市，展览公司监事会成员包括汉诺威市市长，下萨克森州经济部、司法部、财政部三个部门的部长等人。

第四，各级政府首脑积极配合展会的市场营销和宣传，如德国总理每年均参加汉诺威电子展和工业展的开幕式等活动，为展会提升影响力和知名度。

三　德国会展业牵头力量及行业组织情况

德国大部分知名展会的主办方为展览公司，展览公司负责展会运营，在市场分析、营销推广、组织会议研讨等方面和行业协会紧密合作。展会实行商业化运营，行业协会和为数众多的合作伙伴是其营销推广的主要渠道。

德国会展业协会（AUMA）系德国会展业界的代表性组织，其成员包括展览组织、观众协会和展览公司。其主要任务是：向国内外对德国展览会感兴趣的个人或团体提供信息和咨询服务、维护会展业界的利益、推广德国各展会项目、提高展览市场透明度、代表官方参与海外展会等。AUMA 拥有广泛的展览信息和来自各方面对会展业的支持，出版多种刊物，同时还对个体参展商在选择展览项目方面提供咨询。此外，AUMA 还坚持向政府游说与展会相关的签证事务。2015 年，AUMA 继续就与展览相关的签证事务同德国外交部、德国驻海外领事机构、工商大会及展览组织者举行会谈，目的在于让上述机构认识到给予参展商和参观商快捷的签证服务对于德国会展业的重要性。

AUMA 在行业内部的监督、信息评估等方面起到了很大作用。隶属于 AUMA 的展览数据自愿认证协会（FKM）为开展展览数据第三方审核制定了系统科学的办法，经过不断修改完善一直沿用至今。AUMA 在其网站建立公开展览数据库，任何人可上网查询经过审核的数据，通过这一平台不断推动展览数据公开透明，增加展览公信度，形成了全行业的自律机制。

四　成功的慕尼黑国际展览会

慕尼黑是德国展览会经济的重镇。慕尼黑国际博览集团（Messe München International）是世界十大展览公司之一。慕尼黑国际博览集团每年在全球范围内举办近 40 个博览会，涉及行业包括资本货物、高科技和消费品，并在各个领域都拥有专业超群的品牌，即资本货物类的工程机械、物流运输、环保科技、饮料酿造技术及房地产商务；消费品行业的体育休闲用品、高档消费品、时尚和化妆品；高科技产业的电子元器件、通信和电信、分析仪器和生命科学、材料和产品工程等。贸易和手工业类的展会则是慕尼黑国际博览集团的另一亮点。

慕尼黑国际会议中心（The Munich International Congress Center，ICM）是大规模的国际会议的主要活动场所。2014 年，在此举办了 2 万余人参加的世界呼吸大会（European Respiratory Society）。慕尼黑无论是在德国还是欧洲都是具有经济活力和创新力的城市。慕尼黑能持续保持经济活力主要的原因来自在慕尼黑的全球参与者、大量的创新型中小企业、众多灵活的创业社区及众多科研和教育机构。

在德国慕尼黑举办的国际展览会主要有以下几类。

（1）国际光学眼镜博览会（opti）

参展重点：眼镜片、眼镜框、隐形眼镜、镜头、光学仪器等。

（2）国际体育用品和运动服展览会（ISPO MUNICH）

参展重点：面料、纤维、健美器械、授权用品、登山运动装备、户外休闲装、服务器械、滑雪服务设备、运动鞋、运动服、冬季运动装备。

（3）国际钟表、珠宝、宝石、珍珠、银器及加工技术展览会（INHORGENTA MUNICH）

参展重点：卡纸包装、首饰盒、珠宝陈列、钟表、珠宝商和金匠、珠宝赝品、珠宝、珍珠、宝石、店面装潢、银器、软件、工具、加工设备。

（4）慕尼黑园林文化与绿化设计博览会（Garten München）

参展重点：花卉、园林和景观设计、园林设计与建筑、植物及植物配件、园林工具、餐具及花园装饰、花艺等。

（5）国际手工业艺品博览会（Internationale Handwerksmesse）

参展重点：应用设计、手工艺品及设备、手工及定制时装、庭院设计、办公用品、工艺品、珠宝、乐器、厨房、能源与家庭、创新、家居与园艺、技术、服务及其他。

（6）国际器械分析、生物技术、实验室技术展览会（analytica）

参展重点：分析技术、生物化学、生物学、生物技术、化学元素、诊断、遗传工程、实验室技术、药理学、质量保证、试剂、材料检验、服务。

（7）国际陶瓷工业展（CERAMITEC）

参展重点：原料及辅料、陶瓷仓储、陶瓷运输、丈量及装料、称重、研磨、碾压、混合、塑型、上釉、装饰、表面处理、热处理、测量及控制、除尘、过滤、包装、自动化、环境保护、配件、耗材等。

（8）高级音响展（HIGHEND）

参展重点：高级音响、音响计算信号处理器、音乐存储硬盘、多媒体娱乐等。

（9）慕尼黑国际环保、能源和资源综合利用博览会（IFAT）

参展重点：水处理及污水处理设备、泵、阀门、管道、密封件、膜技术与设备、过滤器、制水设备与技术、纯净水、蒸馏水、矿泉水制造技术、净水技术及设备、海水苦咸水淡化技术及装备、环保技术及装备、大气污染防治技术、环境监测仪器及配套设备、城市垃圾废物处理技术及设备等。

（10）国际机器人和自动化技术贸易博览会（AUTOMATICA）

参展重点：工程装配、控制系统、齿轮与传动技术、操作技术、研究和发展、机器人、安全系统、传感技术、网络服务、服务、软件。

（11）国际太阳能光伏展（IntersolarEurope）

参展重点：光电、太阳能技术、太阳能发热。

（12）国际商业房地产专业博览会（EXPO REAL）

参展重点：房地产、市场营销、计算机软件、投资、理财、服务等。

（13）国际电子元器件和部件展览会（electronica）

参展重点：计算机辅助设计、计算机辅助工程、电缆、分立元件、电力机修、显示器、电磁兼容性、电子元配件、混合电路、测量系统、评定值记录系统、微电子、微系统技术、光电子学、插塞式连接器、外围设备、印刷电路板、继电器、半导体、传感器、开关、系统元件、测技术、变压器、供给设备。

五　中国会展业的现状和启示

调查统计数据显示，2015 年中国共有 160 个城市举办了展览活动，展览数量达 9283 场，比 2014 年的 8009 场增长 15.9%；展览面积达 11798 万平方米，比 2014 年的 10276 万平方米增长 14.8%。按可比口径计算，2015 年境内展览数量和展出面积增速均超过 2014 年。

目前，中国会展业地域分布以北京、上海、广州三大城市会展中心为核心，形成了环渤海地区、长三角地区和珠三角地区会展经济圈，三大区域集聚了全国主要的会展业资源。

北京、上海、广州会展传统优势依然明显，在全国会展格局中的地位显要，根据城市综合指数排名，上海、广州、北京仍然名列前三；但由于多种因素影响，北京、上海、广州三地会展业发展极不平衡，差距拉大。

2015 年，上海国家展览中心建成并投入使用，上海一枝独秀，领先地位日见突出，展出面积猛增 230 多万平方米，达到 1500 多万平方米，超过广州、北京的总和。据统计，2015 年，上海举办展览 749 场，展出面积 1511.55 万平方米，与 2014 年相比，展览减少 20 场，展览面积增加 232.55

万平方米（增幅 18.2%）。与之相对应，广州举办展览 482 场，展出面积 861.70 万平方米，展览数量虽有较大增长，但展览面积仅增加 3 万平方米，增幅十分有限；而北京则不升反降，举办展览 415 场，展出面积 520.10 万平方米，数量和面积分别下降 3.7% 和 14.5%。

同时，重庆市会展异军突起，发展迅速。据调查统计，2015 年，重庆共办展 749 场，展出面积 702.30 万平方米，展览数量和展览面积两个指标均超过北京，位居第三，北京则退居第四位，改写了展览数量和面积的城市排序。

2015 年，北上广渝四大城市共举办展会 2395 场，比 2014 年的 2254 场增长 6.3%，占国内展会总数量的 25.8%；展出面积 3595.65 万平方米，比 2014 年的 3347 万平方米增长 7.4%，占国内展会总面积的 30.5%。位居前四名的城市，无论是展览数量还是展出面积，都与位列其后的其他城市拉开较大距离。

虽然，中国的会展业获得了长足的发展，但是与德国等发达国家的会展业相比还是有些距离，我们需要做进一步的提升和改善，以获取更多国内外参展商的支持和青睐。

1. 会展需要设立统一的展览管理机构，充分发挥政府和行业协会的作用

德国政府通过制定一系列政策措施，促进了德国会展业的健康发展。近年，中国会展业发展迅速，但是展会规模大小不一、重复办展等问题，造成中国会展业发展不能满足市场需求。所以，需要从整体上对会展业发展进行规划布局，完善产业政策，加强知识产权保护，推出各项扶持措施。既要鼓励会展业做大做强，满足各类展会的需求，实现既能举办涉及多个行业的综合性展会，也能举办单一行业的专业展会；又要规范企业办展和招商行为，加强市场监管，使会展业健康快速发展。

2. 开展多元化的会展模式

会展是为参展商、客户提供产品和技术展示及交流的平台，参展商和企业利用展会推广产品，拓展营销渠道，提高自身的竞争力。围绕会展举行的同期会议，无论是学术会议还是研讨会，都有助于对相关行业发展及企业运

营进行理论分析与总结，或者提出相应的政策建议。中国每年举办众多的会展和会议，围绕共同内容举办的会展和会议为相关理论研究提供了实践基础，也使理论和政策建议进一步引导会展行业向产业升级的方向发展，进而实现中国会展业的创新发展与提升。

3. 通过互联网，加强信息技术与会展业有效结合

互联网可以使得会展信息的传递和宣传便捷地到达目标客户。作为展会方应该充分利用网络和信息技术优势，通过网络平台实现展会信息的更广泛传播，不同的展会应该有不同的互联网宣传形式，选择恰当和妥帖的宣传方式，有利于目标客户获取信息。

4. 中国的会展业需要与国际接轨

会展业能够搭建促进经贸合作的平台，使企业借助展会这一平台进入广阔的国际市场。一方面，作为拥有广泛发展空间的现代服务业，会展业在发挥自身优势和潜力的同时，也要引进国外先进的经营理念和经营方式，提高中国会展业的从业素质和国际竞争力。另一方面，大力发展全国性特别是国际性的大型会展，提高中国会展业的国际知名度和参与度。

5. 中国会展业需要加强协同合作，推进人才培养

发挥促进会展业改革发展部际联席会议机制职能，加快建立全国会展人才培养、使用、管理制度；提升会展教育地位，理顺会展学科归属，加强重点课程、实训基地建设；建立会展人才培养标准和技术岗位标准，将会展人才管理纳入国家专门技术人才管理体系；鼓励社会重视、支持、参与会展人才培养，鼓励有条件的企业设立会展教育奖学金、奖教金，设立实训基地；加强国际合作，引进先进会展人才培养理念、方法、机制，共同开发会展人才培养项目和教程。

图书在版编目（CIP）数据

北京国际交往中心发展报告．2020／刘波主编．--北京：社会科学文献出版社，2020.9
ISBN 978-7-5201-7016-1

Ⅰ．①北…　Ⅱ．①刘…　Ⅲ．①国际交流-研究报告-北京　Ⅳ．①D827.1

中国版本图书馆CIP数据核字（2020）第140782号

北京国际交往中心发展报告（2020）

主　　编／刘　波

出 版 人／谢寿光
责任编辑／张　媛

出　　版／社会科学文献出版社·皮书出版分社（010）59367127
地址：北京市北三环中路甲29号院华龙大厦　邮编：100029
网址：www.ssap.com.cn
发　　行／市场营销中心（010）59367081　59367083
印　　装／三河市尚艺印装有限公司

规　　格／开　本：787mm×1092mm　1/16
印　张：24　字　数：364千字
版　　次／2020年9月第1版　2020年9月第1次印刷
书　　号／ISBN 978-7-5201-7016-1
定　　价／98.00元

本书如有印装质量问题，请与读者服务中心（010-59367028）联系